Ludwig Rellstab

Musikalische Beurteilungen

Ludwig Rellstab

Musikalische Beurteilungen

ISBN/EAN: 9783744654012

Hergestellt in Europa, USA, Kanada, Australien, Japan

Cover: Foto ©Thomas Meinert / pixelio.de

Weitere Bücher finden Sie auf **www.hansebooks.com**

Musikalische Beurtheilungen.

Von

Ludwig Rellstab.

Leipzig:
F. A. Brockhaus.
1848.

Inhalt des zwanzigsten Bandes.

                                                                        Seite

Vorwort IX

Jahr 1826.

Euryanthe; Hauser. — Der Freischütz. — Concert von Möser; Felix Mendelssohn-Bartholdy 1

Jahr 1827.

Dido. — Concert von Ferdinand Ries. — Concert von Henriette Sontag. — Concerte der Catalani. — Die Schweizerfamilie; Emmeline, Nanette Schechner. — Der Freischütz; Agathe, Nanette Schechner. — Semiramis: Mme. Catalani. — Ferdinand Cortez; Amazilli, Dlle. Heinefetter. — Fidelio: Dlle. Schechner. — Die Vestalin; Julia, Dlle. Schechner. — Concert von Marianne Sessi. — Die Vestalin; Julia, Dlle. Schechner. — Don Juan; Donna Anna, Dlle. Sontag. — Euryanthe: Dlle. Heinefetter. — Figaro; Susanne, Henriette Sontag. — Iphigenia: Mme. Milder. — Othello; Desdemona, Dlle. Sontag. — Tankred; Amenaide, Dlle. Sontag. — Abendunterhaltungen von Bernhard Romberg. — Concerte von Moscheles, Ries, Bärmann. — Uebersicht des Jahres 8

Jahr 1828.

Concert; Judas Maccabäus. — Möser's Sinfonie-Soirée. — Concert; Hummel. — Abenceragen. — Beethoven's Todtenfeier. — Der Freischütz; Agathe, Fräulein v. Schätzel. — Der Hausirer. — Concert; Händel's Samson. — Euryanthe: Mme. Schröder-Devrient. — Oberon. — Uebersicht des Jahres 75

Jahr 1829.

Concert; drei Sinfonien. — Concerte von Paganini. — Seb. Bach's große Passionsmusik. — Die Schweizerfamilie; Emmeline, Dlle. Schechner. — Iphigenia: Dlle. Schechner. — Fidelio; Dlle. Schechner. — Paganini in Leipzig. — Faust. — Uebersicht des Jahres 102

Jahr 1830.

Concert von Möser. — Concert von Dlle. Sontag. — Othello; Desdemona, Dlle. Sontag. — Concert von Gebrüder Eichhorn. — Die weiße Dame; Anna, Dlle. Sontag. — Semiramis: Dlle. Sontag. — Henriette Sontag's Abschied von der Bühne. — Concerte von Zimmermann und Thalberg. — Othello; Desdemona, Sabine Heinefetter. — Die Zauberflöte; erstes Auftreten des Herrn Mantius. — Concert; David von Bernhard Klein. — Uebersicht des Jahres 130

Jahr 1831.

Vestalin; Julia, Mme. Schröder-Devrient. — Fidelio: Mme. Schröder-Devrient. — Iphigenia in Tauris: Mme. Schröder-Devrient. — Don Juan; Anna, Mme. Schröder-Devrient. — Die Täuschung. — Concert von Theodor Stein. — Der Gott und die Bayadere. — Cosi fan tutte. — Ottavio Pinelli. — Uebersicht des Jahres 167

Jahr 1832.

Die Kirmeß. — Zelter's Tod. — Concert der vier Gebrüder Müller. — Don Juan; Anna, Fräulein v. Schätzel. — Barbier von Sevilla; Rosine, Fräulein v. Schätzel, letzte Rolle auf der Bühne. — Bernhard Klein's Todtenfeier. — Concert von Felix Mendelssohn. — Uebersicht des Jahres 194

Jahr 1833.

Concert von Felix Mendelssohn. — Die Vestalin; Julia, Dlle. Stephan. — Concert von Kalkbrenner. — Concert von Corradori-Allan. — Iphigenia: Mme. Schechner-Wagen. — Concert von Josephine Eder. — Fidelio: Mme. Schechner-Wagen. — Iphigenia: Mme. Schechner-Wagen. — Bernhard Klein's Todestag. — Concert der Gebrüder Müller. — Zampa: Herr Wild. — Othello: Herr Wild. — Concert; die sieben Schläfer von Löwe. — Uebersicht des Jahres 217

Jahr 1834.

Iphigenia: Mme. Milder. — Concert der Gebrüder Eichhorn. — Concert; Quartett-Versammlung bei Möser. — Othello; Desdemona, Mme. Schröder-Devrient. — Olympia; Statira, Mme. Schröder-Devrient. — Euryanthe: Mme. Schröder-Devrient. — Othello; Desdemona, Jenny Lutzer. — Zampa. — Concert von Pott. — Concert von Lefont. — Uebersicht des Jahres 247

Jahr 1835.

Concert von Möser. — Ali Baba. — Faust. — Joseph in Egypten; Jacob, Herr Krause. — Capuleti und Montecchi; Romeo, Dlle. Pixis. — Uebersicht des Jahres 273

Jahr 1836.

Concert von Joseph Gusikow. — Robert der Teufel; Isabella, Dlle. Löwe. — Don Juan; Donna Anna, Fräulein v. Faßmann. — Uebersicht des Jahres 286

Jahr 1837.

Armide. — Die funfzigjährige Jubelfeier des Don Juan. — Die Vestalin. — Concert von Vieuxtemps. — Uebersicht des Jahres .. 292

Jahr 1838.

Concert von Clara Novello. — Concert von de Beriot und Dlle. Pauline Garcia. — Uebersicht des Jahres 311

Jahr 1839.

Concert von Thalberg. — Concert von Ole Bull. — Ludwig Berger. — Concert von Drouet. — Euryanthe: Dlle. Louise Schlegel. — Concert von Prume. — Uebersicht des Jahres 318

Jahr 1840.

Concert von Dreyschock. — Norma: Mme. Gentiluomo, Adalgisa: Dlle. Spazer. — Uebersicht des Jahres 341

Jahr 1841.

Capuleti und Montecchi; Julia, Dlle. Tuczek. — Norma: Mme. Pasta. — Liszt's erstes Concert. — Uebersicht des Jahres 347

Jahr 1842.

Liszt's Abschiedsconcert. — Uebersicht des Jahres 358

Jahr 1843.

Concert von Rubini und Liszt. — Shakspeare's Sommernachtstraum mit Musik von F. Mendelssohn. — Uebersicht des Jahres .. 362

Jahr 1844.

Concert der Geschwister Milanollo. — Abschiedsconcert der Geschwister Milanollo. — Zauberflöte. — Sinfonie=Soirée von Mendelssohn. — Norma: Jenny Lind. — Uebersicht des Jahres 374

Jahr 1845.

Norma: Jenny Lind. — Uebersicht des Jahres 392

Jahr 1846.

Die Vestalin; Julia, Jenny Lind. — Uebersicht des Jahres ... 397

Jahr 1847.

Die Hugenotten; Valentine, Mme. Garcia=Viardot. — Tod der Schwester Felix Mendelssohn's, Frau Fanny Hensel. — Die Nachtwandlerin; Jenny Lind's Benefiz. — Felix Mendelssohn=Bartholdy's Tod. — Uebersicht des Jahres 403

Vorwort.

In dem nachfolgenden Bändchen übergebe ich dem Leser die Früchte einer nunmehr fast zweiundzwanzigjährigen kritischen Thätigkeit. Diese sämmtlichen Aufsätze sind nicht das Resultat anhaltender Betrachtung des Gegenstandes und sorgfältig erwogener Bearbeitung, sondern fast immer nur der unmittelbare Erguß des Augenblicks, die frische Niederlegung des empfangenen Eindrucks. Es kann mir daher nicht einfallen, sie einzeln für sich als gereifte Ergebnisse meines Urtheils gelten zu lassen, sondern der Werth, dessen sie vielleicht nicht ganz entbehren, liegt nur in der Gesammtheit der Kunstanschauung, die daraus hervorgeht. Zugleich bilden sie eine Tagesgeschichte oft nicht unbedeutender künstlerischer Ereignisse in einer Hauptstadt, die im Laufe von mehr als zwei Jahrzehenden nur von sehr wenigen musikalischen Nota=

bilitäten ersten Ranges unberührt geblieben ist. Voll=
ständiger würde diese Seite der Sammlung hervor=
treten und vielleicht einige Geltung gewinnen, wenn es
möglich gewesen wäre, die sämmtlichen Beurtheilungen
aufzunehmen, welche sich in dem langen Zeitraume stets
den Ereignissen unmittelbar anschlossen; allein der Er=
müdung gar nicht zu gedenken, welche es dem Leser ver=
ursachen müßte, so viele ähnliche, nahverwandte Gegen=
stände in unmittelbarer Folge auf einander besprochen
zu finden, während in der Production eine lange Reihe
von Jahren darüber verfloß: so reicht die Zahl dieser
Aufsätze in die Tausende und vielleicht würden zwanzig,
ja dreißig Bände wie der vorliegende nicht genügen, sie
aufzunehmen. Es mußte also eine Auswahl getroffen
werden. Daß dies kein leichtes Geschäft war, sogar in
der Ausdehnung ein ungemein großes, stellt sich von
selbst heraus. Was sollte unter so vielen hundert Be=
sprechungen gleich bedeutungsvoller Kunstverhältnisse, Per=
sönlichkeiten, Erzeugnisse beibehalten, was ausgeschieden
werden? Wie schwer ist es dem entsagendsten Urtheil,
hier richtig zu bestimmen, was noch Interesse für den
Leser haben kann, nach zehn, funfzehn, zwanzig Jahren!
Für den Einen mag Dies, für den Andern Jenes eine
erfreuliche Erinnerung wecken; der Verfasser selbst ver=

wechselt vielleicht oft die Wirkung der Ereignisse, des Rückblicks in ferne, erlebte Zustände mit der ihrer Darstellung! — Nirgend hat er daher so sehr die Nachsicht der Leser in Anspruch zu nehmen als hier; nirgend aber, dies Zeugniß darf er sich geben, ist er auch gewissenhafter mit sich zu Rathe gegangen, hat fremdes Urtheil, fremde Empfindung so mitstimmen lassen als hier. Auch muß er von vorn herein am entschiedensten gegen die Ansicht Berufung einlegen, daß er der Welt ein Buch zum Lesen im gewöhnlichen Sinne des Wortes übergeben habe, was man von vorn beginnt und bis zum Schluß verfolgt. Und vermöchte er eine eben so starke Sammlung classischer Aufsätze über so engverwandte Gegenstände zu geben, die dem Besten, was irgend eine Literatur geliefert, zur Seite ständen, so würde er sich doch gegen eine solche Art des Lesens verwahren. Das Buch ist eines der Erinnerung; es ist zum Blättern hier und dort, zum Herausgreifen des Einzelnen bestimmt. Es ist großentheils mit darauf berechnet, daß der Leser die Ereignisse mit erlebt, oder die künstlerischen Größen und Schöpfungen, an die sie sich knüpfen, selbst kennen gelernt habe, daran seine eigene Erinnerung belebe. Ob er Paganini in Berlin oder Wien, in Leipzig oder Dresden gehört, darauf kommt es weniger an; am lebendig-

ften wird freilich die Erinnerung geweckt, wenn man die
unmittelbare Beziehung zu dem besprochenen Moment
selbst gehabt hat; doch auch die verwandte, oder die
zu einem ähnlichen, ist die Bundesgenoſſin des Schrift=
ſtellers, und auf dieſe vertraut er.

Eine Fülle merkwürdiger, ſchöner, großer, ja einziger
Erſcheinungen iſt in dem Laufe ſeiner kritiſchen Thätig=
keit an dem Verfaſſer vorübergegangen! Darin iſt ſein
Leben ein reiches geweſen. Wenigen wird ſo viel
werden! Das Bild dieſer innern Lebens= und Kunſt=
geſchichte des Autors ſtellt ſich in dem Buch dar; darin
liegt auch die Veranlaſſung, daß Einzelnes, aber nur
Weniges aufgenommen worden, was hauptſächlich auf
perſönliche Beziehungen begründet iſt. So gleich die
beiden erſten, an ſich ſo unbedeutenden Beurtheilungen
über Euryanthe und den Freiſchütz; die erſte machte in
der That den Anfang der kritiſchen Beſtrebungen des
Verfaſſers und dieſen erſten, in zufälliger Veranlaſſung
geſchehenen Schritt, der nachher ſein ganzes Lebensthun
mitgeſtaltete, wollte er doch bezeichnen, wie unbedeutend
die Spur jedem Andern erſchienen ſei.

Nicht alter Streit ſollte hier geweckt werden; was
davon der Kunſtgeſchichte angehören mag, hat ſich auf
andere Weiſe geltend gemacht, oder mag durch Andere

aufbewahrt werden. Der Autor hat in dieser Hinsicht seine persönlichen Verhältnisse aus dem Buch möglichst entfernt. — In Beziehung auf seine künstlerischen Irrthümer und Fehlgriffe — und wie viele hat er deren gethan und wie wird er oft jetzt noch zweifelhaft, ob er früher oder später im Recht ist! — hat er sich nicht geschont, sondern gibt sich mit seinen Widersprüchen und wechselnden Ansichten. Er hält sich an den französischen Ausspruch, daß Der nie eine Ansicht gehabt, der nie eine gewechselt.

Die Sammlung bildet viel mehr eine Geschichte der künstlerischen Persönlichkeiten, als eine der in diesem Zeitraume entstandenen Kunstwerke. In Beziehung auf die letzteren war ihm durch das Blatt, für welches er diese Beurtheilungen schrieb, das nähere und tiefere Eingehen fast ganz benommen. Eine politische Zeitung, die von Tag zu Tage vorwärts muß, ohne verweilen zu können, gestattet selten mehr als Andeutungen. Das Ungenügende derselben fühlte der Verfasser jetzt nach einer Reihe von Jahren so vollständig, daß er sich nur selten entschließen konnte, Beurtheilungen über Werke aufzunehmen; öfters bestimmten ihn indessen besondere Veranlassungen, oder eine — man vergebe es ihm — nähere Anhänglichkeit für diese oder jene Kunstanschauung,

die er darin ausgesprochen. — Die Werke erhalten sich
und treten zeugend für sich selber auch in der Kunstgeschichte auf; wo über sie gesprochen wird, da muß es
tiefer eingehend geschehen, als in diesen flüchtigen Wi-
derspiegelungen der Eindrücke des Augenblicks. Gern
hat der Autor sich dagegen öfters über ältere, ewig anerkannte Schöpfungen (von Gluck, Mozart u. s. w.) ausgelassen, weil es hier niemals galt, das Werk selbst gül-
tig und ebenbürtig zu bezeichnen, sondern nur die immer
erneuerte, erhebende oder erquickende Wohlthat des Eindrucks anzuerkennen. Er hatte anfangs die Absicht,
einige ausgeführtere Aufsätze aus anderen Zeit- oder Sam-
melschriften hier aufzunehmen, allein er gerieth schon
durch die eine Gattung von Beurtheilungen, die er mit-
theilt, so in die Raumbedrängniß, daß er, zumal in dem
letzten Jahrzehend, nur auf das Weglassen zu denken
hatte. Denn sein Gedanke, aus einem Bande vielleicht
zwei zu machen, und zuletzt ein Register der sämmtlichen Beurtheilungen nebst Ortsangabe der Zeitschriften,
wo sie zu finden, hinzuzufügen, scheiterte im Lauf der
Arbeit; hauptsächlich durch die erschütternde Gewalt, mit
der die geharnischte Gegenwart in dieses Werk tiefen
Friedens und ungestörter künstlerischer Entwickelungen
trat. Darum springen in den letzten Jahren die Urtheile

über weite Zwischenräume und über bedeutende Per=
sönlichkeiten und Kunstwerke hinweg, viel bedeutendere, als
in den ersten Jahren nicht übergangen worden. — Ich
hätte einige Jahre früher abbrechen können; allein eben
die letzten boten gerade die wichtigsten künstlerischen
Erscheinungen und Ereignisse dar, von denen es mir tief
wehe thut, sie nur allzuflüchtig berühren zu können: Liszt,
die Geschwister Milanollo, Jenny Lind, endlich
Mendelssohn's Tod, der ihn der hochausgezeich=
neten Schwester so früh nachführte!

Eine düstere Ahnung bewegte den Autor bei der Be=
stattung des wunderbar begabten Künstlers in kaum
dämmernder Novemberfrühe, daß dieser Tod ein schweres
Vorzeichen sei für die Zustände der Kunst. Die Ah=
nung hat sich verwirklicht, freilich aus ganz anderem Ge=
biet der Weltgeschicke her! Für vieles Große mag jetzt
der Tag anbrechen — nach schwerer Sturmgewitterzeit
von noch nicht zu berechnender Dauer — auf die Kunst
senken sich nächtliche Schleier! Wann sie wieder geho=
ben werden? Wann die Zeit des Erwachens für den
Orpheus=Epimenides kommt, wer weiß es? — Be=
trachtet aber der Autor sein Maß der Jahre und Kräfte,
so hat er wenig Hoffnung, diese Aurora leuchten zu
sehen, vollends dann noch mit frischem Streben, in neuer

Sonne fördernd wirken zu helfen: so wollte er vor Allem
diesen Abschnitt in dem Buch erreichen, der wahrschein=
lich auch seinem Grenzstein nahe liegt — und darum
übersprang er lieber manches Dazwischenliegende.

Die Sammlung schließt denn mit einem Accord der
Wehmuth, der über die Aeolsharfe am Doppelgrabe der
edlen künstlerischen Geschwister rauscht.

Der Erinnerung sind die flüchtigen Blätter ge=
weiht, eine schmerzliche klingt auf dem letzten an;
doch auch sie wird wohlthuend in der Zeitferne und
so verschmelze sie sich denn mit allen lieben, erfreuenden,
edlen und erhebenden Stunden, an die dieser Rückblick
über zwei Jahrzehende mahnt. Und der Leser, der in
dieser Sammlung blättert, vergesse sie und uns und
denke der Zeiten, in die wir ihn vielleicht zurückfüh=
ren —, dann wird er zur Nachsicht geneigt sein!

Berlin, im Juni 1848.

Der Verfasser.

Jahr 1826.

Königliches Theater.

Berlin, 31. October.

Euryanthe *), große Oper in drei Aufzügen, von Karl Maria v. Weber; Herr Hauser den Lysiart als Gastrolle. Jedem Musikfreunde muß diese Vorstellung ein doppeltes Interesse erregen, einmal, weil nach ziemlich langer Ruhe das Meisterwerk unsers gefeierten Landsmannes wieder dargestellt wurde, zweitens, weil sich ein schon durch andere Leistungen rühmlich bekannter Gast darin hören ließ. Der vielbesprochene Werth der trefflichen Composition macht sich zur Freude aller Derjenigen, die die ausgezeichnete Arbeit schon anfangs zu schätzen wußten, immer mehr und mehr auch bei dem

---

*) Mit dieser Beurtheilung, zu der mich nur zufällige Umstände führten, begann meine kritische Thätigkeit an dem Institut der Vossischen Zeitung. Ich konnte damals nicht ahnen, daß ich dieselbe überhaupt, vollends so lange Jahre hindurch (jetzt schon im 31sten) fortsetzen würde. Als den Anfangspunkt einer Thätigkeit, die nunmehr einen so umfassenden Theil meiner geistigen Bestrebungen und Leistungen eingenommen hat, glaubte ich die Beurtheilung auch in dieser Sammlung und Auswahl die Reihe eröffnen lassen zu müssen.

größern Publicum geltend, das eines öftern Hörens bedarf, um
ein so complicirtes Werk aufzufassen. Die Theilnahme ließ
während der ganzen Vorstellung keinen Augenblick nach; der
Beifall war nach jedem Hauptstück rauschend. Herr Hauser, der ein schönes, klangvolles Organ und eine gute Sol-
feggien-Schule hat (denn Passagen gelingen ihm vorzüglich),
nahm die Partie im Ganzen würdig; nur schien es uns,
als dürfte er noch mehr Sorgfalt auf die Aussprache verwenden, der es, obgleich sie sehr deutlich ist, noch an einem
gewissen Adel mangelt. In charakteristischer Bezeichnung
einzelner Stellen ist er glücklicher, z. B. in der verächt-
lichen Rede gegen Adolar: „Trotz Deinem Rosenkranz und
Deiner Cither". Bei der großen Arie hätten wir gewünscht,
daß das Adagio um etwas mehr piano und legato, dagegen
einige Stellen des Allegro vielleicht um so entschlossener genommen worden wären. Die schöne Stimme des geachteten
Gastes klang in diesem Allegro und in dem darauf folgenden Duett ganz vorzüglich. — Mad. Schulz, als Eglantine, erhielt rauschenden Beifall; dieser ohnehin schon zu stark
gezeichnete Charakter würde indeß größere Ansprüche an
Kunstschönheit machen dürfen, wenn er durch die Darstellung
gemäßigt würde; an einigen Stellen schien die Künstlerin,
vom Feuer der Musik hingerissen, dies zu vergessen. Herr
Bader und Mad. Seidler waren ausgezeichnet, wie wir
sie schon früher in diesen anziehenden Partien kennen gelernt
haben, besonders die Letztere leistete im charakteristischen und
beclamatorischen Gesang das Trefflichste, was man von einer
solchen Künstlerin erwarten kann. Ueber Ensemble und
Orchesterleitung des Herrn Kapellmeister Seidel können wir
uns im Ganzen nur lobend äußern und müssen den rühmlichen Eifer anerkennen, mit dem man das Werk des geliebten, leider dahingeschiedenen Meisters ganz in seinem Sinne

darzustellen suchte. Daher wird man es uns nicht übel
deuten, wenn wir auf ein paar Einzelheiten aufmerksam
machen, die uns nicht ganz so gelungen schienen, wie bei
den ersten Aufführungen, unter der Leitung des Componisten. Das Ritornell zu Eglantinens Worten: „Er konnte
mich um sie verschmähn", mußte feuriger, stolzer sein; wir
entsinnen uns, daß Weber gerade diese Intention bei den
Proben auch mit Worten ausgesprochen hat. Im Duett:
„Du klagst mich an", war das Tempo wol um ein Geringes
zu rasch und die Hörner waren im letzten Act, vor dem
letzten Auftritte Euryanthens insbesondere, ein wenig unsicher.
Möchten auch diese Kleinigkeiten bei einer recht · baldigen
Wiederholung der Oper ausgeglichen werden!

Dasselbe Theater.

Berlin, 6. November.

Der Freischütz, von Karl Maria v. Weber. Der
Ertrag der Einnahme ist für die nachgelassenen Söhne des
Componisten bestimmt.

Wir haben diesmal nichts über das Werk zu sagen, denn
darüber haben sich alle gebildete Völker Europas einstimmig
ausgesprochen. Auch auf eine Kritik der Vorstellung kommt
es nicht an; sondern es ist nur der Sinn, in welchem diesmal das Theater geöffnet, und der Eindruck, den die Aufführung auf die Versammlung gemacht, aufzufassen. Was
das Erstere anbelangt, so kann nur Eine Stimme darüber
sein, daß Deutschland dem Künstler, der sein Stolz geworden ist, auch in seinen Nachkommen Achtung, Dank und
Liebe schuldig ist, und daß daher eine Anordnung wie die,
von der wir sprechen, als eine schöne, durchaus lobenswerthe

1*

Huldigung der Verdienste des Verstorbenen angesehen werden muß und gar keine andere Deutung zuläßt. Das
Zweite, die Art, wie Künstler und Publicum in diese Absicht eingingen, mußte Jeden, der Antheil an der Kunst und
ihren Koryphäen nimmt, wahrhaft erfreuen. Schon beim
Eintritt erregte das durchaus, bis auf den letzten Platz, gefüllte Haus eine freudige Bewegung; sie vermehrte sich, als
wir unsern ersten Musiker an der Spitze des Orchesters er-
blickten, der mit erhebendem Eifer das Werk des zu früh
hingeschiedenen Kunstgenossen leitete. Die Ouvertüre begann;
das Orchester leistete, begeistert von der Idee, daß es dem
Andenken des gefeierten, geliebten Componisten galt, das
Trefflichste. Diese Begeisterung ging in das Werk über und
entzündete das Publicum zu einem lauten Enthusiasmus,
indem es unter stürmischem Jubel des Beifalls die Wiederholung der Ouvertüre foderte. Während der Aufführung
selbst zeigten alle dabei beschäftigte Künstler und Künstlerinnen (und zu ihrem Ruhme sei es gesagt, die Besten der
Bühne hatten sich zur Verherrlichung des Werkes vereinigt)
den lebhaftesten, ausdauerndsten Eifer, um das Ganze
zur möglichsten Vollendung zu führen. Dieses trefflichen
Strebens wegen wäre es auch hier nicht am Ort, über das
Mislungene, oder Das, was der Persönlichkeit der Einzelnen
vielleicht nicht zusagte, unzufriedene Aeußerungen zu thun;
es genügte, daß Jeder that, was in seinen Kräften stand.

Wenn wir aber Einem einen vorzüglichen Dank sagen
sollen, so sei es Herrn Bader, den wir mit freudigem Erstaunen im dritten Act unter den Jägern, die den Chor
bilden, bemerkten und der durch seine herrliche Stimme und
die edle, begeisterte Weise, mit der er den frischen, muthigen
Jägerchor mitsang, das Ganze mit einem Wohlklang durchdrang, wodurch der lauteste Enthusiasmus des Publicums

erregt wurde, welcher sich in einem zweimaligen Dacapo-
rufen stürmisch verkündigte.

Diese stolze, freudige Theilnahme begleitete das ganze
Werk, und nur der Gedanke, daß die Feier einem Dahingeschiedenen galt, konnte einen Anklang der Wehmuth in
die erhebende Freude bringen.

Jeden ehrenwerthen Künstler verlieren wir zu früh!
Aber so früh wie Weber? Doch er hat sich ja manches
Denkmal der Dauer gesetzt. Denn wer den Besten seiner
Zeit genug gethan, der hat gelebt für alle Zeiten.

Aber wahrlich, nicht leicht hat er sich diese Fortdauer
erworben, denn wenn wir die letzten Jahre seines Lebens
abrechnen, so mußte er, ohne des künstlerischen Strebens
zu gedenken, mit manchen Hindernissen kämpfen, bevor sein
Ruhm ihm leichtere Pfade bahnte. Aber desto reiner genoß er ihn, denn man kann von ihm, ohne dem mannichfachen Wohlwollen, welches er später auch von Fürsten erfuhr, zu nahe zu treten, mit dem Dichter sagen:

> Rühmend darf's der Deutsche sagen,
> Höher darf das Herz ihm schlagen,
> Selbst erschuf er sich den Werth!

Musik. *)

Am Montag, den 13. November, war im Jagor-
schen Saale, auf die Einladung des Herrn Musikdirectors

---

*) Diese an sich unbedeutende Notiz wird mir von Werth, da
sie mir gerade in dem Augenblicke wieder vor Augen kommt — nach
zweiundzwanzig Jahren — wo der, damals fast noch als Knabe
zu bezeichnende junge Künstler, der so reiche Hoffnungen weckte,
vielleicht noch reichere erfüllte, auf dem Gipfel des Ruhms, doch
mitten in der Bahn und vollen Kraft des Lebens, uns entrissen
ward! Welch ein wehmuthsvoller Rückblick auf die Anfänge seines

Möfer, die ausgezeichnetsten Mufiker, Kenner und mehrere Liebhaber (zu welchen Ref. sich zählt) verfammelt, um
ihre Stimme über die neue große Sinfonie Beethovens und
ihren Rath, wie dieses ungemein schwierige Werk am besten
ausgeführt werden möchte, abzugeben. Herr Felix Men-
delsfohn-Bartholdy trug die Sinfonie am Pianoforte

künstlerischen Lebens! Wir werden ihm in dieser Sammlung
noch öfter begegnen, so flüchtig er auch nur darin berührt wird.
Jener Abend aber ist mir auch an sich ein unvergeßlicher geblieben.
Lebendig, wie ein Ereigniß des Gestern, des Heute, steht er vor
mir. Die trefflichsten Mufiker Berlins, auch die edlen, so früh
dahingegangenen Ludwig Berger und Bernhard Klein waren
zugegen. Das wunderbar, fast schauerlich großartige Werk übte
auch sein Recht. Doch mit ahnungsvollem Staunen weilten Aller
Blicke auf dem jungen Künstler, der (wie es der Bericht der damals
noch wenig geübten Feder schwach und viel zu bemessen schildert)
mit unbegreiflicher Meisterschaft die riesenhafte Partitur beherrschte.
Sein Feuerauge sah Alles zugleich, sein Ohr bohrte (wie Zelter
sich einmal ausdrückte) förmlich in den Noten, seine Finger waren
unfehlbar. Er spielte, was sich nur greifen ließ, und summte noch
andere Stimmen dazu, wie sie eben in der Partitur hervortraten.
Ich wendete ihm das Blatt um, aber es war mir kaum möglich,
seinem rapiden Spiel in dem Notenchaos zu folgen. Und doch behielt er noch Zeit, mir hier und da zuzuwinken, mich mit Worten
auf Einzelnes aufmerkfam zu machen, als: Sehen Sie da die
Pofaunen; die Oboen, oder dergl., wobei er seinen Fingern noch so
viel abmüßigte, daß er auf die Stellen deutete. Er las die Sinfonie so gut wie vom Blatt, denn erst Abends zuvor hatte Möfer
sie ihm geschickt. Einmal hatte er sie durchgesehen. Doch sein
Lesen a vista hatte etwas Zauberhaftes; nur Zwei haben es ihm
gleich, in einzelnen Beziehungen vielleicht zuvorgethan: Bernhard Klein, der Partituren, in den Schriften aller Zeiten, besonders Gesangspartituren, vielleicht noch sicherer las, wobei er zugleich wundervoll die einzelnen Stimmen sang; und Lifzt im Lesen
von Pianofortefchwierigkeiten, worüber selbst Mendelsfohn er-
staunte. Doch in seiner Allseitigkeit übertraf Mendelsfohn beide
Genannte.

vor und schon das war ein Genuß, zu hören, wie dieser junge Künstler es möglich machte, mit sehr wenigen Aufopferungen das ganze Orchester in den beschränkten Rahmen der Tastatur mittels der Kraft und Fertigkeit der zehn Finger so zu übertragen, daß man ein durchaus deutliches Bild des Ganzen und eine Charakteristik durch Nüancirungen erhielt, wie sie das Orchester vielleicht erst nach langer Uebung auszudrücken vermöchte. Die meisten Stimmen vereinigten sich dahin, das Scherzo für den genialsten Satz des Werkes zu erklären; der letzte scheint, trotz der geübtesten Anwendung aller ersinnlichen Mittel, doch zu lang und auch die neue Idee, einen Chor mit der complicirtesten Instrumentalmusik zu verbinden, nicht ganz glücklich. Auch ist er in der Ausführung der schwierigste. Dessenungeachtet muß es der lebhafte Wunsch aller Kunstfreunde sein, daß Herr Musikdirector Möser sein bereits gegebenes Versprechen, diese Sinfonie in seinem Concert aufzuführen, ja halten möge. Denn neben (wie es uns scheint) mancher Verirrung ist des Großen, Erhabenen, ja Erstaunenswürdigen so viel darin enthalten, daß die eifrigste Mühe, dieses colossale Werk einzustudiren, gewiß ihre Belohnung findet. Herrn Möser aber würden wir aufs neue für einen hohen Kunstgenuß, deren uns seine unermüdliche Thätigkeit schon so manchen bereitet hat, verpflichtet werden.

Jahr 1827.

Königliches Theater. *)

Berlin, 23. Januar.

Am Sonntag im Opernhause nach dreijähriger Ruhe neu einstudirt, Dido, dramatisches Gedicht in 3 Acten, von

---

*) Die Motive, welche mich bestimmten, diese Beurtheilung, die so wesentlich mit zur Geschichte meines innern Lebens gehört, hier aufzunehmen, fühlt Jeder von selbst. Ich darf sie nicht erst auseinandersetzen, noch mich darüber rechtfertigen. Allein ein Wort über das Werk selbst scheint mir nicht nur erlaubt, sondern sogar Pflicht, Pflicht gegen einen Todten. Nachdem weit über ein Vierteljahrhundert seit der Entstehung der Arbeit verflossen ist (ich schrieb das Gedicht 1819 im Frühjahr, Klein vollendete die Musik im Laufe des Sommers und nächsten Winters; die erste Aufführung fand 1823 am 15. October zum Geburtstage des jetzigen Königs von Preußen statt), spricht der Verfasser wol eben so unabhängig darüber als jeder Fremde, wenngleich mit näherem Antheil, der ihm aber auch die genauere Verständniß sichert. Wer soeben den zwanzigsten Band gesammelter Werke redigirt, dem kann es nicht mehr, wie einem jüngern Schriftsteller, darauf ankommen, eine Jugendarbeit mit veröffentlicht zu sehen; es hätte mich ja auch nichts gehindert, das Gedicht dem dramatischen Theile dieser Sammlung einzuverleiben. Auch auf die Anerkennung des Werths desselben, die dem Ruf nichts nehmen noch zusetzen kann, legt man unter solchen Umständen kein Gewicht; ich wenigstens nicht, und um so weniger, als ich die Unreife des Versuchs, bei aller edlen Richtung und Begeisterung, aus der er hervorgegangen, gar nicht verkenne. Eben so wenig aber werde ich die Ueberzeugung verläugnen, daß das Gedicht, wie unpraktisch für den Erfolg es war, doch eine innerlich viel höhere Stufe einnimmt, als sie sonst tragischen Operngedichten (die älteren französischen und Armide, Iphigenie u. s. w. ausgenommen) eigen zu sein pflegt. Wäre auch meine

L. Rellstab, in Musik gesetzt von Bernhard Klein. — Der
Referent kommt hier in den seltsamen, indeß nicht unerhörten
Fall, über ein Werk das öffentliche Wort nehmen zu müssen,

Ansicht darüber noch heute, nach fast dreißig Jahren, eine befangene,
so habe ich doch drei Bürgschaften für mich, die man nicht so
leicht zurückweisen wird. Die erste ist Jean Paul, dem ich es
(später) mit anderen Gedichten zusandte, der auf das Manuscript
setzte: Sub auspiciis Apollinis, und sich mündlich mit Wärme dafür aussprach; andern Orts habe ich darüber Näheres mitgetheilt
Die zweite ist Karl Maria v. Weber, dem ich im jugendlichen
Enthusiasmus, bei einem Besuch in Dresden (1821) den Antrag
machte, eine Oper für ihn zu schreiben, ihm das Gedicht in Rede
vorlas und der, dadurch bewogen, sofort in eine nähere, man-
nichfache Verbindung zu dem gedachten Zwecke mit mir trat; nur
sein früher Tod hinderte ein Ergebniß. Die dritte und stärkste
Bürgschaft endlich ist die, daß Bernhard Klein, der reichste,
edelste künstlerische Geist im Allgemeinen (abgesehen von der Musik), der mir auf meinem Lebenswege begegnet ist, eine der hervor-
ragendsten geistigen Entwickelungen überhaupt, sich mit ganzer
Wärme und Liebe dem Gedicht hingab. Er, der Alles, fast feind-
selig, zurückstieß, was nicht die höchsten Richtungen erstrebte! Aus
einer solchen Glut edelster, künstlerischer und geistiger Kräfte wie
die seinigen mußte aber auch etwas Außergewöhnliches hervorgehen. Ich spreche nicht vom Erfolg; denn diesen zu berechnen, verstand unsre Jugend nicht und verwarf es sogar in ihrem ungleich
reineren Eifer, als der, welcher spätere, von der Lebensklugheit
allzu durchdrungene Schritte im Gebiet künstlerischer Oeffentlichkeit
zu leiten pflegt. Dieses Außergewöhnliche, hoch Hervorragende in
Klein's Schöpfung mußte die obenstehende Beurtheilung nicht anzuerkennen. Wie sehr ich darnach trachtete, mich frei darin zu erhalten von dem persönlichen Antheil an dem Werk, diese Freiheit
habe ich nicht errungen. Jetzt mag ich sie nur der Zeit verdanken.
Mein Urtheil von damals ist nur, vielleicht zu ängstlich, darauf
bedacht, die Fehler, die Mängel nicht ungerügt zu lassen. Darin
sucht es die Gerechtigkeit! Das wundervoll Schöne, Erhabene in
dem Werk deutet es kaum an. Wenn Ludwig Berger, eben
so der offene und in vieler Beziehung musikalisch überlegene Gegner, als der redlichste, wärmste Freund Klein's (die Gegenseitig-

1**

woran er selbst einen, wenngleich nicht eben den bedeutendsten Antheil hat. Er würde vielleicht Jemand gefunden
haben, der das Amt des Berichterstatters für ihn über-

keit waltete nicht so rein ob), um dem Werk seine Stellung anzuweisen, sagte: „Es gilt mir doch so viel, daß ich lieber die Dido,
als den Titus geschrieben haben möchte" — so muß dieser Ausspruch
um so schwerer ins Gewicht fallen, wenn man weiß, welch ein
glühend begeisterter Verehrer Mozart's Berger war, wie sich sein
Zorn fast zur Erbitterung steigerte, wenn man irgend einen Meister (Gluck in der Iphigenie in Tauris ausgenommen, die ihm
für das höchste dramatische Werk galt) über, ja nur neben Mozart stellen wollte. Und diesem Ausspruch trete ich heute, nach
dreißig Jahren, die ich fast ununterbrochen in dem reichsten, leben-
digsten Verkehr mit Künstlern und Kunstwerken zugebracht, noch
überzeugter bei als damals. — Sollte also ein Werk so edlen Ge-
haltes verloren gehen? Es ist zum Theil schon verloren gegangen,
dadurch, daß ihm nicht das Recht geworden, in seiner Zeit zu
erscheinen. Denn wie auch Mozart's Titus heute nicht mehr Das
gilt, was er galt, als der Meister ihn schuf (er war ja damals,
und lange Zeit später, fortdauernd auf dem Repertoir aller Bühnen, während er jetzt kaum einzeln einmal auftaucht; auch kann es
nicht anders sein), so ist auch dem Werk unsers dahingegangenen
Künstlers die lebendigste Kraft seiner Geltung geraubt worden
durch sein langjähriges Zurückgehaltensein, während die Kunst im
Allgemeinen in frischer entfalteten Trieben fortwuchs, welche zuletzt die größten Erscheinungen des Einst überwuchern müssen. —
Was wollten wir aber für das Werk in Anspruch nehmen? Daß
die Bühne es wieder ins Leben rufe? Das sei ferne von uns;
denn schon damals trug es die Bedingungen nicht in sich, um sich
dort zu behaupten, weil es (ein Fehler der Jugendlichkeit beider
Verfasser, den ich uns jedoch nicht zum Tadel gereichen lassen kann)
jede Bewilligung an die Massen, sowol in seinen inneren als
äußeren Einrichtungen, verschmähte. Es hatte das Bestreben, für
die Kunst, für die Künstler geschrieben zu sein, eine Auffassung,
die, wäre sie die allgemeine, das Urtheil auch der Massen allmälig
zu höheren Anschauungen entwickeln würde. Weil aber das Werk
eben für die Kunst, die Künstler gedacht ist, weil sein musikalischer Theil die Aufgabe in seltener Höhe gelöst hat, darum

nommen hätte, doch möchte dies bei seinem Verhältniß zur
Zeitung am Ende noch stärkeren Misdeutungen in Beziehung auf Parteilichkeit unterworfen gewesen sein, besonders
wenn der Stellvertreter sich nicht hätte nennen wollen. Er
wird demnach nach bester Ueberzeugung reden und zuvörderst die Fehler des Gedichts angeben und Das, was etwa
Gutes darin sein möchte, dem eignen Urtheile des Publicums
überlassen. — Zuerst scheint es nöthig, sich über die Aufgabe zu verständigen. Das Gedicht für die antike Oper
muß nach ganz anderen dramatischen Grundsätzen entworfen
werden, als das für die romantische. Die Musik soll e i n e n

---

sollte es der Kunst, den Künstlern erhalten bleiben. Es ist eine
schwere Anklage gegen Die, welche den Nachlaß Bernhard Klein's
zu verwalten gehabt, daß sie für die Verbreitung seines Ruhms
(einzelnes Lobenswerthe ist allerdings geschehen) nicht gleiche Sorge
getragen wie für die äußerlichen Güter. Nicht nur eine Ausgabe
der Oper in Rede, sondern eine der gesammten Werke Klein's
zu veranstalten, mindestens in einer wohlgeordneten Auswahl, wäre
eine Pflicht gewesen. Wer ihn gekannt, der weiß, daß er die Erfüllung dieser als eine heilige Gewißheit bei den Erben seines
Namens voraussetzte. In unwilligem Gram würde sein edler Geist
sich regen, wäre ihm kund, daß es bisher versäumt ist. Er
hat eine einzige Tochter, ein bedeutendes Vermögen hinterlassen;
diese Tochter ist einem Manne der Wissenschaft verbunden. Also
Einsicht und Mittel sind in gleichem Maße vorhanden zur Erkenntniß wie zur Ausübung dieser Pflicht. Ob der stillen Gruft des
Künstlers ein Denkstein gesetzt ist, das möge uns weniger be-
kümmern. Aber das Denkmal aere perennius, zu dem er den heiligen Stoff zurückgelassen, das gebührt ihm, ihm, der in seiner künstlerischen Glut Alles an ein Kunstwerk gesetzt hätte, selbst
das Leben! Und er hat es vielleicht gethan, in der frühen Auf-
reibung, die seinem rastlosen geistigen Mühen und Ringen folgte! —
Am Erfolg gemessen, überstrahlen ihn viele Namen seiner Zeit
und der jetzigen; am Werth, keiner unbedingt, wenige in einzelner Richtung.

Stil behalten, den der höchsten tragischen Würde. Sie darf nie in ein leichteres Feld, selbst nicht in die Mittelstufen zwischen Ernst und Scherz hinüberspielen. Daher wird die Charakteristik der Personen nicht so contrastirend ausfallen können, als in einer romantischen Oper. Dies hat die Folge, daß man sich auf wenige handelnde Personen beschränkt; die Opern von Gluck, die sich nur durch drei, vier, höchstens fünf Figuren gestalten, geben dafür das nachahmungswertheste Beispiel. Ferner gibt es bei der antiken Oper nicht, wie bei der romantischen, einen Knoten zu schürzen und zu lösen, sondern die Ereignisse gehen auf ein fest ins Auge gestelltes Ziel hin, das dem Hörer nie verhüllt wird, weil in dem Contrast, der in der Seele des Hörenden, welcher das tragische oder das ergreifende Geschick voraussieht, mit dem Verhältniß entsteht, in dem die im Stück handelnden Personen in jedem Augenblick desselben sich befinden, die ganze Wirkung einzig liegen muß. Es kommt also nur darauf an, die Handlung durch möglichst würdige Situationen und mit den einfachsten Mitteln zum Ziel zu fördern. Deshalb ist es für die antike Oper nicht nur nicht nachtheilig, sondern sogar vortheilhaft, Gegenstände zu behandeln, die als Mythe oder Tradition ihrem wesentlichen Inhalt nach den Hörenden bereits bekannt sind. — Diese Grundsätze führten zur Wahl des Stoffs der schon vielfach bearbeiteten virgilischen Dido. In der Würde und dramatischen Folge der Situationen, wie in der Haltung und Bedeutung der Charaktere, ist also der Werth eines solchen Gedichts besonders zu suchen. Gegen den ersten Theil der Aufgabe hat der Verfasser in so fern sehr gefehlt, als er eine größere Mannichfaltigkeit dadurch hätte hineinbringen sollen, daß er Momente der Freude, des stolzen, sichern Glücks gegeben und nicht gleich die tragische Muse

im erften Augenblick der Entwickelung durch den das Verhängniß des Aeneas beftimmenden Götterchor eingeführt
hätte. Um den Schmerz der unglücklichen Liebe beftimmter
zu fühlen, mußten wir auch die glückliche fehen. Der
zweite Theil der Aufgabe ift noch unvollkommener gelöft.
Denn ein dramatischer Irrthum verleitete den Verfaffer, die
Figur der Selene, aus nur poetischen und mufikalischen
Gründen (die aber keine dramatischen find), gewiffermaßen
als fanften Mond neben die ftrahlende Sonne der Dido zu
ftellen. Sie follte in ihrem klaren Bewußtfein des kommenden Geschicks und in ihrer ftummen, duldenden Unterordnung
gewiffermaßen als eine den Chor im Sinne der Griechen
vertretende Figur daftehen und immer die tragische Begleiterin der durch Liebe und Glück verblendeten Dido fein.
Allein eine folche nicht handelnde Figur ift ganz überflüffig
und ftört überall; das Publicum felbft foll ja eben diese
Figur abgeben. Dies ift von der beurtheilenden Direction
schon früher gefühlt worden und der Componift hat daher
durch einen andern Bearbeiter (der Verfaffer war damals
zu weit von hier entfernt) diesem Charakter eine Farbe bei-
mischen laffen, durch welche er mehr hervortreten follte,
nämlich eine verborgene bekämpfte Leidenschaft für Aeneas,
damit dadurch wenigftens der Schein einer zum Ganzen
wirkenden Thätigkeit hervorgebracht werden möchte. Dadurch
ift aber noch außerdem ein Misverhältniß und Schwanken
des Charakters in fich entftanden, ohne daß der Fehler voll-
ftändig verbeffert wäre; nur für die Mufik ergeben fich
daraus einige brillante Momente (z. B. die Arie im dritten
Act), wiewol fich diese wieder nicht in das Getriebe der
Handlung gut einfügen wollen. An diesem, durch den Dichter verschuldeten, gelähmten Gliede wird die Oper ewig kranken. Es wäre noch Vieles zu tadeln, wenn der Raum

dieser Blätter es gestattete; so nehme man denn das Gesagte wohlwollend als eine Art von Vorrede des Dichters hin, der sich gern entschuldigen möchte, wenn er könnte, und daher nichts Besseres thun kann, als seine Fehler eingestehen. — Zur Musik. In eine gründliche Beurtheilung derselben einzugehen, ist hier ebenfalls nicht der Ort. Nur Einiges im Allgemeinen. Wenn jeder Dichter so verstanden, sein Werk so aus dem Ganzen und den höchsten Gesichtspunkten aufgefaßt würde, man dürfte sich glücklich schätzen, nur Opernterte zu schreiben. Möge dann in der Ausführung eines Gedankens die Kraft der musikalischen Erfindung auch mehr oder weniger ausreichen, es wird doch immer ein achtungswerthes, dem Bewußtsein entsprungenes Werk dargeboten werden. Diese nicht nur richtige und glückliche, sondern durchaus tiefe und oft potenzirende Verständniß und Commentation des Gedichts macht den wesentlichen Werth der Musik aus. Doch ist sie auch reich an selbständiger Erfindung und der ausgebildete Meister, dem die Wissenschaft seiner Kunst Gewohnheit geworden ist, zeigt sich überall. Gediegene Arbeit und Stimmenführung finden wir in jedem Stück. Die Melodie ist edel, an vielen Stellen schön; die Harmonie ist nirgend gezwungen oder gesucht, dafür aber wiederholen sich vielleicht ähnliche Fortschreitungen zu oft. Die Declamation der Recitative ist durchgängig richtig, sollte aber mehr musikalische Freiheit annehmen und in den Zwischenspielen bisweilen gewählter sein. Die Instrumentation ist sehr erwogen und überall wohlklingend. In der Arie des Aeneas ist sie wunderschön. Blech- und Blase-Instrumente werden mit lobenswerther Mäßigung gebraucht. Der Hauptfehler, den wir aber der Musik im Ganzen vorhalten müssen, ist ein ähnlicher, wie der des Dichters, und vielleicht durch ihn mitverschuldet. Die Kunst der Contraste

nämlich ist zu sehr vernachlässigt; wir werden um den Genuß vieler Schönheiten gebracht, weil sie im Charakter einander zu ähnlich sehen. Jedes Ohr bedarf einer öfteren
Reizung und Anregung, bei der man nur durch möglichste
Abwechselung vor Abstumpfung bewahrt werden kann, wie
das Roß den Zügel nur dann fühlt, wenn er ihm oft nach-
gelassen wird. Größtentheils wird dieser Fehler auch durch
die vielen unmittelbar auf einander folgenden Stücke in denselben oder doch sehr nahe verwandten Tonarten, sowie auch
dadurch hervorgebracht, daß die Singstimmen sich in zu engen
Grenzen bewegen und zu häufig auf denselben Tönen liegen
und mit ihnen einsetzen. Dies Letztere ist besonders in dem
Duett zwischen Dido und Selene, im Anfange des zweiten
Actes, der Fall. — Doch genug des Tadels und des Lobes
über ein Werk, das Kraft genug in sich hat, sich selbst die
Stelle zu bezeichnen, die es unter den Musikwerken unsrer
Zeit einnehmen darf.

Concert.

Am Donnerstag, den 25. Januar, erfreute uns Herr Ferdinand Ries durch ein Concert, dem an vortrefflicher Anordnung gediegner und schön ausgeführter Stücke wenige in
diesem Winter gleichkommen möchten. Der berühmte Name
des Concertgebers berechtigte indeß auch dazu, etwas sehr
Erfreuliches zu erwarten. Den Anfang machte eine neue
(6te) große Sinfonie des Herrn F. Ries in D dur, noch
Manuscript. Nach einmaligem Hören in eine detaillirte
Würdigung eines so großen Werkes einzugehen, ist unmöglich. Wir können daher nur von dem Total-Eindrucke
sprechen. Am meisten sagte uns der erste Satz, ein Allegro
mit einleitendem Adagia, zu, in welchem sich schöne Melodie

und interessante Harmonie mit einer kunstreichen Führung und contrapunktischer Benutzung der Stimmen verbinden. Das Ganze ist in einem schönen, großartigen Fluß geschrieben. Es thut ungemein wohl, in jetziger Zeit ein Musikstück zu hören, welches sich von Ueberladungen und Ausschweifungen so frei hält und nach einem reinen edlen Stil strebt, in dem etwas Gutes zu leisten viel schwerer ist, als durch Bizarrerien und barocke Wendungen aufzufallen und manches Geniale mit vielem blos Seltsamen in einem Kauf zu geben. — Die Menuett, H moll, hat einen großen Rhythmus und charakteristische Melodie, doch das Trio, wiewol es sich durch sehr sorgfältige Instrumentation auszeichnete, wollte uns weniger zusagen. Indeß hört man manche Stücke oft ganz anders, als der Componist sie denkt und gehört haben will; daher entsteht der so häufige Streit besonders über den Werth der Melodie, der viel seltener sein würde, wenn Jedermann auf dieselben Accente und Nüancen des Vortrags, der dazu erfoderlich ist, achtete. Das Adagio hat eine sehr schöne Melodie und oft wunderbare Harmoniefolgen. Sollte es aber nicht noch durch eine kleine Zusammenziehung gewinnen? Lieber wäre es uns auch gewesen, es schlösse selbständig, als daß der letzte Satz sich so unmittelbar daran knüpft. Dieser sucht seine Stärke vorzüglich in interessanten Rhythmen und sehr wirksamer Instrumentirung. Der Orgelpunkt auf D im Anfang möchte wol etwas zu lange festgehalten sein, besonders da derselbe Satz nach Art des Rondeau öfter wiederkehrt. Gegen die übrigen Theile der Sinfonie gehalten, würden wir diesem den geringsten Werth beilegen, wiewol auch er reich an vielen Schönheiten ist. Es scheint uns überhaupt, als habe der berühmte Componist mehr Neigung und natürliche Anlage zum ernsten und melancholischen Stil, als zum heitern,

ober gar zur kecken, jubelnden Lust gesteigerten. Er gleicht
darin seinem großen Meister Beethoven, von dem ebenfalls
das Goethe'sche Wort gilt: „Es behagt dem Dichtergenie vor
Allem das Reich der Melancholie."

Als Klavierspieler zeigte sich Herr Ries zuerst in einem
großen, brillanten Concert in A moll von seiner eignen Composition, welches er mit Feuer und großer Sicherheit vortrug.
Herr Ries hat nicht das brillante, blendende Spiel der neueren Klavierspieler, allein er spielt mit einer sehr gediegenen
Sicherheit in einem schönen, dem Geist seiner gehaltreichen
Compositionen angemessenen Stil. Wenn Fertigkeit und
Schnelligkeit unterschieden werden müssen, so ist sehr die
Frage, ob Herr Ries sich vor irgend einem andern Nebenbuhler zu fürchten hat. Vieles, was halb unmöglich klingt,
ist am Ende nur eine Charlatanerie, mit der das Publicum
überrascht und geblendet wird; dies zeigt sich besonders,
wenn man junge Klavierspieler, die nichts Anderes als Kalkbrenner und Moscheles gespielt haben, an die soliden schweren
Sachen älterer Meister führt, bei denen sie mit den erwor-
benen Fertigkeiten in gewissen Passagen denn freilich nicht
ausreichen. Wir wissen es daher Herrn Ries Dank, daß
er auch als Virtuose der gründlichern Ausbildung vor der
modernen den Vorzug gegeben hat. — Außer dem genannten
Concert trug Herr Ries Variationen mit obligater Violinbegleitung vor, in welchen der jüngere Bruder des Concertgebers sich als ein fertiger Violinspieler, der namentlich einen
schönen Ton mit sicherm Bogenstrich und natürlichem Ausdruck vereinigt, bewährte. Zu brillanten Schwierigkeiten
gab die vielleicht etwas zu lange Composition nur dem Klavierspieler Anlaß. — Ein Rondeau brillant, ebenfalls vom
Herrn F. Ries, noch Manuscript, machte einen wirklich
brillanten Schluß und erfreute sich des rauschendsten Bei-

falls, der nur darum beim ersten Concert nicht so stark war, weil die Soloschlüsse nicht auf die gewöhnliche Weise so angelegt waren, daß sie das Signal zum Beifall geben sollten, sondern sich, sehr lobenswerth, mehr mit dem Ganzen der Composition verschmolzen. — Nur ein besseres Instrument, welches namentlich eine klang- und gesangvollere Höhe gehabt hätte, würden wir dem trefflichen Virtuosen gewünscht haben. Die leichte wiener Arbeit verträgt sich nicht gut mit seinem energischen und gebundenen Spiel.

Herr Jäger und Dlle. Sontag unterstützten das Concert durch Gesang. Ersterer trug die Arie von Mozart: „Dies Bildniß ist" vor, jedoch ohne den einfachen seelenvollen Charakter aufzufassen, sondern mit viel zu scharfer Accentuation und namentlich sehr ungehörigen Verzierungen. Die schöne Wahl müssen wir indessen dankbar anerkennen und rühmen. Wer zu viel von Rossini singt, kann sich gar leicht verwöhnen; deshalb wäre es Herrn Jäger sehr zu rathen, oft gediegenere Compositionen öffentlich vorzutragen. Dlle. Sontag erfreute uns durch die nicht besser zu treffende Wahl der großen Arie Elvirens aus Don Juan. Wie diese gesungen werden müsse, darüber lassen sich manche Ansichten aufstellen. Die Künstlerin hob vorzüglich den wehmüthigen Ausdruck der schmerzlich verletzten Liebe hervor, stellte dagegen die Spanierin und den Stolz der gekränkten Ehre mehr in den Hintergrund. Die schönen, schweren Tonverbindungen sang sie vortrefflich und wir wissen es ihr den besten Dank, daß sie nur Mozart's Noten hören ließ. Wenn wir einen kleinen Tadel nicht verschweigen dürfen, so müssen wir einige Detonationen im Anfang bemerken. Der lebhafteste Beifall dankte der Künstlerin für den Genuß, den sie uns gewährte.

Schließlich rühmen wir es noch Herrn Ries nach, daß

er uns die herrliche Ouvertüre seines großen Meisters zum Fidelio gab. Leider ist kaum zu zweifeln, daß der Schöpfer dieses unendlichen Werkes nur noch wenige Monden unter uns wandeln wird. Mit ihm wird der letzte jener großen Männer, die Deutschlands musikalischen Ruhm zu seinem strahlenden Glanze erhoben, betrauert werden. Möchte eine wohlwollende Hand schirmend über sein theures Leben wachen!

Concert.

Am Donnerstag, den 1. März, gab Dlle. Sontag im Saale des königl. Schauspielhauses ein Concert, zu welchem sich ein großer Theil der Einwohner Berlins schon lange gefreut hatte. Und mit Recht, denn es entsprach allen Erwartungen, die wir davon haben konnten. Zuerst sagen wir der Künstlerin Dank, daß sie, ihrem schönen Talent nicht allein vertrauend, sowol durch die Auffoderung anderer Künstler, als durch die Wahl interessanter Musikstücke diesem Concert ein erhöhtes Interesse verliehen hat. Wir hörten eine ganze Sinfonie von Haydn. Dieser herrliche Meister wird jetzt so selten gehörig beachtet, daß wir um desto dankbarer sein müssen, wenn einmal eine solche Ausnahme stattfindet. Die klare Behandlung des Orchesters, wodurch selbst bei den schnellsten Figuren und Läufen und der complicirtesten Verwickelung derselben eine stete Deutlichkeit erhalten wird, thut uns in einer Zeit wie die jetzige ganz besonders wohl, wo die in der That furchtbar zu nennende Anwendung der Blase-Instrumente ein derbes Ohr durchaus verwöhnt, ein feineres beständig betäubt. — In der Ouvertüre aus Elisa, von Cherubini, welche den zweiten Theil eröffnete, mußten wir diese Mäßigung schon vermissen. Doch entschädigen bei diesem Meister große Ge-

danken und eine zum Theil geniale, wenn auch oft verworrene Behandlung derselben für Das, was wir als mangel-
haft gerügt haben. Er versteckt wenigstens nicht seine Armuth durch eine betäubende Instrumentation, sondern über-
schreitet im Gegentheil bei dem Reichthum seiner innern
Kraft nur oft das Maß des Ausdrucks derselben.

Mit Absicht spreche ich von den Stücken, an welchen die
Concertgeberin thätigen Antheil nahm, zuletzt. Unter diesen
erhielt zuerst das Quartett aus Moses, von Rossini, Beifall,
und mit Recht. Obwol die ewige Dasselbigkeit dieses Componisten auch darin eben so anzutreffen ist, wie in anderen
seiner Stücke, obwol ein Eintritt des Allegro (C dur) Note
für Note dem Chor «Bella vita militar» aus «Cosi fan tutte»
glich; so war es dennoch reich an schönen melodischen Stellen
und namentlich zeichnet sich der Satz mit der Harfenbeglei-
tung auch durch einige sehr wohlklingende Ausweichungen
aus. Die Ausführung war höchst lobenswerth und es ist
als ein rühmliches Muster aufzustellen, wie trefflich die
Sänger des Königsstädtischen Theaters sich in einander schicken
und einstudiren. — Unstreitig den größten Beifall erwarb
sich das komische Duett von Fioravanti, welches Dlle. Sontag mit Herrn Spitzeder sang. Die unerschöpfliche vis co-
mica des Letzteren, die ungemein anmuthige Naïvetät der Ersteren, die schönen Stimmen, die Volubilität der Zungen
und Kehlen Beider, und besonders wiederum das treffliche
Zusammensingen, erhob dies Stück zu einem Grade der
Ausführung, der nichts zu wünschen übrigließ. Durch den
lebhaftesten Beifall und ein vielstimmiges da Capo zeigte
das Publicum seine Erkenntlichkeit für und seine Lust an
diesem Genuß. — Jetzt endlich zu Dem, was Dlle. Sontag allein vortrug. Sie hatte eine Arie von Mozart aus
Titus gewählt; schon das ist ein Verdienst. Wer die größ-

im Meister ehrt, ehrt die Kunst und sich. Ein Mißlingen beim Streben nach etwas wirklich Schönem ist schon mehr als das vollständigste Gelingen im Mittelmäßigen. Aber hier mißlang die Bestrebung nicht. Können wir auch mit dem Vortrag mehrerer einzelner Stellen, mit dieser und jener Auffassung nicht durchaus mit der Künstlerin überein- stimmen, so müssen wir doch das Ganze gelungen nennen. Und dabei ist noch zu bemerken, daß eine Stelle der Melo- die im Allegro dieser Arie die gefährlichste Klippe für die vortragende Sängerin ist, indem sie dem Ausdruck, wenn auch nicht widerstrebt, ihn doch wenigstens durchaus nicht unterstützt. — Den Beschluß des Concerts machten Varia- tionen auf das liebliche schottische Volkslied aus der weißen Dame, die die Künstlerin mit aller der Anmuth, Präcision und Reinheit vortrug, die wir schon so oft an ihr bewun- dert haben. — Wir wissen zwar, daß es uns von Manchem, und vielleicht mit Recht, verdacht wird, daß wir mit der grämlichen Miene des Kritikasters immer etwas zu tadeln haben, wo so viel zu loben ist; aber vielleicht ist die Künst- lerin selbst, die nach Vollkommenheit strebt, darin am mei- sten mit uns einverstanden, vorausgesetzt, daß wir nicht irren, und so möchten wir sie denn bitten, die ganze Kraft ihres Studiums noch darauf zu verwenden, die Töne von d bis f ganz rein und ohne Terzenvorschläge einzusetzen; wenn sie auch diese Kleinigkeit überwunden haben wird, so wüßten wir nicht, wer ihr eine vollkommene Ausbildung streitig machen wollte, so weit diese durch Solfeggien und reine Stimmübungen erreicht wird.

Concert.

Am 13. April fand im Opernhause ein großes Concert statt, in welchem wir die größeste aller Sängerinnen, die unübertreffliche Catalani, hörten. Es sei uns vergönnt, zuerst von den übrigen Musikstücken dieses Concerts zu sprechen. Die Ouvertüre aus Faniska (eine Oper Cherubini's, die sich früher hier des größten Beifalls erfreut hat und gewiß auch jetzt wieder sehr willkommen wäre) ist zwar nicht eine der größten dieses Meisters, aber dennoch ein sehr interessantes und geistreich gearbeitetes Werk, das wol öfter gehört zu werden verdiente. Zwischen den vier Arien, die Madame Catalani vortrug, hörten wir mehrere unserer besten Virtuosen, denen wir ihren verdienten Antheil am Lobe nicht streitig machen wollen, wiewol diesmal doch Alles gegen deren außerordentliche Leistung zurückstehen mußte. Zuerst bliesen die Herren Tausch und Eichhorst, der Schüler des Ersteren, ein Doppelconcert für zwei Klarinetten. Der Meister hätte nicht bekannt oder genannt sein dürfen, man würde ihn doch herausgefunden haben, denn allerdings übertrifft er den Schüler an Sicherheit des Tons wie des Vortrags noch bei weitem, wiewol auch diesem der Name eines fertigen Künstlers nicht streitig zu machen ist. Herr Tausch gewährt uns aber von allen Klarinettisten (selbst Bärmann und Hermstädt nicht ausgenommen), die wir gehört haben, bei weitem den größeren Genuß, wiewol wir zugeben, daß er im Einzelnen seinen Meister finden mag. — Den 2ten Theil eröffnete Herr Kammermusikus Ganz mit dem Vortrag der Schwedischen Nationallieder mit Variationen für das Cello, die wir so manchmal von dem unvergeßlichen Romberg gehört haben. Der Werth des Spiels unsers neuen Mitgliedes der Kapelle ist bereits öfters von uns anerkannt; wir würden aber seiner Bescheidenheit ein geringes Zutrauen schenken, wenn wir glauben könnten, er wisse nicht selbst sehr wohl, daß er noch lange zu streben habe, ehe er die geniale Meisterschaft des Componisten erreicht haben wird,

von dem er diesmal etwas vortrug. Dennoch wird er bemerkt haben, wie der Werth und Zusammenhang einer
Composition auch den Spieler unterstützt. Das Doppelconcert für zwei Waldhörner vom Herrn Lenz wurde von
den Gebrüdern Schunke gut, obwol nicht immer ganz rein
geblasen. — Jetzt zu der Sängerin. Es thut uns weh,
aber es ist einmal die unerläßliche Pflicht des Kunstrichters,
daß er selbst, wo das Größeste geleistet wird, auch noch die
Mängel hören soll, obwol es bisweilen überflüssig sein kann,
sie zu bezeichnen. Diesmal wollen wir es nur deshalb thun,
damit uns Niemand sagen könne, unser Lob sei ungegrün-
det oder unzuverläßig; übrigens gehört wol nur eine unendlich geringe Fertigkeit des Ohrs und Kenntniß der Gesangskunst dazu, um diese unterscheiden zu können, und wer darauf stolz sein wollte, dieser Sängerin Fehler abgehört zu
haben, würde in der That zu bemitleiden sein. Es ist wahr,
Madame Catalani sündigt gegen viele Schulregeln, sie macht
die Passagen selten auf a, setzt sehr häufig die Töne mit
sehr bemerkbarem Vorschlage ein und bricht sie bisweilen
zu scharf ab; beim Triller bebt sie mit dem Kinn; ihre
Stimme ist nicht mehr in allen Regionen gleichmäßig des
Tones mächtig, daher singt sie freilich f und e oft nicht
ganz rein, und dergl. mehr. Hätten wir von einer Anfängerin zu sprechen, deren Leistung nicht viel mehr sein und
werden würde, als ein Vermeiden des Unangenehmen, so
könnte man mit Recht fodern, daß ihr solche Mängel vor-
gehalten und hoch angerechnet würden. Wir sprechen aber
von Madame Catalani und so danken wir dem Himmel,
daß es weiter nicht nöthig ist, Worte zu verlieren, und freuen
uns, daß wir nun ein für alle Mal mit der Aufzählung
der kleinen Schwächen dieser überaus großen Sängerin zu
Ende sind. Viel leichter und doch zugleich schwerer wird

es uns jetzt, von ihren Verdiensten zu reden. Welchen
Maßstab sollen wir anlegen, womit vergleichen? Sie steht
in ihrer einzigen Größe so wunderbar da, daß es die leichteste Aufgabe für den Willen, die schwerste für die Ausführung ist, sie zu preisen. Es bleibt uns nichts übrig, als
uns an die Ereignisse des unvergeßlichen Abends selbst zu
halten. Madame Catalani schien die erste Arie mit einiger
Befangenheit zu singen; denn wie sollte sie nicht bei jeder
neuen Leistung zweifeln, daß sie jemals die zunächst vorher-
gehende wieder erreichen könnte? Doch ein Sturm des Beifalls überzeugte sie, daß man noch wie sonst fühlt, was man
von ihr hört. So begann sie die zweite Arie denn schon
mit einem sicherern Vertrauen und wurde fort und fort
immer größer, königlicher und bewunderungswürdiger. Sie
mußte Alles mit sich dahin reißen, und es ist uns eine
wahre Freude, mit Aufrichtigkeit betheuern zu können, daß
seit ihrer letzten Anwesenheit in Berlin noch niemals etwas
einen solchen Enthusiasmus und Jubel des Beifalls erregen
konnte, als ihre wunderwürdige Erscheinung. — Die letzte
Arie war geendet, da ertönte unter dem stürmischen Ausbruch des Entzückens immer lauter und lauter der Ruf
nach dem erhebenden Liede «God save the King», dessen unvergeßlichen Eindruck Jeder, der es früher gehört, erneuert
und erfrischt wünschen mußte. Wie eine geborne Herrscherin trat die Sängerin ins Proscenium. Das Orchester hob
die gewaltige Melodie an und nachdem sie einmal durchge-
spielt war, begann auch die Sängerin ihre Strophe, mit
einer Würde, mit einer Hoheit, ja mit einer Majestät, der
wir nichts zu vergleichen wissen. Die Begeisterung der
Künstlerin ging in alle Herzen über. Der Chor trat feierlich mit ein und Jeder fühlte sich von der Gewalt der Kunst,
wie von vaterländischen Gefühlen gleich hingerissen. Immer

größer und mächtiger erhob sich die Stimme der Sängerin; jede Bewegung ihrer majestätischen Gestalt verwuchs mit dem Gesang zu einem Ganzen, aus jedem ihrer Blicke leuchtete die Glut hervor, von der sie selbst erfüllt war, mit der sie jede Brust durchdrang. Zuletzt erhob sie den Orgelton ihres Gesanges noch einmal über den ganzen Chor und hoch wie ein Adler über dem Gebirg schwebte ihre Stimme über dem strömenden, brausenden Meer der Töne. — Ueber solche Leistungen schweigt das Urtheil, nur die Stimme der Begeisterung kann sich vernehmen lassen, wie auch der Nachhall der Beschreibung gegen die wunderbare Wirklichkeit selbst schwach sein möge.

Drittes Concert der Madame Catalani.

— — — Es wurde unterstützt durch die Herren Heinrich und Julius Griebel, Herrn Belke und Herrn K. M. Möser. Die unvergleichliche Sängerin ließ sich in sieben verschiedenen Stücken hören, von denen wir nur einige herausheben. Ihre größte Geläufigkeit und schönste Biegsamkeit der Stimme entwickelte sie in der Arie «Se mai turbo» von Cianchettini (ein uns ganz unbekannter Componist) mit obligater Violinbegleitung. Mit der größten Freude hörten wir das berühmte «Ombra adorata aspetta» von Zingarelli. Durch den Vortrag dieser Arie ist Crescentini ganz vorzüglich berühmt geworden und vielleicht hat dieser große Sänger dem zwar sehr melodischen, aber doch sonst eben nicht ausgezeichneten Tonstücke den Ruf erworben, der unsern Hoffmann zu seiner begeisterten Schilderung desselben in den Phantasiestücken veranlaßt. Fast mit seinen Worten können wir über die Art sprechen, wie Mme. Catalani diese Arie vortrug. Mit einem sanften rührenden Adel des Ausdrucks belebte sie

die edle Melodie und die leicht und schön sich hineinschmie=
genden Verzierungen erhöhten den Reiz derselben, etwa wie
das Antlitz der Geliebten durch den Schmuck edler Perlen
und schimmernde Ohrgehänge anmuthig geziert wird. ——
Mit einigem Lächeln hatten wir auf dem Zettel gelesen, daß
Mme. Catalani die Arie des Figaro «Non piu andrai»
singen würde, und die Sängerin selbst schien im ersten
Augenblicke des Auftretens ein ähnliches Gefühl zu haben;
allein sie wußte sie so im Sinne einer geistreichen Frau
aufzufassen, die einen Knaben, der das ernste Kriegshand=
werk wie ein hübsches Spiel betrachtet, mit leisem, aber
gutmüthigem Spott belächelt, daß die Situation uns sogar
an Grazie zu gewinnen schien und z. B. dem Charakter
der Gräfin, wie Beaumarchais ihn gezeichnet hat, gar nicht
fremd sein möchte. Mit kecker, muthwilliger Sicherheit wußte
die Sängerin hier die entferntesten Intervalle zu verbinden
und schien gleichsam mit den Schwierigkeiten nur zu spielen.
So wenig wir die Verzierungen in Mozart lieben, so hat
uns doch diesmal eine sogar angenehm überrascht, nämlich
die Art von Nachahmung der Läufe im Accompagnement,
die ganz im Sinne der Situation gewiß vom Componisten
gebilligt worden wäre, wenn sich vermuthen ließe, daß mehr
als eine Sängerin sie mit so großer Leichtigkeit auszuführen
wissen würde. —— Aber den höchsten Preis von Allem erlangte
das «Rule Britannia» und das unmittelbar darauf folgende
«God save the King». Von welchem Eisen, möchten wir
fragen, ist diese Brust gewölbt, die die eben berührte Arie und,
ohne abzusetzen, gleich darauf diese beiden mächtigen Lieder
mit solcher Gewalt und doch Leichtigkeit zu singen vermochte?
Mit der höchsten Würde trug die Sängerin das «Rule
Britannia» vor. Die großartige Melodie, mit dem wahrhaft
von poetischem Feuer durchglühten Gedicht verbunden, muß

in England, wo das patriotische Hochgefühl sich stolz dabei
erhebt, von unglaublicher Wirkung sein, da schon hier jedes
Herz davon begeisternd durchdrungen wurde. Nur die geringere Bekanntschaft mit Melodie und Worten hinderte es
wol, daß die Versammlung in den Chor mit einstimmte;
aber das Bedürfniß, den Enthusiasmus zu äußern, war zu
lebhaft gefühlt und so sehr über alle Kräfte der Sängerin
die Foderung auch zu gehen schien, rief man doch «God save
the King». In aller der Majestät ihrer Haltung, mit der
vollsten Frische ihrer Wunderstimme, mit dem begeisterten
Feuer ihres großauffassenden Sinnes stimmte die Sängerin
den hinreißenden Gesang an und erregte einen Sturm und
Jubel des Entzückens, der Alles überstieg, was wir je in
dieser Art erlebt und empfunden haben. Es war aber auch,
als wüchsen ihr Schwingen und Kräfte im Fluge; denn zu
solcher Fülle der Kraft, zu einer so Alles besiegenden Gewalt, wie die Sängerin ihre königliche Stimme im letzten
Chor erhob und beherrschend hoch darüber schwebte, haben
wir sie, so dünkt es uns, noch nie gesteigert gehört.

Concert in der Garnisonkirche mit Mme. Catalani. Möser's Concert am 30. April 1827.

— — — Madame Catalani trug die beiden Arien von
Händel mit derselben Würde und Wahrheit des Ausdrucks
vor, die wir schon früher an ihr bewundert haben; nur wurde
durch den großen Raum, der dieser colossalen Stimme gewissermaßen ein noch wirksameres Piedestal bietet, der Eindruck noch verstärkt. Eine wahrhaft großartige, erhebende
Rührung ergriff jedes Herz bei diesen wunderbaren Klängen,
die ebenso in der tiefsten Seele der Sängerin eine Stätte
gefunden haben, wie sie aus dem Innersten des großen Com-

2*

poniſten hervorgingen. Eine in der That wunderbare Wirkung aber machte der Choral «Great God» von Händel, mit
dazwiſchen eintretenden Trompetenſolos und Chor. Wir achten gewiß unſere Sängerinnen hoch und wiſſen ihre zum
Theil trefflichen Eigenſchaften zu ſchätzen; allein wie groß
Mme. Catalani gegen ſie erſcheint, das zeigte ſich am
entſchiedenſten in dieſem durchaus einfachen Geſang, den ſie
mit einer Würde, man kann ſagen, mit einer Hoheit vortrug, ohne den wahrhaften Ausdruck frommer Ergebenheit
zu verlieren, zu der ſich ſchwerlich irgend eine unſerer Sängerinnen zu erheben vermag. Es war alſo hier nicht die
Kunſtfertigkeit im Geſange, nicht die Macht der Stimme
(denn die Sängerin wandte bei weitem nicht alle Kraft derſelben an), nicht ihre majeſtätiſche Haltung, die den Eindruck
machen konnte, ſondern allein die Würde und Tiefe der Auffaſſung. Daher iſt auch Denen, die dies nicht leiſten, oder
dieſe Leiſtung nicht empfinden, wenig zu ſagen; ein reiner,
wahrhafter Sinn wird es von ſelbſt haben und wem dieſer
fehlt, den können weder Belehrung noch Uebung zu etwas
Aehnlichem führen. — Zum letzten Male ſollten wir Mme.
Catalani in dem Concert hören, welches Herr Möſer am
Montage veranſtaltet hatte. Wie Schade, daß es das letzte
Mal unter ſo ungünſtigen Umſtänden geſchehen mußte! Denn
der überfüllte Saal, die nothwendig damit verbundene Hitze
und das unaufhörliche Geräuſch im Vorſaal, wo wir unſern Platz hatten, Alles mußte dazu beitragen, den Genuß
zu ſtören. Daß die Macht, die Fülle, der Wohlklang, die
Leichtigkeit der Paſſagen und alle die großen Eigenſchaften
der Sängerin ſich ebenſo glänzend zeigten, wie ſonſt, braucht
kaum erwähnt zu werden. Bei den oben angeführten Umſtänden iſt es aber auch erklärlich, warum nicht derſelbe
Sturm des Beifalls ſich erheben konnte, der ſonſt nie aus-

geblieben ist, was sogar bei dem «God save the King», obwol es mit Begeisterung aufgenommen wurde, bemerklich war. Eine gewisse Klasse von Zuhörern war diesmal besonders auf die Variationen von Rhode gespannt, welche die Sängerin vortrug. Dlle. Sontag hat sich damit einen großen Namen im Publicum erworben. Bei einer Vergleichung fällt unser Urtheil dahin aus, daß in der leichten Handhabung, die bei einer Stimme, wie die der Dlle. Sontag, möglich ist, ihr allerdings einige Kleinigkeiten präciser gelingen mußten, daß aber sowol im Vortrag der Melodie, wie durch die allgemeine, bis zur Kühnheit gehende Geläufigkeit, die Mme. Catalani zeigte, diese bei weitem den Sieg erringt; nicht zu gedenken der liebenswürdigen Weise, mit der die Sängerin sich, mit einer Art von Unschuld, jeder noch so verschiedenen Leistung ganz hingibt, daß selbst diejenigen Gattungen des Gesanges, die im Allgemeinen dem höhern Geschmack nicht zusagen können, bei ihr eine Natürlichkeit gewinnen, die ihnen ein bestimmtes Recht zur Existenz gibt, während sie bei anderen Sängerinnen selten mehr als bloße Duldung erlangen. Das Verhältniß stände also zwischen beiden Sängerin etwa so, wie eine Mignatur-Copie zu einem Original-Gemälde in natürlichen Dimensionen. Das letztere wird, der Gegenstand sei, welcher er wolle, die lebendigere Wahrheit für sich haben, während die erstere, durch manche bedeutende Opfer im Wesentlichen, einen Vorzug der Zierlichkeit in Nebendingen gewinnen mag.

—

Königliches Theater.

Berlin, 29. Mai.

Den vorgestrigen Tag dürfen wir für die Kunst einen denkwürdigen nennen. Dlle. Nanette Schechner, der

ein ‚ bedeutender Ruf als Sängerin vorausgegangen war,
trat in der Rolle der Emmeline in der Schweizerfamilie
auf. Mit dem schönen Sinne, der jeder bedeutenden Künstlerin hier freudig entgegenzukommen pflegt, wurde Dlle.
Schechner sogleich bei ihrem Auftreten mit einem lebhaften
Beifall empfangen. Ihre Leistungen zeigten, daß sie ihn
mehr als verdient hatte. Gleich die ersten Töne ihrer vollen,
herrlichen Glockenstimme brachten eine allgemeine Sensation
hervor, und fast nie hat wol eine Sängerin bei uns schon
durch die ersten Tacte eine so allgemeine Anerkennung im
Publicum erworben wie diese junge Künstlerin. Von dem
tiefen B bis zum hohen C bleibt die Stimme derselben sich
an Fülle und Wohllaut fast durchaus gleich und man wird
zweifelhaft, ob man mehr die volle austönende Tiefe, oder
die herrliche reine Höhe derselben bewundern soll. Aber
nicht nur diese äußere Anlage ist der Künstlerin geworden,
sondern sie verbindet damit eine noch viel höher zu schätzende
Vollkommenheit, nämlich ein tiefes Gefühl für Das, was sie
singt. Schon die Wahl der Rolle zeigte, daß sie sich der
edelsten Gattung der Gesangskunst gewidmet hat, bei welcher
weniger die von jedem Instrument so leicht zu übertreffende
Volubilität der Kehle hervortritt, als die der menschlichen
Stimme allein eigenthümliche Charakteristik des Ausdrucks
gefodert wird. Dennoch lassen uns mehrere kleine Züge
vermuthen, daß der Sängerin auch diese allerdings nicht
ganz zurückzuweisende Fertigkeit in der Behandlung des Organs nicht fremd ist. Um so ehrenwerther, daß sie es ver=
schmähte, durch ein unzeitiges Glänzen mit derselben das
Ganze des Charakterbildes, welches sie darstellen sollte, zu
stören. Eine vortreffliche Sängerin muß auch zugleich in
einem gewissen Grade Schauspielerin sein und das ist
Dlle. Schechner. Sie faßte den Charakter ihrer Rolle durch=

aus richtig auf und setzte demselben (was wir bei anderen
Darstellerinnen nicht immer gefunden haben) einen gewissen
Grad der Leidenschaftlichkeit zu, aus dem sich fast allein die
Art und Weise, wie die Liebe dieses Mädchens in einen stillen
Wahnsinn übergeht, erklären läßt. Die Momente des Aus=
drucks durch die Musik gab die Sängerin in einem hohen
Grade trefflich. Ihr verhaltener Schmerz, die Ausbrüche
der fast zur Angst gesteigerten Leidenschaft, die gewaltsamen
Anstrengungen zur Freude, Alles traf das innerste Herz
und fast entsinnen wir uns nicht, daß eine Sängerin durch
eine Leistung dieser Art einen so allgemeinen Eindruck ge=
macht hätte. Die tiefste Stille herrschte während ihres Ge=
sangs, denn Jeder fürchtete, den kleinsten Laut desselben zu
verlieren. Wenn wir unter vielem Gelungenen, ja Meister=
haften, Eines herausheben wollen, so war es die Art, wie
sie in der großen Arie: „Ich bin ja so selig, so glücklich,
so fröhlich“ — die der Schweizerischen Weise nachgebildeten
Figuren sang. Hier tönte die volle klare Stimme so rein
und schön heraus und erfüllte das ganze Haus mit solchem
Wohllaut, daß das allgemeinste Entzücken darüber in stür=
mischen Beifall ausbrechen mußte. Es war aber in der
That auch ein großartiger Eindruck und die Künstlerin
mußte uns durch diese Laute mitten in die weithallenden,
von frischer Bergluft durchwehten Thäler der Schweiz zu
versetzen, wo die Schallmeien der Hirten, von den felsigen
Höhen herabtönend, eine ähnliche Wirkung thun. — Nur
vor Einem hätten wir die Künstlerin zu warnen, nämlich
vor dem Zuviel des Ausdrucks. Eine schöne Mäßigung
desselben bringt eine größere Wirkung hervor als die un=
beschränkteste Auslassung und erleichtert überdies die Ver=
schmelzung der entgegengesetzten Affecte, deren zu greller
Uebergang ebenfalls nicht ächt künstlerisch wirkt. Misver=

stehe man dies aber nicht etwa dahin, als ob dieses Ueber-
maß bei Dlle. Schechner schon vorherrschend wäre; es deutet sich nur in äußerst wenigen Momenten an. Aber da
gerade diese oft den Beifall der Menge finden, die starkes
Auftragen leichter versteht, als feine Nüancirungen, so kann
theils der Erfolg, theils die Gewohnheit sehr leicht verführe-
risch werden. Und wie Schade wär' es, wenn ein so großes,
zu den höchsten Leistungen befähigtes Talent sich verirren
sollte!

Dasselbe Theater.

Berlin, 2. Juni.

Der Freischütz, von K. M. v. Weber. Nicht der
oft besprochenen Oper wegen, sondern weil die Aufführung
diesmal in so mancher Beziehung höchst merkwürdig war,
haben wir darüber zu berichten. Wie viel Interesse die Vorstellung in der musikalischen Welt erregte, war schon daraus
abzunehmen, daß, bei Sommerszeit etwas höchst Seltenes,
das ganze Opernhaus, bis auf wenige Plätze im dritten
Rang, dicht gefüllt war. Wir würden unrecht thun, dies
einem andern Umstande zuzuschreiben, als dem Auftreten
der Dlle. Schechner, auf die Alle, die sie noch nicht gehört
hatten, höchst gespannt waren, Diejenigen aber, die sie schon
gehört haben, vielleicht noch mehr. Wir gestehen, wir hatten
einiges Bedenken, ob Dlle. Schechner die Rolle der Agathe
ebenso vortrefflich geben würde, als die der Emmeline. Die
Meisterschaft, welche sie in der letztern entwickelt hatte, war
so groß, daß wir nicht glauben konnten, sie würde sich selbst
in andern Rollen noch gleichkommen, oder gar übertreffen
können. Fast möchten wir aber der Meinung sein, daß sie
sich gestern in der That noch größer gezeigt habe als in

der erften Vorftellung. Die Stimme der Sängerin, die
fie zu gewaltfamen Ausbrüchen der Leidenfchaftlichkeit fo
vortrefflich begünftigt, mußte mit weit größerer Kunft behandelt werden, um die feinere Art des Ausdrucks jener
fanften, romantifchen Schwärmerei, die K. M. von Weber
in den Charakter der Agathe gelegt hat, auszudrücken. Für
das Gelingen diefer Aufgabe waren wir um fo mehr beforgt,
als wir Dlle. Schechner in unferm letzten Bericht auf einige
vielleicht zu ftarke Striche ihrer Zeichnung aufmerkfam machen
zu dürfen glaubten. Allein auch nicht ein Schein zu ftrenger
Betonung war zu entdecken. Mit dem glücklichften Urtheil,
was uns bisher bei einer deutfchen Sängerin vorgekommen,
traf die vortreffliche Künftlerin das fchöne Mittel, welches
fich eben fo fehr von der Kälte mehrerer unferer Sängerinnen, wie von dem überladenen Ausdruck anderer frei zu
halten wußte. Die erfte Arie in E dur trug fie mit einer
Seele, mit einer Innigkeit vor, die Jedermann aufs tieffte
ergriff. Das Gebet ftieg in fo reinen, wundervollen Tönen
auf und wurde mit einem fo fchönen Sinn der Frömmig-
keit vorgetragen, daß wir diefe Weife, es zu behandeln, durchaus als Mufter auffellen können. Ebenfo gelang der Künftlerin nachher die fchwere Aufgabe des Allegro. Bei allem
Feuer, bei aller Beklemmung des Gefühls, die fich hier lei-
denfchaftlich ausfprechen muß, wußte die Sängerin die fanfte
Weiblichkeit des Charakters aufs fchönfte aufrecht zu erhalten. Ein Enthufiasmus des Beifalls zeigte, wie felbft bei
einem Publicum, welches fich an viel Falfches und der Kunft
Widerftrebendes gewöhnen muß, die Wahrheit des Schönen
immer einen fiegreichen Eingang findet. Ein erfreulicher
Beweis, daß der ächte Sinn für das Beffere noch immer
lebt und fich ftets nach Befriedigung fehnt. — Im dritten
Act fang Dlle. Schechner die Cavatine in As mit eben dem-

selben Ausdruck der Wahrheit; sie faßte sie mit etwas re=
signirter Stimmung auf, wodurch eine gewisse weiche Weh=
muth hineingetragen wurde, die von der größten Wirkung
war. Das hohe As, welches sie gegen den Schluß aushal=
ten mußte, ist ein Ton, wie wir ihn noch nie so schön und
sanft von einer weiblichen Stimme gehört haben. — Viel=
leicht dürfte man fragen, ist aber diese herrliche Stimme
so gewaltig vorherrschend, daß sie in den vielstimmigen Sachen
vereinzelt steht? Im Gegentheil, es ist ein Hauptverdienst
der Sängerin, sich anderen Stimmen so anzuschmiegen, daß
die schönste Gesammtwirkung entsteht und man ihre Stimme
nie durch die Stärke, sondern immer nur durch die Schön=
heit des Klanges und die Seele des Ausdrucks vorhört.

Dasselbe Theater.

Berlin, 9. Juni.

Vorgestern hatten wir den hohen Genuß, Mme. Catalani in scenischen Darstellungen aus der Oper Semiramis
zu sehen. Schon durch die majestätische Weise, wie Mme.
Catalani das «God save the King» auch in plastischer Hinsicht vorzutragen weiß, hatte sie uns die sichere Ueberzeugung
gegeben, daß ihr Erscheinen auf der Bühne von der höchsten Wirkung sein müsse. Die Hoffnungen, die wir darauf
setzten, sind uns auch im vollsten Maße erfüllt worden.
Leider aber ging ein großer Theil des Genusses dadurch verloren, daß bei der rhapsodischen Zusammenstellung, selbst
wenn die fremde Sprache nicht ebenfalls Schwierigkeiten in
den Weg gelegt hätte, der Zusammenhang der Situationen,
ja die Bedeutung einer jeden einzelnen nur mühsam errathen
und keineswegs deutlich erkannt werden konnte. Der höchste

Genuß, ein Ganzes zu erkennen, ging dadurch verloren, obgleich man bei der rückblickenden Uebersicht wohl sah, daß Mme. Catalani ein solches gegeben hatte. Die großartige Ouvertüre aus Rhigini's Tigranes war sehr passend zur Einleitung gewählt. Beim Aufrollen des Vorhangs sah man das versammelte Volk, welches einen Trauerchor, wie wir vermutheten, sang; jedoch waren weder Worte zu verstehen, noch eine Ursache der Trauer zu errathen. Der Chor verläßt die Bühne. Jetzt tritt Semiramis in der heftigsten Bewegung mit den Worten «fuggi, fuggi» auf. Es scheint, sie fürchte den Schatten ihres Gemahls, den ihr die Einbildungskraft als sie verfolgend darstellt. Mme. Catalani sang diese Scene mit einer Erhabenheit des Ausdrucks, mit einer Wahrheit des Schreckens und mit einer majestätischen Energie der Action, die der höchsten Wirkung gewiß sein mußte. Aber wie wurde diese geschwächt, da man nicht umhin konnte, sich immer mit dem mühseligen Errathen der Situation zu beschäftigen! Semiramis verläßt die Bühne. Hierauf erscheint Affur (Herr Stümer) und singt ebenfalls eine Arie und nachher mit Semiramis, die zurückkehrt, ein großes Duett, von dessen Inhalt, insbesondere da Herr Stümer etwas schwach und undeutlich sang, auch nicht das Mindeste zu errathen war. Jetzt verändert sich die Scene; wir erblicken einen freien Platz in Babylon. Volk ist versammelt, links erhebt sich ein Thron; auf der rechten Seite schien uns ein Tempel zu sein, doch war von demselben für die auf der rechten Seite sitzenden Zuschauer nichts zu erkennen. Semiramis besteigt den Thron; es schien uns, als wolle sie Affur zu ihrem Gemahl erheben und diese feierliche Handlung durch ein Opfer begehen. Plötzlich verfinstert sich die Bühne, es blitzt und donnert, das Volk geräth in Schrecken; doch Semiramis faßt sich mit königlicher

Würde und schreitet entschlossen auf den Tempel zu. Plötz=
lich bebt auch sie mit dem Ausdruck des Entsetzens zu=
rück und thut einen durchdringenden Schrei. Mme. Cata=
lani gab diese Scene mit der höchsten Gewalt, sowol der
pantomimischen Darstellung als des Gesangs; allein was sie
entsetzte, war wiederum von der Hälfte des Publikums gar
nicht zu begreifen, da der Geist des Ninus (denn er sollte
es unserm Vermuthen nach sein) so sehr auf der Seite und
in den Coulissen erschien, daß man nicht das Mindeste ge=
wahr wurde. So scheiterten überall die größten Leistungen
an den unvortheilhaften scenischen Anordnungen. Durch
ein von Semiramis mit innigstem Ausdruck gesungenes Ge=
bet an die Götter schienen diese versöhnt. Doch was sich
von nun an begab, war uns Alles durchaus dunkel und
räthselhaft. Wir wissen nur zu berichten, daß Semiramis
mit ihrer Vertrauten ein Duettino mit unendlicher Süßig=
keit und künstlerischem Reiz sang und daß Schmerz und
Liebe im Allgemeinen die Affecte schienen, die ihre Seele
bewegten. Bei einer minder großen dramatischen und Ge=
sangs=Künstlerin wäre gar nichts zu verstehen gewesen. —
Als das höchste Muster recitirenden Vortrags müssen wir das
Recitativ in der zweiten Abtheilung bezeichnen, welches, dem
Arioso näher kommend, von Semiramis im Hintergrunde
der Bühne, umgeben von dem Chore, gesungen wurde. Die
Schlußarie machte ungefähr den Eindruck auf uns (wiewol
im reinen italienischen Gesangsstil geschrieben), den der Schluß
des dritten Actes der Armide von Gluck gewährt, weshalb
wir auch eine ähnliche Situation unterlegten. Das Resul=
tat des Ganzen wäre also, daß wir Mme. Catalani aufs
neue als eine Sängerin von unvergleichlicher Kraft, ener=
gischem Feuer und unnachahmlichem Zauber des Rührenden
und Lieblichen anerkannt haben; daß wir sie zugleich als

eine hinreißende dramatische Künstlerin in allen diesen Gattungen anstaunen mußten, daß aber die Wirkung dieser hohen Leistungen durch viele störende Wesentlichkeiten des Aeußerlichen (wenn dieser Ausdruck gestattet ist) geschwächt wurde.

Dasselbe Theater.

Berlin, 14. Juni.

Wir leben jetzt in der Zeit der sieben fetten musikalischen Jahre, oder für uns freilich nur Monate. Eine bedeutende Erscheinung in der Kunst folgt rasch auf die andere und man ist oft in Zweifel, wem man den Preis zuerkennen soll. Gestern haben wir die Bekanntschaft einer neuen jungen Sängerin gemacht, die nicht nur zu den schönsten Hoffnungen berechtigt, sondern uns bereits mit trefflichen Leistungen beschenkt. Dlle. Heinefetter aus Kassel trat im Cortez von Spontini in der Rolle der Amazili auf. Sie verbindet eine sehr schöne Stimme mit großem Talent für den declamatorischen und recitatorischen Gesang und zeigt auch bereits eine Biegsamkeit des Organs für melodische Verschmelzungen, welche durch fortgesetztes Studium zu der größten Vollkommenheit gebracht werden kann, indem die Anlagen dazu nicht fehlen. Ungünstige Umstände brachten den Referenten um einen Theil des ersten und dritten Actes, so daß er die große Arie der Sängerin nicht gehört hat. Dagegen waren Spiel und Gesang in dem großen Duett mit Cortez vortrefflich und auch die letzte Scene im Tempel wurde mit einer Wahrheit des Ausdrucks gesungen, die, je seltener sie ist, um so höher geschätzt werden muß. Vorzüglich ist es ein edles Feuer, welches den Gesang der Künstlerin belebt, ohne dieselbe zu Uebertreibungen zu verführen,

die gerade das Gegentheil Dessen bewirken, was sie bewirken
sollen. Die Leistung der Sängerin wurde auch allgemein
anerkannt; lebhafter Beifall erfolgte beim Schluß jedes bedeutenden Gesangstückes und am Ende der Vorstellung wurde
die Künstlerin mit allgemeinem Beifall gerufen.

Dasselbe Theater.

Berlin, 25. Juni.

Am Freitag erlebten wir im Opernhause eine Vorstellung
der Oper Fidelio, die Jedem, der ihr beiwohnte, unvergeßlich bleiben wird. Dlle. Schechner sang die Rolle der
Leonore und erfüllte dadurch den höchsten Wunsch aller
Freunde ihres außerordentlichen Talentes. — — —
— Wie rühmlich aber auch die Leistungen unserer Künstler gewesen sein mögen, so wurden sie doch durch die über
alle Schilderung große Darstellung der gastgebenden Künstlerin übertroffen. Es wird hier Niemand mit den verdienten Mitgliedern unserer Bühne rechten wollen, sie thun, was
an ihnen ist; aber ein solches Talent, wie es Dlle. Schechner besitzt, ist eine Gabe des Himmels, wie sie kaum zweimal in einem Jahrhundert ertheilt werden mag. Was die
herrliche Fülle der schönsten Stimme, was die tiefste Seele
des Ausdrucks im Gesang und ein edel gehaltenes Spiel
vermögen, das wurde geleistet. Wir müssen gewissermaßen
eine Geschichte ihrer Darstellung geben, um sie von dem
rechten Gesichtspunkte zu zeigen. Im ersten Act sang Dlle.
Schechner, wie immer, außerordentlich schön; ihre Stimme
klang herrlich in den vielstimmigen Stücken. Doch schien
es, als hätten wir sie schon besser gehört. Wir vermutheten, sie werde ihre Kraft auf die große Arie verwenden
wollen. Das Adagio derselben sang sie mit unübertrefflicher

Wahrheit und Tiefe des Ausbrucks, das Allegro sehr gut; jedoch jene hinreißende Gewalt, die sie schon früher über uns geübt hatte, fanden wir auch hier nicht, so daß wir schon eine vielleicht nicht glückliche Disposition der Sängerin voraussetzten, die sie hinderte, mit aller Freiheit zu wirken. Trotz dem war der Beifall rauschend. Jetzt begann der zweite Act. Das Duett in A moll gelang nicht ganz, auch möchten wir hier wol der Künstlerin rathen, die Stelle: „Wer Du auch seist, ich will Dich retten" — trotz ihrer später entwickelten Intentionen etwas energischer zu singen. Aber von nun an entwickelte sich vor uns das erstaunenswürdigste Wunder der Kunstleistung, das wir je erlebt haben *). In dem Terzett brang der tiefste Ausbruck der Wehmuth mitten durch die Kraft, mit der sich die entschlossene Helbin beherrscht, erschütternd hindurch. Die Worte: „Es ist ja doch um ihn gethan" — trafen das innerste Herz. Jetzt erscheint der Mörder Pizarro. Mit der heldenmüthigen Entschlossenheit paart sich die Kraft der Verzweiflung. Wir finden keinen Ausbruck für die Gewalt, mit der hier die Darstelle-

---

*) Noch heute, nachdem ich so vieles Große, Herrliche in der darstellenden und Gesangs-Kunst, was uns die jüngstverwichenen zwanzig Jahre gebracht, gehört, und vielfach gehört, würde ich diese Worte schreiben, den Ausbruck gerade so fassen müssen. Nanette Schechner bleibt die großartigste Künstlerin meiner Erinnerung, was die Wirkung anlangt; geistig bedeutsamer, zugleich vollendeter in der Ausbildung steht Jenny Lind da, die einzige ihr Vergleichbare! Doch die wundervolle Gewalt der Mittel unsrer deutschen Künstlerin überragte die der schwedischen so, daß ich jene, wie gesagt, in der Wirkung noch jetzt auf den höchsten künstlerischen Gipfel stellen muß, der jemals erreicht worden ist, wenngleich ich im Werth, in der geistigen Abschätzung, Jenny Lind als die erste unter allen darstellenden Künstlerinnen bezeichnen muß, deren Schöpfungen ich kennen gelernt.

rin ihre unbeschreiblichen Mittel geltend machte. Wie Blitze schlugen ihre Töne in das verworrene Chaos der Stimmen dieses zur höchsten Leidenschaftlichkeit gesteigerten Stücks ein. Nie haben wir etwas Aehnliches gehört, aber auch nie einen ähnlichen Eindruck erlebt. *) Auf jeder Miene las man die höchste Spannung mit dem größten Enthusiasmus vereint. Und als nun vollends das Duett: „O namenlose Freude"! begann, da riß der thränenvolle Jubel der Freude in diesem Stück mit unwiderstehlicher Gewalt jedes Herz hin und es brach am Schluß ein Sturm des Beifalls aus, der gar nicht enden wollte. Dies ist die Grenze, wo die Kritik schweigt, wo uns die Macht des Schönen so besiegt, daß alles Urtheil in einem großen, erhebenden Gefühl aufgeht. Darum auch kein Wort weiter.

Dasselbe Theater.

Am 29. Juni d. J. hatten wir wiederum einen Kunst-genuß, der in der Geschichte der außerordentlichen Darstel-lungen auf der Bühne Epoche machen wird. Was von allen Freunden und Verehrern der Kunst schon seit längerer Zeit gehofft wurde, nämlich die herrlichen Stimmen unserer Milder und der Dlle. Schechner vereint zu hören, dies wurde uns an diesem Abend geboten. In Spontini's an großen Schönheiten so reichen Oper der Vestalin hatte Dlle. Schechner die Rolle der Julia übernommen, während Mme. Milder die der Oberpriesterin sang. Die übergroße Hitze und, wie wir hören, auch andere unglückliche Zufälle hatten beiden Sängerinnen beim ersten Beginn der Vor-stellung Hindernisse in den Weg gelegt, so daß die Stimmen

---

*) Noch heute nicht, am 24. Januar 1848.

derselben im Anfang nicht ganz so schön klangen, wie man
erwarten durfte; doch verlor sich dieser kleine Uebelstand bald
und im Fortgange der Darstellung schienen Beide nur an
Kraft und Fülle zu gewinnen. Es läßt sich in jeder Be=
ziehung kein glücklicheres Verhältniß denken, als das dieser
beiden Rollen und der Persönlichkeit beider Künstlerinnen
zu einander. Von jeher ist die Darstellung ruhiger Würde
diejenige gewesen, welche Mme. Milder, durch Stimme und
Körperlichkeit gleich begünstigt, am meisten gelingt. Wo
würde diese mehr gefodert, als in der Rolle der Oberprie=
sterin, die der leidenschaftlichen Julie als eine strenge, aber
sanfte mütterliche Freundin zur Seite gestellt ist? Wenn
wir daher auch in der einzelnen Weise der Recitation nicht
überall mit Mme. Milder übereinstimmen können, so gab
sie doch das Ganze der Rolle in einem hohen Grade der
Trefflichkeit, indem namentlich auch der plastische Theil der
Darstellung von großer Wirkung war. Was aber sollen
wir von der ausgezeichneten Künstlerin sagen, die ihr zur
Seite stand? Hier, wo Jugend und Adel der Gestalt, Fülle,
Gewalt und Reiz der Stimme sich mit einer Seele und
Wahrheit des Ausdrucks paart, wie sie vielleicht noch nie
bei einer deutschen Sängerin so vereinigt angetroffen worden
sind? Hier, wo das gelungenste Spiel, selbst in der höch=
sten Leidenschaft immer edel, sich mit der Macht der Musik
zu einem unwiderstehlichen Siege verbindet? Welch glück=
liches Ereigniß, wenn der Kritiker eine Zeit erlebt, wo er
sein unangenehmes Amt des Tadels, des Hinweisens auf
das Bessere niederlegen und sich dem Enthusiasmus frei und
begeistert hingeben kann, der das kalte Urtheil mit sich fort=
reißt und unnütz macht! Die Stimme des Publicums, und
wahrlich des gewähltesten, des für die Sache selbst begeister=
ten, hat gerichtet. Dlle. Schechner wurde schon nach dem

zweiten Acte gerufen *) und am Schluß der Vorstellung foderte das begeisterte Publicum die herrliche Sängerin noch
einmal.

Concert.

Am 5. Juli d. J. hatte die berühmte Sängerin Mme.
Mariane Sessi ein Concert im Saale des königl. Schau=

---

*) Damals etwas ganz Unerhörtes. Es war in meiner Theater=
erinnerung nur der Milder, die an Stimme unserer Künstlerin nahe,
sonst aber unermeßlich weit von ihr stand, in der Alceste begegnet,
daß eine begeisterte Jugend sie zwischen den Acten hervorrief. Jetzt
begegnet es freilich der mittelmäßigsten Mittelmäßigkeit. Im Uebri=
gen habe ich in der obigen Beurtheilung von Nanette Schechner
viel zu wenig gesagt. Eine Menge der großartigsten Momente
ihres Gesanges stehen mir noch heute unvergeßlich vor der Seele.
So die Stelle: „Siegreicher Held, Dich krön' ich mit Lorbern",
die sie sang, daß man glaubte, Rom feire seinen höchsten Sieges=
triumph; der Ruf: „Er ist frei" (beiläufig keine gute Stelle der
Composition), wo die Macht ihrer Stimme das Opernhaus (sein
Zeugniß, ließe es sich auch prüfen, wäre doch seitdem in den Flam=
men untergegangen) erschütterte, daß die Karyatiden, die Trägerin=
nen der Logen, zu erbeben schienen. Dann folgte die donnernde
Explosion der Begeisterung und ein Beifall, der uns heute wie
Raserei klingen würde. Von solcher Wundergewalt der mensch=
lichen Stimme aber, wie von solcher Wirkung auf die Hörer, hat
Niemand, der Nanette Schechner nicht bis zum Jahre 1827 gehört,
nur eine Vorstellung. Ueberhaupt war das Jahr 1827 für mich
das Jubeljahr des Gesangs, durch die Catalani, Nanette Schech=
ner, Wilhelmine Schröder=Devrient, Anna Milder, Henriette Son=
tag und mittlere Talente, wie Sabine Heinefetter (in erster Jugend),
Karoline Seidler und Andere, die heute weit die unsers ersten Rangs
überglänzen würden. Angelica Catalani allein aber muß durch
Macht des Organs früher unsrer deutschen Sängerin überlegen ge=
wesen sein. Im Jahr 1827 war sie es nicht mehr; nur in einzel=
nen Regionen der Stimme klang noch ein volles Erz durch, nur
in gewissen rein italienischen Richtungen und Färbungen glänzte
sie stärker, als Nanette Schechner, deren Seele im Gesang gleich
einer Sonne wärmte.

spielhauses veranstaltet, welches in mancher Beziehung sehr
merkwürdig genannt werden kann. Zuerst zog der große Ruf
der Concertgeberin selbst an; außerdem aber auch hatte sie
einen Verein von Sängerinnen veranstaltet, wie er vielleicht
noch nie auf Einem Fleck zu einer gemeinsamen Leistung
beisammen gewesen ist. Wir haben zuerst von Mme. Seffi
selbst zu sprechen. Diese höchst achtungswerthe Künstlerin
hat freilich die Blüte ihrer Leistungen schon eine Zeit lang
hinter sich; allein aus Dem, was wir noch jetzt von ihr hör=
ten, läßt sich abnehmen, wie trefflich sie zu der Zeit gewe=
sen sein muß, wo sich die Vollendung des Studiums mit
der Frische der Mittel, mit welchen die Natur sie so reich
begabte, noch verbunden fand. Selten haben wir an einer
Sängerin einen solchen Sieg der Kunst über die Natur be=
merkt. Denn obwol namentlich in den höheren Tönen Mme.
Seffi noch eine sehr klangvolle Stimme hat, so ist ihr doch
diejenige Frische und Leichtigkeit des Ansprechens verloren
gegangen, die nur den jugendlichen Stimmen angehören
kann; allein mit welcher Kunst die Sängerin diese schwächer
werdenden Mittel beherrscht, wie sie die schwerer ansprechen=
den Töne zum Gehorsam zu zwingen weiß, das muß Jedem,
der nur einige Einsicht in die Kunst des Gesanges hat, er=
staunenswerth erscheinen. Wir hörten fast keinen unreinen
Ton, obwol wir häufig bemerkten, wie vorsichtig und auf=
merksam die Sängerin sein mußte, um dem sie verlassenden
Organe zu Hülfe zu kommen, oder wie sie, wenn der erste
Einsatz nicht vollkommen gelang, mit feinem Ohr und un=
vergleichlicher Kunst sogleich die unmerkliche Verbesserung
des sehr geringen Fehlers glücklich zu Stande brachte. Ein
treffliches Portamento, ausgezeichnete Kunst des Solfeggio
und, was höher als dies anzuschlagen ist, ungemeine An=
muth im Ausdruck und schöne Declamation des Recitativs,

dies sind Eigenschaften, die durch ein sorgfältiges Studium nach der besten Methode (wie wir hören ist die Künstlerin zum Theil eine Schülerin des unübertroffenen Crescentini) der Sängerin so zu eigen geworden sind, daß sie damit dem Einflusse der Zeit noch lange trotzen kann. Der Injuria temporum ist freilich alles Sterbliche unterworfen; aber der Ruhm des Sieges beruht hier (wie bei einer belagerten Festung) darauf, wie lange man sich gegen den Feind vertheidigt. Selbst Diejenigen, die schon in früherer Zeit die Waffen strecken, genießen schon des Ruhmes, um so mehr Mme. Sessi, die gewiß unter die höchst seltenen Ausnahmen gehört. Nach diesem allgemein ausgesprochenen Urtheil über die berühmte Künstlerin ist es überflüssig, die einzelnen Gesangsstücke, die sie vortrug, durchzugehen, da wir ja eben durch diese die trefflichen Eigenschaften derselben kennen lernten. Nur das sei noch zu ihrem Lobe gesagt, daß sie gerade die erste Arie, von Mozart, mit seelenvoller, schöner Einfachheit vortrug, Etwas, das um so weniger übergangen werden darf, da gerade dieser größte Componist von unseren Sängerinnen gemeiniglich am ungünstigsten behandelt wird. Nach der ersten Arie sang Mme. Schulz und Dlle. Schechner ein Duett von Farinelli. Entweder war Dlle. Schechner nicht ganz bei Stimme, oder diese unbedeutendere Art der Composition sagte der im Ernst-Dramatischen so überaus großen Sängerin nicht ganz zu — die Leistung, obwol lobenswerth, erreichte wenigstens bei weitem nicht die Höhe, auf die man bei Dlle. Schechner gespannt ist. Mme. Schulz entwickelte in diesem Duett die ganze Kraft und [un]fähigkeit ihrer Stimme; doch die einfachere Art des Vortrag[s] der Dlle. Schechner müssen wir der ihrigen vorziehen. Ein ähnliches Verhältniß fand bei dem Duett aus Figaro zwischen Mme. Milder und Sessi statt. Ersterer gebührte

der Vorzug hinsichtlich der Stimme, Letzterer der des Vortrags.
Den Sieg als Solosängerin errang indessen offenbar Dlle.
Heinefetter durch den sehr gelungenen und eleganten Vor-
trag der berühmten Cavatine aus Rossini's «Gazza ladra».
Die Stimme der Künstlerin klang vortrefflich, die Passagen
waren zierlich und rein, die melodiöse Verbindung sehr angenehm. Ein rauschender Beifall erkannte dies an. Die
Spitze des Abends aber bildete ein scherzhaftes Quintett vom
Kapellmeister Herrn G. A. Schneider, in welchem die fünf
Sängerinnen erster Klasse sich gemeinschaftlich hören ließen *).
Hier muß man offenbar an Mme. Schulz (die die Ober-
stimme sang) das sehr schätzbare Verdienst rühmen, daß sie
durch ihre musikalische Festigkeit das Ganze vortrefflich zu-
sammenhielt und bei dem nicht leicht auszuführenden Stück
für alle Stimmen einen unerschütterlichen Halt darbot. Möchten doch unsere Sängerinnen die Wichtigkeit einer allgemeinen musikalischen Ausbildung durch ein so rühmliches Beispiel recht lebhaft erkennen! Zum Schluß trug Mme. Sessi
ein selbst componirtes und gedichtetes Lied vor: «Vivo Fre-
derico» betitelt. So sehr Jedermann mit dem Inhalt einverstanden war, so lobenswerth Vortrag und Composition
genannt werden müssen, so läßt sich doch die Wirkung einer
Melodie, die einmal ins Volk übergegangen ist und sich mit
der Macht großer Erinnerungen verbindet, nie, auch durch
die trefflichste Leistung nicht erreichen. Daher müssen wir

---

*) Es waren: Angelica Catalani, Mariane Sessi, Sabine Heine-
fetter, Nanette Schechner und Mme. Schulz (geb. Kilitschki), eine
durch Macht der Stimme und außerordentliche Geläufigkeit sehr
schätzbare Sängerin, die bei einem andern Anlaß allein es wagen
durfte, gewissermaßen als Nebenbuhlerin der Catalani in der Gesangsfertigkeit aufzutreten und wenigstens einen schönen Erfolg der
Achtung errang.

dem «God save the King», deſſen Nachbild jenes Lied ſein
ſollte, den unbedingteſten Sieg einräumen, auch wenn wir
nicht die größere Macht der Sängerin, die uns dadurch ſo
oft hingeriſſen hat, in Anſchlag bringen.

Königliches Theater.

Sonntag, den 16. September d. J. hat Dlle. Schechner
den Kreis ihrer Gaſtdarſtellungen auf unſerer Bühne be=
ſchloſſen, aber ſo beſchloſſen, wie vielleicht noch nie eine Sängerin, die in den Mauern Berlins geſungen hat. Man kann
wohl ſagen, daß der Enthuſiasmus für die herrliche Künſtlerin ſich mit jeder neuen Leiſtung derſelben geſteigert hat,
aber es ſchien auch, als habe die Sängerin ſelbſt unter un-
ſeren Augen faſt zuſehends an Kraft, Tiefe, Innigkeit und
Herrſchaft über ihre Mittel gewonnen. Wie durch ein Wunder iſt ſie, die vor anderthalb Jahren noch faſt nicht genannt
worden war, in der kurzen Zeit unbeſtreitbar zu der größten jetzt lebenden dramatiſchen Sängerin herangewachſen.
Warum ſollte alſo ein Zeitraum von vier Monaten, in dem
die Künſtlerin Gelegenheit fand (die ſie auf anderen Bühnen
entbehren mußte), ſich in den trefflichſten Opern zu ent=
wickeln, die ihrem Talent angemeſſen ſind, in dem ſie den
größten aller dramatiſchen Componiſten in ſeiner vollendet=
ſten Oper, Gluck in der Iphigenia, erſt kennen lernte und
von den Wundern ſeines Genies begeiſtert und hingeriſſen
wurde, in dem ſie endlich ein Publicum antraf, was die
edelſte Sphäre der Kunſt auch am höchſten ſtellt und viel=
leicht von allen in der Welt am wenigſten durch die Krank=
heit der ſeichten neuen italieniſchen Opern angeſteckt iſt —
warum, ſage ich, ſollte ein ſolcher an Erfahrungen für die
Sängerin ſo reicher Zeitraum ihr bei ihren erſtaunenswür-

digen Anlagen und Auffassungskräften nicht fruchtbar gewesen sein? Wenn es daher nicht die Täuschung gewesen
ist, die uns das Große scheinbar größer werden läßt, nur
deswegen, weil wir tiefer und tiefer darin eindringen, so
möchten wir fast behaupten, Dlle. Schechner habe in dieser
Zeit einen ungemeinen Fortschritt in ihrer Kunst gethan.
Mit wie wahrhaft innigem Bedauern sehen wir daher eine
Künstlerin von uns scheiden, der das Wesen der Kunst so
über Alles theuer war, die der Sache stets sich selbst entschieden nachsetzte! Um so mehr aber war es zu erwarten,
daß auch seinerseits ein dankbares Publicum die Künstlerin
nicht über ihre Kunst vergessen werde, in einem Augenblick,
wo die Bedeutung, die sie als Person hat, so überwiegend
hervortritt, in dem Augenblick des Abschiedes. Schon an
dem überfüllten Hause bei ihrer vorletzten Darstellung, der
Emmeline in der Schweizerfamilie, an dem stürmischen Beifall, der die herrlichen Leistungen der Sängerin jedesmal
krönte, ließ sich wahrnehmen, daß der nahe Verlust den
Werth des Kleinods ungemein erhöhte. Mit wahrem Enthusiasmus hatte sich aber das Publicum zu der zum Benefiz der Künstlerin veranstalteten Vorstellung der Vestalin
versammelt. Es herrschte eine feierliche Stimmung im ganzen Hause. Man wurde sich selbst nicht deutlich bewußt,
ob der unmittelbar bevorstehende Genuß, die Künstlerin in
dieser Rolle zu hören, ob die Freude über den Triumph,
den sie nothwendig feiern mußte, oder ob die Wehmuth darüber, daß sie Abschied von uns nehme, das vorherrschende
Gefühl bilde. Bei ihrem Auftreten erschallte ein ungemeiner
Beifall zur Begrüßung. Jetzt ließ sie die wunderbar rührende und mächtig erhebende Stimme ertönen; es war uns,
als habe sie so noch nie gesungen, mit solchem Feuer, mit
solcher tiefsten Seele trug sie vor. In einem wahrhaften

Sturme des Entzückens brach das überfüllte Haus am Schluß
der ersten großen Arie aus. Der zweite Act aber wurde
zum höchsten Kunsttriumph der Sängerin. Als am Schluß
der mit fast übermenschlicher Kraft von ihr vorgetragenen
Arie ein das Haus erschütternder Beifall erschallte, flogen
von der Höhe der obersten Plätze Gedichte zur Feier der
Künstlerin herab, die das Publicum mit! enthusiastischer
Freude erhaschte. Konnte gleich eine solche Huldigung nur
durch Einzelne vorbereitet werden, so zeugte doch die Art,
wie die versammelte Menge sie aufnahm, davon, daß sie aus
Aller Herzen und Sinn geschah. Am Schluß des Acts
wurde die Sängerin einstimmig gerufen und aufs neue
flatterten die Gedichte von der Höhe herab. Ein ungemes-
sener Jubel begrüßte sie, die nur durch Pantomimen an-
deutete, daß sie ihr Gefühl nicht in Worte zu bringen vermöge. Als sie endlich auch im dritten Acte mit der ganzen
Seele und Innigkeit, die dieser Theil der Rolle erfodert,
gesungen und Alles hingerissen hatte und nun auch der
Augenblick des Abschieds immer näher rückte, da war wol
Niemand mehr, der nicht mit wahrhafter Wehmuth empfand,
daß dies für lange Zeit, wer weiß für wie lange, die letzten Töne waren, die man von der unvergleichlichen Sängerin vernahm. Der Vorhang fiel. Kaum begann er zu
sinken, als schon der tausendstimmige Ruf ertönte, der die
Gefeierte des Abends noch einmal zu sehen begehrte. Aufs
neue wurden eine zahllose Menge von Gedichten aus allen
Logen herabgeworfen und als der Vorhang sich wieder hob
und die Sängerin, umgeben von dem ganzen Personal des
Theaters, das den lebhaftesten Antheil an diesem Triumph
der Kunst nahm, tief gerührt und ergriffen dastand, da
wurde das Proscenium plötzlich von oben her mit Blumen
ganz überschüttet, und als ein reicher Kranz mit einem weißen

Bande, auf welchem ein Gedicht abgedruckt war, zu den
Füßen der Sängerin niederfiel, begehrte das Publicum einstimmig, sie solle damit geschmückt werden. Dies geschah.
Lange vermochte weder die Künstlerin selbst ihre Bewegung
so weit zu bekämpfen, um einige Worte zu sprechen, noch
konnte die laute Begeisterung des Publicums sich so schnell
beruhigen. Endlich trat die tief Erschütterte vor und sprach
mühsam, sichtbar im Innersten bewegt, einige Worte, von
denen die Verheißung einer einstigen Wiederkehr mit stürmischem Jubel aufgenommen wurde. Aber auch noch nach
der Vorstellung wurden der Scheidenden ungewöhnliche Huldigungen. Um zehn Uhr ertönte vor den Fenstern ihrer
Wohnung eine Nachtmusik von Hörnern, durch welche mehrere Stücke aus den beliebtesten Opern, in denen wir die
Sängerin gehört, ausgeführt wurden. Hierauf erscholl ein
jubelndes Lebehoch, worin das äußerst zahlreich versammelte
Publicum mit einstimmte und welches sich verdoppelte, als
sie am Fenster erschien und sich dankend herabneigte. *)

Wol ist Der glücklich zu nennen, der aus so reinem
Quell den köstlichen Becher der Begeisterung zu reichen ver-

---

*) Diese Schilderung stellt den Hergang in äußerst schwachen
Farben dar. Es war, wir dürfen es wohl sagen, ein großartiges
Ereigniß, eine Art Volksfest. Nanette Schechner hatte eine Popularität erlangt fast wie später Jenny Lind. Die Volksmasse
drängte sich in der Straße so (es war die Krausenstraße in Berlin, zwischen der Friedrichs- und Charlottenstraße, wo die Sängerin wohnte), daß sie völlig abgesperrt war und kein Apfel zur Erde
konnte. Die Sängerin mußte, von dem Jubelruf gefodert, am
offenen Fenster erscheinen und die Zurufungen wollten nicht enden.
Zwei Stunden währte dies glanzvolle Getümmel. Der Sturm der
Begeisterung wogte durch Aller Herzen! Gegen dreißig Kunstfreunde blieben noch die ganze Nacht durch beisammen und jedes
Glas galt der unvergleichlichen Sängerin. Welche Erinnerung!

mag; und so dürfen auch Huldigungen dieser Art gebracht und angenommen werden.

Dasselbe Theater.

Henriette Sontag.

Am Sonnabend, den 29. September, fand das lange mit allgemeiner Spannung und froher Hoffnung erwartete Auftreten der Dlle. Sontag auf dem königl. Theater statt. Die Künstlerin eröffnete ihre Gastdarstellungen sehr würdig mit der Rolle der Donna Anna im Don Juan. Wenn gleich die Anzahl derjenigen Verehrer dieser Sängerin, die nur den Schein der Kunst, das eigentlich Falsche derselben zu schätzen vermögen, durch eine Wahl der Rollen, wie Dlle. Sontag sie getroffen hat, sich verringern wird und muß, so wird die Künstlerin auf der andern Seite sich durch das Abstreifen der Rossini'schen Fesseln *) die Anerkennung Derer erwerben, die etwas Höheres von der Kunst verlangen, als einen sinnlichen Reiz. Wir können ihr daher zu dieser bis-

*) Sie hatte bis dahin, auf dem Theater der Königsstadt, fast nur in der komischen Oper, hauptsächlich Rossini, gesungen, unter andern die „Italienerin in Algier", bis zum Ueberdruß. Die ihr dort gespendeten allerdings beispiellosen Huldigungen galten so sehr der Persönlichkeit mit, daß wir sie nicht für rein künstlerisch halten konnten und noch nicht können. Die ächte, edle, große Kunst der Sängerin, namentlich ihre unübertroffen gebliebene Vollendung im Gesang selbst (sogar Jenny Lind mochte ihr in der mechanischen Ausführung wenigstens nicht mehr als gleich stehen), konnte sich erst auf der königlichen Bühne entfalten, wo sie, bevor sie dem Ruf nach Paris folgte, zwölf Gastrollen gab, in denen sie sich die würdigsten Aufgaben stellte. Wenige Monate nach den Erfolgen Nanette Schechner's hatte sie die schwierigste Stellung, behauptete sie aber mit glänzendem Erfolge.

her durch die Umstände verhinderten Aenderung ihrer Laufbahn nur Glück wünschen. Die höchste Auffassung der
Anna, in dem Sinne, wie Mozart sie musikalisch, Hoffmann
poetisch entwickelt hat, möchte den Mitteln der trefflichen
Künstlerin wol nicht zusagen. Dazu ist eine grandiose
Stimme und Persönlichkeit erfoderlich. So weit aber die
Rolle in dem Gebiet der sanfteren Schönheit und des inni=
gen Gefühls dargestellt werden kann, hat wol Niemand
mehr als Dlle. Sontag Ansprüche darauf, für eine vollen=
dete Darstellerin derselben zu gelten, und in der That hat
sie sich als eine solche bewährt. Ihr erstes Auftreten war
plastisch und musikalisch von der größten Wirkung. Sie
sang die höchst leidenschaftliche Introduction mit großer Kraft
und edlem Feuer; vielleicht verleitete sie dasselbe aber (ein
schöner Fehler) ihrer Stimme etwas zu viel zuzumuthen,
denn in dem darauf folgenden Duett in D moll war, trotz
des schönen Vortrags desselben, eine gewisse körperliche Erschöpfung bemerkbar, die uns besorgt für die Folge machte.
Wenn wir die Individualität der Künstlerin betrachten, so
können wir es nur loben, daß sie uns in dieser Scene viel
mehr die vom Schmerz gebeugte Tochter, als die stolze,
Rache fodernde Spanierin gab. So gelangen denn auch
die rührenden Momente, z. B. das hinsterbende in Ohnmacht=
sinken, und die spätere, so tief schmerzliche Frage: „Wo ist
mein Vater hin?" am meisterhaftesten. Einige kleine Abän-
derungen der Melodie und einige Verzierungen hätten wir,
so schön sie gemacht wurden und obwol man sie auch nicht
geschmacklos nennen durfte, doch lieber nicht gehört, da Mozart uns ganz unverletzt immer am liebsten ist. In dem
Quartett klang die Stimme der Gastdarstellerin wieder ganz
vortrefflich, und man darf behaupten, daß sie es war, die
hierin, so wie in mehrern anderen Stücken, durch ihre nu-

fikalische Sicherheit dem Ganzen einen festen Halt gab, ohne
den vielleicht Manches misglückt wäre. Die jetzt folgende
große Arie sang sie vortrefflich. Das Recitativ trug sie mit
einem so wahrhaften Schmerz und Schauer, mit so ächt
weiblicher Zartheit und, was viel werth ist, zugleich so deutlich vor, daß dem aufmerksamen Hörer keine Silbe verloren
ging. In dem Allegro hätten wir einige Läufe, obwol sie
ganz in dem großartigen Stil der Arie selbst vorgetragen
wurden, doch lieber nicht gehört, besonders da dadurch die
Nachahmung der Melodie durch die Bässe unrichtig wurde.
Besonders schön trug die Sängerin das sogenannte Masken-
Terzett vor, worin sie (möge dies ein Beispiel der Nachahmung werden) keine Note veränderte und namentlich das
hohe B überaus schön und rein austönen und im schmelzenden Decrescendo verklingen ließ, woran sich die Tonleiter
abwärts ungemein schön anschloß; aufwärts machte sie dieselbe
nach unserm Gefühl etwas zu gewaltsam und indem sie sich
auf dem ersten Tone länger verweilte, auch zu rasch. Während des ganzen übrigen Finale war Spiel und Gesang
der Gastdarstellerin der ganzen Auffassung der Rolle und
der Situation angemessen. Für die großen Passagen-Ein-
tritte des Sextetts im zweiten Act hätten wir eine mäch-
tigere Stimme gewünscht; doch entschädigte der feurige Vortrag und die treffliche Ausführung dieser schwierigen Stelle.
Die Bravour-Arie sang Dlle. Sontag mit einer vollendeten Meisterschaft; ein glockenreiner chromatischer Lauf und
ein überaus geschicktes, selbst bei großer Aufmerksamkeit kaum
vernehmbares Athemnehmen, waren Züge, durch die sich die
Künstlerin als die erste Meisterin in der Gesangsschule bewährte. Ein rauschender Beifall erkannte die Trefflichkeit
der Leistung an. Wenn wir über das Ganze der Gesangsweise eine Bemerkung machen dürfen, so ist es die, daß die

Künstlerin bisweilen ihre Wirkung in der Stärke des Tons suchte, wo sie dieselbe ihrem Organ angemessener durch ein volles Klingen desselben (ein großer Unterschied) im höheren Maße erreichen dürfte, da einige Töne (es, e, f) ihr trotz ihrer erstaunlichen Kunstfertigkeit bei zu starkem Angreifen nicht ganz gehorchen, wodurch ein unmerkliches Detoniren entsteht. Möge sie in dieser Ausstellung nur die genaue Aufmerksamkeit des Hörers und den Wunsch erkennen, daß auch die letzte Spur eines Fehlers verschwinden möge.

Dasselbe Theater.

Berlin, 2. October.

Der Freischütz. Dlle. Sontag: Agathe, als zweite Gastrolle. Schon einmal sind wir bei der Darstellung dieser Oper in dem Falle gewesen, zu wünschen: Warum hat der Componist nicht erleben dürfen, seinen Charakter so aufgefaßt zu sehen? Das erste Mal regte sich dieser Wunsch, als Dlle. Schechner diese Rolle mit der tiefsten Innigkeit auffaßte und sie zugleich mit dem schönen Adel ihres Wesens durchdrang und erhob; das zweite Mal vorgestern, wo Dlle. Sontag, ihrer Persönlichkeit angemessen, die zarte Innigkeit des Charakters mit einer überaus lieblichen Anmuth zu verschmelzen wußte. Lessing hatte den ohne Zweifel trefflichen Grundsatz: Gegen einen Anfänger sei die Kritik ermunternd, gegen ein mittleres Talent nachsichtig, gegen ein großes unerbittlich. Nur aus dem hohen Standpunkte, den wir der darstellenden Künstlerin im Ganzen anweisen, erkläre man sich daher einige Ausstellungen oder, besser, Bemerkungen über Dinge, in denen wir mit Dlle. Sontag nicht ganz einig sind. Es bedarf also wol kaum der Bevorwortung, daß wir, wenn man uns nur ein einziges Bei-

wort für ihre Darstellung erlaubte, dieselbe vortrefflich nen=
nen müßten. Das erste Duett ging ohne besondern Beifall
vorüber; dies erklärt sich daher, daß die Stimme der Agathe
darin gewissermaßen nur die zweite ist und die Hauptwirkung nur auf der Munterkeit Aennchens beruht, gegen die
man nach so oftmaligem Hören der Oper wol endlich etwas
abgestumpft sein muß. Diese Rolle muß meisterhaft gespielt
und gesungen werden, um noch Interesse zu erregen. Dlle.
Sontag sang übrigens ihren Antheil an dem Duett durch=
aus schön und verband ein sehr einnehmendes Spiel damit.
In der darauf folgenden Arie bewährte sie sich wiederum
als eine Meisterin im musikalischen Vortrag der Melodie,
wie es kaum eine zweite gibt. Sie trug die Melodie des
Adagio so schön, verschmolz sie so reizend, daß von die=
ser Seite auch der strengste Beurtheiler durchaus befriedigt
sein mußte. Die Recitation geschah höchst ausdrucksvoll und
deutlich, mit angemessenem Spiel verbunden; die mehr de-
clamatorische Einleitung des Allegro sang sie mit begeistertem
Feuer und schloß dann das mit ungemeiner Sicherheit der
Stimme so feurig vorgetragene Allegro, daß sich ein stürmischer
Beifall erhob. Eine besondere dankende Anerkennung müssen
wir darüber machen, daß sie auf die Worte: „Welch schöne
Nacht!" durchaus nur die Noten sang, die der Componist
geschrieben hat. Die meisten Sängerinnen bilden sich ein,
sie dürften hier, weil es eine Art von Fermate ist, eine be=
liebige Verzierung machen; daß Dlle. Sontag dies nicht
that, beweist ihr poetisches und musikalisches Verständniß,
ohne welches gar keine wirklich vortreffliche Leistung gedacht
werden kann. Dennoch müssen wir, trotz Allem, was uns
innigst erfreute, gerade wegen dieser Arie unsere Angriffe
auf die Künstlerin richten. Im Vortrag des Adagio lag
ungemein viel Seele, aber gerade vielleicht zu viel. Wir

hätten es um einen geringen Grad einfacher, ohne bemerkbare Ansprüche auf Wirkung gewünscht. So gewahrte man
zu viel Absicht, Ausdruck hineinzulegen, und eben diese
Absicht schadete nach unserem Gefühl dem Eindruck. Doch
ist hierüber kaum zu rechten, da der Unterschied fast auf
der Goldwage abgewogen werden muß und also die Aenderung nach der Stimmung der Sängerin und anderen Umständen vielleicht unwillkürlich eintreten kann. Schwerer
möchte der Vorwurf abzuweisen sein, daß das liebliche Mezza
voce, mit meisterhafter Deutlichkeit vorgetragen, in dem
Allegro nicht an seiner Stelle war. Die Passage drückt
eine jubelnde Freude aus; die sanfte, fromme Agathe wird
hier durch die Liebe aus sich selbst herausgerissen. Daher
schien uns die Art, wie Dlle. Sontag sie vortrug, vielleicht
günstig für einen musikalischen Effect, aber dramatisch durchaus unangemessen. Als Beweis dafür geben wir an, daß
erstlich Weber auch nicht einmal ein Piano bei dieser Stelle
vorgeschrieben hat und daß er sie in der ganzen Oper, wo
er sie im Orchester braucht, nur in dem von ihm verlang-
ten Sinne, nämlich in begeisterter Freude vortragen läßt.
Die Cavatine in As dur im zweiten Theil bewies wieder die
ganze große Kunstfertigkeit der Sängerin im Tragen der
Stimme und des Athems. Sie verlängerte das hohe As
noch über die vom Componisten vorgeschriebene Dauer und
konnte doch die absteigende Scala noch daran schließen, worauf sie erst und fast unmerklich Athem für den Schluß
nahm. Eine nicht ganz gute Schlußverzierung wollen wir
gern verzeihen, weil sie die einzige war. Außer dem meisterhaften Vortrag ihrer Solostücke mußte aber auch Dlle.
Sontag ihre Stimme auch in allen Ensembles klar durch-
hören zu lassen und sang besonders das letzte Finale mit
Ausdruck und Feuer.

Daſſelbe Theater.

Euryanthe. Henriette Sontag.

Am 16. October fand nach einer langen Ruhe (die Oper war ſeit Anweſenheit der Dlle. Heinefetter nicht gegeben wor= den) die Aufführung der Euryanthe ſtatt. Dlle. Sontag ſang die Euryanthe; natürlich mußte die Künſtlerin gerade durch dieſe Rolle die ganz beſondere Aufmerkſamkeit aller Kunſtfreunde erregen, weil es bekannt iſt, daß Weber ſie faſt ausſchließlich für ſie geſchrieben, auf ihre Stimme und Perſönlichkeit berechnet und ſie ihr ſelbſt bei der erſten Auf= führung dieſer Oper zu Wien einſtudirt hat. Aber dennoch bitten wir die Künſtlerin, uns zu erlauben, zuerſt von Dem zu ſprechen, was wir über die Darſtellung des Werkes in anderer Beziehung zu ſagen haben, damit wir uns dann ausſchließlich mit ihrer vortrefflichen Leiſtung beſchäftigen können. — — — —

Jetzt endlich können wir zu unſerer Gaſtdarſtellerin kom= men. Von Anfang bis zu Ende müſſen wir ihre Leiſtung als durchweg vortrefflich anerkennen. Einige Momente der= ſelben aber übertrafen ſogar jede Erwartung und die Künſt= lerin zeigte ſich uns hier in einem Grade, als in die tiefſte Seele der Muſik eindringend und wieder aus ſich ſelbſt ſchaffend, der uns in Erſtaunen ſetzte. Daß ſie die Partie im Allgemeinen mit Seele und lieblicher Grazie ſingen und auch ſpielen würde, hatten wir vorausgeſetzt; daß ſie aber ſo viel hineinlegen, die Hörer dadurch ſo auf einen neuen Stand= punkt ſtellen, ihn ſo belehren würde, das konnten wir uns nicht vermuthen. Wir laſſen daher den ſchönen Vortrag der Cavatine, des Duetts mit Eglantine, den Reiz ihrer zierlichen Läufe im Finale des erſten Actes, ihr ſchönes Spiel in dem des zweiten und vieles Andere ohne nähere Erörte=

rung, wählen aber dagegen drei Momente aus, die wir unübertrefflich nennen müssen. Der erste war die wunderbare
Recitation, als sie Eglantinen Emma's Geheimniß verräth.
Die Künstlerin wußte den Fehler des Gedichts fast ganz
verschwinden zu machen; sie drückte durch Spiel und Gesang gewissermaßen den unwiderstehlichen Einfluß dämonischer Gewalten aus, die sie unsichtbar umschweben und zum
Verderben locken. Dies ist die einzig mögliche und zugleich
äußerst großartige Auffassung dieser herrlichen Stelle. Im
vierten Act sang sie das Duett mit Adolar: „Nimm hin
die Seele mein"! mit einer hinreißenden Innigkeit, mit
einem sich selbst verlierenden Entzücken. Die Töne klangen
und verschwebten so wunderschön und erstarben so reizend,
daß die höchste Wirkung dadurch erreicht wurde. Endlich
war es die große Arie in C dur im letzten Act: „Zu ihm,
zu ihm"! die einen allgemeinen Sturm des Beifalls erregte.
Wie sie die Spitze der Musik ist, so müssen wir sie auch
für den Gipfel der Leistung der unschätzbaren Sängerin erklären. Die sie überwältigende Freude, das träumerische
Verlieren in das Entzücken über ihre Liebe, über ihre Rettung, der Ausdruck der höchsten Kraft, die doch zugleich
das nothwendige äußerste Ermatten wahrnehmen ließ, diese
Verzweiflung der Wonne könnte man es bezeichnen, wurde
so vollkommen durch Spiel, Gesang und Mimik dargestellt,
daß wir nur in Verlegenheit sind, wie wir den Eindruck
durch Worte wiedergeben sollen. Nur den einzigen Wunsch
können wir daher aussprechen, daß die Künstlerin diese Rolle
nicht unwiederholt lassen möge, indem sie uns in ihr von
ihren bisherigen Leistungen offenbar den höchsten Genuß
gewährt hat; einen so hohen, daß wir es für Unrecht halten würden, die kleinen Ausstellungen nur zu erwähnen, die
ein stets ununterbrochen aufmerksamer Hörer auch an dem

3**

Vollendetſten noch machen könnte. Denn die große Leiſtung
hat ein Recht, mit der Ausſtellung Deſſen verſchont zu bleiben, was der unbedeutendſte Tadler bemerken kann.

Daſſelbe Theater.

Figaro. Henriette Sontag: Suſanne. — Iphigenia. Mme.
Milder.

Berlin, 30. October.

Unſere Bühne iſt jetzt wieder ſo reich an intereſſanten
Vorſtellungen, daß es einem Berichterſtatter faſt ſchwer wird,
denſelben mit ſteter Aufmerkſamkeit zu folgen. Vorgeſtern
fand die Wiederholung des Figaro ſtatt, in dem Dlle.
Sontag die Partie der Suſanne zum zweiten Male ſang.
Durch eine gleiche Anmuth des Spieles und Geſanges, die
in manchen Momenten, beſonders in dem natürlichen In-
einanderſpiel, ſogar noch zu einem höhern Grade der Vollkommenheit geſteigert war, entzückte ſie wiederum das überaus gefüllte Haus. Referent hörte diesmal auch das Duett:
„So lang' hab' ich geſchmachtet‟, um welches ein neibiſcher
Zufall ihn bei der erſten Vorſtellung gebracht hatte. In
der That iſt dies eine gefährliche Klippe für Spiel und Geſang; Dlle. Sontag leiſtete aber in beiden das Vortreff-
lichſte. Sie hatte ganz jene ſchüchterne, aber doch verſchla-
gene Hingebung, die der Moment erfodert; aber auch Herr
Blume unterſtützte ſie in der Ausführung vortrefflich, ſowie
überhaupt die ganze Art, wie er den Almaviva gibt, nur
gelobt werden kann. Daſſelbe gilt vom Herrn Devrient als
Figaro. — — — —

Am Sonntag hörten wir Mme. Milder nach ihrer Rückkehr zum erſten Male in der Iphigenia in Tauris wieder. Schwebt uns gleich noch die hohe Vollkommenheit,

mit der diese Rolle durch Dlle. Schechner gesungen und
gespielt wurde, als ein fast unerreichbares Vorbild vor der
Seele, und haben wir uns gleich niemals mit der Art und
Weise, wie Mme. Milder ausspricht, recitirt und die Melodie vorträgt, ganz befreunden können, so offenbart sich doch
in der Leistung dieser Künstlerin ein so großer Sinn für
das Schöne und Erhabene der Musik, sie wird von ihrer
reinen, klangvollen Stimme noch immer so schön unterstützt,
daß wir einen großen Genuß aus der Vorstellung schöpften. Besonders aber wirkt Mme. Milder durch ihre wahrhaft königliche
Haltung; den plastischen Theil der Rolle gibt sie stets an
sich so schön, daß selbst da, wo wir oft durch Stellung und
Vortrag ganz etwas Anderes bezeichnet wünschten, ihre Erscheinung an und für sich doch immer großartig wirkt. Vielleicht findet sich ins Künftige einmal der Raum, um auf
Einzelnes der Rolle einzugehen. Das Publicum empfing
die verdiente Sängerin mit Recht gleich beim ersten Auftreten mit lautem Beifall und zollte denselben auch während
der Vorstellung den meisten der einzelnen Stücke. Am
Schluß wurde Mme. Milder einstimmig gerufen.

Dasselbe Theater.

Berlin, 1. November.

Die Aufführung des Othello von Rossini und insbesondere die Leistung der Dlle. Sontag als Desdemona in dieser
Oper (29. Oct.) wird in der Geschichte unsers Theaters
merkwürdig bleiben. Daß Rossini kein dramatischer Componist
sei, ist so oft gesagt worden, daß es scheint, als dürfe man
es nicht mehr wiederholen; da aber die Meinung allgemein
verbreitet ist, als habe er durch die Composition des Othello
eine Ausnahme von der Regel gemacht, so hält der Referent

es für nöthig, sich dagegen zu erklären. Seiner Ansicht
nach ist die Musik durchaus undramatisch *); nur stellenweise
wurde der Componist vielleicht von der Macht des erschütternden Stoffes hingerissen und scheint dann zu vergessen,
daß sein Zweck eigentlich ein viel niederer ist als eine wahre,
durch die Kunst veredelte Darstellung der Leidenschaften.
Daß einzelne Themata musikalisch vortrefflich sind, daß nicht
selten Züge von großem Genius sichtbar werden, das braucht
nicht erwähnt zu werden, denn dafür bürgt das reiche, leider oft so verschwendete Talent des Componisten. Je mehr
aber die Musik der dramatischen Darstellung entgegen ist,
um so mehr müssen wir die Leistung einer Künstlerin bewundern, die es durch einen unwiderstehlichen Zauber des
Gesangs und des Spiels zu bewirken vermag, daß selbst
der besonnenste Hörer allen Unwillen gegen das Werk vergessen und durch ihre begeisternde Darstellung hingerissen
werden muß. Und dieses Wunder, in der That ist es so
zu nennen, hat Dlle. Sontag bewirkt. Von ihrem ersten
Auftreten an bis zum letzten wüßten wir nichts anzuführen,
was nicht vortrefflich gewesen wäre; einige Momente aber

---

*) Eine Ansicht, die sich allerdings erklärt aus Dem, woran man
damals die dramatische Geltung eines Werks maß (Gluck, Mozart),
welche ich jedoch heute nicht mehr in der Schärfe vertreten möchte.
Ich lasse sie aber stehen, wie manches Jugendurtheil. Es ist un-
umgänglich für Jeden, daß er seine Ansichten und Anschauungen
wechselt, wenn er auch treu an Grundprincipien festhält. Schon
das verschiedene Alter bringt es mit sich; in der Jugend hat man
eine andere Vorliebe, als in späteren Jahren, des Zuwachses an
Einsicht und Erkenntniß, der größern Milde im Urtheil, die aus der
längeren Beobachtung der Schwierigkeit, das Höchste zu leisten,
erwächst, gar nicht zu gedenken. Auch das «Tempora mutantur
et nos mutamur in illis» hat hier Vieles zu erklären, was den
Schein des Widerspruchs an sich trägt.

übertrafen weit alle Erwartung. Wenn wir auch nicht zugeben können, daß Dlle. Sontag als Desdemona sich als Euryanthe selbst besiegt habe, indem in der letzteren Rolle ihre Auffassung bei weitem mehr in die Tiefe gehen konnte, sie daher auch in höherem Grade schöpferisch erschien, so war doch unläugbar der Eindruck, den sie in Rossini's Werk hervorbrachte, noch größer. Dort leistete sie das Schwerere, Seltenere und deshalb nicht für Alle so Verständliche; hier das allgemeiner Ergreifende, leichter Hinreißende. Einige Bemerkungen, die wir im Anfang machen zu dürfen glaubten, z. B. daß sie, als sie Rodrigo und Othello im Kampfe antrifft, heftiger auf die Bühne stürzen, sich mit stärkerem Affect zwischen sie werfen sollte, nahmen wir nachher von selbst zurück, weil wir sahen, daß die Künstlerin eine höchst einsichtsvolle Steigerung der Leidenschaften beobachtete, der sie nicht vorgreifen durfte. Was also anfangs als ein Fehler erschien, wurde durch die Folge erst eine wahrhafte Schönheit. Das Finale des zweiten Actes wurde der Glanzpunkt der Leistung für die Mehrzahl der Zuschauer; das Feuer, die Kraft, die Präcision (und dabei doch niemals ein bis zum Unangenehmen überschrittenes Maß) setzte alle Hörer um so mehr in Erstaunen, je weniger man sich dessen von der zarten Gestalt, von der scheinbar nur für das Liebliche geschaffenen Künstlerin vermuthete. In der That überfiel den Referenten eine wahre Besorgniß, das begeisternde Feuer könne die Sängerin zu einer übermäßigen, schädlichen Anstrengung verführt haben. Doch den überzeugendsten Beweis dagegen führte sie im dritten Act, wo ihre Stimme frischer und wohlklingender tönte als jemals, gleichsam als habe die Anstrengung sie erst recht frei und klar entwickelt. Hier erfolgten diejenigen Momente, die dem Referenten die höchsten oder tiefsten, wie man will, schienen.

Das stumme Spiel während des Gondolierliedes war bis
ins Innere erschütternd; es drückte einen starren, hoffnungs=
losen Schmerz mit überwältigender Wahrheit aus. Die
Romanze zur Harfe (einer der schönsten Züge, die aus
Shakspeare's Meisterwerk in die Bearbeitung zur Oper auf=
genommen sind), worin Isaurens trauriges Geschick mit
ahnungsvoller Vorbedeutung beklagt wird, sang die Künst=
lerin unübertrefflich. Tiefer Schmerz und bange Ahnung
durchbebten jeden Ton. Das Hinsterben der Stimme nach
dem schönen Uebergang in F dur und das leise Ueberhin=
hauchen der Töne in dem B dur=Accord sind unschätzbare
Züge, an denen man erkennen kann, wie tief die Künstlerin
sich von der Situation ergreifen ließ. Die meisten Sänge=
rinnen pflegen hier nur eine gedankenlose Rossini'sche Figur
zu singen, ohne Sinn und Geist des Ganzen; freilich treffen
sie darin vielleicht näher mit der flachen Auffassung des
Componisten selbst zusammen, den aber Dlle. Sontag hier
zu einer Höhe erhebt, von der er selbst schwerlich etwas
ahnen mag. Der furchtbare Moment kommt näher; Emi=
lie nimmt Abschied, Desdemona geht zur Ruhe, der von
den Furien der Eifersucht getriebene Othello dringt in das
dunkle Gemach. Die Scene ist von Shakspeare erdacht,
darum ergreift sie selbst in diesem Schattenbilde den Zu=
schauer noch mit kaltem Schauer. Es wurde diesmal vor
dem Schluß=Duett noch ein anderes eingelegt und die Wir=
kung allerdings erhöht; denn Othello's Mord, wenn er zu
schnell erfolgt, erscheint zu sehr als blinde, thierische Wuth,
um der Würde des Charakters' nicht zu schaden. Die Worte
Desdemona's: „Was hab' ich denn verbrochen?" wurden so
gesungen, daß sie in die tiefste Seele drangen. Herrn Ba=
der's treffliches Spiel und sein edler Vortrag vollendete die
Wirkung des Schluß=Duetts; es möchte schwerlich irgend

einer in dem überfüllten Hause nicht davon erschüttert worden sein. Daß eine solche Leistung. den höchsten Sturm des
Beifalls erregen mußte, darf kaum gesagt werden; es war
nur ein Sinn im Publicum, einstimmig wurde die Künstlerin daher sowol am Schlusse des zweiten wie des dritten
Actes gerufen.

Dasselbe Theater.

Berlin, 7. November.

Vorgestern fand im Opernhause die Vorstellung der Oper
Tankred statt, in der Dlle. Sontag die Amenaide sang.
So erfreulich uns diese Vorstellung an sich gewesen sein
würde, so können wir sie doch jetzt nicht so nennen, da wir
in ihr die letzten Töne der allbeliebten Sängerin vernahmen.
Weniger war es daher diesmal die Spannung auf einen
hohen Kunstgenuß, als der Wunsch, den letzten schönen Eh-
rentag der gefeierten Künstlerin mit begehen zu helfen, der
das Publicum herbeigezogen hatte. Jeder, auch der äußerste
und letzte Platz war besetzt; denn bei dem ungemeinen Andrang der Menge galt es für ein Glück, auch nur einen
solchen zu besitzen. Se. Maj. der König und der ganze
Hof beehrten die Vorstellung mit ihrer Gegenwart und füg-
ten so eine letzte Huld zu den vielen Beweisen des Wohlwollens, die die junge Künstlerin von den allerhöchsten Personen stets erfahren hat. Beim ersten Erscheinen wurde
Dlle. Sontag mit einem stürmenden Beifall empfangen;
Jubel darf man es nicht nennen, weil, so gern Jeder der
Künstlerin die Zeichen der Theilnahme gönnte, doch die wehmüthige Empfindung, sie für lange Zeit zum letzten Male
an der Stelle zu sehen, von wo aus sie so oft ihren mächtigen Zauber auf die Hörer ausgeübt hatte, gewiß bei ihren

wahren Verehrern die vorherrschende war. Mit aller der
Anmuth und Lieblichkeit, mit jener sanften Innigkeit des
Gefühls, die ihr eigen ist, sang die Künstlerin ihre Partie,
die insofern vielleicht die schwierigste ist, als die Musik jedem
wahrhaft aus der Seele stammenden Ausdruck einen fast
unüberwindlichen Widerstand entgegensetzt. Dennoch er=
focht Dlle. Sontag diesen schwersten aller Siege aufs ent=
scheidendste; ihres Triumphes über jede Art der mannich=
fachen Schwierigkeiten dürfen wir gar nicht gedenken, weil
sie in dieser Beziehung schon zu oft bewiesen hat, daß es
keine Gefahren mehr für sie gibt. Der Eifer, die Künstle=
rin bei ihrem letzten Erscheinen so würdig als möglich zu
unterstützen, war zwar von allen Seiten erkennbar, jedoch
hinderte theils die kurze Zeit, in der die Oper einstudirt
werden mußte, das vollständige Gelingen, theils scheint der
Kunstsinn des Publicums selbst doch wieder einige Schritte
vorwärts gethan zu haben und zu dem Bewußtsein gelangt
zu sein, daß die Oper etwas Anderes sein solle und müsse,
um auf tiefere Art zu ergreifen, als was Rossini sich dabei
gedacht. Dessenungeachtet war der Abend reich an vielen
großen künstlerischen Momenten, von denen wir nur einen
herausheben wollen, weil er der letzte Triumph der scheiden=
den Künstlerin war. Sie sang nämlich die große Scene,
während Tankred den Kampf für Rettung ihres Lebens be=
steht, und insbesondere den Theil derselben, nachdem ihr die
Siegesbotschaft geworden, so überaus schön, mit einer von
der übermäßigen Freude so bedrängten Brust, daß sie alle
Hörer zum Entzücken hinriß; die Steigerung bis zu dem
Augenblick, wo sie von der Seligkeit ihres Herzens überwäl=
tigt dem Vater an die Brust sinkt, war eine der schönsten
Kunstleistungen, deren wir uns überhaupt entsinnen. Der
Vorhang fiel. Tausend Stimmen riefen den Namen der

gefeierten, scheidenden Künstlerin; sie stand, als der Vorhang
sich wiederum hob, umgeben von dem Chor und den Mit=
spielenden. Das Freudenfest, welches vorher nur in künst=
lerischer Täuschung auf der Scene gefeiert worden war, der
Sieg des Schönen, den der Dichter und Musiker dargestellt
hatten, wurde jetzt zu einem in der Wirklichkeit. Blumen=
sträuße und Kränze überschütteten das Proscenium; Gedichte
flatterten aus allen Logen herab. Dlle. Hoffmann hob einen
Rosenkranz empor und setzte ihn unter dem stürmischen Bei=
fallrufen des Publicums der Sängerin aufs Haupt. Lange
dauerte es, ehe sie Ruhe von den Zuhörern, sowie in sich
selbst gewinnen konnte, um einige Worte mit bewegter, zit=
ternder Stimme und in sichtbarer Rührung zu sprechen.
Mit allgemeiner Freude bemerkte man darin die andeutende
Verheißung einer baldigen Wiederkehr; daß hierdurch die
Wünsche aller Gegenwärtigen erfüllt werden würden, darf
man wol voraussetzen und in diesem Sinne fügen wir die
Schlußstrophen des zur Huldigung gegen die Sängerin ver=
faßten, allgemein vertheilten Gedichtes unserm Bericht hinzu,
überzeugt, daß die Verse den Sinn des Publicums richtig
deuten. Sie lauteten:

> Du siegtest bald durch leichter Anmuth Spiele,
> Bald locktest Du durch süßen Zauberklang;
> Jetzt stimmtest Du zu tiefstem Mitgefühle
> Durch seelenvollen, rührenden Gesang,
> Ja, strebtest kühn zu noch erhabnerm Ziele,
> Daß Staunen und Bewunderung uns durchdrang:
> So warest Du in Lust und süßen Schmerzen
> Die ewig neue Siegerin der Herzen.
>
> Doch wie uns auch in wechselnden Gestalten
> Mit neuen Banden stets Dein Reiz umflicht —
> Mit allen jenen zaubrischen Gewalten —
> Ein solches Glück gewährst Du dennoch nicht,

Und keine Kunst kann höhern Reiz entfalten,
Als wenn ein einzig Wort die Lippe spricht:
Denn schöner als das schönste Deiner Lieder
Erklänge uns das Wort: Ich kehre wieder!

Musik.

Da bei den jetzt an unserm Theater waltenden Con=
juncturen nach einer an außerordentlichen Genüssen so reichen
nächsten Vergangenheit die Hoffnung nicht gehegt werden
darf, daß dieser Winter uns vorzugsweise viel Anlockendes
bieten werde, so muß es dem Publicum erfreulich sein, wenn
der unläugbar jetzt allgemeiner als jemals vorherrschende
Sinn für Musik in andrer Weise befriedigt wird. Natürlich werden es die Concerte sein, auf die sich die musikalische
Unterhaltung besonders concentriren wird. Wenn wir darunter aber nichts verständen als jene geistlosen Zusammen-
setzungen von verschiedenen Virtuosenstücken, als jene Veranstaltungen einzelner Personen, die, ohne auf irgend eine
Art die Bildung des Kunstsinnes im Auge zu haben, den
Concertsaal nur als eine Stätte betrachten, wo sich eine
modische Versammlung vereinigen soll, um theils während
der Musik einen Stoff zum Gespräch zu finden, theils nach
derselben durch sie den Anknüpfungspunkt der seichtesten und
unmotivirtesten Urtheile zu erhalten, wenn, sagen wir, die
Aussichten auf diese gewöhnliche Art von Concerten unsere
einzigen wären, so würde es mit den Hoffnungen, die wir
den wahren Kunstfreunden zu zeigen haben, betrübt aussehen.
Es läßt sich indessen besser an. Schon hat Herr Bernhard
Romberg sich das sehr ehrenwerthe Verdienst erworben, eine
Reihe von Abendunterhaltungen zu veranstalten, in denen
die feine Gattung der Kammermusik cultivirt wird und

worin namentlich seine eigene treffliche Virtuosität besonders
hervortreten soll. Gewiß ist dies Unternehmen rühmlich, auch
hat es Anerkennung gefunden; doch läßt sich nicht läugnen, daß dabei auf die Ausführung der Stücke mehr Gewicht gelegt wird, als auf den innern Werth derselben,
worin ein Grund liegt, weshalb der eigentliche Kunstwerth
dieser Versammlungen gegen die zurücksteht, von denen wir
sprechen wollen. Herr Musikdirector Möser beabsichtigt nämlich, seinen bisher mit Recht so hochgeschätzten Quartett=
Soirées eine größere Ausdehnung zu geben. Lange Jahre
konnte der Vortrag bloßer Quartette genügen; wenn man
aber bedenkt, daß nur drei Meister eigentlich Treffliches in
dieser Gattung geliefert haben, wovon der Eine, Haydn,
zwar an Zahl der Stücke ungemein reich ist, jedoch unter
diesen auch manche schwächere Arbeit nur von geringem Interesse ist, so muß sich der Vorrath zuletzt erschöpfen und
aus der steten Wiederholung eine gewisse Abstumpfung selbst
gegen das Trefflichste entstehen. Die Abwechselung, die
durch den Vortrag neuer Compositionen dieser Gattung von
Spohr, Onslow u. s. w. hineingebracht werden konnte, war
auch nicht ausreichend; denn theils sind diese neueren Arbeiten, obwol verdienstvoll, doch nicht von einem solchen
Werth, daß sie jene älteren zu ersetzen vermöchten, theils
beruht auch ihre Wirkung großentheils auf der Eigenthümlichkeit der Execution durch den Componisten. Dies ist zwar
weniger bei Onslow, aber doch sehr bei Spohr, Romberg
u. s. w. der Fall. Man muß daher den Gedanken Herrn
Möser's, diese Instrumentalmusikunterhaltungen zu erwei=
tern, um den Sinn des Publicums nach und nach an tiefere Auffassungen zu gewöhnen, einen durchaus glücklichen
nennen; ob der Veranstalter dabei nur die Förderung der
Kunst als ein einziges und reines Motiv im Auge hat, kann

den Hörer wenig kümmern. Genügend ist es vor der Hand, daß das Gute geschehe; daß es aus dem reinsten Antriebe gethan werde, ist ein fernerer Schritt zur Vervollkommnung, der erst nach Erreichung dieser Mittelstufe gethan werden kann. Um so dringender erscheint es uns aber, zur Theilnahme an dem Unternehmen aufzufodern, da es ohne diese schwerlich ausgeführt werden möchte. Uns werden außer den gewähltesten Quartetten größere Instrumentalstücke, uns werden Sinfonien versprochen. Die Sinfonie ist unstreitig das höchste Ziel, zu dem die Instrumentalmusik sich erheben kann; leider aber ist dies bei uns weder von Musikern noch vom Publicum bis jetzt auf gehörig praktische Weise ins Auge gefaßt worden, während man zum Beispiel in Leipzig in dieser Hinsicht uns bei weitem vor ist. Haydn hat in dieser Gattung Werke geschrieben, die bei einer blühenden Erfindungskraft den feinsten Geist entwickeln; Mozart hat Erstaunenswürdiges darin geschaffen und Beethoven in seinen neuen großen wunderbaren Schöpfungen aus diesem Gebiete die tiefsten Geheimnisse der Kunst erschlossen und die Wirkung der Instrumentation auf die höchste Spitze erhoben. Alle diese Schätze aber sind uns fast durchaus unbekannt, insofern nämlich die wahre Bekanntschaft mit dem Kunstwerke nur daraus hervorgehen kann, daß man in der Gestalt mit demselben vertraut werde, wie es der Meister ursprünglich gedacht hat. Also nicht aus Klavierauszügen, ja auch nicht aus geschriebenen Partituren, sondern nur aus der vollständigen Aufführung und der dadurch bewirkten unmittelbaren Aufnahme durch die Sinne lernt man solche Werke in ihrer ganzen Bedeutung kennen. Zu welchen Resultaten der Kunstbildung es ein Publicum führt, wenn es mit diesen höchsten Schöpfungen des Genius vertraut wird, welche Rückwirkungen dadurch auch auf mu-

fikalifche Erfcheinungen in anderen Gebieten ausgeübt wer=
den müffen, dies auszuführen ift hier nicht der Ort. Daß
aber die Unterftützung eines folchen Unternehmens von großer
Bedeutfamkeit für die Kunft fein muß, das wird der Künft=
ler wiffen, der Liebhaber fühlen und das größere Publicum
unfehlbar ahnen. Darum hielt es der Verfaffer diefes Auf=
fatzes für Pflicht, in etwas ausgeführterer Weife, als die
gewöhnlichen empfehlenden Hindeutungen abgefaßt find, dar=
auf aufmerkfam zu machen, und fügt diefer Anregung die
beften Wünfche für das glücklichfte Gedeihen des Unterneh=
mens bei. *)

Concert.

Mit den Concerten ift es aus, mußte der Referent inner=
lich rufen, als er vorgeftern in den Saal trat. Die Er=
fahrung, daß felbft die berühmteften Virtuofen keinen vollen
Saal mehr erlangen können, wenn fie nicht taufend Neben=

---

*) Anm. 1848. Jetzt, wo wir in den auserlefenften Inftru=
mentalgenüffen fchwelgen, an der Ueberfülle eher leiden, als am
Mangel, mag der obige Auffatz, der fich bemühen muß, darzuthun,
wie bedeutungsvoll die Sinfonie in der Welt der mufikalifchen Er=
zeugniffe ift, feltfam genug erfcheinen, ftellenweis ein Lächeln erre=
gen. Aber er ift ein merkwürdiger Beleg zu der Kunftgefchichte
Berlins, als ein Zeugniß, daß kaum zwanzig Jahre vergangen find,
feit große Inftrumentalconcerte anfingen unter dem gebildetften
Mufikpublicum gehört zu werden. Allerdings war dies auch fchon
früher der Fall. Vor den Kriegen Napoleon's ftand diefer Theil
der Kunft bereits in der Blüte; allein die öde Stelle, die der Krieg
herbeigeführt hatte, fing erft im Jahre 1827 an wieder zu ver=
wachfen. Regelmäßige Sinfonie=Aufführungen begannen damals
erft, nach langen Jahren der Paufe, und Beethoven wurde erft
von diefer Zeit ab in feinen größeren Werken bei uns bekannt.

mittel in Bewegung setzen, hat sich nun schon dreimal in
kurzer Zeit wiederholt und darauf gründete sich der obige
Ausruf. *) Moscheles spielte und hatte mehr unbesetzte
Stühle als besetzte im Saal. Ferdinand Ries, den man
nie hier gehört hatte, desgleichen. Herr Bärmann, dessen
Ruf als Virtuose durch ganz Europa bekannt ist, mußte
dieses Loos ebenfalls theilen. Was aber ist die Ursache dieser Erscheinung? Sie ist wol sehr complicirt; vorwaltend
scheint aber die, daß bei der nur auf Besiegung äußerer
Schwierigkeiten ausgehenden Virtuosität zuerst das Interesse daran verloren ging, daß darauf die Concerte eine reine
Sache der Mode wurden und es demnach gar nicht mehr
darauf ankam, was man daselbst hören, sondern was man
zu sehen bekommen würde. Zu dem sind sie durch Declamation und andere Ungehörigkeiten so entstellt worden, daß
die Musik eigentlich immer nur die zweite Rolle dabei spielt,
weshalb uns das unbefangene Urtheil einer Dame sehr
passend scheint, die da äußerte: „Es sei ganz hübsch in den
Concerten; aber so wie man im besten Gespräch sei, werde
man durch die fatale Musik gestört". Ja, so steht es und
nächst der Kunst bedauern wir dabei hauptsächlich Herrn
Bärmann. Die große unerschöpflich tiefe und reiche Sinfonie von Mozart hatte nur wenige Zuhörer anziehen können,
daran war aber vielleicht der Umstand schuld, daß auf dem
Zettel nicht stand: „Ganze Sinfonie" — und wir hier leider
daran gewöhnt sind, immer nur den ersten Satz zu hören.
Hierauf blies der Concertgeber ein sehr geniales Concert
von Maria v. Weber, F moll. Der erste Satz in Form
einer Phantasie zeichnete sich besonders durch effectvolle Behandlung des Orchesters, zumal der Pauken aus. Der

---

*) Also schon damals. Wie vollends jetzt!

chromatische Lauf am Schluß vom Herrn Bärmann mit
größter Zartheit vorgetragen, machte eine treffliche Wirkung.
Im Adagio hatte man die Partie der Hörner dreien Singstimmen übergeben, welche Strophen zum Gedächtniß des
verewigten Künstlers vortrugen; so sehr wir die Intention
loben, so können wir doch nicht behaupten, daß die musikalische Wirkung ganz glücklich gewesen sei. Der Schlußsatz,
höchst brillant, machte dagegen eine viel günstigere Wirkung
auch auf das sonst sehr kalte Publicum. Herr Bärmann
entwickelte in diesem ganzen Concert eine außerordentliche
Fertigkeit und Herrschaft über sein Instrument in allen,
selbst den höchsten Regionen desselben. Sein Piano ist
wunderschön und die Verbindung seiner Töne äußerst kunstreich; aber alle diese schönen Mittel scheinen uns nicht
immer mit Geschmack angewendet zu werden. Bisweilen
wird Piano und Forte nicht der Sache wegen, sondern nur
um des Gegensatzes willen angebracht und daher leidet natürlich der Charakter der Melodie. Doch man verstehe den
Referenten nicht dahin, als sei dies vorwaltend fühlbar; im
Gegentheil, die meisten melodischen Sätze wurden sehr schön
vorgetragen und das bisweilen darf daher gar nicht übersehen werden. Ein nicht ganz seltenes zu starkes Heraus-
pressen mehrerer Töne können wir indeß nirgend loben.

Uebersicht des Jahres.

Das Jahr 1827 (dem ich hier die zwei letzten Monate des Jahres 1826, in denen meine kritische Thätigkeit an der Vossischen
Zeitung begann, gleich einverleibe) war vielleicht das reichste an
großartigen künstlerischen Erscheinungen, welches ich bis jetzt (1848)

erlebt, wenn auch Einzelnes ebenso Hervorragendes sich späterhin
geltend gemacht hat. Namentlich war aber das Jahr 1827 das
Jubeljahr des Gesanges, durch eine vielleicht einzige Gruppirung
der größten und verschiedensten Künstlerinnen und Stimmen. Da
es indeß nicht möglich ist, aller Kunsterscheinungen und Ereignisse
zu gedenken, ja selbst wichtigere übergangen werden müssen (z. B.,
wo nicht ganz besondere Motive vorliegen, die Beurtheilungen neuerer Werke, weil sonst der Raum, der uns gegeben ist, gar nicht aus=
reichen würde), so gebe ich am Schluß jeden Jahres noch eine kurze
Uebersicht und Zusammenstellung aller Erscheinungen, von denen
ich wegen der Fülle des Stoffes bei weitem die Mehrzahl, vielleicht
neunzehn Zwanzigtheile, in Kürze zusammenfasse.

Es werden denn aus diesem ersten Jahrescyklus folgende Erscheinungen zu bemerken sein: Zuerst die Sänger und Sängerinnen
Milder, Schulz, Seidler, Stümer, Bader, Devrient, Blume, welche
die Zierde der Berliner Bühne waren; demnächst die großen Gast=
darstellerinnen: Catalani, Schechner, Sontag, Sabine Heinefetter,
Sessi, denen sich andere, minder bedeutende anschließen. Ich führe
von denselben an: Herr Sieber, Dlle. Clara Sieber, Herr Jäger,
Wächter, Zschiesche, Spitzeder, Herr Stöckert, die Wiener Concert=
sänger Herz, Hecker und Wottke; Herr Cornet, Mme. Kraus-Wra=
nitzki, Herr Babingg; endlich die heimischen Sängerinnen Karl
und Hoffmann, welche damals im Beginn ihrer Kunstlaufbahn
waren. Von namhaften Virtuosen, einheimische wie fremde, traten
in dieser Zeit auf: Moscheles, Ferdinand Ries und sein Bruder
Hubert Ries, Dotgauer, Möser, Heinrich Romberg, Guillou, die Gebrüder Ganz, Bernhard Romberg, Bärmann und die jungen debü=
tirenden Klavierspieler Taubert (jetzt erster Kapellmeister in Berlin)
und Wörlitzer. An hervortretenden musikalischen Ereignissen und
Aufführungen auf dem königl. Theater sind folgende namhaft zu
machen: Möser's Quartette und Einrichtung der ersten Sinfonie-
Soiréen, Quartette von Romberg; die erste Aufführung von Weber's Oberon als Concertmusik. Oper Dido von Rellstab und Bern=
hard Klein. Nurmahal, Alcidor, Agnes von Hohenstaufen (erste
Aufführungen), Olympia, Cortez, Vestalin, die heimliche Ehe. Concerte der Catalani und scenische Darstellungen derselben. Etliche
und zwanzig Gastdarstellungen Nanette Schechner's, in den Rollen
der Emmeline, Agathe, Fidelio, weißen Dame, Annette (diebische
Elster), Elvira, Iphigenia, Vestalin u. a. m. Gastdarstellungen Sa=

bine Heinefetters, als Amazili, Susanne u. s. f. Endlich Gastdarstellungen Henriette Sontags auf dem königl. Theater als
Donna Anna, Agathe, Myrrha, Susanne, Prinzessin in Johann
von Paris, Euryanthe u. s. w. Neu waren noch die seitdem freilich verschollenen Opern: Die bezauberte Rose, von Wolfram (dem
Bürgermeister von Teplitz), der Bramin von K. Blum. Auch fand
die Einweihung des Saales der Singakademie statt.

Jahr 1828.

Concert.

Am 17. Januar fand im Saale der Singakademie die
Aufführung des Oratoriums von Händel, Judas Maccabäus, statt. Dieses großartige Werk hat sich in dem Wechsel der Zeiten so fest erhalten, daß zur Anerkennung desselben kaum noch etwas gesagt werden dürfte. Dennoch aber
können wir uns nicht enthalten, darauf aufmerksam zu
machen, wie gerade in diesem Werke die Auffassung des
energischen Componisten die höchste ist, die der Gegenstand
nur verstattet. Ein historischer Stoff, der, ganz dem Sinne
und der Verfassung des Volkes, in dem die Ereignisse stattfanden, gemäß, durch eine fast unmittelbare Einmischung der
göttlichen Macht die höchste Würde erhält, liegt dem Text
zum Grunde. Händel hat ihn mit jener wahren Frömmig-
keit aufgefaßt, die ein freudiges Herz voll Kraft und Muth
zu kühnen Werken erzeugt. Daher ist es ihm gelungen,
die ernste Würde der Religion mit dem erhebenden Jubel

eines Volkes, das im Bewußtsein seiner heiligen Sache stolz
auf einen siegreichen Helden sein darf, auf das innigste zu
verschmelzen. Die Empfindungen unserer Brust werden
durch diese Musik von so verschiedenen Seiten gleich mächtig
angeregt, daß man in der Entscheidung schwankt, ob die
ernste Klage um einen großen Todten, das gläubige, feste
Vertrauen auf die schirmende Gottheit, der kriegerische Jubel, der zur Schlacht und zum Siege ruft, oder endlich die
unschuldig rührende Siegesfeier selbst, da der gekrönte Held,
von den Jungfrauen des Landes begrüßt, heimzieht, am tiefsten und wahrsten ausgedrückt sind. Ein solches Werk, dem
man ohne irgend eine verblendete Vorliebe eine so hohe würdige Stelle anweisen kann, dürfte, sollte man denken, eine
allgemeine Theilnahme gefunden haben. Leider deutete die
geringe Anzahl der Zuhörer auf das Gegentheil. Dies
können wir kein gutes Zeichen der Zeit nennen, es beweist,
wie der leichtsinnige Geschmack an den unbedeutendsten Gattungen der Kunst so überhandnimmt, daß der ernste Sinn
für Großes und Würdiges, welches mit voller Seele, nicht
in einer halben, schlaffen Zerstreuung, aufgefaßt werden will,
nur noch in wenigen Gemüthern anzutreffen ist. Mit über-
zeugender, trauriger Wahrheit drang sich daher dem Referenten das trefflich gefaßte Urtheil in der Vorrede des Text-
buches zu diesem Oratorium auf: „Ein Geist des Edlen,
Großen und Tiefen hat dies Werk geboren und wird es
erhalten. Jedes Zeitalter wird seine Kraft daran prüfen
und an der Wirkung selber erkennen dürfen". Wird
sich aber das unsrige über seine Selbsterkenntniß freuen können? —— — —— — —— — —— — ——
— — Die Grundsäulen, worauf das ganze Werk sich erhält, sind indeß die mächtigen Chöre; diese werden wir in
Berlin, vielleicht in ganz Europa nirgend besser hören, als

von dem trefflichen Personal dieses Vereins von Dilettanten.
Denn wo sollte man dreihundert Individuen vereinigt treffen,
die mit der nöthigen Stimme so viel musikalische Kenntniß
und Bildung überhaupt besitzen, um ein solches Werk zu
fühlen und richtig vorzutragen? Das ebenfalls fast ganz
aus Liebhabern gebildete Orchester der philharmonischen Gesellschaft unterstützte die Aufführung auf sehr erfreuliche Art.
Wenn hier auch nicht die Leistungen eines vollkommen ein-
geübten Orchesters erwartet werden können, so bedenke man
nur, wie viel schon für den Zustand der Kunst geschehen
ist, wenn die Aufführung eines solchen Werkes durch Liebhaber überall nur möglich wird; uneingedenk, daß eine Un-
abhängigkeit von amtlich beschäftigten Musikern schon an
sich eine sehr wünschenswerthe Sache ist, wie nur eben die
störenden Collisionen negativ bewiesen haben. Wir können
daher dem Unternehmen im Ganzen nur lobende Anerkennung zollen und hoffen auf den glücklichsten Fortgang desselben. Wenn es aber erlaubt ist, Wünsche für Etwas auszusprechen, was sich erreichen läßt, so wären es die, daß bei
großen Aufführungen dieser Art eine kräftigere, präcisere
Leitung des Ganzen stattfinden möchte, die besonders mehr
Sicherheit in der Angabe der Tempi zeigte und auf die
Nüancirungen des Vortrags, für die bei einem so vortrefflichen Chorpersonal nur der Dirigent verantwortlich ist, beim
Einstudiren sorgfältiger achtete. Daß man einige Stücke
wegließ, kann bei der großen Länge des Oratoriums nicht
füglich getadelt werden; doch die Ouvertüre hätte nicht fehlen sollen.

Concerte.

• Möser's Sinfonie-Soirée.

Berlin, 11. Februar.

Die dem Quartettabende interpolirten Sinfonie-Abende, die Herr Musikdirector Möser für diesen Winter eingerichtet hat, sind unstreitig diejenige musikalische Unterhaltung, die dem gebildeten Hörer den höchsten Genuß, ja oft eine wahrhafte Erhebung gewährt. Auch wird der Kreis der antheilnehmenden Musikfreunde zusehends dichter, so daß der Saal, welcher anfangs noch vielen Raum zum Sitzen übrigließ, jetzt schon in den Stehplätzen eng und enger zu werden anfängt.

Nach einer Pause begann Beethoven's wunderwürdige Sinfonie in A dur. Es scheint, daß dieser unergründliche Meister bei der stets wachsenden Kraft schöpferischer Phantasie die ordnende Herrschaft derselben mehr und mehr verlieren mußte; fern davon also, ihm irgend einen kleinlichen Vorwurf deshalb machen zu wollen, tritt uns dies einerseits als ein Beweis seiner Größe entgegen, während wir freilich auf der andern Seite die Schranken erkennen, die selbst dem kühnsten Fluge des Genius unabänderlich gesetzt sind. In dem ersten Allegro dieser Sinfonie herrscht ein brausender Strom der Freude, der Alles mit' sich dahin reißt und uns auf seinen Wellen durch ein romantisches Zauberland trägt. Jede Wendung gibt neue große Blicke; wie wir aber nicht mit dem Rhein rechten, daß er zu lang sei, so dürfen wir es auch hier bei so vielem schöpferischen Reichthum vergessen, daß ein geringerer Schatz von Gedanken sich leichter und concentrirter zu einem harmonischen Ganzen hätte gestalten lassen. Das Andante ergreift mit einer so tief wehmüthigen Rührung, daß wir über die Stimmung, die es in uns er-

weckt, kaum zu der Ruhe des Urtheils kommen können, deren
man bedarf, um sich der wunderbaren Erfindungen in der
Instrumentation, der tieferen und doch so leicht gehandhabten Bearbeitung des Themas bewußt zu werden. Nach den
kühnen Rhythmen und Harmonien des Scherzos kommen
wir zu dem Finale. Hier herrscht eine colossale Kraft des
erfindenden Geistes, der sich auch in äußeren Mitteln fast
nicht genug thun kann. Es ist ein Chaos voller Weltge-
danken, bei dem wir den Genius, der es erschuf, mit Staunen betrachten, wenn wir gleich gestehen, daß uns die Elemente noch zu sehr im Kampf erscheinen, um die geordnete,
auf Maß und Gesetz der Schönheit begründete Welt zu erkennen. Es scheint uns nicht, daß ein Mangel der einzelnen respectiven Auffassungskraft hier die Schuld trage, obgleich wir wohl wissen, daß viele Verehrer Beethoven's ihn
gerade in diesen Momenten am größten halten. Es scheint
uns dies aber nur auf einer sehr leichten Verwechselung der
Kraft des Schöpfers mit dem Resultate derselben zu beruhen,
wie ein Reiter, der unerschüttert im Sitz ein wildes, unbän-
diges Roß tummelt, Dem überlegen zu sein scheint, der die
Kraft des Thieres so beherrscht, daß sie nie zu einem will-
kürlichen Ausbruch kommen kann. Doch deuten diese letztern Worte Beethoven's gewiß ahnungsvoll auf eine noch
tiefere Entwickelung der musikalischen Fähigkeiten des Menschen, als sie jetzt vorhanden ist; vielleicht aber wird es erst
in Jahrhunderten möglich, daß aus solchen Stoffen ein gebildetes Kunstwerk geformt werde, aus dem die Riesenkraft
unsers Meisters jetzt Colosse thürmt, die an die wunderbaren egyptischen Bildwerke erinnern, vor denen wir mehr
erstaunen werden, als vor denen eines Phidias, ohne jedoch
den bewußter waltenden Geist in den Letzteren zu verkennen.

Concert.

Hummel.

Berlin, 8. März.

— — — — Herr Kapellmeister Hummel spielte ein neues Concert seiner Composition in As dur. Ein schöner, ruhig gehaltener Stil, treffliche Instrumentation, geschickte Behandlung der Themata, interessante Tutti und höchst wirksame Benutzung des Solo-Instruments zeichneten dasselbe aus. Das Adagio hätten wir ausführlicher gewünscht; dagegen überraschte das Rondeau, dem es zur Einleitung dient, durch originelle Erfindung im Thema und mehrere sehr wohlklingende Passagen. Daß das Concert meisterhaft vorgetragen wurde, braucht man bei einem so anerkannten Virtuosen, wie Herr Hummel ist, nicht hinzuzusetzen. Das darauf folgende Stück „Des Treuen Tod" (vom Herrn Bader, einige unzeitige Verzierungen abgerechnet, sehr schön gesungen), mit concertirenden Variationen für Cello, Violine und Pianoforte können wir, so gut es ausgeführt wurde, durchaus nicht billigen. Es fodert sehr stark zur Ironie und Satyre heraus; doch die große Achtung, die wir sonst vor dem Talent und den Leistungen des Concertgebers hegen, bestimmt uns, es einfach als eine Verirrung des Geschmacks zu bezeichnen, die in Berlin ihr Publicum wenigstens in diesem Saale (Concertsaal des königl. Schauspielhauses) wol nicht finden kann. Wir wollen daher die lächerlichen Blößen, die es zum Angriff bietet, eben so gern übersehen, wie die der Declamation der beiden Damen Nina Sontag und Karoline Bauer.

Zum Schluß ließ sich der Concertgeber in einer freien Phantasie hören, worin er bekanntlich der größte Meister seiner Zeit ist; allein «nil invita Minerva» sagt Horaz und daher dürfen wir auch gar nicht darüber grollen, daß, so vortrefflich diese Leistung an sich war, wir sie doch nicht als eine Leistung Hummel's unbedingt loben können. Die Themata wurden wenig ausgeführt und etwas zu barock zusammengestellt, wie denn z. B. der Priestermarsch aus Alceste mit einem bekannten Volksliede: „Lotte ist todt" u. s. w. wol schwerlich zusammen gerathen kann, wenn die musikalische Phantasie aus einer wirklich angeregten Stimmung hervorgeht. Doch, wie gesagt, über solche Eingebungen des Augenblicks dürfen wir nicht rechten, am wenigsten mit einem Künstler, dem wir für so vieles Dank schuldig sind. Herr Hummel spielte auf einem Patent-Fortepiano von Streicher, die sich dadurch von den gewöhnlichen unterscheiden, daß der Hammer die Saiten von oben anschlägt. Referent hat diese Instrumente schon vor mehrern Jahren in Wien kennen gelernt und sie scheinen ihm, wie alle aus dieser vorzüglichen Fabrik, sehr gut und auch der Absicht, einen stärkeren, gleicheren Ton hervorzubringen, in der Theorie zu entsprechen. Doch wollte ihm dieses, so wohlklingend es war, was die Kraft des Tones anlangte, nicht zusagen, auch schien es in der Höhe etwas dünn zu werden. Referent will indeß damit nicht gesagt haben, daß diese Fehler Gattungs-Fehler seien.

Königliches Theater.

Berlin, 24. März.

Die Abenceragen. Diese langerwartete Oper ist endlich auf unserer Bühne erschienen; seit vielen Jahren die erste neue große Oper, die wir gehört haben. War aber auch die Hoffnung lange getäuscht, so ist sie desto schöner

erfüllt worden, und hatte man die Erwartung auch hoch
gespannt, so muß man doch gestehen, daß sie weit übertroffen
ist. In jedem Betracht ist daher diese Erscheinung auf unserer Bühne höchst merkwürdig, besonders aber auch dadurch,
daß man das Werk mit allem möglichen Fleiß einstudirt,
nach besten Kräften besetzt und auf das Würdigste ausgestattet hat. Die große Sorgfalt und Thätigkeit, die Herr
Spontini, der die Selbstleitung der Oper übernommen hatte,
dabei gezeigt hat, darf nicht unerkannt bleiben. Zuerst zu
dem Gedicht, welches der überaus trefflichen Musik zum
Grunde liegt. Obwol dasselbe mit der Einsicht und dem
Verstande gemacht ist, welche wir den französischen Opern-
dichtern fast immer einräumen müssen, so hätten wir von
Jouy doch etwas Bedeutenderes gehofft. Es fehlt nämlich
zu sehr an einem wirklich lebendigen Interesse für die Personen und Begebenheiten; in der ganzen Oper findet sich
keine einzige Situation, die tief bewegend oder erschütternd
wäre. Das Gedicht der Vestalin ist darin bei weitem glücklicher. Wenn wir in dieser Oper im ersten Act die Liebe
eines Triumphators zu einer Dienerin der Vesta sehen, so
erfüllt uns schon dieses hoffnungslose und gefährliche Verhältniß mit banger Ahnung. Wenn aber das heilige Feuer
der Göttin im zweiten Act vor unsern Augen erlischt, so
durchbebt uns ein unwillkürlicher Schreck; der Begriff der
Schuld der Priesterin und die nothwendige Strenge des
Gesetzes gegen dieselbe treten mit dem Adel ihrer Liebe,
dem hohen Muth ihrer kühnen Aufopferung sogleich in einen
höchst ergreifenden Conflict. Die ruhige Erwägung muß
sie verdammen, das fühlende Herz möchte Alles wagen, um
sie zu erretten. Endlich knüpfen sich die Situationen mit
großer dramatischer Wirkung an einander. Die Rückkehr
des Licinius, der seine Braut als Vestalin findet, macht

seinen Einbruch in den Tempel faſt nothwendig; die Ent=
deckung des Verbrechens iſt unvermeidlich, die Strafe deſſel=
ben unabwendbar. So ſtehen alle drei Acte im innigſten
Zuſammenhange. Bei weitem ſchwächer ſind dieſe großen
Motive des Intereſſe in den Abenceragen. Das Verhält=
niß entſpinnt ſich glücklich; der Haß der Zegri erſcheint zu
unbeſtimmt, der Plan ihres Verraths zu allgemein, als daß
er uns mit einer Beſorgniß erfüllen könnte, die der ähnlich
wäre, die uns gleich in der erſten Scene der Veſtalin für
das Geſchick Juliens ergreift. Das Motiv der Schuld macht
vollends geringen Eindruck. Wir ſehen einen Feldherrn
ſiegreich zurückkehren, aber ein geweihtes Panier, das Pal=
ladium des Volkes, fehlt ihm. Um uns die Größe eines
ſolchen Verluſtes empfinden zu laſſen, müßten wir ganz an=
ders von dem Werth des Kleinods überzeugt werden. Ueber=
dies iſt der Verrath ſo ungeſchickt angelegt, daß wir uns
nur über die ganz flache Scheinverurtheilung erbittern und
die Abenceragen der größten Unentſchloſſenheit beſchuldigen
müſſen, die dieſes Verfahren zulaſſen. Ja die Strafe ſelbſt
hat eben nichts Erſchütterndes für uns, denn den Schmerz
der Verbannung aus einem Reiche, wo ſo die Willkür und
der Trug herrſchen, können wir kaum empfinden, ſondern
verwundern uns nur, daß Noraine dem Geliebten nicht
folgt. Was die dramatiſche Verknüpfung anlangt, ſo hän=
gen die erſten beiden Acte zu locker zuſammen; die Ereig=
niſſe ſind willkürlich und folgen ſich ohne Nothwendigkeit.
Die Feier des Feſtes, der Friedensbruch, der Verluſt des
Paniers, Alles ſteht nur durch den Verrath im Zuſammen=
hange, der uns aber, wie geſagt, zu unbeſtimmt erſcheint.
Der dritte Act gewinnt das meiſte Intereſſe. Daß der
Verbannte gegen den Willen des Geſetzes zurückkehrt, er=
ſcheint natürlich, aber ſtrafbar und gefahrvoll. Er wird ent=

4**

deckt, soll verurtheilt werden; dieses Geschick muß uns zur
Theilnahme auffodern. Daß ein siegreicher Kämpfer für
seine Sache ihn retten könne, dürfen wir nach den Sitten
des Zeitalters wohl annehmen, und wenn wir in diesem
Kämpfer endlich den spanischen Feldherrn, den Helden Gon-
zalvo sehen, der unsere Theilnahme schon im ersten Act erregt hat, und wenn mit ihm das verschwundene Panier wieder erscheint und der Verrath enthüllt wird, so erfüllt uns
die Auflösung sowol wegen der Geschicklichkeit, mit welcher
der Dichter sie herbeiführt, als durch ihren ritterlichen, romantischen Charakter, mit genugthuender Freude und wir
räumen gern ein, daß sie viel künstlerischer ist als die unmittelbare Einwirkung der Göttin in der Vestalin. Außer
den gerügten Mängeln bewegt sich das Gedicht jedoch natürlich, wiewol nicht dramatisch wirksam fort; die Charaktere
erscheinen durchaus würdig und in würdigen Verhältnissen.
Durch das ritterliche Wesen der Mauren und Spanier,
durch ihre Tapferkeit und Großmuth in der Anerkennung
der Verdienste selbst des Feindes wird man sehr wohlthuend berührt und empfängt fast einen ähnlichen Eindruck,
wie durch Chateaubriand's unschätzbare Erzählung: „Der
Letzte der Abenceragen". Allein die Musik ist eine Kunst,
die durchaus die Aufregung der Leidenschaften zur theatralischen Bedingung macht. Daß, wenn dieses Element fehlt,
dem Componisten große Schwierigkeiten im Wege stehen,
ist unläugbar; er möge dann, wie Cherubini gethan, die
trefflichste Musik liefern, sein Einfluß wird doch bei weitem
geringer sein, als der eines nur mittelmäßigen Talents, welches durch die Macht des dramatischen Gedichts getragen
wird. — Wir kommen nun zu der Composition selbst, über
die wir ohne eine einigermaßen ausgeführte Würdigung des
Stoffs insofern gar kein Urtheil zu fällen vermochten, als

wir das Verhältniß des musikalischen Werths der Oper zu ihrem Erfolg auf der Bühne zu erklären und zu begründen unternommen haben.

Die Musik dieser Oper ist an genialer Erfindung, an Arbeit und wirksamer Benutzung der Mittel den berühm=testen Werken Cherubini's unbedingt an die Seite zu stellen. Auf eine Analyse der einzelnen Musikstücke einzugehen, ist hier nicht der Ort, wir begnügen uns daher mit allgemei-nen Andeutungen. Am bedeutendsten treten zunächst die Chöre hervor, die auch auf das Publicum sogleich den be=stimmtesten Eindruck gemacht haben. Unter diesen heben wir als den vorzüglichsten den Schlußchor des zweiten Actes heraus, der mit dem Finale streng zusammenhängt. Der Componist hat hier den ganzen Reichthum seiner ungemein großen Mittel entwickelt. Denn er führt das ganze Stück ohne weibliche Stimme durch, eine Aufgabe, die, wenn man die Monotonie vermeiden will, äußerst schwierig ist, besonders da der Schlußchor die Aufregung der heftigsten Leidenschaft ausdrückt, wobei die herrlichen, wirkungsvollen Soprantöne jedem mittelmäßigen Componisten unentbehrlich geschienen haben würden. Es herrscht eine Kühnheit der Rhythmen, eine kunstreiche Orchesterbegleitung in bedeutenden Figuren darin, die in der That bewundernswerth sind. In ähnlicher Art sind noch mehrere andere der Männerchöre behandelt; doch muß man auch einige der weiblichen Chöre eben so hoch stellen, sowol durch den Reiz anmuthiger Melodien, wie durch geschickte Bearbeitung.

Was von den einzelnen Chören gilt, findet noch mehr bei den größeren Ensembles statt. Jede Solostimme tritt be-deutend und geschickt hervor und trotz der großen Massen bleibt alles Einzelne klar und verständlich. Das Finale des ersten Actes mit der höchst bewegten, unison durchlaufen-

den Orchesterfigur ist ein wahrhaftes Meisterstück; aber auch
das Orchester. lieferte eines durch die treffliche Ausführung
dieses höchst schwierigen Satzes. Sehr reich ist die Oper
ferner an einzelnen schönen Piècen z. B. die Tenorarie Almansor's in dem Finale des zweiten Actes, seine Duette mit
Noraine, besonders das erste mit der hinreißend schönen Melodie auf die Worte: „Wie beseligt mich die Empfindung!“
Durch wunderbare Instrumentalwirkung zeichnet sich vor
allen Norainens schwermüthige Arie am Anfang des dritten
Actes aus; hier sind durch die äußerst wirksame Behandlung der Blase-Instrumente und der Bässe in der That bis
jetzt noch ganz unbekannte Wirkungen erreicht worden. Nacht
und Mondlicht schweben gewissermaßen auf den Tönen; wir
bedürfen kaum der Decoration, um die Situation in ihrer
Aeußerlichkeit zu erkennen. Um alles Schöne herauszuheben,
müßte man fast jede Nummer bezeichnen; nur wenige sind,
die uns schwächer erscheinen, doch würde dahin z. B. die
etwas zu sentimental gehaltene Arie Almansor's im dritten
Act, die mit einem obligaten Fagot begleitet ist, gehören.
Besonders aber haben wir noch auf die äußerst originelle
und liebliche, zugleich höchst kunstvoll behandelte Balletmusik
aufmerksam zu machen, die zwar nicht durch große Massen
und gewaltsame Rhythmen einen sogleich blendenden Effect
hervorbringt, sich aber auf die geistvollste Art mit der Kunst
des Tanzes verbindet. So mußte die Oper große Theilnahme finden; warum ihr aber nicht längst jene allgemeine
Verbreitung wie manchem andern nicht würdigern Werk
geworden, glauben wir oben dargethan zu haben. Die durch
Herrn Spontini sehr verbesserte Scenirung wird sie jetzt gewiß allgemeiner beliebt machen.

Beethoven's Todtenfeier.

Der 26. März war der Todestag Beethoven's. Die Gedächtnißfeier desselben wurde auf die würdigste Weise in der musikalischen Versammlung des Herrn Musikdirectors Möser begangen, welche gerade auf diesen Tag der wehmüthigen und erhebenden Erinnerung an den größten Künstler unsrer Zeit fiel. Nur Werke von dem unsterblichen Meister wurden ausgeführt; und wahrlich, es können noch manche Jahre seit seinem Tode verstreichen und man wird nicht in Verlegenheit kommen, die Wiederkehr desselben immer neu durch andere unschätzbare Arbeiten desselben zu bezeichnen. Dem Sinne der Feier gemäß eröffnete sich dieselbe durch den Trauermarsch aus der «Sinfonia eroica». Dem tiefgefühlten, meisterhaften Vortrag desselben hörte man es an, daß die Ausführenden mit ganzer Seele ihre schöne Aufgabe lösten. Demnächst folgte die Ouvertüre aus Coriolan, durch ihren großartig einfachen Stil vielleicht das vollendetste Werk des Meisters in dieser Gattung. Der imposante, durch kühne Harmonien und Rhythmen wahrhaft römisch erhabene Eingang, die später sich anschließende wehmüthige Melodie, der wunderbare, schauerlich erschütternde Schluß — alle diese tiefsinnigen Züge des erstaunenswürdigen Werkes waren in ihrer großen Bedeutung aufgefaßt und wurden derselben entsprechend wiedergegeben. Einer andern Sphäre angehörend und für seine Weise ebenso ausgezeichnet schloß sich das Quintett in C dur dieser Ouvertüre an. Die heitere Klarheit desselben, hervorgehoben durch den trefflichen Vortrag, theilte sich schnell der Stimmung der Zuhörer mit, einen so ganz andern Charakter diese auch durch die tief tragische Wirkung des vorhergehenden Stücks eben erst angenommen hatte. Das ist aber eben der Zauber des vollendeten Künstlers, daß das Herz ihm gehorchen muß, er bewege es, nach welcher Richtung es sei. Den erhabenen Schluß der Feier bildete die Sinfonie in C moll. Von Vielen wird diese entschieden für das tiefsinnigste und reichste Werk des unbegreiflichen Genius gehalten. So viel ist wenigstens gewiß, daß sie alle Wünsche in der Gegenwart so reich befriedigt, daß man, durchaus von ihr erfüllt, nach keinem andern Werke Bedürfniß hat. Wir müssen es uns versagen, ausführlicher über dies Wunderwerk der Musik zu sprechen; so viel aber sei uns erlaubt zu sagen, daß Alles, was die tiefste, schmerzlichste Sehnsucht ahnen, was der begeistertste Jubel empfinden kann, hier in Tönen niedergelegt ist, die sich mit unwiderstehlicher Gewalt unserer bemächtigen. Von der unruhig zerrissenen Leidenschaft des in meisterhaft gedrängter Kürze vollendeten ersten Satzes, durch das abwechselnd wehmüthig liebliche und siegreich triumphirende Adagio bis zu dem in ausschweifender Kühnheit sich jubelnd erhebenden Finale hin, welches mit der wunderbar ergreifenden Menuett in innigster Verbindung steht —, waltet nur eine siegreiche Macht, die des Meisters, der uns nach Willkür mit Schmerz oder Entzücken durchdringt. Wer mag da mit ihm rechten, wo ein Zuviel oder ein Zuwenig statt finden möchte? Solche Werke werden der bleibendste Denkstein des unvergeßlichen Namens sein; möge die Feier seines Andenkens immer so würdig begangen werden und möge man sie nicht in nachlässige Vergessenheit gerathen lassen, denn der Dank, dem wir ihm schulden, wenngleich unabtragbar, findet doch wenigstens ein Zeichen in der reinsten Verehrung seiner unsterblichen Schöpfungen.

Königliches Theater.

Erstes Auftreten des Fräulein v. Schätzel.

Am 26. April hörten wir Weber's Freischütz. Die oft besprochene Oper würden wir, obgleich die Vorstellung ziemlich gerundet ging, doch nicht mehr erwähnen, wenn wir nicht Bericht von dem Debüt einer vielversprechenden jungen Sängerin, Fräulein v. Schätzel, einer Enkelin der unvergeßlichen Schick, zu geben hätten, deren Erwerb für die Bühne wir dem thätigen Eifer des Herrn Grafen v. Brühl danken. Sie sang die Partie der Agathe; eine glückliche Wahl, da diese Rolle nicht nur Gelegenheit zum ausdrucksvollen melodischen und recitativischen Gesang gibt, sondern auch bereits eine im Solfeggio geübte Stimme fodert, so daß eine junge Künstlerin auch ihre Schule darin zeigen kann. Ueberdies dient der schüchterne weibliche Charakter sehr dazu, die natürliche, ja lobenswerthe Bangigkeit eines jungen Mädchens, die zum ersten Male die Bühne betritt, mit der Rolle gewissermaßen zu verschwistern und so über manchen peinlichen Augenblick hinwegzuhelfen. Daß die junge Künstlerin diese Befangenheit verrieth, versteht sich fast von selbst; es wäre nicht gut, wenn es anders gewesen wäre. Aber dies hinderte sie doch nicht, zu zeigen, wie viel sie bei ihrem trefflichen Lehrer, Herrn Stümer, gelernt hat; ihre Passagen waren klar und rund, die Intonation durchaus rein, die Aussprache schon sehr gebildet. Mehr als dies erfreute aber der natürlich wahre, von Affectation und Kälte gleich entfernte Ausdruck; diese Eigenschaft berechtigt zu der Hoffnung, daß wir in Fräulein v. Schätzel dereinst, wenn sie in ihrem eifrigen Studium nicht ermüdet, eine wirklich dramatische Sängerin besitzen werden. — Um einiges Einzelne zu berühren, so müssen wir es zuvörderst loben, daß Fräulein

v. Schäzel in der Stelle: „Welch schöne Nacht"! die Integrität
des Componisten geehrt hat. Sie hat gefühlt, daß diese Noten
kein bedeutungsloses Ornament, sondern der sehr gelungene
Ausdruck einer ganz eignen schwärmerischen Empfindung sind.
Die Stelle machte daher auch solche Wirkung, daß ein viel-
faches Bravo gehört wurde. Im Adagio brachte dagegen
die junge Sängerin einige Verzierungen an, die wir, obwol
wir sie nicht geschmacklos nennen wollen, doch lieber nicht
gehört hätten. Das Allegro sang sie mit dem wahren Ausdruck entzückter Freude; sie unterschied auch hier sehr wohl,
was eine Bravourpassage, was der Ausdruck der tiefsten
Empfindung ist. Die Cavatine in As muß nach unserer
Meinung mehr mit Vertrauen als mit Bangigkeit gesungen
werden. Für den gelungensten Moment der Darstellung
hält Referent die Stelle: „Ich athme noch die liebliche Luft".
Diese trug die junge Sängerin mit einer solchen Innigkeit
und Wahrheit vor, wie wir sie fast noch nicht gehört haben. —
Wir haben sehr glückliche Anlagen aus voller Ueberzeugung
anerkennen dürfen; Vieles muß jedoch noch erworben werden und diese Aufgabe ist keine geringe. Denn der größte
Künstler wird doch, wenn er sein wahres Ziel nicht verkennt,
dasselbe immer noch in unermeßlicher Höhe über sich erblicken
und dies je mehr, je höher er sich selbst erhoben hat. Es
ist also keine leichte Bahn, die die junge Künstlerin betritt;
sie fodert strengen Ernst und steten Eifer, wenn man die
vielen Klippen, die sie umgeben, vermeiden und nicht ein
Besseres, als man erreicht, einbüßen will. Auch Opfer
müssen gebracht werden und nicht immer werden diese so
vergolten, wie ein glänzender Schimmer zu versprechen scheint;
sie lohnen sich aber reich, wenn das reine Streben des Künstlers mit Verachtung des Falschen und Eitlen gerade nach
dem Höchsten zielt. In diesem Sinne können wir der jungen

Künstlerin keinen besseren Wunsch zur Begrüßung auf dem ersten Schritt ihrer Laufbahn darbringen, als daß sie stets von dem edlen Geiste der Kunst geführt werden möge, der die unvergeßliche Frau beseelte, deren Enkelin zu sein sie sich rühmen darf. Dann aber fürchten wir auch nicht ein trüglicher Seher genannt zu werden, wenn wir ihr prophezeien:

> Kein Opfer bringst Du ihr vergebens,
> Wahrhaftig ist die Kunst allein,
> Auch in den herbsten Kelch des Lebens
> Mischt sie Dir Nectartropfen ein.

Dasselbe Theater.

Am 26. August zum dritten Male: Der Hausirer, Oper in drei Aufzügen, Gedicht von Planard, componirt von Onslow, für die deutsche Bühne bearbeitet vom Freiherrn v. Lichtenstein. Referent freut sich, seine auf einige Zeit unterbrochen gewesene kritische Thätigkeit in diesen Blättern bei einem Werke wieder beginnen zu können, dem er in sehr vielfacher Beziehung aufrichtiges Interesse widmen kann. Der Gegenstand dieser Oper ist sehr anziehend, zuweilen spannend. Noch immer müssen wir die Franzosen für unsere Meister in dieser Gattung anerkennen. Die Anlage im ersten Act kann man vortrefflich nennen; wir werden in hohem Grade gespannt, denn gefährliche und verwickelte Verhältnisse entspinnen sich vor unsern Augen, jedoch so klar, daß unsere Theilnahme durch die Mühe, Verworrenheiten zu enträthseln, niemals abgezogen wird. Ein Verdienst, welches wenige Opern haben. Mit jeder Scene steigert sich das Interesse, das Auftreten jeder Person ist bedeutend und überraschend und namentlich halten wir Oscar's und Igor's unvermuthetes Wiederfinden für einen sehr

glücklichen dramatischen Zug, der die Lösung der angedeuteten Geheimnisse höchst natürlich herbeiführt. Ebenso ist
die Belauschung durch den Hausirer gerade in diesem Augenblick von großer Wirkung. Im zweiten Act wird die
Intrigue mit vielem Glück und vieler theatralischen Einsicht
weiter gesponnen und auf den äußersten Punkt des Inter-
essen geführt. Die Katastrophe im dritten Act ist zwar,
gegen die übrigen gehalten, etwas matt, jedoch wenigstens
so rasch zu Ende gebracht, daß wir nicht eben gelangweilt
werden; auch hilft die wohlthuende Befriedigung, die durch
das glücklich gelöste Schicksal der Personen, für die uns der
Dichter so zu interessiren mußte, hervorgebracht wird, Manches übertragen, so daß, wenn wir auch dem Schlußact kein
sonderliches poetisches Gewicht einräumen, wir doch auch
nicht gerade ganz unzufrieden mit demselben sein können.
Die in der Operette vorkommenden Charaktere sind glücklich
gezeichnet: die edle feurige Gemüthsart des jungen Fürsten,
die ritterliche Kühnheit Oscar's, die liebliche Anmuth und
Unschuld Mina's, die kecke Schlauheit des Hausirers, ja sogar die nur etwas zu rauhe und plumpe Natur des Ker-
kermeisters — jedes dieser Elemente wirkt an seinem Orte
äußerst günstig und bietet namentlich dem Musiker mannichfaltigen Stoff dar. Dieser hat aber auch das Seinige verdienstvoll geleistet. Wer kennt ihn nicht schon vortheilhaft
aus seinen schönen, in einem edlen Geschmack und gebildeten,
musikalisch-wissenschaftlichen Stil geschriebenen Quartetten
und Quintetten? Dieser lobenswerthen Gattung ist er im
Ganzen auch hier in der Oper treu geblieben. Es erquickt
ungemein, eine neuere Musik zu hören, die sich von neuerer
Bizarrerie jeder Art durchaus frei erhalten hat. Es scheint
zwar, als verliere der Componist dadurch an Eigenthümlichkeit, allein dies ist nur ein scheinbarer Verlust. Die her-

vortretende Besonderheit vieler neueren Componisten besteht meistens nur darin, daß dieser einen Höcker possirlich zur Schau zu tragen weiß, jener burleske Luftsprünge macht u. s. w.; auffallender ist eine solche Gestalt gewiß als die eines natürlich geraden Menschen. Aber dieser hat denn doch auch seine individuelle Physiognomie und es kommt nur auf eine etwas genauere Betrachtung an, um sie sich einzuprägen. Freilich ist Onslow kein hervortretendes Genie, welches der Kunst eine neue Bahn bricht, aber er schafft mit glücklichem Talent und sorgfältiger Ausbildung in einer achtungswerthen Sphäre schäzbare Werke. Nach einem einmaligen Hören will Referent nicht wagen, über die Musik dieser Oper ins Detail zu gehen; im Allgemeinen schien es ihm jedoch, als wenn die melodischen Stücke den feurigen, namentlich den vielstimmigen Finales an Werth vorzuziehen seien. Es kann dies aber auch daran liegen, daß die Ersteren bei ihrer einfachen Intention leichter aufzufassen sind. Wenn Einzelnes herausgehoben werden soll, so möchte es zuvörderst das schöne Andante der Ouvertüre sein, in welchem besonders ein Hornsolo, dessen Motiv nachher in dem Terzett: „Schon die schuldlosen Spiele" wieder aufgenommen wird, von ungemein lieblicher Melodie ist. Das gedachte Terzett ist eins der gelungensten Stücke; einzelne Stellen haben einen ungemein malerischen Reiz, z. B. die: „Im Strahle der Sonne geleitet mein Schiffchen dahin". Hervorstechend originell ist die Stelle, wo Mina den Kerkermeister zur Hochzeit einladet; es scheint fast, als habe der Componist hier eine National-Melodie zum Grunde gelegt. Von großer, tiefrührender Wirkung ist das innig empfundene Duett zwischen Mina und Oscar: „Wir sind zwar armer Eltern Kinder". Das unschuldig feste Vertrauen Mina's auf die treue Liebe ihres Alexis, im Gegensatz zu

Oscar's ahnender Besorgniß, bildet einen sehr wirksamen Effect, den der Componist nicht unbenutzt gelassen hat. Die natürlichen Imitationen beider Stimmen, die obligaten Stellen der Celli, und manches Andere in diesem Stück, zeigen den wissenschaftlichen und doch natürlich empfindenden Tonsetzer, der da weiß, wohin er wirken will, und sich der geschicktesten Mittel bedient, seinen Zweck zu erreichen. Besonders schön ist die Stelle getroffen: „Nein, nein, er kann nicht treulos sein"! Das schließende Allegro will dagegen dem Referenten weniger behagen. Es wäre noch Manches über die Composition zu erwähnen, wenn nicht der Raum dieser Blätter und der Wunsch uns Grenzen setzte, die angenehme Oper erst noch mehrmals zu hören. Die Aufführung ist äußerst gelungen zu nennen; —— —— —— —— Fräulein v. Schätzel gibt die Rolle der Mina mit sehr vieler natürlicher Anmuth und Innigkeit und bewies auch hier wieder, wie fleißig sie vorgeschritten ist. Die wohlthuende Reinheit ihrer frischen, klangreichen Stimme, die sehr geschickte Behandlung derselben, der natürliche Ausdruck, Alles dies bildet ein sehr glückliches Ganze. Es ist zu loben, daß sich die junge Künstlerin auch die in neuerer Zeit so viel strenger gefoderte mechanische Fertigkeit aneignet, wiewol wir ihr Bildung und Sinn genug zutrauen, die geringere Bedeutung derselben einzusehen. Deshalb fürchten wir auch nicht, daß der mehr wohlwollend als richtig beurtheilend gespendete Beifall sie verwirren werde, denn sie bekundet durch viele andere Züge so viel Einsicht, daß sie wohl erkennen muß, wie er wenigstens gerade da gezollt wird, wo die geringste wahrhaft künstlerische Leistung stattgefunden hat, wie z. B. nach einem Triller oder dergleichen. Wir wollen zwar das Verdienst ihrer blendend vorgetragenen Bravourarie nicht verkennen, glauben aber ihre eigene Meinung zu

treffen, wenn wir den gefühlten Ausdruck, die Zartheit und
Anmuth, mit der sie den übrigen Theil der Partie singt,
bedeutend höher stellen. Eine öftere Aufführung der Oper
wird uns öfter auf sie zurückführen.

Concert.

Eröffnung der Möser'schen Soiréen. — Händel's Samson.

Das Zusammentreffen vieler gleichzeitig nothwendigen
Artikel aus dem Gebiet der Kunst und Wissenschaft nöthigt
uns, zweien an sich höchst interessanten musikalischen Erscheinungen nur einen gemeinschaftlichen und doch noch beschränkten Raum anzuweisen. — Herr Möser erfreute uns
am 12. November durch drei Quartetten, von Haydn (C dur),
Mozart (G dur) und Beethoven (F dur), mit denen er seine
diesjährigen musikalischen Abendunterhaltungen begann. Ueber
die trefflichen Musikstücke selbst können wir diesmal nicht
sprechen; die Ausführung ließ, was die beiden ersten anlangt, fast nichts zu wünschen übrig. Es fand eine so vollkommene Einheit der vier Spieler statt, daß man ein einziges musterhaft behandeltes Instrument zu hören glaubte.
Das Quartett von Beethoven dagegen fodert, wie alle Werke
dieses Componisten, nicht blos eine Behandlung, die auf den
allgemeinen Gesetzen des schönen Spiels beruht, sondern die
Individualität des Meisters will ganz eigen erfaßt und hervorgehoben sein. Dies fehlte uns, auch schien es, als wäre
man rein mechanisch nicht genug eingespielt, um die großen
Schwierigkeiten mit solcher Behaglichkeit zu überwinden, als
nothwendig ist, um dem Hörer das Unangenehme des Müh-
samen nicht empfinden zu lassen. — — — — — — —

Händel's „Samson", sein letztes, vielleicht sein größtes Oratorium, durch die Singakademie aufgeführt, brachte eine ungemeine Wirkung hervor. Die erschütternden tragischen Elemente des Gedichts (welches wir nur in seiner Einzelbehandlung mißbilligen), vereinigt mit einer solchen Macht der Musik, bilden ein Kunstwerk, welches die kommenden Jahrhunderte noch mit Staunen betrachten werden. Es ist uns hier nicht verstattet, auf eine nähere Analyse des Werkes einzugehen, doch erlaube man uns, Eins hervorzuheben. Es findet sich in diesem Oratorium ein Chor, der denselben Gedanken ausdrückt, den Haydn in der Schöpfung bei den Worten: „Es werde Licht!" und in der späteren Stelle: „Es flieht der Höllengeister Schar" — behandelt. Dieser Chor ist geeignet, einen wesentlichen Unterschied zwischen beiden Meistern sehr klar zu machen. Haydn faßt das Entstehen des Lichtes mehr äußerlich auf; der Natureindruck ist ihm der nächste, aber es steht ihm ein Reichthum von musikalischen Mitteln zu Gebote, wodurch er Wunder wirkt. Händel fühlt in ernsterer, tiefer Seele die göttliche Macht selbst, der die wunderbare Erscheinung des Lichts entstammt; sein Licht strömt unmittelbar aus den geöffneten Pforten des Himmels, seine Verbannung der Nachtgeister ist ein sittliches Strafgericht. In der Auffassung ist er daher bei weitem der größere; doch was die musikalischen Kräfte des Schaffens anlangt, so bleibt es freilich unentschieden, ob er im Zeitalter Haydn's nicht eben so reich und mannichfaltig erfunden haben würde. Aber bei der reinen, auf das geschichtliche Verhältniß nicht rücksichtnehmenden Vergleichung der Musik, trägt, unsers Erachtens, der spätere Meister den Preis davon. — Die Macht in einzelnen Stücken (z. B. in dem wunderwürdigen Chore, als der Tempel eingestürzt ist) muß man riesenhaft nennen; im schönsten Gegensatz

schmiegt sich auf der andern Seite die Lieblichkeit und tiefe, großartige Wehmuth und Trauer der Melodien, gleichsam wie das sanfte Grün des Epheus, an diese colossalen Grundpfeiler des kühnen Baues. Dahin gehören Mica's rührende Arien und Samson's aus der tiefsten Seele stammenden Klagen. Es geht fast über menschliche Kräfte, die schaffende Gewalt des Componisten hier durch den Vortrag ganz zu erreichen, uns scheint wenigstens, er werde ewig der Sieger bleiben; allein Bedeutendes ist dennoch geleistet worden. Sowol die Chöre als die Solosänger strebten angestrengt darnach, die unendliche Aufgabe zu lösen. Nur das Orchester, obgleich wohlwollend und eifrig, blieb doch im Misverhältniß gegen das Uebrige *). —— — — — — — —
— — — — — — — —

*) Es ist ein rein persönlicher Grund, der mich bestimmt hat, diese flüchtige Beurtheilung eines ewig feststehenden Werkes in die Reihe dieser Sammlung aufzunehmen. Es knüpft sich nämlich daran eine unvergeßliche Erinnerung. Ich traf mich am Schluß des Concerts mit Bernhard Klein. Er war, wie so oft, in der edelsten künstlerischen Erhebung über das urgewaltige Werk, in einer begeisterten Wallung, die nur ihm eigen war, seine Individualität zu einer Bedeutung erhob, wie ich sie vorher und nachher bei Keinem gefunden. Ebenso aber zürnte er auch in seiner Erhebung gegen die kalte Auffassung des Werkes. „Wie kann man es so misverstehen, so gleichgültig das Erhabenste hinnehmen!" rief er aus. Mein viel weniger entwickelter Sinn war von der Ausführung durch den Sänger der Hauptpartie völlig befriedigt. „Ich will Dir die Recitative vorsingen," rief er, „begleite mich!" Ich folgte ihm in seine Wohnung. Er schlug das Werk auf und sang einzelne Stellen des Recitativs „Nacht ist's umher" — so hinreißend, so wundervoll, so groß und doch so mild wehmüthig, daß es jede Beschreibung übertraf. Jetzt wurde auch mir der Unterschied klar und ich überzeugte mich, daß der sonst so treffliche Bader dem Ideal nicht hatte genügen können, welches Klein so zu verwirklichen mußte. Und er sang — fast ohne Stimme! Aber die Seele voll

Königliches Theater.

Am 9. December trat Mme. Devrient, geb. Schröder, aus Dresden als Euryanthe in der Oper gleichen Namens auf. Referent hörte diese Künstlerin, der mit Recht ein bedeutender Ruf vorangegangen war, zum ersten Male. Ihre Darstellung ist etwas so Außerordentliches, zeugt so von einem hohen Standpunkte des künstlerischen Bewußtseins, daß wir es für Pflicht halten, genauer darauf einzugehen. Die rein musikalischen Gaben einer Sängerin besitzt Mme. Devrient zwar nur in einem mittlern, jedoch immer schätzbaren Grade, nämlich Stimme und Schule des Solfeggios, dagegen aber hat sie die Kunst des declamatorischen Gesanges und seine Verbindung mit einem äußerst wirkungsvollen Spiel auf einen seltenen Grad der Höhe gebracht. Sie zeigte sich in vielen Momenten als die würdige Tochter und Schülerin ihrer Mutter, deren tragische Kunst ganz Deutschland anerkannt hat und verehrt. — Die erste Erscheinung der jungen Darstellerin wirkte nicht ganz günstig auf uns; ihre Gestalt hat mehr heroischen Adel und Fülle, als jene Zartheit und Lieblichkeit, die wir von einer Euryanthe zu erwarten pflegen. Schon der Vortrag der ersten Cavatine belehrte uns jedoch, daß die Künstlerin dies durch innere

---

Hochsinn und Adel (um ein Wort Humboldt's zu gebrauchen) hauchte sich in jedem Tone aus. Dadurch gestaltete sich mein Urtheil in der obigen Form. — Noch einen andern Umstand muß ich bemerken; im Eingang nenne ich das Oratorium Händel's letztes. Es ist ein Irrthum, den Klein veranlaßte, er nannte es in rein geistiger Beziehung so; ich nahm das wörtlich, da bei seinem, man möchte fast sagen unfehlbaren historischen Wissen in der Musik jedes seiner Worte für eine Autorität gelten konnte. Er klärte mir das Mißverständniß am andern Tage sofort selbst auf und dies veranlaßte eine öffentliche Berichtigung.

Eigenschaften reichlich zu ersetzen wisse, was ihr äußerlich zur schönen Vollendung des Charakterbildes entgegenstehen möchte. Dennoch müssen wir sie darauf aufmerksam machen, daß ein zu häufiges Piangendo und das dabei nothwendige Drücken der Stimme nicht günstig wirkt. Die Musik bedarf unterweilen auch des ganz rein gehaltenen, ungemischten Tones, um durch sich selbst mächtig zu wirken; zuviel Charakteristik der Töne schwächt die Wirkung derselben. Es wird Niemand glauben, daß diese Bemerkung mich zum Vertheidiger jener flachen, bedeutungslosen Art des Gesanges machen werde, die wir nur zu oft hören müssen. Die Erzählung von Emma's Erscheinung war ein Meisterstück, sowol im Vortrag und Ausdruck, als was die klarste Deutlichkeit der Aussprache (an der wir nur das r nicht rühmen können) anlangt. Desgleichen wurde das Duett mit Eglantine und das Finale des ersten Actes von der Künstlerin mit großer Anmuth vorgetragen. Im zweiten Act aber erhob sich die Darstellung zu einer Größe und Bedeutung, die der erste noch nicht vermuthen ließ. In dem Vortrag des überaus schönen Duetts mit Adolar lag eine Seele, wie sie noch von keiner der früheren Darstellerinnen, die wir in diesen Rollen gesehen haben, erreicht worden ist. Vollends aber das Finale hat die Künstlerin auf einen ganz neuen Standpunkt erhoben; ihr Spiel war hier in der That bewundernswürdig ·zu nennen und durch eine so überdachte Vertheilung der Momente angeordnet und gesteigert, daß es an Interesse bis zum letzten Augenblick wuchs. Indeß nicht Alles ist schön zu nennen, was wir bewundern; so waren uns auch hier einzelne Züge zu stark aufgetragen, indem sie eher einer geängsteten Medea angehören mochten, als einem so zarten Wesen wie Euryanthe. Die Leistung war ungefähr eine solche, wie Tieck die Darstellungen der Duchesnois beschreibt. Natürlich aber konnte es nicht fehlen, daß das ganze Publicum von der Erscheinung aufs tiefste ergriffen werden mußte; so trat ein, was in dieser Oper hier noch nicht geschehen ist, daß die Künstlerin sogleich nach dem Fall des Vorhangs unter rauschendem Beifall gerufen wurde. Die ersten Scenen des dritten Actes gehören zu den schönsten, großartigsten und rührendsten, die wir je auf der Bühne gesehen haben; namentlich trug die Sängerin die Cavatine „Hier will ich ruhn" u. s. w. mit eben so unnachahmlicher Zartheit und seelenvollstem Ausdruck vor, als sie vorher die Scene, während Adolar den Drachen bekämpft, hinreißend groß und feurig gesungen hatte. Ihr Jubel bei den Worten: „Was ist im Leben" u. s. w. drang in die tiefste Seele. Den Gipfel der Rolle, die große Arie in C dur sang die Künstlerin wir würden sagen unübertrefflich, wenn wir nicht diesen Moment noch glücklicher und wunderbarer aufgefaßt von Dlle. Sontag gehört hätten. Was Mme. Devrient hineinlegte, war Das, was Referent sich selbst immer dabei gedacht hatte, wie er es einstudirt haben würde; Dlle. Sontag aber überraschte durch ein neues, wunderbar träumerisches, mit Worten nicht darzustellendes Etwas, welches Referent für das Schönere erklären muß, wodurch seine eigene Kraft, sich die Rolle zu deuten, übertroffen wurde. Am Schluß der Oper wurde Mme. Devrient zum zweiten Male mit dem rauschenbsten Beifall gerufen und dankte in bescheidenen Worten.

Dasselbe Theater.

Am 16. December hörte Referent zum ersten Male Weber's letztes Werk, den Oberon. Er sieht es voraus, daß er öfter auf diese so höchst merkwürdige Erscheinung in

der Bühnenwelt zurückkommen muß, wenn er nur einiger=
maßen den vielfältigen Anschauungen und Eindrücken, die
er empfangen, Sprache geben will; und er fühlt dies Be=
dürfniß um so mehr, als während seiner Abwesenheit *) ge=
rade über dieses Werk nicht in einem Geiste gesprochen wor=
den ist, den er anerkennen möchte. Oberon ist ein Werk,
welches von allen bisherigen Opern ganz abweicht; der Com=
ponist mußte Foderungen Genüge leisten, die von ganz an=
dern Grundsätzen hergenommen sind, als die, welche wir für
die richtigen in der Behandlung des Operngedichtes halten
müssen. Daher darf diese schöne Ausnahme doch niemals
zu einer Gattung gemacht, noch weniger zum Vorbild ge=
nommen werden; es ist ein seltsames Gedicht, welches zwi=
schen Schauspiel, Melodrama und Oper schwankt, viel mu=
sikalische Momente darbietet, sich aber doch zu keinem dra=
matisch musikalischen Ganzen gestaltet. Ueberdies muß das
Gedicht einen großen Theil sogar nur der äußern Verständ=
lichkeit, der Wirkungen auf die Zuschauer nicht zu gedenken,
aus fremden Mitteln entnehmen, die eigentlich nicht in sei=
nen Kreis gehören; diese sind die Decorationen und Wie=
land's Heldengedicht. Wäre dies letztere nicht so tief in die
Bildung eingedrungen, daß man es in Deutschland wenig=
stens als ein Gegebenes betrachten kann, so möchte sogar
der äußerste Faden der Verständlichkeit äußerst schwer in der
Oper festzuhalten sein. Dies Alles hat Weber selbst sehr
wohl eingesehen und sich gegen den Referenten belehrend
darüber ausgesprochen, noch ehe er an die Composition ging;
doch er war in dem Fall, entweder das Ganze aufgeben zu

---

*) Die Oper kam zu einer Zeit zur ersten Aufführung in Ber=
lin, wo der Beurtheiler drei Monate lang von seiner gewöhnlichen
Thätigkeit entfernt war.

5*

müssen, oder sich den Uebeln, die damit verknüpft waren, zu fügen. Niemand, als wir Deutsche, wollen es ihm mehr danken, daß er das Letztere gewählt und uns so ein von vielen Seiten höchst schätzbares, ja in manchen Beziehungen außerordentliches Werk hinterlassen hat. Die Musik ist schon so in das Publicum eingedrungen, daß über die einzelnen Stücke zu sprechen wenigstens hier nicht der Ort ist.

Ich gehe zu der Darstellung über. Noch nie hat Referent, der überhaupt kein Freund von zu vielen Decorationen ist, diesen Theil der Bühnenverzierungen für wichtig gehalten; in dieser Oper aber werden sie es, denn Weber knüpfte häufig den Gedanken der Musik eben an die äußeren Erscheinungen. Mit tiefem Sinn und feiner Verständniß sind Diejenigen, denen die äußere Ausstattung der Oper oblag, in die Intentionen des Componisten eingegangen. Es ist nicht blos die Pracht, der phantastische Geschmack, den wir zu bewundern haben, es ist das höhere Urtheil, welches die sinnlichen Formen für das Auge aus den musikalischen zu entwickeln mußte. Daß hier dem Grafen Brühl, unter dessen Auspicien die Oper in Scene gesetzt wurde, ein ganz ausgezeichneter Dank gebührt, darf kaum gesagt werden.

Die Darstellenden leisteten Vorzügliches; der Eifer, die Begeisterung für das treffliche Werk trieb sie zu einer Erhöhung ihrer schönen Kräfte, zum angestrengtesten Gebrauch ihrer Talente. Fernere Aufführungen veranlassen es gewiß, auch hier nach und nach des Einzelnen zu gedenken. Dieses Mal haben wir es nur mit der Gastspielerin zu thun, weil diese schöne Erscheinung uns leider flüchtig vorübergehen wird. Mme. Devrient hat die Rezia mit einer Tiefe des Gefühls und so reich schaffender Phantasie aufgefaßt, daß sie uns sowol musikalisch als dramatisch ganz neue Aufschlüsse über diesen Charakter gegeben hat. In Dresden kennt man durch den bekannten Virtuosen Herrn Fürstenau *) traditionell die Tempi, welche Weber bei den einzelnen Stücken nahm und wodurch sie oft einen ganz bestimmten Charakter gewinnen können. Diese weichen einigermaßen von denen ab, die man hier gewohnt ist, wodurch kleine Unregelmäßig-keiten in der Ausführung entstanden. ●Doch sind wir größ-tentheils ganz einig mit der Künstlerin, namentlich aber mit dem Tempo, in welchem sie die erste Arie nimmt; es schattirt den Charakter Rezia's viel schöner, wenn diese erste Arie sanft, schwärmerisch, innig vorgetragen wird. Dies that die Künstlerin und brachte so einen innern geistigen Zusammen-hang mit der sehr schön von ihr gesungenen Vision hinein. Die asiatische Majestät der Rolle entwickelte die Sängerin später durch die überaus meisterhafte Art, wie sie die große Arie im zweiten Act vortrug. Das große, überfüllte Haus erschallte nach dieser Leistung von einem so rauschenden, sich mehrfach erneuernden und so allgemeinen Beifall, wie wir ihn seit den großen Darstellungen der Dlle. Schechner nicht gehört haben. Nicht so glänzend war der Erfolg, aber desto tiefer und inniger der Eindruck, den Mme. Devrient durch die Cavatine im dritten Act hervorbrachte; jeder Zug ihres ausdrucksvollen Gesichts, jeder Ton hauchte eine Trauer und Schwermuth aus, die Niemanden unergriffen lassen konnte. Wir müssen abbrechen. Nur den Wunsch möchten wir noch aussprechen, die Oper mit dieser Gastspielerin recht bald wiederholt und sie selbst noch recht häufig zu sehen; namentlich nennt man Fidelio als eine der schönsten Partien die-

---

*) Dieser Künstler befand sich mit Weber zu London, wohnte allen Proben und siebzehn Vorstellungen der Oper bei. Gewisser= maßen in einer Vorahnung seines Todes empfahl ihm Weber, recht genau auf die Tempi zu achten, damit man sie in Deutschland nicht vergreifen möge.

fer ausgezeichneten Sängerin, die sogar einer reicher begabten Schechner gegenüber wagen darf zu sagen: «Anch' io
son pittore».

Uebersicht des Jahres.

Das Jahr 1828 war, wie auch schon aus den mitgetheilten
kritischen Aufsätzen hervorgeht, ungleich weniger bedeutsam für die
Kunst, als das vergangene, dem überhaupt bis in die neuesten
Zeiten keines gleichkommt. Der Vertretung der Gesangskunst gesellten sich nur Wilhelmine Schröder-Devrient und Signora Tibaldi
als bedeutende Erscheinungen hinzu; und das erste Auftreten des
Fräulein v. Schätzel war der Anfangspunkt vortrefflicher Leistungen,
obgleich die Künstlerin die Bühne schon nach kurzer Zeit wieder
verließ. In der Virtuosität ist uns Hummel's Concert von erster
Bedeutung. An neuen Erscheinungen in der Oper sind Cherubini's
Abenceragen und Onslow's Hausirer hervorzuheben.

Jahr 1829.

Concert.

Drei Sinfonien.

Die Soirée des Herrn Möser am 21. Januar und
das Concert des Herrn Belcke am 22. hatten beide ein
sehr zahlreiches Publicum versammelt. Die Aufführung

dreier großer Sinfonien an diesen beiden Abenden gibt den
Musikfreunden zu anziehenden Vergleichungen Stoff. Die
Sinfonie von Haydn in B dur, welche Herr Möser gab,
ein durchaus klares, gesundes, frisches Werk, dessen gleichmäßige Vollendung in allen Theilen den Meister bekundet,
dessen glückliche Beschränkung des Maßes ungemein wohl-
thut, war zusammengestellt mit Beethoven's Sinfonie in
A dur, eine jener wunderbaren Schöpfungen, in denen der
Meister bei den schwindelnden Höhen, der unabsehbaren
Tiefe, wohin er sich wagt, gleich einem die Sonne lenken-
den Phaëton von seinen eigenen Wundern zu erschrecken
und die Zügel des Rosses zu verlieren scheint. Man bleibt
zweifelhaft und wird es vielleicht ewig bleiben, ob jene har-
monische Vollendung, oder diese Riesenkühnheit des Schaffens,
die freilich zum Theil noch chaotisch erscheint, den größern
künstlerischen Geist bezeichne. Ohne uns darüber in eine
Untersuchung zu verlieren, wollen wir uns beider Erscheinungen freuen, sie verehren, bewundern; denn beide fodern
dringend, unerläßlich, dazu auf. Wie aber der Mitte gol-
denes Maß auch hier sich geltend machen muß, so möchten
wir der Sinfonie in B dur von Beethoven, die am folgenden Tage im Belcke'schen Concert aufgeführt wurde, fast den
Vorrang vor beiden genannten Werken einräumen. Bei
gleicher Kühnheit, stärkerer Bändigung derselben; verschmelzen sich Erhabenheit, Anmuth, Tiefe und Leichtigkeit auf
das wunderbarste in diesem erstaunenswürdigen Werke, über
das wir uns früher schon ausführlicher geäußert haben.

Concert.

Paganini.

Herr Paganini*), dem ein so ungemeiner Ruf vor=
ausgegangen war, hat sich am 4. März zum ersten Male

---

*) Wie seltsam bei dem Ruhm eines solchen Künstlers und zu=
mal so lange schon nach seinem Tode die Bezeichnung „Herr"
klingen wird und klingt, wir lassen sie dennoch stehen, um von
Dem, was die Gegenwart Eigenthümliches hat, nichts aus diesen
Erinnerungen zu entfernen. Die conventionellen Rechte beherrschen
eine Zeitung mehr, als ein belletristisches Journal; sie gehört dem
täglichen Leben zu unmittelbar an, um nicht an dessen Formen ge=
bunden zu sein. Formen, die nicht nur in so äußerlicher Bezeich=
nung, sondern auch rücksichtlich der ganzen Gestaltung und Aus=
drucksweise auf alle diese Mittheilungen mit einwirken. In andern
öffentlichen Organen, bei denen man spätere Leser voraussetzt, die
einen ganz andern Inhalt und Stil haben, schreibt man anders.
So ist denn hier auch Alles, was die Persönlichkeit Paganini's cha=
rakterisirte und seiner Zeit so ungemein mitwirkte bei der beispiel=
losen Wirkung seines Spiels, weggeblieben. Andere Tagesblätter
waren damals hauptsächlich davon erfüllt, und der seltsame, hagere
Künstler mit dem langen schwarz=gelockten Haar, den scharfen Zü=
gen, dunklen Augen, mußte zu mancher romantischen, ja hyperro=
mantischen Schilderung sitzen, wurde mit allen Geheimnissen des
Wunderbaren umhüllt, die sein wunderbares Spiel miterklären soll=
ten. Dieses blieb aber das höchste Wunder von allen, die man
dem Künstler andichtete. Nachgerade ist eine starke Generation
herangewachsen, die ihn nicht selbst gehört hat und die vielleicht
bald die Majorität in der Welt bilden wird. Die Erinnerung
malt allerdings ins Schöne täuschend, meminisse juvat! Dennoch
glauben wir uns nicht zu irren, wenn wir Alles, was nach Pa=
gani an Violinspielern aufgetaucht ist, für ein Pygmäengeschlecht
halten gegen diesen Giganten romantischer Virtuosität, colossal selbst
im Bizarren. Ein Strich seines Zauberbogens und wie Spreu
würde das Violinspiel des Heute verflogen sein vor diesem Ton,
diesem Klang, dieser Gewalt der Passagen. Liszt ist der einzige
Virtuos, der eine ähnliche Höhe nach einer andern Richtung erreicht

hier öffentlich hören laſſen. Der ungemein gefüllte Saal
zeugte von dem Intereſſe, welches man an dieſer in der
That äußerſt merkwürdigen Kunſterſcheinung nahm; dennoch
ſind wir überzeugt, daß die Theilnahme dafür bei dem näch=
ſten Concerte noch größer ſein werde. Herr Paganini lei=
ſtet in der That das Unglaubliche. „Wenn ich es nicht

---

hat; man weiß, wie er über die Pianofortespieler seiner Zeit her=
vorragte. Einige der damals ganz ungekannten Benutzungsarten
des Instrumentes, die Paganini anwandte, sein Pizzicato, sein Tre=
molo auf untern Saiten, während er oben die Melodie führte, sein
vielstimmiges Spiel sind allerdings nachgeahmt worden und jetzt
gäng und gäbe; allein in welchem Maße und wie ausgeführt,
darauf kommt es an! Und gerade diese Dinge waren für ihn nur
eine auffallende Staffage. Der Kern seines wundervollen Spiels
lag in anderer Tiefe; es bedurfte für ihn nur eines Bogenansatzes
und der Hörer war hingerissen selbst durch die einfachsten Züge.
Man hat ihm einen großen Ton abgesprochen; ich habe es stets
bestritten und bestreite es noch. Der unbeschreibliche Reiz verhüllte
nur seine Macht. Er herrschte über das Fortissimo des ganzen
Orchesters hinweg, wenn er wollte; in einem seiner Concerte imi=
tirte er einen Einsatz der Posaunen durch die Solovioline ohne
lächerlich, ja nur klein zu erscheinen; noch wie von gestern steht es
lebendig in meiner Erinnerung, daß, als ich während Paganini's
Anwesenheit einen andern berühmten Violinspieler Berlins Quar=
tett spielen hörte, ich meinem Ohr gar nicht trauen wollte, wegen
des dünnen, klanglosen Tons, der mir früher doch schön erschienen
war. Ich konnte ihn nur mit dem heisern Gesang einer alten
Frau in der Kirche vergleichen neben dem Klang, der aus Paga=
nini's Geige in meinem Ohr geblieben war. Und wie traurig, ja
wie lächerlich erschien Ole-Bull, der durch die grenzenlosesten Ueber=
treibungen der Journale und den maßlosesten Charlatanismus es
versucht hatte, sich einen Ruf als ebenbürtiger Nebenbuhler Pa=
ganini's zu verschaffen! Eine spätere Beurtheilung in dieser Samm=
lung wird darauf zurückkommen. Nur Beriot war es, der zehn Jahre
nach Paganini zuerst wieder einen Eindruck als Solospieler machte,
doch mehr den eines vollendeten Weltmanns der Virtuosität, während
Paganini eine zauberhafte, unvergleichbar bedeutendere Erscheinung

5**

gehört hätte", sagte ein Violinspieler, der im Concert anwesend gewesen war, „ich würde es nicht glauben!" Referent möchte hinzusetzen: „Ich habe es gehört, aber ich
glaube es doch nicht." Alles nämlich, was man bisher von
Ueberwindung mechanischer Schwierigkeiten auf irgend einem
Instrument gehört hat, verschwindet zu Nichts gegen Das,
was Herr Paganini leistet. Die sogenannte Fertigkeit aller
bisherigen Virtuosen, insofern sie in der geschickten und
schnellen Ausführung schwieriger Tonverbindungen besteht,
ist ein Kinderspiel gegen Das, was wir gestern hörten, zu
nennen. Man hat über Bernhard Romberg, Moscheles,
Kalkbrenner, Drouet ꝛc. erstaunen können, aber doch zugleich
die Möglichkeit begriffen, wie ihre Schwierigkeiten auszuführen sind, ja den Muth nicht verlieren dürfen, ihnen nach-
zukommen; aber bei Herrn Paganini hört sogar das Begreifen der Sache auf und manche Leistungen sind dem Referenten (sowie auch, zu seinem Troste, den Violinspielern
selbst) völlig unerklärbar geblieben. Die Schwierigkeiten,
auf welche ausgezeichnete Virtuosen Gewicht zu legen pflegen,
die sie als Glanzpunkt ihres Spiels hervorheben, bemerkt
man bei Paganini kaum, weil er sich bei ihnen förmlich
auszuruhen scheint. Dahin gehören seine überaus reinen
chromatischen Läufe, seine rapid gebrochenen Accorde über
alle vier Saiten aus der Tiefe in die höchste Höhe und
umgekehrt. Gewissermaßen eine Mittelstufe bilden seine Dop-

---

blieb. Jahre des Zwischenraums waren daher auch noch nöthig,
um den Abstich zu mildern. — Endlich ist der deutschen Gründ-
lichkeit des Spiels auch neben Paganini Gerechtigkeit geworden,
in der Anerkennung Karl Müller's, der in dem Vortrag classischer
Musik entschieden größer dastand. Das war eine Seite, für die
Paganini's charakteristische Individualität fast gar keinen Anhalt-
punkt darbot.

pelgriffe, die er jedoch in solcher Dauer und Schnelligkeit ausführt, daß man schon bei ihnen nahe an das Unbegreif= liche streift. Wenn er aber alsdann anfängt, im Flageolett dieselben Passagen mit gleichgültiger Leichtigkeit zu machen, wenn er schnelle, complicirte und doppelstimmige Sätze pizzicato spielt und dabei zugleich schwierige Passagen und trefflich vorgetragene Melodien mit dem Bogen ausführt, wenn er auf einer Saite (dem G) Octavengänge so schnell macht, daß man Doppelgriffe zu hören glaubt, und wenn er endlich auf seiner Violine die complicirtesten vierstimmi= gen Accorde so schnell anschlägt und wechselt, daß man einen sichern Klavierspieler zu hören glaubt, der mit beiden Hän= den dreist und rasch in die Tasten greift — dann, gesteht Referent, beginnen für ihn die bisher noch unentdeckten Welt= theile des Violinspiels, deren einziger Bewohner und Be= herrscher Herr Paganini zu sein scheint. Es ist aber nicht blos diese unermeßliche Fertigkeit allein, die den Künstler auszeichnet; er hat einen überaus schönen Ton, der von der kräftigsten energischen Fülle bis in die weichste Lieblich= keit überschmilzt. Obgleich er oft die Saiten mit einer er= staunenswürdigen Kraft angreift, so haben wir auch nicht die leiseste Spur Dessen gehört, was man als unedel, mit dem unedlen Ausdruck „Kratzen" bezeichnet. Von den hun= derttausend Noten, die er spielte, sind vielleicht nicht drei zu bezeichnen, die nicht vollkommen glockenrein gewesen wären. Und selbst diese wenigen lagen in einer solchen Region der höchsten Höhe, daß das Ohr an sich selbst zweifelhaft wer= den muß. — Man glaube nicht, daß ich durch das Gesagte Alles erschöpft habe, was sich über das Spiel dieses Wun= der-Virtuosen sagen läßt; nicht einmal angedeutet habe ich alle die neuen Wendungen und Seiten, die er dem Instru= ment abgewonnen hat. So z. B. hat er eine Art der Bogenführung, um ſehr ſchnelles Staccato hervorzubringen, die in dieſer Anwendung ganz neu iſt; ſie läßt ſich nicht be-ſchreiben, man muß hören. Vielleicht glaubt man aber, daß alle dieſe Schwierigkeiten nur in ganz zweckloſen Kunſtſtücken beſtehen; durchaus nicht, nur ſehr ſelten ſtreifen ſie in das Gebiet der Caricatur, haben aber ſelbſt dann etwas ſo Kühnes, daß man doch, wenn gleich man ſie nicht billi-gen kann, über das Maß der Kraft und Sicherheit erſtaunt iſt, welches ihre Ausführung fodert und beweiſt. Hierzu rechnen wir das Verſteigen in die äußerſten Grenzen des Tongebiets, das kurze (Einhauen mit dem Bogen möchten wir es nennen), raſche Anſchlagen eines einzelnen ſehr hohen Tones und dergleichen mehr. Im Ganzen aber ſind alle Paſſagen, die Herr Paganini macht, äußerſt wohlklingend und haben mindeſtens ein ebenſo gültiges Bürgerrecht in der Kunſt, als jede andere Virtuoſen-Leiſtung. Wenn wir aber auf die eigentliche Seele der Muſik, den Vortrag übergehen, ſo müſſen wir geſtehen, daß, obwol der Künſtler viel außer-ordentliches Schönes leiſtet, wir jedoch glauben, daß er darin von einigen großen Künſtlern übertroffen werden dürfte. Denn ſo tief er uns ſtellenweis zu ergreifen vermag, ſo ver-miſſen wir doch eine durchgehende Haltung ruhiger Erhaben-heit und Schönheit, die allein das Gepräge der Vollendung trägt. Die Art der Auffaſſung des Künſtlers erſchien uns in dieſer Beziehung noch unklar; ſie glich dem Bilde einer edlen, aber durch tiefe Schmerzen und Erſchütterungen zer-riſſenen Seele, der die ruhige Klarheit verloren gegangen iſt. Aus dem Geſagten geht hervor, daß der Künſtler alle Mittel und Fähigkeiten in ſich vereinigt, auch hier mit Leich-tigkeit das Höchſte zu leiſten, wenn er will. Habe ich bis-her den faſt unbedingten Lobredner dieſes Virtuoſen gemacht, ſo deuteten doch ſchon die letzten Zeilen darauf hin, daß

man mir den Irrthum nicht beimeſſen darf, ich halte Leiſtungen der Art für die höchſten der Kunſt, für die tiefſten
Wunder, die ſie dem Gemüth entwickelt. Der Unterſchied
zwiſchen dieſen und jenen liegt in zwei Worten; die einen
ſind erſtaunenswürdig, die andern wunderbar. Da aber
das höhere Wunder viel inniger mit der innerſten Natur
und vernünftigen Beſtimmung des Menſchen zuſammenhängt
und ſeine Leiſtungen viel nothwendiger ſind, ſo treten ſie,
obgleich unendlich größer, doch nie ſo ſchroff auffallend vor
die Seele. Wenn daher ſchon zwiſchen der Leiſtung einer
Schechner und unſers trefflichen Künſtlers ein weſentlicher
Unterſchied durchgeht (obwol der Letztere unſtreitig viel eigenthümlicher iſt), ſo befeſtigt ſich noch eine viel größere Kluft
zwiſchen ihm und einem ſchaffenden Genius in der Muſik,
vollends wenn er ſich ſo verkündet, wie in dem heitern Gott
der Freude, Haydn, oder in Mozart's allumfaſſender Kraft
und Kühnheit, oder in den ſchauerlichen Tiefen der Ahnung,
in die Beethoven's düſter-ſchwermüthiger Geiſt hinabtaucht.
Und doch iſt vielleicht kein einziges Erzeugniß dieſer drei
Heroen im erſten Augenblick ſo unbegreiflich erſchienen als
die ſeltene Kunſt des Meiſters, von dem wir reden. Aber
Räthſel gibt es ja auch nur für den Verſtand; alle Aufgaben aber, die der Vernunft geſtellt werden, ſind dagegen
unendlich und folglich auch nur Dem klar erkennbar, der
mit ahnendem Geiſt das Unendliche zu fühlen vermag.

Aufführung Seb. Bach's großer Paſſionsmuſik.

Berlin, 11. März.

Die Aufführung der großen Paſſionsmuſik von Seb.
Bach, ſchon vorläufig als ein höchſt wichtiges Kunſtereigniß
mit Recht bezeichnet, iſt auch vom Publicum als ein ſolches

anerkannt worden; denn fast können wir uns keiner ähnlichen
eifrigen Theilnahme für ein großes, ernstes Werk erinnern.
Schon mehrere Tage zuvor waren alle Billets vergriffen
und die hundert nachträglichen Eintrittskarten, die eigentlich
für den sogenannten Probesaal gelten sollten, wurden mit
einer Begierde an der Kasse gekauft, daß es Mühe kostete,
den stürmischen Andrang zu regeln. Diese Theilnahme wird
sich aber auch in jeder Hinsicht belohnt gefunden haben.
Ohne den unbedingten Bewunderern des ehrwürdigen Meisters beizutreten, ohne das in Rede stehende Werk absolut
als das höchste, welches deutsche Kunst hervorgebracht hat,
anzuerkennen, muß man demselben doch einen solchen Platz
in der Kunstgeschichte einräumen, daß es mit den vollendetsten Schöpfungen auf seine Weise ohne Frage in die Schranken treten kann. Um zuerst Dasjenige hervorzuheben, was
wir für zeitlich und vergänglich daran erkennen, müssen wir
Einiges von der musikalischen Auffassung Seb. Bach's im
Allgemeinen sagen. Es läßt sich nicht läugnen, daß auch
die zu streng festgehaltene Wissenschaft der Kunst ihrer Freiheit und Schönheit gefährlich werden kann. Wenn aber
ein Irrthum verzeihlich ist, so ist es gewiß der, durch ein
zu festes allgemeines Begründen darauf Einzelnem Schaden
gethan zu haben. In dem Streben nach den strengsten
Formen, nur insofern sie die schwierigsten und complicirtesten sind, liegt freilich zuletzt ebenfalls ein Materialismus,
so gut wie in der Verirrung der neuern Zeit, den Gedanken der Musik durch die Mittel zu derselben ersetzen zu
wollen. Nur führt das Letztere [die Umkehrung des ersteren*)]

---

*) Denn bei Seb. Bach tritt der Fall öfters ein, daß der ab-
stracte musikalische Gedanke äußerst kunstreich und bedeutend erscheint, aber durch die Wirklichkeit der Ausführung geschwächt

zu barbarischer Ausartung und gänzlichem Kunstverfall,
während jene edlere Einseitigkeit die Kunstform so hoch stellt,
so fest begründet, daß wir mit Recht sagen können, alles
Schöne der neuern Zeit wäre ohne diese Basis unmöglich
gewesen. Das vollständige grammatische Gerüst der Sprache
ist nothwendig, ehe sie die sich selbst beherrschende und zü-
gelnde Kraft gewinnt, um mit Anmuth und Freiheit die
Regel zu verlassen, ohne sie aufzuheben. — Von dieser hier
nur mit wenigen Worten angedeuteten historischen, nothwendigen Hinneigung des Meisters nach einer bestimmten
Seite, zeugt das herrliche Werk, von dem wir zu sprechen
haben, nicht sowol in bestimmten Formen, z. B. Fugen,
Contrapunkten und dergleichen, als in der vielleicht zu strengen harmonischen Behandlung, nämlich in den mit erstaunenswürdiger Kunst gehäuften harmonischen Wendungen,
unendlich schön vorbereiteten und aufgelösten Dissonanzen
und den meisterhaft dabei verschlungenen Stimmen. Seine
Unerschöpflichkeit an Wissenschaft hat ihn dabei bisweilen
verführt, mehr durch Reichthum als durch Beschränkung
groß zu erscheinen. Dahin rechnen wir den zu langen Ein-
gangschor, den Schluß-Chor des ersten und den des zweiten
Theils, obwol gerade diese drei großen Chöre zugleich von
der erhabensten Auffassung und der höchsten Erfindung zeugen. Die für die einzelnen Stimmen berechneten Gesänge
sind in jedem großen Werke das Vergänglichste; wir entschließen uns öfters leicht, die Arien und Duetten alter
Meister aufzugeben. Auch in diesem Werk ist Manches der
Art bereits mit Einsicht weggelassen worden und noch

---

wird; bei Spontini z. B. dagegen ist der Gedanke, der auf dem
Papier steht, öfters völlig nüchtern, aber er gewinnt durch die
ausführenden Mittel den Schein der Bedeutung.

manches Andere würde vielleicht zur beſſern Abrundung des
Ganzen weggelaſſen werden dürfen, ſo viel einzelnes Intere-
eſſe ſich daran knüpft. Dahin rechnen wir die erſte Arie
der Mme. Milder und im zweiten Theile die des Fräulein
v. Schätzel. Ferner ſcheint es dem Referenten, als würde
die Wirkung des unbeſchreiblich großartigen Chores: „Sind
Blitze, ſind Donner verſchwunden‟ — noch größer ſein, wenn
er unmittelbar nach den Schlußworten des funfzigſten Ver-
ſes einträte. Freilich würde man den ſchönen zweiſtimmigen
Zwiſchenſatz ſehr ungern entbehren.

Die ewige, große, unendlich wunderbare Kraft und Erhabenheit des Werkes aber, die allen Zeiten trotzen wird,
liegt in der Behandlung der evangeliſchen Worte ſelbſt.
Hier hat der Tonſetzer ſich zu einer Kühnheit erhoben, die
vielleicht nie ein Anderer nach ihm wagen dürfte. Ohne
beſtimmt die Perſon des Heilandes als ſolche einzuführen,
hat er doch die Worte des Erlöſers, ferner die des erzählen-
den Evangeliſten, die des feurigen Petrus und des Ver-
räthers Judas ſo entſchieden in Geſangpartien vertheilt, ſie
ſo charakteriſtiſch geſondert und gehalten, daß man ſieht, er
habe es gewagt, ſich im Bewußtſein frommer Kraft und
erfindender Unerſchöpflichkeit an die höchſte aller denkbaren
Aufgaben zu machen, die, das göttliche Bild des Erlöſers
muſikaliſch aufzufaſſen. Wenn die Malerei dies unbedenk-
licher wagen darf, ſo leuchtet ein, daß ihre mit der körperlichen Darſtellung zuſammenhängende Aufgabe weder dieſen
hohen Standpunkt der Sittlichkeit, noch die ſchöpferiſche
Kraft unbedingt fodert. Wir verſuchten es anfangs, die
in einem zwiſchen Recitativ und Arioſo liegenden Stil componirten Worte des Erlöſers da zu bezeichnen, wo ſie beſonders ausdrucksvoll und würdig erſcheinen, allein bald ſahen
wir ein, die Haltung darin iſt bei den einfachſten Mitteln

so bestimmt, der Ausdruck so reich, in dem wunderbaren Ganzen wirkt Alles so zu einem Ziel, daß es von einer zerstückelnden Betrachtung zeugen würde, die Aufmerksamkeit vorzugsweise auf die Theile zu richten. In jedem Augenblick hebt sich die Musik mit der Kraft und Würde des Wortes und der feierlichen Erschütterung durch die Handlung. Wo diese mit tiefer Kraft in die Seele bringt, da folgt der Meister mit gleich gesteigerter Begeisterung. So heben wir, statt Vieles zu berühren, nur Eines heraus, die Worte des Herrn am Kreuz: „Eli, Eli"! u. s. w. nebst ihrer Verdolmetschung. Mit unnennbarer Tiefe der Auffassung und aus der innigsten frommen Empfindung hat der hohe verehrungswerthe Meister hier Töne geschaffen, die mit unwiderstehlicher Kraft erhabener Wehmuth unser Herz erschütternd durchdringen.

Die Anregungen durch ein solches Werk sind zu vielfach, zu mächtig, als daß sie sich sogleich alle zu Gedanken gestalten könnten. Was wäre noch über die sorgfältig erwogene Abstufung der langen, ebenfalls halb als Arioso, halb recitativisch componirten Erzählung, über die schönen Farben und Lichter, die der Künstler hineinwirft, zu sprechen! Mit welcher Macht greifen die Chöre des Volks, der Hohenpriester ein! Wie groß, erhaben, ruhig stellen sich die Choräle feierlich dazwischen! Welch eine wachsende Theilnahme endlich fesselt uns immer inniger an das fortschreitende Werk, eine künstlerische Eigenschaft, die in dem Grade kein anderes mit bekanntes Oratorium hat! Unstreitig wirkt zwar in dieser letzten Beziehung die unbegreiflich hohe Kraft der biblischen Erzählung selbst das Meiste; aber dem frommen Künstler gehört das Verdienst der Wahl und Beherrschung des Stoffes. Wir brechen ab, in der Hoffnung, bald wieder anzuknüpfen, da bei der so ganz unzweideutigen Theilnahme des Publi-

cums an der baldigen Wiederholung der Aufführung wol
nicht zu zweifeln ist. Den größten Dank verdienen Alle, die
dabei mitgewirkt haben; wir haben fast noch nie eine so
vollendete Aufführung gehört. Daß Einzelnes durch Einzelne mißlingt, ist niemals die Schuld des Dirigenten*), der
hier mit seltenem Eifer und Talent das Trefflichste geleistet
hat. Vor Allen aber erwarben sich diesmal Herr Devrient
und Herr Stümer die Krone des Gesanges. Wie unschätz-
bar eine edle Methode dieser Kunst ist, hat Referent hier
aufs neue deutlich empfunden, da ohne die Meisterschaft in
dem Wesentlichen des Gesanges, die die beiden genannten
Künstler und noch manche andere unserer Bühne und
Stadt besitzen, das Werk ganz unausführbar gewesen wäre.
Möchte daher doch Alles geschehen, diese dem Verfall nahe
Kunst des Gesanges auf das eifrigste aufrecht zu erhalten,
um sie unsern Nachkommen so überliefern zu können, wie
wir sie dankbar von unseren Vorfahren empfangen haben!

Concert.

Paganini.

Zuerst das Concert, welches Herr Paganini am 12. März
bei überfülltem Saale gab. Mit einer Art von Sehnsucht,
ich gestehe es gern, erwartete ich die ersten Töne dieses unvergleichlichen Spielers. Er begann mit einem großen Concert, welches unter dem Namen der „Campanella" bekannt
ist, weil es im Rondeau durch ein Glöckchen sehr interessant

---

*) Es war F. Mendelssohn-Bartholdy. Er und der nachge-
nannte Ed. Devrient hatten sich hauptsächlich das Verdienst erworben, das Werk aus dem Verschluß, in welchem Zelter es hielt, in
die Oeffentlichkeit zu führen. Ohne ihren Eifer wäre es der Welt
vielleicht noch ein zweites Jahrhundert unbekannt geblieben.

begleitet wird. Schon die erſten Töne feſſelten in ihrer reinen Klarheit jedes Ohr, doch die Theilnahme ſtieg natürlich mit jedem Tacte. Wir haben heute nicht mehr von den neuen unglaublichen und unbegreiflichen Schwierigkeiten zu reden, die der Künſtler mit ſpielender Leichtigkeit löſte, ſondern andere Eigenſchaften, unſtreitig die höheren, wenngleich nicht die blendenderen, waren es, die uns diesmal beſonders feſſelten, nämlich der ausdrucksvollſte Vortrag und eine geiſtvolle Compoſition. So wunderwürdig Herr Paganini das erſte Allegro ſpielte, ſo mußte es doch Denen, die ihn in dem erſten Concert gehört hatten, bemerkbar werden, daß nicht ganz das Feuer, die reine Präciſion darin zu bemerken war. Denen, die ihn zum erſten Male hörten, war es freilich kaum glaublich, daß ſich der Virtuos noch übertreffen könne. Eine ziemlich lange Pauſe vor dem Adagio ließ ahnen, daß der ſehr kränkliche Künſtler ſich in einem angegriffenen Körperzuſtande befand; leider hat ſich dies ſpäter beſtätigt. Aber nicht durch ſein Spiel; denn von eigenem Feuer entzündet wurde es mit jedem Satz ſchöner, kühner, energiſcher. Das Adagio trug er hinreißend ſchön vor; die etwas bizarren Züge, die wir früher bemerkt hatten, waren verſchwunden und an ihre Stelle eine ſehr anziehende, picante Individualität getreten. Im letzten Satz waltete ebenſo die Anmuth und Grazie des Vortrags, wie im Adagio der ſeelenvolle Ausdruck der Schönheit. Die Sonate auf der G-Saite, eigentlich mehrere variirte Themata, war ein Wunderwerk der Ausführung zu nennen. Die Seele der getragenen Stellen, der reine Glockenklang der Höhe, die Energie kräftig vollendeter Paſſagen, die mit einer unbegreiflichen Beſtimmtheit vorgetragen wurden, riſſen die Hörer zu einem ſtürmiſchen Enthuſiasmus fort. Eine gleiche Wirkung machten die Schlußvariationen, in denen der Künſtler wiederum seine beispiellose Fertigkeit in Doppelgriffen, Accorden und kühnen Passagen zum Erstaunen aller Anwesenden entwickelte. Alle drei Stücke, die der Künstler vortrug, zeigten neben der größten Virtuosität, noch ein ungemeines Talent zur Composition und namentlich waren der letzte Satz des großen Concerts und die Composition für die G-Saite höchst ausgezeichnete Stücke, die sowol durch geschickte Behandlung anziehender Themata, als auch besonders durch eine sehr originelle und doch nicht barocke Modulation ansprachen. Die Erfindung neuer Passagen bringen wir gar nicht in Anschlag, da sie dem Meister, der sie einzig und allein ausführen kann, natürlich sein muß. Diese Gesammtheit erstaunenswürdiger nnd schöner Leistungen hatte nothwendig einen Beifall erzeugt, wie ihn Referent in einem Concert noch nicht erlebt hat.

Concert.

Paganini.

Am 10. April spielte Herr Paganini endlich im großen Opernhause, ein Ereigniß, worauf schon lange so viele unserer Mitbürger gehofft hatten, weil hier der hohe Genuß für einen mäßigen Preis zu haben ist. Kein Platz in dem weiten Hause war leer, ausgenommen eine einzige Loge im ersten Rang und eine Parquetloge. Der seltsame Umstand ist gewiß durch einen besondern Zufall eingetreten.

Das ganze Interesse des Publicums richtete sich natürlich auf Herrn Paganini. Er schien diesmal, vielleicht durch den Anblick des überfüllten Hauses, das jedesmal anfeuernd auf einen Künstler wirkt, ganz besonders günstig gestimmt zu sein. Achill ist immer unüberwindlich; doch erscheint seine

coloſſale Tapferkeit an einzelnen Tagen größer und der
Rächer des Patroklus iſt ein anderer Held als der kühne
Entführer der Briſeïs. So Herr Paganini. Wir ſind jedesmal aufs äußerſte über ihn erſtaunt, haben aber diesmal
doch bekennen müſſen, daß er Grade der Vollkommenheit
zu erreichen vermag, die uns bis jetzt, ſo ſcheint es, noch
nicht ſichtbar geworden waren. Er trug das Concert mit
dem Glöckchen, welches er in ſeinem zweiten Concert geſpielt
hatte, wieder vor. Schon damals erſchien uns dieſe Compoſition vortrefflich; ein zweites Hören hat dies Urtheil nicht
nur beſtätigt, ſondern ſogar unſern Beifall für das Werk
erhöht. Insbeſondere war es wieder der letzte Satz, der,
viel weniger durch die artige Begleitung des Glöckchens,
als durch das äußerſt originelle und graziöſe Thema, durch
die geſchickte Behandlung deſſelben, durch die eben ſo
gut erfundenen Zwiſchenſätze und Paſſagen die Aufmerkſamkeit beſtändig feſſelte. Was ſoll man aber von dem
Vortrage ſagen? Die Töne gleichen einer Schnur makel-
loſer ächter Perlen, die alle für ſich unſchätzbar, ſich als
Ganzes zu dem reizendſten Schmuck geſtalten. Hatten Grazien und Anmuth in dieſem Concert den Vorſitz geführt,
ſo übernahmen bei der Sonate auf der G-Saite ſeelenvolle
Tiefe, ſtolze Kühnheit und fortbrauſende Kraft die Herrſchaft.
Der Schluß dieſes Stücks (Variationen auf ein Thema von
Hummel) kennt an rapider Schnelligkeit der Paſſagen und
Kraft und Feuer der Ausführung ſeines Gleichen nicht.
Beſonders ſetzte uns eine derſelben in Erſtaunen, wo in dem
ungemein ſchnellen Lauf immer eine Note fortissimo accen-
tuirt, die andere pianissimo daran geſchleift wurde, ſo daß
aus der gleichmäßigen Reihe von Tönen je zwei und zwei
Noten verbunden wurden, die die Kettenglieder bildeten.
Von dieſer Schnelligkeit und Sicherheit in der Vertheilung

der Bogenkraft kann man sich nur einen Begriff machen,
wenn man die Passagen selbst gehört hat. Zum Schluß
spielte Herr Paganini Variationen auf «La ci darem la
mano», die wir noch nicht gehört. Sie behandelten dieses
Thema nur kurz, aber außerordentlich schön. Namentlich spielte der Künstler hier Doppelgriffe mit silberner Reinheit und so zarter Bindung und Accentuation in beiden
Stimmen, daß schon zwei vortreffliche Sänger dazu gehören
würden, sich so schön in einander zu fügen und doch jeder
so frei und besonders wirkend seine Stimme zu behandeln.
Zuletzt variirte Herr Paganini ein anderes bekanntes Thema,
wodurch er wieder das Staunen aller Hörer durch seine
unbegrenzte Präcision und Schnelligkeit, bei steter Beibehal-
tung des schönsten Maßes in einem unbeschreiblichen Grade
erregte. Es darf kaum gesagt werden, daß nach jedem Solo
ein donnernder Beifall das Haus erschütterte.

Königliches Theater.

Am 14. Juni trat endlich Dlle. Schechner in der
Schweizerfamilie zum ersten Male wieder auf. Das
Publicum ist vielleicht nie auf ein Kunstereigniß so gespannt
gewesen, als auf dieses, welches sich durch mehrfache Hindernisse immer weiter und weiter hinausgeschoben hatte.

Wir müssen den Umstand erfreulich nennen, daß die große
Künstlerin in derselben Rolle, in der wir sie vor zwei Jahren kennen lernten, jetzt diese unschätzbare Bekanntschaft erneuerte. So knüpfte sich an die schöne Gegenwart auch
die schöne Erinnerung und der tiefe Eindruck, den die unvergleichliche Leistung machen mußte, wurde, bei Vielen wenigstens, dadurch noch verstärkt. Mit einer Art von Besorgniß, wir müssen es gestehen, sahen wir dem ersten Augen-

blick entgegen, wo diese schöne Stimme uns wieder ertönen
sollte; die Macht des Zufalls, wie die der Zeit, über ein so
zartes und doch so kostbares Kleinod ist unläugbar und wer
sollte nicht fürchten, wenn etwas so Unersetzliches bedroht
wird? Glücklich aber, wer immer so vergeblich besorgt ist,
als wir es diesmal waren. *) Die Künstlerin erschien.

---

*) Hier muß ich mich, nach langer Reihe von Jahren, öffentlich
einer Unwahrheit zeihen, einer Unwahrheit aus Pietät, zu der ich
mich damals vielleicht durch meine innigsten Wünsche überredet
habe. Die Stimme der Sängerin, dieses unvergleichliche Organ,
war nicht mehr dieselbe. Es hatte noch Fülle, Wohllaut, Reiz,
wie kein anderes damals in Deutschland und vollends jetzt; doch
die Macht war gebrochen! Eine spätere Stelle dieser Beurtheilung deutet es an: „Die ganze gewaltige Macht dieses Organs
haben wir zwar nicht gehört“ u. s. w. Sie war dahin, auf ewig
dahin! Wer die Sängerin bei uns im Jahr 1829, nicht aber im
Jahr 1827 gehört, der hat, dies ist mir als festeste Ueberzeugung
geblieben, keinen Begriff, keine Ahnung von ihrer mit Nichts zu
vergleichenden Gewalt gewinnen können. Bei ihrer spätern Wiederkehr war momentan diese alte Gewalt zurückgekehrt und z. B.
eine Aufführung des Fidelio, deren ich mich lebendig erinnere, gab
in dem Quartett des zweiten Actes in einzelnen Tönen nahe an
die erste wundervolle Klangfülle streifende Andeutungen. Doch nur
diese; im Jahr 1829 fehlten aber auch sie. Dennoch war die
Stimme immer noch überaus herrlich, alle Nebenbuhlerinnen be-
siegend. Allein von der Macht hatte sie so viel verloren, daß z. B.
die Rolle der Vestalin, 1827 ihr höchster, ächt römischer Sieges-
triumph, nur noch eine schwächere der Künstlerin war und sie sich
auf die allerdings reinere, geistige Gewalt derselben stützen mußte,
die aber bei weitem nicht von dieser unmittelbaren, die Sinne be-
rauschend fortreißenden Wirkung war. — Doch der Dank gegen
die Hochgenüsse, die uns die Sängerin gewährt hatte, war zu
warm, zu lebendig, als daß wir es über uns vermocht hätten, ihr
und uns selbst die Wahrheit zu bekennen, die uns einen so un-
wiederbringlichen Verlust zufügte, der sich in der That auch in
diesem Vierteljahrhundert in der Weise durch Nichts auch nur in
entfernter Annäherung ersetzt hat.

Sogleich erhob sich ein stürmischer Beifall, der nicht enden zu wollen schien, besonders da von der Höhe des dritten Rangs aus allen Logen ein Gedicht zum begrüßenden Empfang der lang ersehnten, der Erinnerung so theuern Sängerin in tausend weißen Blättern herabflatterte und den Raum des Hauses erfüllte. Wohl dürfen wir in den Gedanken des Dichters einstimmen und gewiß sprach er den Sinn aller Anwesenden aus, wenn er sagt:

> Du kehrst zurück und neues, schönes Leben
> Erfüllet uns mit allgewalt'ger Lust.

Ein neues Leben der Kunst entzündet sich allerdings an so ausgezeichneter Erscheinung. Man wird sich des Halbwahren, Unedlen, Unbedeutenden, mit dem man sich so vielfach befriedigen läßt, erst recht bewußt, wenn das Große, das Erhabene, das wahrhaft Schöne in seiner edlen Reinheit vor uns hintritt. So aber erscheint die gefeierte Sängerin. Die Natur stattete sie mit den schönsten Gaben, mit dem Reichthum der edelsten Gattung aus. Die ersten Töne ihrer Stimme drangen uns, wie ehemals, gleich auf das innigste bewegend in das Herz; die edle, einfache Haltung im Aeußern bildete das würdigste Gefäß für diese kostbare Gabe, die sich nicht minder schön durch den Wohlklang der Rede als durch den Gesang verkündet. Sollen wir Einzelnes nennen? Wer kennt die Oper nicht? Wer, der die Erscheinungen der Kunst mit Antheil hier verfolgt, hätte die Sängerin nicht in dieser Rolle gehört? Es genügt zu sagen, daß sie jedem Stücke den schönsten Charakter abgewann, dessen es fähig ist. Die rührende Einfachheit des Landmädchens, die Ergebung des kindlichen Sinnes und doch die unbezwingbare Glut der Liebe, die schwärmerische, träumende Verirrung des Herzens, die ihr die klare Besonnenheit des Verstandes, wiewol nie die sittliche der Vernunft

Alles das entwickelt diese große Darstellerin so natürlich, so frei, so schön, daß man nicht begreift, wie es anders sein könnte. Und doch, wie Wenige wissen diese einfache und doch ideale Haltung der Rolle zu erringen! — Wenn wir nach einer Vorstellung ein Urtheil im Ganzen sprechen dürfen, so wäre es das: Die Künstlerin ist offenbar vorgeschritten in der Beherrschung des Ganzen; ihre Stimme hat dieselbe klare, reine Fülle, dieselbe tiefeindringende Innigkeit, aber sie verschmilzt das Melodische schöner und zeichnet den Ausdruck feiner und doch noch ebenso wahr als früher. Die ganze gewaltige Macht des Organs dieser Sängerin haben wir zwar nicht gehört; es ist uns jedoch fast lieb. Diese Rolle bedarf dessen nicht und, so viel Jugendkraft und Reichthum der Mittel auch gestatten, nie haben wir die Kraft diese höchsten Gipfel erreichen sehen, ohne, so sehr uns das Gefühl der Kühnheit dabei durchdrang und fortriß, eine bange Besorgniß zu empfinden, daß ein unabwägbares Zuviel plötzlich den unersetzlichsten Verlust verursachen könne. Die Sängerin wurde nach dem ersten Acte stürmisch gerufen, ebenso am Schluß; der unaufhörliche begeisterte Beifall kam Jedem aus der Seele und ein flüchtiger Blick auf die Hörer konnte uns überzeugen, daß auch die ihn zollten, die ihn nicht laut äußerten, und vielleicht gerade sie am meisten.

Königliches Theater.

Dlle. Schechner: Iphigenia.

Am 7. Juli trat Dlle. Schechner in der Rolle der Iphigenia in Tauris auf, unfehlbar diejenige Aufgabe, welche von allen, die sie bisher gelöst, in der höchsten Sphäre der

Kunst liegt. Ehe wir jedoch an die Beurtheilung dieser Darstellung gehen, sei es uns erlaubt, der Künstlerin Dank für den Eifer und die Aufopferung zu sagen, womit sie es betrieben, daß diese Vorstellung zum Besten der verunglückten Schlesier gegeben wurde; denn auf ihren Antrag hat Se. Majestät der Künstlerin das Haus zu der beabsichtigten Vorstellung bewilligt, wobei also ihre Theilnahme, sowie die sämmtlicher übrigen Künstler, eine des reinsten Wohlwollens gewesen ist. Doch auf das Werk zurück. Das fortwährend hohe dramatische Interesse in demselben, die herrliche Zeichnung der Charaktere, die der Musik immerwährend höchst günstigen Scenen und endlich diese tiefe, reiche, große, einfache Musik selbst haben diese Oper ebenso an die Spitze aller dramatischen Werke gestellt, wie der Charakter der Iphigenia selbst gewissermaßen als das höchste Ideal edler Weiblichkeit betrachtet wird. Wir werden nicht in das Treiben unruhiger Leidenschaften geführt, sondern trotz der höchsten Bewegung und Erschütterung der Seele, die in allen das Verhältniß des Stücks bildenden Personen vorgeht, behalten diese Gestalten jene plastische, erhabene Ruhe und jenen großartigen Schmerz (in dem Winckelmann größtentheils den Adel griechischer Götterbildungen begründet sieht), die das höchste Ziel der Kunst bilden. Unbestreitbar wenigstens der antiken Kunst, die Alles in sich selbst abschließt; die romantische dürfte wegen ihrer Hindeutung auf eine höhere Auflösung irdischer Räthsel eher den Schein der Nichtberuhigung zeigen. Unsere große Darstellerin, durch das glücklichste Naturgefühl und eine reine einfache Einsicht in die tiefsten Geheimnisse der Kunst eindringend, gab die Iphigenia mit einer idealen Würde (deren Ausdruck durch ihre herrlichen Mittel so sehr erleichtert und erhöht wird), die vollständig das Wesen des Charakters erfüllte. Ihre Darstellung ist ein Ganzes von

der erſten Erzählung des Traumes an, bis zu dem entzückten
Erkennen des Bruders. Die Momente knüpfen ſich ſo leicht,
ſo natürlich an einander, jeder erhält gerade die Stärke, die
er im Verhältniß zum Ganzen haben muß, nirgend tritt
etwas ſchroff hervor, um für ſich zu glänzen und ſo Anderes
zu verdunkeln, daß wir dieſe organiſche Bildung der Rolle,
wenn man uns den Ausdruck geſtattet, nicht genug bewundern können. Daher traten auch bei Dlle. Schechner die
Incidenzpunkte an ganz anderen Orten ein, als wir ſie früher bei anderen Darſtellenden gefunden. Die meiſten Sängerinnen legen auf den Traum im erſten Act die höchſte
Macht, allein er iſt nur ein ahnungsvolles Schattenbild des
Folgenden und darf daher gegen die wirklichen Begebenheiten
nicht zu ſchroff hervortreten. Daß er mit Feuer, Begeiſterung, Schreck, Wehmuth, Innigkeit und Furcht in ſteter
Abwechſelung vorgetragen werden müſſe, verſteht ſich von
ſelbſt; aber geſchah dies nicht auch? und in einem Grade
der Meiſterhaftigkeit, der ſich beſſer empfindet, als beſchreibt?
Den höchſten Ausdruck des Spiels legt, nach unſerer Meinung, die Darſtellerin auf den Moment im Terzett, wo ſie
zwiſchen Pylades und Oreſtes wählen ſoll. Hier tritt Iphigenia, die ſich bis dahin immer leidend verhalten hat, zum
erſten Male handelnd auf und in ihrer Handlung liegt
zugleich eine Ahnung, die uns aufs tiefſte erſchüttert. Die
Muſik hat die dunkeln, ſchmerzlichen Regungen ihrer Seele
auf die wunderwürdigſte Art angedeutet; eben ſo iſt aber
auch die Sängerin dem Componiſten gefolgt und hat gerade
hierhin die höchſte Spitze der Darſtellung gelegt. Und mit
Recht! Denn in dieſem Augenblick wird die dunkel geahnte
Neigung, die ſie zu dem unbekannten Gefangenen hinzieht,
ſo mächtig in ihr, daß ſie ſie zu einer Entſcheidung der

6*

That leitet, die ohne dieses verborgene, aber unbezwingliche Naturgefühl ihrem Herzen unmöglich sein würde. Sie weihet den Freund dem Tode und rettet den Bruder. Ohne bestimmtes Bewußtsein; aber ein Gott gibt es ihr in die Seele und diese mächtige, verkündende, rettende Götterstimme mußte sie uns bis in das innerste Herz fühlbar zu machen. Das Werk ist zu reich, der Referent hat es zu lange empfunden und zu tief geliebt, um sich an dem geringen Raume, der ihm hier gestattet ist, genügen zu lassen.

Dasselbe Theater.

Dlle. Schechner: Fidelio.

Berlin, im Juni.

Es gibt Ereignisse in der Kunstwelt, bei denen die Stimme des Richters und Beurtheilers schweigen muß, wenn er die wahre Bedeutung Dessen, worüber er öffentlich zu sprechen hat, kennt; es bleibt ihm alsdann jedoch die schönere Pflicht, eine treue Schilderung des Geschehenen übrig. Ein solches Kunstereigniß war die Abschiedsdarstellung der außerordentlichen Künstlerin, die seit zwei Monaten mit immer erneuter Macht ihrer seltenen Gaben uns die edelsten Genüsse bereitet hat. Daß sie die Rolle der Leonore in Beethoven's Fidelio gewählt hatte und so ein aus deutscher Tiefe und Innigkeit entsprungenes Kunstwerk zum Gegenstande der erhebenden und betrübenden Feier machte, würden wir für einen glücklichen Umstand halten, auch wenn es nicht die allgemeine Meinung wäre, daß die Sängerin gerade hier sowol die Kraft ihrer Stimme, als die Tiefe ihrer Auffassung und Darstellung am reichsten entwickelt.

Es herrschte im Publicum eine ganz eigenthümliche Spannung, ja eine Begeisterung, wie sie sich selten zeigt. Diese
bekundete sich zuerst dadurch, daß die Ouvertüre durch allgemeinen Ruf zum zweiten Male verlangt wurde. Sie riß
aber auch mit unwiderstehlicher Macht zum lautesten Enthusiasmus hin; ein glänzender Sieg des unsterblichen Genius, der das tiefe, innige, feurige und endlich im entzück-
testen Jubel aufbrausende Werk erschuf. Als die große
Darstellerin zuerst die Bühne betrat, erscholl ein so lauter,
immer wiederholter Begrüßungsbeifall, daß es lange dauerte,
ehe das Spiel fortgesetzt werden konnte. Diese Zeichen der
freudigsten Anerkennung erneuerten sich nach jedem Gesang-
stück, besonders aber nach der großen Arie, welche die Künstlerin mit einer Innigkeit des Gefühls vortrug, die es deutlich verrieth, daß sie noch durch andere Empfindungen bewegt war, als die, welche die reine Begeisterung für das
Kunstwerk erregt haben mußte. Wie früher, so steigerte
sich auch jetzt die Darstellung im zweiten Act von Scene
zu Scene. Gleich einem flammenden Blitz, welcher in demselben Augenblicke eine furchtbare Nacht düsterer Geschicke
erhellt, wo er auch schon das schuldige Haupt mit rächendem
Strahl trifft, schlugen die Worte: „Tödte erst sein Weib"!
allmächtig ergreifend ein. Von diesem Augenblick an bis
zu dem in Jauchzen und Thränen des Entzückens ausbrechenden Duett: „O namenlose Freude"! scheint uns die Darstellerin von einer höheren Macht beseelt zu sein, die jedem
ihrer Töne eine so unbegreifliche, unwiderstehliche, fortreißende
Gewalt verleiht, daß wir uns nach einer ähnlichen Erscheinung in dem weiten, an Erschütterungen so reichen Gebiet
der Bühnenkunst vergeblich umsehen. Aber eben so unbeschreiblich war die bei allen Hörern entzündete, laut aus-
brechende Begeisterung; der Sturm des Beifalls erschütterte

das Haus und schien sich selbst nicht genug thun zu können.
Der Vorhang fiel. Tausendstimmig erschallte sogleich der
Name der Künstlerin, die in einem Grade, wie noch niemals eine vor ihr, über alle Gemüther den mächtigsten Zauber ausgeübt hatte. Langsam erhob sich der Vorhang wieder; sie zeigte sich, der Donner eines unermeßlichen Beifalls
begrüßte sie, Blumen und Kränze überschütteten das Proscenium, Gedichte flatterten aus allen Logen herab — es
war ein wahrhaft großer Augenblick, eine erhebende Feier
der Kunst, ein Sieg des Genius, wie er sich selten in der
Geschichte der Künste verzeichnet findet. Lange wollte der
Jubel nicht schweigen, nur durch Blicke und Begrüßungen
konnte die Künstlerin danken; endlich wurde es still und
tief bewegt versuchte sie jetzt einige Worte des Dankes zu
sprechen. Aber das Gefühl überwältigte sie so sehr, daß sie
mit den Worten: „Es ist mir unmöglich" abbrechen mußte,
worauf der Jubel sich wie zuvor erneute. Deutlich vernahm
man aus dem brausenden Getöse den Ruf: „Hierbleiben!
Hierbleiben"! Sollte er seine Absicht erreichen, sollte er
es nicht, in jedem Fall wird die Künstlerin ewig unter uns
weilen, denn Jedem, der sie hörte, muß ihre Erscheinung
unvergeßlich sein. Ihr Triumph ist der reinste, der je gefeiert worden; nicht Freunde ihrer Person, deren sie, im
häuslichen Kreise und nur der Kunst lebend, wenige besitzt,
nur Freunde, begeisterte Verehrer ihrer hohen, unschätzbaren
Kunst haben ihn bereitet. Und wie diese Kunst etwas Ewi-
ges, Unvergängliches ist, so ist auch die Verehrung, die Begeisterung, die sie erregt, etwas Wahrhaftiges und Unvergängliches; sie ist Denen ein Gewinn, die sie empfinden, wie
Derjenigen, die sie erregt. Und für diese ist sie außer dem
reinen Lohn, den der Besitz so hoher Kunst sich durch sich
selbst reicht, der schönste, der ihr werden kann. Möge er

der scheidenden Künstlerin wie uns zur erhebenden Freude noch lange, lange gewährt sein! Dies sei der Wunsch, mit dem wir sie in ihre Heimat begleiten.

Bericht aus Leipzig.

Leipzig, 13. October.

Die Anwesenheit hoher und höchster fremder Herrschaften erzeugte eine Menge von Lustbarkeiten und glänzenden Festen, Concerten u. s. w., unter welchen letzteren besonders diejenigen von musikalischem Interesse waren, welche Herr Paganini im Schauspielhause gab. Referent, der erst gestern eintraf, wohnte sogleich dem am Abend stattfindenden dritten Concert dieses wunderbarsten aller Virtuosen bei. Er muß gestehen, daß das oftmalige Hören desselben in Berlin die Spannung in bedeutendem Grade bei ihm vermindert hatte, daß er sich zwar einen Genuß, aber doch nur einen solchen versprach, dessen Grad er im voraus ermessen konnte. Allein er täuschte sich; Paganini erschien ihm so neu, die Erinnerung war so weit hinter der Wirklichkeit zurückgeblieben, daß er aufs neue völlig überrascht von den unbegreiflichen Leistungen des Künstlers war. Da dieses schon durch die ersten Stücke geschah, welche er in Berlin mehrfach gehört hatte, so richtete sich seine Aufmerksamkeit noch im erhöhten Maße auf eine neue Composition des vielseitigen Meisters. Diese bestand in Variationen auf ein neapolitanisches Liedchen, das ungefähr aus zwölf Tacten bestand *). Paganini trug sie etwa in der Art vor, wie

---

*) Es war der nachher so bis zum äußersten Ueberdruß durch alle Welt gegeigte sogenannte „Carneval von Venedig"; zwar nicht dieselben Variationen von unendlichster, mannichfaltigster Gra-

wenn ein junges Mädchen, mit einer graziösen Arbeit beschäftigt, eine Melodie ganz unbefangen für sich hinsummt
und bei der Wiederholung kleine Variationen extemporirt.
Ebenso war auch die Composition. Das Quartett, welches
mit leichter Triolenbewegung accompagnirte, blieb durchaus
dasselbe, nur der Solospieler scherzte mit der Melodie und
trug sie mit so leichter Grazie und Anmuth, bisweilen mit
einer absichtlichen, ungemein artigen Nachlässigkeit vor, die
die angenehme Zwanglosigkeit und Leichtigkeit auf das kunst-
reichste erhöhte, daß man nichts Reizenderes und doch Eigen-
thümlicheres hören konnte. Wie in Berlin, so entzündete
der Künstler auch hier einen unglaublichen Enthusiasmus.

Ehe Paganini nach Frankreich und England geht, denkt
er Berlin noch einmal zu berühren und vielleicht ein Concert, aber auch nur eines, daselbst zu geben.

Unter den mancherlei interessanten Kunsterscheinungen in
Leipzig nenne ich die theilweise Bekanntschaft mit der neuesten
Oper des als Componisten in Berlin freilich mehr genannten
als gekannten Marschner. Dieses neue Werk heißt „der Temp-
ler und die Jüdin" und behandelt einen Theil des Romans
Ivanhoe von Walther Scott. Die durch Herrn Wohlbrück
geschehene Bearbeitung desselben gibt Anlaß zu sehr wirkungsvollen musikalischen Situationen. Was ich durch die

---

zie, die Paganini anspruchslos, aber in unnachahmlicher Vollendung
hintändelte (oft ganz frei extemporirend), sondern nur nach dem
Vorbilde gefertigte, in denen man wol einige Grundzüge der Gaben des unerreichten Meisters beibehalten hat, aber denen doch
nichts weiter fehlt, als die Aechtheit des Juwels. — Böhmische
Steine! — Uebrigens ist dies unsers Wissens mit Ausnahme einer
verstümmelten Ausgabe des Campanella=Concerts, die wir von dem
ältesten der verschollenen Gebrüder Eichhorn gehört, das einzige
Musikstück, was sich von dem Künstler erhalten hat. Wo sind
seine erfindungsreichen, phantastischen Compositionen geblieben?

Güte des Componisten von der Musik kennen gelernt habe,
ist mir so werthvoll erschienen, zeugt von einem so gereiften
Talent, einer so sichern Voraussicht der Wirkungen, daß
man dem Werke fast unbedingt den größten Erfolg versprechen kann. Herr Marschner hat sich übrigens bereits
im ganzen übrigen Deutschland so geltend gemacht, daß sein
Ruf auch im Auslande äußerst vortheilhaft ist und man
ihm unter andern den Antrag gemacht hat, eine Oper für
London zu schreiben, zu der der Dichter des Weber'schen
Oberon bereits das Buch bearbeitet. Wie sehr hat es Berlin zu bedauern, daß es wiederum fast die einzige Stadt ist,
die diesen talentvollen Componisten eben so wenig von der
Bühne her kennt, als so manche Meisterwerke von Spohr,
Ries und anderen! Wir hören indeß, daß die Partitur
dieser neuen Oper der Intendantur eingesandt, daß sie angenommen ist; Leipzig wird sie binnen vier bis fünf Wochen
auf seiner Bühne sehen, möchte Berlin denn wenigstens
nicht lange damit nachbleiben!

Königliches Theater.

Berlin, im November.

Die Darstellung der Oper Faust auf dem königlichen
Operntheater ist ein in vieler Beziehung merkwürdiges Kunstereigniß. Seit sechzehn Jahren ist das Werk vollendet;
dies verrückt den Standpunkt der Beurtheilung ungemein.
Denn nicht gerechnet, daß es der Erfahrungen und Erwei-
terungen im Gebiete theatralischer Kenntnisse entbehren muß,
die die Verfasser in so langer Zeit mit Nutzen gemacht haben würden, so erscheint es uns auch in ganz anderm Lichte,
als hätten wir es vor sechzehn Jahren kennen gelernt und
uns seitdem an seine Mängel gewöhnt, die man bei dem
Genuß so vieles Schönen, was es enthält, vergessen lernt.

6 **

Vor sechzehn Jahren erschien Spohr in diesem Faust neu; seine Auffassungsweise war eine durchaus andere als die gewöhnliche und dem Publicum bisher unbekannt; seine schöne Instrumentation, seine Technik und andere treffliche Eigenschaften lernte man an diesem Werke erst kennen und schätzen. Vieles selbst in dem Gedicht mußte als Erfindung oder doch als glückliche Benutzung eines im romantischen Halbdunkel der Sage wunderbar sich bewegenden Stoffes wirken, was uns jetzt durch andere spätere Zeugnisse, die aber früher zu unserer Kenntniß gekommen sind, bereits bekannt und verarbeitet erscheint. Nicht nur der Componist selbst hat aus diesen ersten frischesten Blüten seines Genius Manches nachher nur in etwas veränderter äußerer Gestalt vielfältig benutzt, sondern auch viele seiner Zeitgenossen haben sich mit dem natürlichen Recht, welches das Studium fremder Leistungen gewährt, dessen zu eigener Verarbeitung bemächtigt. Ohne Plagiate zu begehen, kann dies sehr wohl stattfinden; Weber z. B. hat offenbar aus Spohr's Oper manche seiner glücklichsten Conceptionen geschöpft, ohne irgend etwas entlehnt zu haben. Die Instrumentation, die zu jener Zeit ganz neu erschienen wäre, ist seitdem von Vielen angewendet worden; kurz, das Werk hat seiner Zeit Früchte getragen, kommt aber für sich selbst in mehrerer Beziehung zu spät, um sie zu ernten. Läugnen läßt es sich endlich nicht, daß die ganze Behandlungsweise der Oper in einem so bedeutenden Zeitraume sehr vorgeschritten ist, daß man besonders durch viele glückliche Bearbeitungen aus dem Französischen an ein schnelles, gedrängtes Fortschreiten der Handlung und an eine bessere Verkettung derselben in sich gewöhnt worden ist und daher natürlich ein Werk, dem diese Vortheile abgehen, jetzt strenger richtet, als man früher gethan haben würde. Alle diese Umstände treten jetzt gegen

ein Werk auf und schwächen dessen Eindruck, welches da,
wo es zur rechten Zeit erschien, sich aller Gemüther auf
eine wunderbare Weise bemächtigte. Es würde diesen un-
günstigen-Umständen auch vielleicht nicht lange widerstehen
können, wenn es nicht etwas in sich trüge, wodurch sich
nach kurzer Zeit die Nachtheile wieder ausgleichen müssen.
Ein unbedeutendes Werk hätte vor sechzehn Jahren Glück
machen können und würde heute gänzlich scheitern; ein so
bedeutendes kann vielleicht des ersten Erfolges mangeln, allein
es kämpft sich nach und nach mächtig durch. Das Element
des wahrhaft Schönen, wodurch dieses bei der Oper Faust
geschehen wird, ist die in jeder Beziehung treffliche Musik.
Sie liegt nicht so auf der Oberfläche, daß sie sogleich von
dem ungeübten Ohr des größeren Publicums aufgefaßt werden sollte, sondern erfodert eine geübte Aufmerksamkeit; aber
schon die wenigen Wiederholungen haben dem Referenten
bewiesen, daß die letzte Vorstellung eine viel richtigere Würdigung derselben erzeugte als die erste.

Diese Bemerkungen mußten wir vorausschicken, ehe wir
auf die nähere Betrachtung des Werkes übergehen konnten;
sehr misverstehen würde man sie aber, wenn man darin ein
verschleiertes Bekenntniß lesen wollte, daß die Oper nicht
gefallen habe. Im Gegentheil, sie ist mit großem Interesse
angehört, oft mit lebhaftem Beifall begrüßt worden; allein
Referent stellt sie so hoch, daß sie ihm eine durchaus entschiedene, glänzende Aufnahme zu verdienen scheint, diese aber
hat sie theils aus den oben angeführten Gründen, theils
aus mehrern anderen, die in der Darstellung selbst liegen
und auf die wir später kommen werden, freilich nicht sogleich gefunden. Wir haben jetzt zuerst von dem Gedicht,
dann von der Musik, endlich von der Darstellung zu reden.

Der Dichter (Bernard) verräth Talent; er ist von sei-

nem reichen wunderbaren Stoff durchdrungen; seine Diction
ist bisweilen sehr werthvoll, eigenthümlich und den wunderlichen Gebilden entsprechend, eben so oft aber freilich auch
lahm, unklar, unmusikalisch. Dies würde dem Erfolg der
Oper (denn in wie wenigen finden wir diese Fehler nicht)
noch keinen Eintrag gethan haben, allein der Dichter hat es
nicht verstanden, das reiche Gemälde zu einem organischen
Ganzen zu concentriren, und dadurch fallen auch die meisten
Charaktere gänzlich auseinander. Der erste Act knüpft eine
Menge von Verhältnissen an, deren Zusammenhang mit einander viel zu lose ist; Goethe's fragmentarische Behandlungsweise (Bernard übersetzt eigentlich dies Gedicht zu einem
Textbuch) hat ihn vielleicht verführt. Er bedachte nicht,
daß der große Dichter die Einheit seines Werkes durch die
Tiefe des Gedankens, durch die erstaunenswerthe Ausprägung desselben in unendlichen Formen aber das fortlaufende
Interesse an jeder einzelnen Zeile zu erhalten weiß. Diese
letztere Pflicht hätte nun hier dem Musiker obgelegen, und
er erfüllt sie auch, kann aber seine Macht nicht weiter ausdehnen als über den Zusammenhang eines einzelnen Stückes
und muß daher seine Sisyphus-Arbeit bei jeder neuen Nummer neu beginnen. Diese Zerstreutheit des Bildes läßt im
ersten Act kein Interesse warm werden. Der zweite fängt
schon an zu ernten von den Keimen, deren Erblühen wir
kaum gesehen haben, und der dritte zertrümmert vollends
Alles, von dem wir uns erst Genuß versprachen. So wird
kein einziger Charakter reif; wir sehen keinen Grund im Faust,
den Bund mit dem Bösen zu schließen, wir sehen keine Frucht
für ihn davon (denn er beginnt mit Qualen), ja wir sehen
am Ende auch keine That, die weder einer so furchtbaren
Bundesgenossenschaft, noch selbst der Katastrophe entspräche.
Auch hier scheint der Dichter der Oper ganz vergessen zu

haben, daß Goethe nach allen Andeutungen seinen Faust durch Irrthum zur Wahrheit, durch die Finsterniß des Unterreichs zu dem des ewigen Lichts zu führen beabsichtigte, leider aber sein Werk gerade im Mittelpunkt des gesteigerten Kunstlebens verläßt. — Wir wenden uns zur Musik. Diese enthält alles das Lobenswerthe, was wir in Spohr's späteren Werken treffen, die weiche, edle Art der Melodien, die reiche Harmonie, wirksame Instrumentirung, in vollkommen so hohem Grade als in irgend einer seiner Arbeiten sonst. Außerdem ist sie aber um Vieles reicher an Mannichfaltigkeit der Erfindung, an Tiefe der Auffassung und, was die Hauptsache ist, die Mängel, die man später an dem Meister beklagen muß, sind hier noch in einem so viel geringeren Grade anzutreffen, daß sie kaum als solche erscheinen. Dahin gehören die vielen vorhaltenden Accorde, die durchgehenden dissonirenden Mittelstimmen, die oft wiederkehrenden ähnlichen harmonischen Wendungen, die zu große Häufung der Harmonie, die eben dadurch wieder monoton wird; freilich ist von allen diesen Mängeln die Spur schon im Faust zu treffen, wären sie aber nicht später zur ausschließlichen Manier geworden, so möchte man sie in diesem ersten Werke kaum als eine Eigenthümlichkeit des Componisten erkennen. Frische und Kraft fehlen im Faust fast nirgend, wo nicht der Stoff gerade das elegische Uebergewicht fodert. Wir wollen unter dem Gelungenen das Vortreffliche herausheben.

Zuerst die Ouvertüre; sie ist an Fluß, Arbeit, Größe des Stils eines der trefflichsten Werke der neueren Zeit und dabei das treue Bild des Stoffs und der Leidenschaften, die er entwickelt. Das Publicum hat sie aber bis jetzt am kühlsten aufgenommen; dies liegt daran, daß dies an sich schon nicht ganz leicht zu fassende Stück durch ein unbezweifelt viel zu rasches Tempo selbst Denen, die es genauer kennen, fast unverständlich wird, indem namentlich die Violinfigur, die den Hauptcharakter des Allegros bildet (sie spukt schauer- lich und wunderbar auch in der Fuge des Adagios) ganz verloren geht; indeß ist die rasche Execution ein Meisterstück der Virtuosität unsers Orchesters. Das nächste Duett zwi- schen Faust und Mephistopheles hat einen höchst eigenthüm- lichen Charakter, es ist meisterhaft gearbeitet. Die darauf folgende Arie des Faust, As dur, wie wir hören neu com- ponirt, hat eine überaus schöne Melodie; das Publicum hat sie jedesmal mit großem Beifall aufgenommen. Das sehr gelungene Trinklied muß viel langsamer, aber mit fröhlicher Behaglichkeit aufgenommen werden. Hätte Spohr ein feu- riges, dithyrambisches gewünscht, er würde es ganz anders gefaßt haben. Das Duett zwischen Faust und Röschen ist sehr melodisch; die Letztere bleibt sich in ihrem Charakter völlig gleich durch die ganze Oper; der Componist hat sie überaus einnehmend gezeichnet. Das Sextett, welches die Hälfte des ersten Actes schließt, ist ein wahrhaft großartiges Stück, geht aber großentheils verloren, da die schöne Partie des Franz vermöge der nicht glücklichen scenischen Einrich- tung fast ganz hinter den Coulissen gesungen wird und auch der erhabene Schluß, als Faust mit seinen Gefährten im Zaubermantel auffährt, im Hintergrunde der Bühne unge- hört verhallt. Wir halten es indeß für unsere Schuldigkeit, die Aufmerksamkeit des Publicums auf dieses herrliche Stück ganz besonders hinzuleiten. Ich sehe, ich muß fast alle Nummern anführen, wenn ich die trefflichen Sachen heraus- heben will. Also nur noch einige Andeutungen. Das Terzett in A moll „Ich kann nicht ruhen" u. s. w. zwischen Röschen, Franz und Mephistopheles ist ein Meisterstück der Auffas- sung wie der Ausführung zu nennen; man höre es ja mit

der größten Aufmerksamkeit, keine Note darin ist unbedeutend und der Effect bei der wirklich trefflichen Execution der
schauerlichen Begleitung durch das Orchester zwar nicht glänzend, aber doch aufs tiefste erschütternd. Im zweiten Act
gehört die Blocksbergscene unter die gedankenreichsten, phantastischen Erfindungen, die im ganzen Gebiet der neueren
Musik vorhanden sind. Allein gegen die Ausführung derselben durch unser Personal hätte ich sehr Vieles zu erinnern,
zuerst ist das Tempo viel zu rasch, so daß man die Violinen wieder gar nicht verstehen kann; zweitens ziehen die
Hexen ihre Aufgabe so sehr ins widerwärtig Gemeine, daß
sie alles Mystische und Schauerliche verliert; endlich stört
auch die zu fratzenhafte Staffage der Scene. Weg mit
dem gräulichen Gethier, den auf Leinwand gemalten Ge-
rippen! Dergleichen kann die Seele des Gebildeten nicht
schauerlich bewegen und die Galerie lacht sogar darüber,
so daß die Stimmung, die zur Auffassung der wunderwürdigen Musik gehört, fast verloren geht. Des meisten Beifalls erfreute sich die glänzende Hochzeitsmusik, wiewol sie
trotz ihrer Verdienste fast so weit unter manchen anderen
Stücken der Oper steht, als das Glänzende überhaupt unter dem Erhabenen und Wunderbaren. Doch eine Stelle
ist von tiefster Bedeutung, die, wo Kunigunde von der Angst
des Frevels ahnungsvoll befallen wird; sie correspondirt höchst
sinnvoll mit der Musik, wo Faust den Zaubertrank nimmt,
der ihn unwiderstehlich macht. Das letzte Finale ist ein sehr
zusammengesetztes und doch außerordentlich klar gehaltenes
Musikstück; es streift nahe an dem Entsetzlichen hin, in dem
Augenblick, wo Faust allein bleibt und verlassen dem furchtbaren
Rächer gegenübersteht. — Die Oper ist zu reich, wir müssen
fast in der Mitte Dessen, was darüber zu sagen wäre, abbrechen;
spätere Aufführungen werden uns wol darauf zurückführen.

Noch einige Bemerkungen über die Darstellung selbst,
außer denen, die oben nothwendig an das Urtheil über die
Musik geknüpft werden mußten. Es thut offenbar dem
Besuch der Oper Schaden, daß kein Ballet darin ist; Referent verlangt dies nie für sich, aber diesmal um ein Kunstwerk äußerlich zu erhalten, das ein Stolz Deutschlands sein
muß. Dies ließe sich sehr leicht ohne Störung zwischen dem
Hochzeitschor in Es dur und dem Recitativ, welches Faust's
Eintritt in den Saal bezeichnet, einlegen. Statt dessen
müßte die Arie Kunigundens, welche man höchst unzweckmäßig
eingelegt hat, zurückbleiben; denn jetzt treffen an dieser Stelle
drei Arien hinter einander zusammen. — Die Hexenchöre
müssen mehr schwirrend, schauerlich geisterhaft, als gemein
plappernd und schreiend vorgetragen werden. Die Decorationen am Schluß des ersten und dritten Actes sind ohne
allen Effect; will man dergleichen darstellen, so müssen sie
auch eine Wirkung thun, wie z. B. in der Stummen von
Portici, sonst laufen sie Gefahr, ins Lächerliche zu gerathen.
Dagegen ist der Blocksberg, bis auf das Gerügte, vortrefflich; ebenso die Domkirche zu Aachen. — Die Darsteller,
das Orchester, ja selbst die Chöre, bewiesen den größten
Fleiß und Eifer. Herrn Devrient gebührt aber seine wahrhaft meisterhafte Leistung in Spiel und Gesang die Krone;
Mme. Schulz verschleppte, in den ersten Darstellungen besonders, das Tempo auf fast unerträgliche Weise und ver-
fehlte überhaupt die eblere Haltung der Rolle. Dagegen
war sie als Bravoursängerin erstaunenswerth. Herr Hoffmann konnte der so schönen Rolle durchaus keine Seele ein-
hauchen. Fräulein v. Schätzel erschien überall angenehm,
Herr Bader feurig, edel, würdig. Herr Zschiesche hat die
schwierigste Aufgabe, sie ist kaum zu lösen; er leistete höchst
Achtbares. — Wir zweifeln nicht, daß es nur einer kurzen

Zeit und noch einiger fleißigen, verbesserten Aufführungen
bedürfen wird, um auch das größere Publicum ganz in die
Trefflichkeit des Kunstwerks, musikalisch unbedingt das reichste,
was seit dem Fidelio auf der Bühne erschienen, einzu-
weihen. *)

Ueberſicht des Jahres.

An der Spitze der musikalischen Erscheinungen dieses Jahres in
Berlin glänzte (wie die mitgetheilten Beurtheilungen zeigen) Paganini
im Virtuosenthum, Nanette Schechner bei ihrer zweiten Anwesenheit in Berlin in den Rollen der Emeline, Agathe, Rezia, Elvira,
Leonore, Vestalin, Iphigenia. Unter den heimischen Künstlerinnen
zeichnete sich Fräulein v. Schätzel durch immer bedeutender wer-
dende Leistungen aus. Herr Hoffmann, damals der Bühne als Tenor angehörig (jetzt Führer des Prager Theaters), machte weniger
Glück. An Gästen von Ruf nennen wir Mme. Fink, Herrn Reichel

---

*) Dahin ist es leider nicht gekommen. Man ließ die Oper
unverzeihlicher Weise liegen. Nach vielen Jahren (1843) brachte
Meyerbeer, der sich der deutschen Oper in Berlin während seiner
vorübergehenden Thätigkeit als Generalmusikdirector überhaupt lebhaft annahm, dieselbe nochmals, aufs sorgfältigste besetzt und einstudirt, zur Darstellung, allein nach wenigen Vorstellungen ver-
schwand sie ebenfalls wieder von der Bühne. War ihre Zeit vorüber? Oder war die des Publicums noch nicht gekommen? Wir
lassen es dahingestellt sein. Allein das bleibt gewiß, ein tiefes,
schweres, unverantwortliches Unrecht ist dem großen Werk unsers
deutschen Meisters, welches seine Individualität am schärfsten und
reichsten ausspricht, dadurch in unserer Vaterstadt, die von so über-
wiegendem Einfluß für das Schicksal einer dramatischen Arbeit ist,
geschehen, daß man es nicht zu seiner Zeit pflegte — ja nicht einmal beachtete. Dieses Unrecht fällt auf Einen, den ich nicht nennen will, der aber überhaupt der deutschen Kunst die tiefsten Wunden geschlagen, nachdem sich deutsches Blut die Freiheit des Vaterlandes und somit den Boden zu den herrlichsten Kunstblüten er-
kämpft hatte.

und den berühmten Bassisten Weimars, Stromeyer. — Im Virtuosenthum traten an heimischen Künstlern vorzugsweise auf Herr
Hubert Ries (jetziger Concertmeister), Wilhelm Taubert (Schüler
Ludwig Berger's), jetziger Capellmeister; Herr Schmidt, ein trefflicher Flötist, später durch viele Ballet- und Entreact-Compositio-
nen ausgezeichnet, doch früh verstorben, und Dlle. Reinecke, eine
junge Pianistin. Von fremden Künstlern nennen wir nur einen
einzigen Namen, Sigismund Praun, der das übel ausgeschlagene
Wagstück unternahm, sich mit Paganini messen zu wollen, gleichen
Preis wie dieser foderte und durch Charlatans-Anzeigen (die wol
von den Führern des sehr jugendlichen Künstlers ausgingen) das
Publicum zu täuschen suchte. Ohne diese unwürdigen Hülfsmittel
hätte er Achtung gewonnen, denn er besaß ein schönes, ein seltenes
Talent, doch freilich nur eine Pygmäen-Leistung gegen Paganini's
colossale Wunder. Er ist, unsers Wissens, sehr früh verstorben. —
An bedeutenden Aufführungen in der Opernwelt nennen wir zuvörderst die Stumme von Portici in ihrer ersten Darstellung.
(Das Urtheil darüber, das ich anfänglich mittheilen wollte, habe
ich hier ausgelassen, weil die äußerste Beschränkung nothwendig
ist und die Urtheile über Werke in einer nicht musikalischen Zeit-
schrift fast alle nur zu flüchtig skizzirt sind. Nur in seltenen Fällen
habe ich ausnahmsweise eins mitgetheilt, hauptsächlich um an Werke,
die durch Umstände zu früh für ihre Verdienstlichkeit beseitigt worden,
zu erinnern.) Ferner die Abenceragen, Agnes von Hohenstaufen
(in neuer Bearbeitung), Spohr's Faust, zum ersten Male in Berlin
(s. die Beurtheilung) und Auber's Braut. — In der Gattung
des Oratoriums war Bach's Passionsmusik, nach hundertjährigem
Schlummer durch den Eifer Eduard Devrient's und Felix Mendelssohn's ins Leben zurückgerufen (Zelter hütete bis dahin den
Schatz und ließ ihn nicht aus seinem Hause), unbedingt die bedeutendste (vergl. die Beurtheilung). Wir hörten außerdem die
Schöpfung, den Messias, Jephta und Samson von Händel; letztere
Aufführung ist bemerkenswerth dadurch, daß Herr Mantius, der
später so berühmte Sänger, den Samson sang. Erst im folgenden Jahre betrat er als Tamino zum ersten Male die Bühne. —
Endlich brachte Herr Julius Schneider, jetziger Musikdirector, eine
Cantate seiner Arbeit „die Würde der Töne" in der Garnison-
kirche zur Aufführung.

Jahr 1830.

Concert. — Theater.

Herr Möser beschloß den Kranz musikalischer Genüsse, den er uns das Jahr hindurch gewunden, durch zwei wahre Prachtblüten aus dem Garten der Musik. Wenn ich Mozart in ihrem Reiche den König des Tages, Beethoven den König der Nacht nennen wollte, so fiele mir zwar bei diesem Vergleich der andere, seine Sinfonia eroica eine Königin der Nacht zu nennen, ohne Mühe in die Hand, aber das vierte Glied der Proportion, nämlich das Symbol für Mozart's Sinfonie in G moll bliebe weg. Ich muß daher auf diesen sonst nicht ganz gering von mir geschätzten Gedanken verzichten und vergleiche dafür beide Sinfonien mit zwei Prachtdenksäulen, die die Meister ihrem eignen Ruhm aufgerichtet haben, wie Alexander seine zwölf colossalen Altäre zu Denksteinen seiner Züge nach Indien machte. Ungefähr wie die Copula „und" zwischen Mozart und Beethoven stellte sich zwischen Beider Sinfonien eine Ouvertüre von Lindpaintner, die gewiß alles Verdienst hat, aber es nur nicht vertragen kann, als kleiner Planet mitten in den Lichtfocus zweier Centralsonnen zu treten und doch dabei zu glänzen. Das ewige Feuer dieser Firsterne der Musik hatte die Ausführenden mächtig durchdrungen und ihr Enthusiasmus drang daher ebenso mächtig in die Seele der Hörer ein. Das Orchester erfocht einen glänzenden Sieg und das Publicum, gewissermaßen das Volk, für welches

gesiegt worden, theilte dieses kunstvaterländische Gefühl der
entzündeten Begeisterung. Bei einer solchen Schlacht von
Arbela und Gaugamela, bei einer so glänzenden Beendigung
eines ganzen rühmlichen Winterfeldzuges wollen wir nicht
darnach fragen, ob einige Leute übel dabei zu Pferde ge-
sessen, oder das Gewehr nicht nach allen Regeln taktischer
Schönheit getragen haben. Genug, der Abend setzte den
musikalischen Denkwürdigkeiten des Jahres die Krone auf
und wir bieten sie Herrn Möser dar, der sie als rühmlicher
Feldherr| mit mancher Gefahr und Anstrengung erworben
hat. — Ueber die Kluft zwischen dem alten und neuen Jahre
hinüber, in welcher der breite Strom der Hoffnungen, Erinnerungen und Wünsche dahinzieht, schlagen wir jetzt unsern
kritischen Brückenbogen und machen Halt am Opernhause,
um den H a u s i r e r zu hören. Seit länger als anderthalb
Jahren haben wir dies in so mancher Beziehung höchst erfreuliche Werk keines kritischen Blicks, nicht einmal eines
Seitenblicks gewürdigt und tadelten uns deshalb sehr. Wie
aber das Neujahr gute Vorsätze erzeugt, so brachten wir
auch sogleich einen derselben in Ausführung, indem wir die
angenehme Oper besuchten. Sie gehört nicht zu den Erscheinungen, welche in irgend einer Art, sei es durch falschen
Schimmer, oder durch wahre Größe Aufsehen erregen; allein
sie ist überall willkommen, denn überall zeigen sich Talent,
Verstand und Fleiß. Und wie uns der gebildete Gesellschaf-
ter, der sich mit Leichtigkeit in allen Formen des Gesprächs
bewegt, auf die Dauer lieber ist und täglich lieber wird, als
der gelehrte Pedant, der uns wol eine Zeit lang unterrich-
ten kann, bald aber langweilt, oder der formengewandte Geck,
der, weil er eben aus Paris oder London kommt, artig über
Manches zu schwatzen weiß aber doch bald seine innere
Leere selbst enthüllen muß —, so findet auch diese Oper

nach und nach immer mehr Freunde und nicht blos unter Denen, die den Verfasser (Onslow) bereits aus seinen ziemlich in ähnlicher Sphäre schwebenden Instrumentalcompositionen kennen gelernt haben. Auch der gewählte Stoff hat Interesse und in den ersten Acten bei anziehenden Charakteren eine rasche Verwickelung und Fortschreitung, wenngleich im dritten das Interesse vorzüglich deshalb fällt, weil wir eine kühne Unternehmung und Verschwörung gegen eine Macht gerichtet finden, die gar nicht zum Vorschein kommt, uns also auch nicht eben beunruhigen kann. Wie hübsch die Oper gegeben wird, wie gut die Herren Stümer, Bader, Devrient und Schneider ihre Plätze ausfüllen, wie angenehm die Erscheinung Fräulein v. Schätzel's als Mina ist (wäre nur von den Worten etwas mehr zu verstehen gewesen, so wüßte ich wenig über ihren Gesang), das sind Dinge, die man dem Publicum nicht als Neujahrsneuigkeiten aufzutischen braucht.

Concert.

Dlle. Sontag.

Berlin, 9. März.

Selten ist wol ein Concert mit einer gespannteren Erwartung und mit Empfindungen, die dem unbefangenen Kunsturtheil störender sind, besucht worden, als das, in welchem Dlle. Sontag sich vorgestern nach ihrer Rückkehr aus Paris zum ersten Male öffentlich hören ließ. Eine so allgemeine Stimmung des Publicums, die sich in so viele Fragen, die der eigentlichen Kunst fremd sind, spaltete, läßt sich von keinem einzelnen Individuum ganz entfernen. So aufrichtig der Referent sich daher Mühe gegeben hat, die liebliche Kunsterscheinung rein für sich, ohne alle fremdartige

Eindrücke zu beobachten, so möchte er doch nicht behaupten, daß ihm dieses vollkommen gelungen sei. Die eine, wichtigste Frage, ob die treffliche Sängerin in der Dauer ihrer Abwesenheit gewonnen oder verloren habe, läßt sich gleichfalls nach einer einzelnen Concertleistung sehr schwer entscheiden, theils weil die großen dramatischen Darstellungen der Künstlerin dem Referenten als ihre letzten noch immer gegenwärtig sind und der Concertgesang durchaus nicht mit jenen Wirkungen verglichen werden kann, theils weil selbst die lebhafteste Erinnerung an einzelne Eigenschaften z. B. Stärke und Klang der Stimme, Fertigkeit u. s. w. nach so langer Zeit nicht mehr scharf genug zum vergleichenden Maßstabe sein dürften; endlich weil die besondere Disposition, die auf jeden Künstler wirkt, am meisten aber auf die Leistungen der Singstimme es überhaupt unzulässig macht, nach einem einmaligen Hören mit Bestimmtheit zu urtheilen. Wie es indeß dem Referenten scheint, so hätten sich die Eigenschaften der Sängerin folgendermaßen modificirt. Die Stimme hat an Tiefe gewonnen, dagegen an leichtem Ansprechen der Höhe, wie an Metall überhaupt, vielleicht ein wenig verloren; die Biegsamkeit derselben dürfte indeß noch größer geworden sein, doch leistete die Künstlerin in dieser Beziehung auch damals stets so Außerordentliches, daß man jedesmal glaubte, sie habe sich selbst übertroffen. Nur eine Eigenschaft vermißten wir, in der man Dlle. Sontag sonst vielleicht als das höchste Muster empfehlen konnte, die Bestimmtheit und Deutlichkeit der Aussprache. Die lange Entwöhnung von der Muttersprache kann darauf einen Einfluß gehabt haben, den jedoch eine so große Künstlerin nur zu bemerken braucht, um ihn gänzlich verschwinden zu lassen. Möchte indeß die Sängerin gegen früher gewonnen oder verloren haben, so bleibt immer gewiß, daß sie als die gebildetste Meisterin ihrer

Kunst, als diejenige dasteht, die das Maß ihrer Mittel durch das fleißigste Studium zur höchst möglichen Wirksamkeit gesteigert hat. Die Behandlung ihrer durchaus nicht überall leicht ansprechenden Stimme hat sie zur höchsten Vollkommenheit gebracht und dabei die tiefere Charakteristik des Vortrags nicht vernachlässigt. Von dieser großen Vielseitigkeit, wir möchten fast sagen Allseitigkeit, gab schon die Wahl der Stücke, die sie vortrug, einen Beweis. Inmitten zweier italienischer Arietten, die die ganze Stärke ihrer Geläufigkeit nach dem heutigen Zeitgeschmack entwickelten, trug sie zwei eigenthümlich deutsche Compositionen vor, wofür wir ihr besonderen Dank wissen. Mit welcher höheren Virtuosität als der der Geläufigkeit sie in solchen Stücken den Vortrag im Ganzen zu schattiren weiß, wie sie die Einsicht in die Composition, mit den Mitteln die beabsichtigte Wirkung zu erregen, in Uebereinstimmung bringt, bei dem Gleichartigen Monotonie vermeidet, das dem Gesange nicht Günstige reizend zu verschmelzen weiß — darin muß Jeder, der die schönere Bedeutung der Kunst empfindet und dem Studium derselben einige Mühe gewidmet hat, ihr den vollsten Preis der Anerkennung zollen. Zugleich, um etwas Technisches zu berühren, entwickelt die Künstlerin in Compositionen dieser Gattung eine Kunst des Portamento (z. B. bei dem Uebergang in der Arie der Donna Anna in das wiederkehrende Thema), eine Oekonomie und Geschicklichkeit des Athems, die vielleicht noch unübertroffen ist. So konnte es denn auch nicht fehlen, daß die Sängerin, wie immer, sich den lebhaftesten Beifall der wirklichen Hörer erwarb.

Königliches Theater.

Dlle. Sontag: Desdemona.

Berlin, im März.

Durch das Auftreten der Dlle. Sontag als Desdemona in Othello wurde der lebhafte Wunsch aller Freunde
der Kunst in dieser Stadt erfüllt. Ein glänzender, ja stürmischer Empfang beim ersten Erscheinen der Künstlerin bewies ihr, daß man die trefflichen dramatischen Leistungen derselben ganz mit der früheren Freude, dem alten Vertrauen aufnehmen würde. Der Erfolg entsprach der Erwartung. — Wo uns Kunsterscheinungen begegnen, die nach
so vielen Seiten so befriedigen, da scheint die beste und rich-
tigste Beurtheilung die, sich von dem schönen Ganzen, von
der hinreißenden Wirkung desselben so durchbringen zu lassen,
daß man die Sonderung des Einzelnen vergessen, wenigstens
gern entbehren mag. Es ist nichts leichter, und Niemand
thue sich darauf etwas zu Gute, als im Genuß des Schönsten die sterblichen Mängel, die irdischen Unvollkommenheiten
jeder Ausführung zu bemerken; aber gewiß darf man Den
einer äußerst untergeordneten Empfänglichkeit beschuldigen,
der ein Gewicht darauf legt, der sich nicht zu einer so warmen Begeisterung erheben kann, daß er die Einwendungen
seines Kunstverstandes gegen sein Kunstgefühl unwillig von
sich stieße. Wer hätte an einem heitern, sonnigen Frühlings-
tage die Wolken gezählt, die sparsam unter dem reinen
Himmel dahin schwebten? In dieser Weise war die vortreffliche Leistung unserer Darstellung zu genießen. Edel,
von einem tiefergreifenden Ausdruck der Wehmuth sanft
überschattet, war die äußere Erscheinung der Künstlerin, ihre
Haltung, Darstellung, Bewegung ganz dem Charakter entsprechend. In dem leidenschaftlichsten Moment behielt sie
Würde und Anmuth. Die Geläufigkeit ihrer Stimme ist

eine zu allgemein anerkannte Eigenschaft der Sängerin und
kann von Jedem zu leicht bemerkt werden, als daß wir hier
darauf aufmerksam zu machen hätten. Weniger allgemein
möchte man die höhere Virtuosität an ihr beurtheilen können,
mit der sie ganze musikalische Perioden zu schattiren, abzu-
runden, oft mit hinreißender Kraft allmälig zur höchsten
Höhe der Wirkung zu steigern vermag. Dies ist die wahre
Kunst des rein musikalischen Vortrags, die um so höher an
der Sängerin zu schätzen ist, als sie nicht nur den meisten
jetzigen Sängern, sondern auch den Virtuosen im Allgemeinen verloren gegangen zu sein scheint. Noch höher aber
steigen Kunst und Wirkung derselben, wo der Vortrag aus
dem rein musikalischen in den leidenschaftlichsten dramatischen
übergeht. Der Schluß des ersten Finales, noch mehr aber
der des zweiten, thaten dies in höchster Kraft; es gibt gewiß wenige theatralische Wirkungen, die sich dieser vergleichen
lassen. Dennoch steigerte die Künstlerin die Macht des Ausdrucks, wenigstens für Diejenigen, die das tiefer Empfundene
gegen das glänzender Erscheinende richtig zu würdigen wissen,
im dritten Act durch den plastisch und musikalisch unvergleichlich schönen Vortrag der Romanze. Hier allein hatte
Dlle. Sontag den unvermeidlichen Vergleich mit einer Geg-
nerin auszuhalten, die ihr gefährlich werden könnte, nämlich
mit sich selbst; das Bild, was sie uns vor zwei Jahren von
dieser Scene hingestellt hatte, mußte bis in seine kleinsten
Züge so unvergeßlich sein, daß es uns auch bei dieser Darstellung fortwährend begleitete. Wenn uns aber Manches
damals schöner erschienen ist, wenn wir ungern den kleinsten Zug der Schattirung des Ganzen vermißten und das
Neuere uns dagegen fremdartiger berührte (namentlich ist
uns die Künstlerin in ihrem stummen Spiel von damals,
während der Gondoliere sein melancholisches Liedchen singt,

unvergeßlich), so wollen wir damit durchaus nicht gesagt haben, daß das Jetzige wirklich minder schön sei. Aber es ist die Natur schöner Kunstleistungen, unserer Erinnerung so lieb zu werden, daß wir jede Abweichung, und wäre sie eine Verschönerung, wenigstens anfangs ungern aufnehmen und uns nach Dem sehnen, was uns durch den langbewahrten Eindruck so lieb geworden ist. — Daß so außerordentliche Leistungen den lauten Enthusiasmus Vieler, den tiefsten Eindruck bei Allen hervorbrachten, bedarf kaum der Erwähnung. Die Künstlerin wurde zweimal gerufen und bei ihrem zweiten Erscheinen fehlte es nicht an Blumen, die man ihr in sinnbildlicher Verehrung ihres schönen Talents streute. Gern hätten wir nach so langer Zeit einige Worte von ihr gehört, doch zwang sie auch vielleicht der laute Enthusiasmus stumm zu bleiben. — Wenn wir der trefflichen Darstellungen der Herren Baber und Devrient hier nicht ausführlicher Erwähnung thun, so hält uns nur die Beschränkung des Raums davon ab.

Concert. — Theater.
Gebrüder Eichhorn.

Aus dem Bericht über ein Concert der Dlle. Hoffmann heben wir folgende Stelle heraus: Die kleinen Violinisten Gebrüder Eichhorn, besonders der Aeltere, erregten durch ihr für ihre Jahre so höchst ausgezeichnetes Spiel, das sich beinahe einer vollkommenen Reinheit rühmen darf, allgemeinen Beifall. *)

---

*) Damals erschienen diese Brüder, 6 und 8 Jahre alt, bei uns zum ersten Male in der Oeffentlichkeit und versprachen Außerordentliches. Wenige Jahre später gab der Aelteste schon in der That Meisterhaftes. Doch wo sind sie geblieben? Ihr Name ist seit Jahren verschollen!

Theater.

Weiße Dame: Dlle. Sontag.

Die Vorstellung von Boyeldieu's Dame von Avenel gewann durch das Auftreten der Dlle. Henriette Sontag als Anna und der Dlle. Nina Sontag als Pächterin ein zwiefaches Interesse. So oft wir diese Oper hier unter mannichfachen, sehr anziehenden Verhältnissen gehört haben, so oft Dlle. Sontag selbst in der Partie der Anna aufgetreten ist, so hatte dies doch die Theilnahme des Publicums nicht vermindern können. Das Haus war überfüllt. Dlle. Nina Sontag hat zum hauptsächlichsten Gegner ihren Namen, da das Publicum sich gewöhnt hat, daran den Gedanken einer außerordentlichen Erscheinung zu knüpfen, und sich daher mit einem angenehmen Talent nicht genügen lassen will. Indeß muß das billige Urtheil der jungen Sängerin die Gerechtigkeit widerfahren lassen, daß sie auf die Ausbildung ihrer Mittel mehr verständigen Fleiß gewendet hat, als manche viel glücklicher begabte Sängerin, und daß, wenn nur die sehr natürliche Befangenheit derselben sich erst vermindert, gewiß auch Stärke und Klang ihrer Stimme gewinnen wird. Sie sang und spielte die kleine Partie mit Anmuth und Fleiß und besonders verdient das Duett mit Georg einer lobenswerthen Erwähnung; eine Meinung, die der Beifall des Publicums bestätigte. Wir zweifeln nicht, daß die junge Künstlerin sich für die Operette, der ein kleineres Haus zusagt, sehr angenehm ausbilden kann. Wie ungerecht erscheint aber die roh manifestirte Opposition, die sich bei einer anspruchslosen Rolle, die wir niemals besser besetzt gesehen, geltend macht, zumal da man ihr anmerkt, daß nicht der Kunsteifer sie veranlaßte! Dlle. Henriette

7*

Sontag entwickelte als Anna ganz das anmuthige, liebenswür-
dige Spiel, das uns schon auf der Bühne der Königsstadt
so oft erfreut hat. Der Ausdruck ihres Gesangs ist überall der Composition entsprechend. So trug sie das erste
Terzett vortrefflich und das Recitativ in der Erscheinungs-
scene als Meisterin vor. Das Duett darauf, ein so belieb-
tes Stück es für das Publicum ist, hat dem Referenten
niemals, weder von Seiten des Dichters noch des Componisten, gefallen wollen. Die romantische, in der That wunderwürdig gedachte Situation des Wiederfindens zweier Liebenden, unter solchen Umständen, wird dadurch plötzlich fast
ins Frivole hinabgezogen; keine Sängerin der Welt kann
diesen Fehler ganz verbessern. Es entsteht die Frage, ob
man, wie eine andere große Künstlerin versuchte, denselben
mildern, oder ihm andere, nicht dem Ganzen des Stücks
angehörige Vortheile abgewinnen soll. Dlle. Sontag schlägt,
ihrer Individualität und Gesangskunst entsprechend, den letztern Weg ein und verwandelt das Duett in ein Concert-
stück, in welchem sie die außerordentlichste Geläufigkeit und
Gewandtheit ihres Organs geltend macht. Aus diesem
Standpunkte betrachtet, können wir auch das Da capo gut
heißen, welches uns, wo es den Fortgang der dramatischen
Entwickelung zerreißt, immer störend berührt und den beschränkten Kunstsinn bekundet, der nur Einzelnes, nicht das
Ganze im Zusammenhange auffaßt. Im dritten Act hatte
die Sängerin zwar nicht eine dem Charakter der Rolle eben
entsprechende, aber doch äußerst brillante Arie von C. Blum,
die sehr pikant instrumentirt war, eingelegt. Dies ist ein
eingebürgertes Vorrecht jeder Sängerin, das wir am wenigsten bestreiten wollen, wenn es in so erfreulicher Weise geltend
gemacht wird. Dlle. Sontag entwickelte (sie war überdies
vorzüglich bei Stimme) eine Kunstfertigkeit, über die wir,

so oft wir sie hören, immer neu erstaunen, wie über Paga=
nini's stets aufs neue unbegreifliche Leistungen. Ein ab=
steigender, etwas zurückgehaltener Lauf durch die chromati=
sche Tonleiter war ein Juwel der Ausführung zu nennen.
Indeß, so vielen Glanz und innern Werth diese Darstellung
der Künstlerin auch hat, so können wir doch über eine Klei=
nigkeit, über den Rahmen, in den sie das anmuthige Bild
faßt, nicht ganz einig sein. Referent geht mit einigem Za=
gen ins Gefecht, denn es betrifft eine Toilettendiscussion und
er bindet mit einer Dame an, die noch kürzer als Cäsar
berichten kann: veni, vici, indem sie das vidi dem Gegner
überläßt. Dennoch aber kann er weder dem ersten Anzug,
der ihm für die anspruchslose Waise, für den einfach be=
scheidenen Charakter Anna's zu prächtig erscheint, noch dem
zweiten, der ihm auch rein ästhetisch nicht zusagt, seinen
Beifall schenken. Es ist schwer, über das Costüm eines
Geistes zu entscheiden, da die Originale zu selten sind; nach
Stilling's Theorie der Geisterkunde, der zufolge die Abgeschie=
denen stets in der Tracht, die ihnen im Leben gewöhnlich
war, wiederkehren, hätte Dlle. Sontag sogar Recht, dennoch
würde Referent eine weiße verschleierte Gestalt ohne jenen
alterthümlichen Kopfputz eher für einen Geist halten, wenig=
stens einen solchen lieber sehen, als einen im Costüm der
Dlle. Sontag. Indeß die anmuthige Künstlerin hat viel=
leicht den gelungenen Versuch machen wollen, ob sie, selbst
wenn sie sich eines großen Theiles ihrer Reize durch die
Tracht, besonders die weiße Stirnbedeckung beraubt, noch
auf ihre Macht vertrauen könne.

Königliches Theater.

Semiramis: Dlle. Sontag.

Die erste Aufführung der Semiramis vor überfülltem
Hause war eine derjenigen, die Epoche in der Geschichte
unsers Theaters machen müssen. Wir wollen nach einmaligem Hören nicht ausführlich über die Musik berichten, in
der Rossini uns, wie überall, mit großem Talent, aber eben
so großem Misbrauch desselben erschienen ist, noch haben
wir heute Raum, uns auf eine Analyse des Dramas einzulassen; allein einen solchen Triumph der ausführenden
Kunst, wie die Darstellerin der Semiramis ihn gefeiert, können
wir nicht mit Stillschweigen übergehen. Nicht daß wir durch
andere Darstellungen dieser großen Künstlerin nicht vielleicht
tiefer bewegt, inniger erwärmt worden wären, uns der Leistung vertrauter angeschlossen hätten; aber einen solchen Reichthum der schönsten Kunstmittel, däucht uns, habe dieselbe
noch in keiner Rolle, selbst nicht in der der Desdemona zu
entfalten Gelegenheit gehabt. Möchten wir daher diese Darstellung auch nicht unbedingt ihre höchste nennen, so ist sie
doch außer Zweifel die glänzendste und lehrt die Künstlerin
von den vielfachsten Seiten kennen. Zu einer wahrhaft tiefen Wirkung gehört, daß das Kunstwerk mitwirke, daß die
Leistung nicht in stetem Kampf mit der Aufgabe stehe, sondern von ihr unterstützt werde. Insofern diese nun eine
reine Gesangsaufgabe ist, so findet diese Mitwirkung hier
im höchsten Grade statt. Freilich aber, was die dramatische
Verknüpfung der Begebenheiten, aus denen sich der Charakter gestalten und in großen Verhältnissen entwickeln soll,
anlangt, was die Wahrheit der musikalischen Auffassung betrifft, die, aus dem Innersten des Gemüths entsprungen,
auch dieses wiederum betrifft, so sind der Darstellerin hier

eher Hinderniſſe in den Weg gelegt, als Hülfsmittel dargeboten und ſie hätte nicht Urſache, dem Dichter oder Muſiker
ſonderlich dankbar zu ſein. Deſſenungeachtet bleiben die
großen idealen Verhältniſſe jeder heroiſchen Oper, ſelbſt bei
mangelhafter Verknüpfung, geeignet, die Seele des Hörers
mächtig zu ergreifen. Denn es handelt ſich um die gewal-
tigſten Geſchicke, um die glühendſten Leidenſchaften der menſchlichen Bruſt. Das Loos einer Liebenden rührt uns, das
einer liebenden Königin adelt dieſe Rührung durch Erhebung
in ein höheres Gebiet menſchlicher Verhältniſſe; wo uns aber
gar eine von allem Glanz der Mythe und Sage, von allen
Wundern der Vorwelt umſtrahlte Herrſcherin Semiramis,
auf Babylons Thron, vorgeführt wird, da vergeſſen wir
über die Würde des Stoffs leicht den Mangel der Bildung
deſſelben, zumal wenn er von den wunderbaren Schwingen
der Muſik ſo in das Gebiet des Ideals getragen wird, daß
wir die alltäglichen Foderungen daran vorweg aufgeben.
Darum erſchüttert uns Etwas in den Verbrechen, Leiden
und Schmerzen dieſer Königin, das, der Macht des Dichters
fremd, ſeine Gewalt über uns aus höherer Vollmacht übt.
Und darum mußte, ſo beladen von ſinnlichem, leerem Prunk
das Ganze dieſes Kunſtwerks iſt, doch der Künſtlerin Etwas
zu Hülfe kommen, das die Wirkung zum Außerordentlichen
ſteigerte. Aber wie edle, ſchöne Kunſtblüten pflanzte ſie auf
dieſen Boden, die ſie aus der Kraft ihrer eignen Mittel erzeugte! Welch ein Adel der Recitative, welche leichte Anmuth des melodiſchen Geſanges, welche ſchöne Wärme des
Ausdrucks in der Freude und Liebe, bei tiefer Innigkeit der
Schmerzen und Klagen, bei der erhabenen Darſtellung königlicher Herrſcherkraft, bei den heftigſten Erſchütterungen
des Furchtbaren! — Wir übergehen das Einzelne, denn
Alles verſchmolz ſich ſo ſchön zum Ganzen, daß wir nur

die Wahl hätten, Alles hervorzuheben, oder Nichts bestimmt
zu bezeichnen. Ungesagt darf es jedoch nicht bleiben, wie
das überaus schöne Spiel der Künstlerin besonders auch
durch so schöne, natürliche, doch auf das bestimmteste aus-
drucksvolle Stellungen gehoben wurde, daß der plastische
Künstler sie zum Bilde festzuhalten wünschen mußte. —
Der belebende Geist der Künstlerin hatte auch in fremden
Gärten Früchte getragen, denn wir sahen Dlle. Hoffmann
durch ihren Unterricht wie verwandelt. Eine solche Führerin
länger und diese junge Sängerin würde auf eine Höhe der
Kunst (so weit diese lehrend sich mittheilen läßt) geführt
werden, zu der sie allein die Bahn schwerlich finden dürfte.
Sie war, bedingt genommen, ausgezeichnet; ein lebhafter
Beifall erkannte dies an. — Wir verschieben es bis zur
nahen Wiederholung der Oper, leider wie wir hören, der
letzten, noch über vieles Andere, das nicht unberührt bleiben
darf, zu sprechen. Der Beifall, den das Publicum den Leistungen der Dlle. Sontag schenkte, war der Ausbruch der
wahrhaftesten Huldigung ihres bewundernswürdigen Talents.

Dasselbe Theater.

Henriette Sontag's Abschied von der Bühne.

Die dritte Vorstellung der Oper Semiramis war die
letzte, in welcher Dlle. Sontag, die jetzt bereits unsere Stadt
verlassen hat, auftrat. Ihr gehörte die Theilnahme des
Publicums fast ausschließlich, ihr mögen heut unsere Worte
gehören. Die größere Spannung und Erhebung, die jeder
feierliche Augenblick unsern Kräften gibt, schien auch auf
das reiche Talent der Künstlerin zu wirken und sie zu einer,
selbst unter ihren ungewöhnlichen, nochmals ungewöhnlichen

Darstellung zu begeistern. Die ganze Auffassung und Durch=
führung ihrer Rolle gleicht einem schönen Strom mit reichen
Ufern, der uns von seinem Quell bis zur Mündung immer
neue Reize entwickelt. Weilen wir am liebsten, wo er heiter
und klar entspringt, wo er still durch fruchtbare Auen zieht,
oder wo er den schäumenden Wasserfall bildet und sich zwi=
schen düstern Felsen schwarz hindurch windet, bis er sich breit
und prächtig in das ewige Meer stürzt? Jeder Anblick
hat seine Reize, ihr Wechsel erhöht sie, keinem ist der aus=
schließliche Vorzug zu geben, oder wenigstens läßt sich kein
Gesetz darüber feststellen, sondern es entscheidet besondere
Neigung und Vorliebe. Doch sind dem Berichterstatter
einige Stellen immer neu als die ergreifendsten erschienen
und haben ihm das unvergeßliche Bild hinterlassen. Im
ersten Act ist es zuvörderst die glänzende Herrschermacht,
mit der Semiramis vom Throne herab dem Volke ihre Ent=
schlüsse verkündet, und dann die durch den Ausdruck des
Schreckens so großartige Darstellung des Finales. Im zwei=
ten erreicht die Herrscherin ihre größte Hoheit, in dem Duett
mit Oroes; dagegen offenbart sich das zerrissene, reuige Ge=
müth der Schuldigen am ergreifendsten in der darauf folgen=
den Scene, wo die frevelbeladene Mutter dem zum Richter
geweihten aber liebend vergebenden Sohn gegenübersteht.
Diese Scene, namentlich die Stelle, wo sie, sich reuig hin=
gebend, selbst den Sohn auffodert, die Strafe zu vollführen,
stellt die Künstlerin mimisch und plastisch unübertrefflich schön
dar und weiß zugleich die zerreißendsten Laute des Schmer=
zes mit den süßesten Klängen der Liebe und Rührung so
seelenvoll zu mischen, daß sie hier den Gipfel ihrer Kunst
zu erreichen scheint. Und dennoch vermag sie durch ihre
schauerliche Darstellung die Scene in der Gruft wenigstens
auf dieselbe Höhe zu erheben. Ein fortwährender lauter

7**

Beifall, oder jener höhere, der sich in der ängstlichen Spannung der Brust, die alle Hörer beherrscht und die tiefste
Grabesstille erzeugt, kundgibt, zeugte davon, mit welcher
Macht die Kunst jedes Herz durchdrang. Mit einer Art
von Zagen sah man dem Schluß entgegen, wo uns dieser
ergreifende Gesang vielleicht für immer verstummen, die schöne
Darstellerin für immer von dem Schauplatze ihres mächtigen Wirkens verschwinden sollte. Der Vorhang fiel. Man
wollte ihr noch einmal die ganze Begeisterung zeigen, die
ihr Talent entzündet hat. Ein unbeschreiblicher Beifall ertönte und begleitete den tausendfach gerufenen Namen der
Sängerin. Der Vorhang erhob sich wieder, sie stand vor
uns, ein Regen von Blumen und Gedichten überschüttete
sie. Erst nach langer Pause sprach sie einige dankende Worte,
aus denen wir am liebsten die Andeutung auffaßten, daß es
nicht das letzte Mal sein möchte, wo uns die Künstlerin sich
zeigt. Sie wollte abtreten. Da erschien Herr Baber mit
einem Kranz in der Hand und richtete im Namen der Muse
des Gesanges einige Worte an sie, während zugleich von
der andern Seite Mme. Wolf auftrat und ihr mit bedeutungsvoller Kraft auch die Huldigungen der Musen darbrachte, die die darstellende Kunst beschirmen. Die ganze
anwesende Menge mußte diese Anerkennung, sowie die
Wünsche und Huldigungen theilen, die in den herabflattern-
den Gedichten ausgesprochen waren. Zwei davon kamen
uns zu Gesicht. Ein Sonett von Karl Schall, dem eine
Coda angefügt war, in dessen Schlußworte:

> Drum reiht sich, Königin im weiten Reich der Lieder,
> Ans „herbe Lebewohl" ein flehend „kehre wieder"!

gewiß Jeder mit dem Dichter einstimmt, und eins von un-
bekanntem Verfasser, dessen ausgesprochenen Wunsch wir

aufrichtig theilen, indem wir mit ihm der Künstlerin auf ihrer Bahn die Worte nachrufen:

Mag die Vergangenheit Dich süß bewegen,
Die Zukunft lächle holder Dir entgegen. *)

Concert.

Herr Zimmermann. Thalberg.

Am 4. Juni ließen sich in dem leider sehr leeren Opern-hause zwei Künstler hören. Der erste, ein einheimischer, Herr Zimmermann, Schüler des Herrn M. D. Möser, trug ein Violinconcert von Rhode mit sehr lobenswerther Präcision, Reinheit, natürlichem Gefühl des Vortrags und namentlich sehr guter Bogenführung vor. Diese einzelne Leistung, wiewol sich in ihr noch keine eigenthümliche Auf-fassung bekundete, sondern man wohl bemerkte, daß der Schü-ler in den durch den Lehrer vorgezeichneten Bahnen sich bewege (ein Gehorsam, den er gewiß nur mit Nutzen leistet), verdient alles Lob. Herr Zimmermann berechtigt daher zu der Hoffnung, dereinst Schönes, ja Ausgezeichnetes zu leisten,**)

---

*) In der That war die hier besprochene Vorstellung diejenige, mit welcher die reiz- und anmuthsvollste Künstlerin ihre drama-tische Laufbahn beschloß. Sie machte noch eine Triumphreise durch Europa, ließ sich aber nur als Concertsängerin hören, der Bühne für immer entsagend. Das war ihr Uebergang in eine ganz an-dere Lebenssphäre, die sie der Kunst und der geistigen Bedeutsam-keit für die Welt entziehen mußte. Die Waagschale, wohin sich ihre Lebensschickung neigte, hat Vieles für sich; doch der Ruhm lag in der andern und der Name Henriette Sontag wird nie erlöschen in den Geschichtstafeln der Kunst.

**) Er hat sie rühmlichst erfüllt. Seine Quartettsoiréen, denen-der Gebrüder Müller nahe stehend, gewähren noch heute den kunst gebildetsten Hörern Berlins die edelsten Genüße.

jedoch nur unter einer Bedingung, nämlich der, wenn er
nicht glaubt, daß er jetzt schon das Schwerste überwunden
habe, sondern daß die eigentliche Arbeit noch vor ihm liege.
Bis zum Lobenswerthen bringen es Viele; wer aber Ehr-
geiz und Talent besitzt, muß die schwerere Bahn von dort
zum Außerordentlichen einschlagen. Auf diesem Wege befindet sich offenbar Herr v. Thalberg aus Wien.*) Er hat
eine so bedeutende mechanische Fertigkeit auf dem Pianoforte,
daß wir ihn darin vielleicht den größten Meistern an die
Seite setzen dürfen, in der Ausdauer, Präcision, Schnelligkeit
und Leichtigkeit im Staccato, besonders in Octavenpassagen
möchte ihm vielleicht Niemand gleichkommen; dabei sind seine
gebundenen Passagen, sowol einfache als Doppeltonleitern,
von vollendeter Rundung, und er besitzt eine weiche Grazie
und Anmuth des Vortrags. Allein dem Spiel mangelt noch
etwas im Ganzen, nämlich eine gewisse feste Kraft, der
Knochenbau, wenn wir so sagen dürfen; einige starke schwarze
Grundstriche würden es so heben, daß es unbedingt meisterhaft zu nennen wäre, während man dieses Beiwort für jetzt
erst einem Theile der Leistungen geben kann.**) (Vielleicht
lag jedoch einige Schuld auch an dem zu weichen Instrument.) Doch Herr v. Thalberg ist nicht allein Virtuos,

---

*) Es war dies das erste Auftreten des damals auf seinem er-
sten Ausfluge begriffenen jungen Virtuosen in Berlin. Wie er
unser Prognostikon erfüllt hat, darüber bedarf es keines Wortes.
Doch werden wir in diesem Buche auf ihn zurückkommen.

**) In der That hatte der junge Künstler damals einen zu unent-
schiedenen, nur auf der leichten Mechanik der wiener Instrumente
gebildeten Anschlag, während er späterhin gerade der Erste war,
der durch die Gewalt des Tones so imponirte und dadurch mit zu
der völligen Umgestaltung des Klavierspiels, die es heute gewonnen
hat, beitrug. So durchaus eine andere als im ersten Zuschnitt
kann die Virtuositätsausbildung durch unablässigen Eifer werden.

sondern auch Componist; in seinem Concert ließ sich, wenn auch nicht hervortretend geniale Erfindung, doch eine geschmackvolle Auswahl der Gedanken, verständige Verknüpfung zum Ganzen, wohlthätige Begrenzung zur rechten Zeit und eine für einen so jungen Componisten erstaunenswerthe Sicherheit in der Benutzung des Orchesters sowol an sich, als in der Zusammenstellung mit dem Solo-Instrument bemerken.

Königliches Theater.

Othello. Dlle. Heinefetter.

Den 15. August trat die uns schon durch ihre vortrefflichen Leistungen vor drei Jahren bekannt gewordene Sängerin Dlle. Sabine Heinefetter in der Rolle der Desdemona auf. Die Künstlerin mußte bei allen Mitteln und Talenten, die sie besitzt, dennoch einen ungemein schwierigen Stand haben, da die Erinnerung an ihre unschätzbare Vorgängerin in dieser Rolle unvermeidlich war. Auf demselben Gebiet mit Dlle. Sontag zu wetteifern, wäre bei ganz verschiedener Persönlichkeit beider Künstlerinnen etwas Unmögliches gewesen; ihrer Eigenthümlichkeit angemessen versetzte Dlle. Heinefetter daher den Gesichtspunkt, aus dem sie die Darstellung auffaßte, um ein Bedeutendes. Dlle. Sontag stellte uns die reizende, rührende Desdemona, die an Duldung und Unterwerfung gewöhnte Tochter Brabantio's dar; Dlle. Heinefetter gab die Gemahlin Othello's, des kühnen Helden, der von furchtbaren Leidenschaften eben so, wie von unerschütterlichem Muth entflammt ist. Man durfte annehmen, daß ein solcher Charakter sich einen ähnlichen zur Gefährtin seines Lebens erwählt haben könnte; für die besonderen Mittel und die äußerlichen Bedingungen, welche die

Sängerin für die Rolle mitbringt, ist diese Annahme vortheilhaft, doch glauben wir, daß weder der englische Dichter,
noch der italienische Componist (möge es Shakspeare diesmal vergeben, daß wir ihn so paaren) sich seine Desdemona
so gedacht hat. Betrachten wir nun rein die Darstellung
des einmal abweichend aufgefaßten Charakters, so müssen
wir sie an sich meisterhaft nennen. Dlle. Heinefetter gab
die höchst leidenschaftlich Liebende, die zugleich einen hohen
Grad der Kraft entwickelt, der sich durch sein heftiges Wi-
derstreben gegen die wiederholten Schläge des Schicksals bekundet, ausgezeichnet. Ihr Spiel in einzelnen Momenten
war dem Besten gleichzustellen, was wir auf der Bühne
gesehen haben. Ja, den Schluß des zweiten Acts gab sie
in gewisser Beziehung sogar schöner, als ihre sonst in allen
Theilen der Rolle so ungemein liebliche und rührende Vorgängerin, indem sie das den Effect zu auffallend suchende
Verfolgen des Vaters auf den Knien vermied *), eine plastische Ausdrucksweise, die zwar bei einer Sontag nie ohne
Wirkung bleiben konnte, weil sie das an sich nicht Lobenswerthe überaus schön ausführte, die wir jedoch nie vollkommen gebilligt. Bis zu diesem Punkte des Stückes konnten
wir die Darstellung der Gastspielerin sehr wohl begreifen
und fanden sie nicht außerhalb der Linien, in denen das
Individuum den allgemeinen Typus eines Charakters für
sich besonders umbilden darf. Allein der dritte Act konnte,
unserer Meinung nach, nicht in dieser Weise fortgeführt

---

*) Das ist jetzt freilich ein stereotyper Theatereffect geworden,
ohne den keine Sängerin zu leben vermag. Solche Dinge sind es,
die sich am leichtesten lernen und verpflanzen. Aber es liegt wahrlich keine Pflege, kein Fortschritt der Kunst darin; es sollte dergleichen nur das Eigenthum Derer bleiben, welche die gefährliche
Ausführung im weisen Maß des Schönen zu halten wissen.

werden, ohne die beabsichtigte Wirkung des Gedichts zu
schwächen. Hier erschienen uns alle Leidenschaften in einem
so hohen Grade zu heftig ausgedrückt, daß wir bisweilen
die Theilnahme ganz verloren. So war z. B. das Auf-
springen und Flüchten über das ganze Theater hinweg bei
dem ersten Gewitterschlag ein offenbar viel zu weit gehender
Ausdruck des Schreckens, wenn gleich die Handlung an sich
schön ausgeführt wurde. Ebenso mißfiel uns im Ganzen
die Darstellung alles Folgenden, vorzüglich aber das Fliehen
vor Othello. In solchen Darstellungen der körperlichen
Angst geht uns die leidende Seele so verloren, daß wir statt
der tragischen Erhebung und Erschütterung nur eine heftige
Nervenanspannung empfinden, wie sie der Anblick einer
wirklichen Todesangst erzeugen kann. Dies sind reine Verirrungen der Kunst; denn Niemand darf es läugnen, daß
eine zu grelle Darstellung des körperlichen Leidens und Todes eine der Kunst unwürdige ist, welche die veredelnden
Eindrücke tragischer Ereignisse zu denjenigen herabzuziehen
sucht, die sich dem unsittlichen Gefallen an rohen Gladiator-
spielen nähern. Dlle. Heinefetter scheint ihr Vorbild in der
großen Pasta gesucht zu haben; man darf aber nicht ver=
gessen, daß die äußersten Grenzen, besonders in der Nachahmung, allzuleicht überschritten werden. Was die rein
musikalische Leistung anlangt, so rechtfertigt die Sängerin
ihren seit Jahren immer gewachsenen Ruf; metallene Fülle
der Stimme, vereinigt mit großer Bravour und oft unübertrefflich schönem Ausdruck, das sind Eigenschaften, die sie
als eine große Sängerin bezeichnen. Nur in der Aussprache
vermissen wir häufig die Deutlichkeit; da dieselbe jedoch stellenweise wieder außerordentlich zu nennen ist, so möchten wir
den Fehler nur einer momentanen Unaufmerksamkeit zu-
schreiben.

Dasselbe Theater.

Die Zauberflöte. Erstes Auftreten des Herrn Mantius.

Die Zauberflöte war gewissermaßen ganz neu ins
Leben zurückgerufen worden. Ohne so eitel zu sein, sich für
die Veranlassung dieses erfreulichen Ereignisses zu halten,
erfreute sich Referent jedoch, daß dadurch einer seiner Lieb=
lingsgedanken, den er mehrmals in Vorschlag gebracht hat,
realisirt wurde. Denn schon seit längerer Zeit äußerte er,
es würde sehr vortheilhaft sein, diese herrliche Oper auf
einige Zeit zurückzulegen, dann aber sie ganz würdig aus=
gestattet, neu auf die Bühne zu bringen. Zum größten
Theil ist dies geschehen. Die Hauptpartien sind so vortreff=
lich besetzt, als unsere Bühne es vermag. Mme. Schulz
als Königin der Nacht trat nach langer Pause zum ersten
Male wieder auf und das Publicum begrüßte sie mit Bei=
fall. In ihrer Gesangsweise hat sich nichts verändert, eben
so wenig daher auch unser Urtheil. Fräulein v. Schätzel
sang die schöne Partie der Pamina ungemein lobenswerth;
einige Verzierungen hätten wir zwar lieber nicht gehört, doch
blieben sie in billigen Grenzen und manche derselben waren
geschmackvoll und wurden sehr schön ausgeführt. Die Scene,
in welcher Pamina halb wahnsinnig, wenigstens in dem
Zustand tief verwirrenden Schmerzes erscheint, ließe sich
durch Spiel und Ausdruck jedoch viel bedeutender darstellen.
Herr Zschiesche als Sarastro spielte und sang die Rolle mit
der Würde des Herrschers und Priesters; namentlich machte
seine sonore Tiefe eine treffliche Wirkung. Doch können
wir diesen Künstler nicht genug darauf aufmerksam machen,
daß er in höheren Regionen die Töne nicht edel, nicht ge=
bildet genug anzusetzen und zu tragen pflegt. Herr De=

orient als Papageno verdiente durch sein treffliches naives Spiel und den ausgezeichneten Gesang unsers Erachtens den Preis des Abends. Der Vortrag des Duetts: „Bei Männern" u. s. w. mit Fräulein v. Schätzel war ein Meisterstück. Von Allen die meiste Aufmerksamkeit erregte jedoch das erste Auftreten des Herrn Mantius, der bisher nur als geschätzter Dilettant in dieser Stadt lebte. Seine außerordentlich schöne Stimme setzt ihn in den Stand, dereinst ein außerordentlicher Sänger zu werden *). Seine gestrige Leistung in Spiel und Gesang war die eines gebildeten Mannes, der, ohne eigentliches Kunststudium zu haben, durch richtigen Geschmack meistentheils auf das Rechte geführt wird. Doch wird er sich vor Allem eines klangvollen Tragens der Stimme befleißigen müssen, da er trotz der Stärke derselben in den Ensembles fast nicht zu hören war. Der Raum verstattet uns nicht, ein Mehreres über den Künstler zu sagen; wir holen es gewiß mit der Zeit nach.

Uebrigens hatte die Vorstellung ein solches Interesse erregt, daß das Haus bis auf den letzten Platz gefüllt war und am Schlusse ein förmlicher Sturm des Hervorrufens ausbrach, bis endlich die Fünf, deren Namen durch einander gerufen wurden, gemeinsam erschienen. — Möchten doch

---

*) Selten wird ein Künstler die durch ein erstes Hintreten vor das Publicum gemachten Hoffnungen so glänzend erfüllen wie dieser. Er ist aber auch einer der Wenigen, man möchte fast sagen, der Einzige unter allen Sängern (Sängerinnen nehme ich aus), die wir in länger als zwanzig Jahren kennen gelernt, der wirkliche Studien mit beharrlichstem Eifer gemacht und sich von der völlig verkehrten, gedankenlosen Behandlung, besser Mißhandlung, der Gesangskunst, die seit etwa zwei Jahrzehnten eingerissen ist, fast völlig frei gehalten hat. Die Früchte sind ihm nicht ausgeblieben, nämlich die Höhe der Ausbildung selbst, deren Anerkennung und die so lange Bewahrung seiner Mittel.

Fidelio und besonders Gluck's Opern einmal ähnlich regene-
rirt werden!

Concert.

David von Bernhard Klein.

Am 28. October fand im Saale der Singakademie die
durch Mme. Türrschmied veranstaltete Aufführung des
Oratoriums David von Bernhard Klein statt. Das Werk
gehört nach der Ansicht des Referenten zu denjenigen, welche
sich einen dauernden Namen in der Geschichte der Kunst erwerben dürften. Obgleich es, wie jede strengere, ernstere
Arbeit, weniger auf ein großes Publicum zählen kann, auch
eine gewisse Zeit vergehen mag, ehe man es überhaupt
seinem bedeutenden Werthe nach allgemein erkennen wird,
so ist es dafür desto gewisser, seinen Erfolg bei tiefer gebildeten Verehrern der Kunst zu erreichen. In der Würde
der Auffassung, in der Strenge des Stils läßt es sich unbedingt den besten vorhandenen Oratorien an die Seite stellen,
in der Kraft der Erfindung steht es wenigstens auf einer
Höhe, die von keiner neueren Leistung übertroffen worden
ist. Das Gedicht bietet der Musik würdige Anhaltpunkte
dar. Die ganze Gattung dieser Gedichte ist nur im engsten
Verband mit der Musik zu rechtfertigen und zu begreifen,
daher denn auch die größten Componisten, wie Händel, sich
meistentheils selbst ihre Oratorien entwarfen und gestalteten.
Wollte man das kritische Urtheil an die Dichtungen dieser
Art legen, ohne die Musik zu berücksichtigen, so würde sich
die ganze Gattung allerdings als eine sehr mangelhafte darstellen, als eine Mischung von dramatischen und lyrischen
Elementen, die vielmehr nur neben einander hingehen, als
innig verwachsen und verbunden sind. Die Musik ist indessen

das Tertium, welches die verwandtschaftliche Verbindung
zwischen den getheilten Elementen herstellt. Es kommt daher hauptsächlich darauf an, ihr ein ausgedehntes Feld zur
Entwickelung ihrer Kräfte zu verschaffen, und dies ist in
dem vorliegenden Gedicht geschehen, welches sowol für musikalische Situationen an sich, als deren Hervorhebung durch
Contraste und Steigerungen hinlänglich sorgt. Der Musiker hat die dargebotene Gelegenheit überall mit Einsicht und
Glück zu ergreifen gewußt und nicht selten eine Ansicht in
die Worte hineingelegt, die sie in der That zu der höchsten
Bedeutung erhebt. Vorzüglich aber hat er sich durch die
feste Zeichnung der Charaktere ausgezeichnet. Die alte Herr-
scherwürde David's, seine büßende, reuige Zerknirtschung,
sein Vaterschmerz, endlich seine fromme Erhebung in den
Willen des Herrn sind meisterhaft in vortrefflichen Recitativen und Ariosos gehalten. Eben so hoch steht die Zeichnung Absalon's. Wir halten es für einen der werthvollsten
Gedanken des Oratoriums, daß Absalon zuerst als ein Hel-
denjüngling, dann in einer schwermüthig bitteren Stimmung
über die gesunkene Kraft des Vaters dargestellt und seine
Empörung aus diesem Motiv abgeleitet wird. Wir werden
dadurch für Den, gegen den sich der Widerwille richtet, so
gewonnen, daß die Theilnahme für ihn sich als ein tragisches
Element in den Gang der Begebenheiten mischt, wodurch
dieselben zu einer tiefergreifenden Wirkung gesteigert und in
eine edle Kunstsphäre erhoben werden. Das Arioso „Möge
nie der Tag erscheinen", worin sich die Stimmung Absalon's ausspricht, ist wunderbar schön ih der Auffassung,
vortrefflich in der Declamation und tief ergreifend in der
musikalischen Erfindung. Der dritte Charakter, der des
Propheten Nathan, ist, obgleich der Altstimme aus rein
musikalischen Gründen zugetheilt, doch meisterhaft gehalten,

zumal da, wo er mit dem empörten, verblendeten Abſalon gewiſſermaßen in den Kampf tritt. Weniger hervortretend, da ſie keinen Antheil an der Handlung haben, ſondern rein lyriſche Zuſätze bilden, ſind die weiblichen Charaktere; doch hat der Componiſt ſie ſehr ſchön zu individualiſiren und von einander zu ſondern gewußt. Es iſt bei dem Raum dieſer Blätter nicht möglich, auf Einzelnes genau einzugehen, doch iſt das Oratorium ungemein reich an Zügen wie an größe= ren Stücken, die hervorgehoben werden müßten. So ſind namentlich einige Chöre von der erſchütterndſten Wirkung und von einer Tiefe der Auffaſſung in der muſikaliſchen Erfindung, die ſie ſtellenweiſe fähig macht, mit dem Treff= lichſten, was in dieſer Gattung vorhanden iſt, zu wetteifern. Die drei großen Fugen ſind meiſterhaft gearbeitet, fließen frei dahin und tragen nirgend die Spur der Mühe an ſich. Haben wir ſo die überwiegenden reichen Schönheiten des Werkes angedeutet, ſo ſei uns erlaubt, den Componiſten auch auf einige Unvollkommenheiten aufmerkſam zu machen, die nicht nur dieſes neue, ſondern faſt alle uns von ihm bekannte Werke an ſich tragen. Er ſcheint nämlich in der Auswahl ſeiner Gedanken nicht ſtreng genug. Seine große Uebung und Kenntniß ſetzt ihn in den Stand, überall tadel= los zu ſchreiben, allein wir glauben, er könnte noch mehr leiſten und bei Anwendung jener ſcharfen Selbſtprüfung, die ein Hauptcriterium des Genius iſt, überall ſchön, aus= gezeichnet in der Erfindung ſchreiben. Namentlich ermüdet eine zu häufige Wiederkehr ähnlicher Ausweichungen, gleich= förmiger beclamatoriſcher Accente, ja ganzer melodiſcher Sätze. So z. B. könnten ſowol die Eingänge zu den Chören, als die Schlüſſe faſt überall bedeutender in der Erfindung ſein, während ſie jetzt eben nur angemeſſen, würdig erſcheinen. Manches würde der Componiſt ſchon dadurch gewinnen, daß er die Melodie nicht durchgängig zu streng declamatorisch, sondern öfter frei, mehr das Gefühl des Ganzen als den Gedanken der einzelnen Worte wiedergebend, behandelte. Ein ähnlicher Vorwurf dürfte ihn über mehrere Wiederholungen in der sonst so überaus schönen, ächt erfinderischen Instrumentation treffen. Die Aufführung war von Seiten der Solosänger und der Chöre vortrefflich zu nennen; Herr Devrient sang den David als Meister, Herr Mantius den Absalon mit edlem Feuer und klingender Stimme; Fräulein v. Schätzel die Sulamith mit schönem Ausdruck, die Concertgeberin selbst den Nathan mit hoher Würde und prophetischer Begeisterung. Einige Dilettanten leisteten in den übrigen Partien Achtbares.

Eine Wiederholung wäre in jedem Falle wünschenswerth und auch gewiß nicht undankbar, da das Concert, trotz des sehr üblen Wetters, doch gefüllt zu nennen war.

Uebersicht des Jahres.

Auf dem Gipfel der theatralischen Leistungen glänzte Henriette Sontag in einer Reihe von Darstellungen, den letzten, die sie auf der Bühne gegeben: Desdemona, Donna Anna, weiße Dame, Pamira (Belagerung von Korinth), Semiramis. Von heimischen Sängerinnen tritt Fräulein v. Schätzel immer bedeutsamer hervor, als Prinzessin von Navarra, Rezia u. s. w. Mme. Milder zieht sich von der Bühne zurück. Dlle. Sabine Heinefetter gibt mehrere Gastrollen, Desdemona, Rosine, Amazili u. s. w. Dlle. Franzisca Ganz (Schwester der Gebrüder Ganz, jetzige Concertmeister) machte einen theatralischen Versuch als Agathe. Herr Mantius debütirte auf der Bühne als Tamino. Mme. Hoffmann-Greis, Dlle. Tomasini, Mme. Corri-Paltoni (Schülerin der Catalani) und Herr

Pezold erschienen als Gäste; Mme. Corri-Paltoni nur als Concertsängerin. An neuen Vorstellungen brachte die Oper: die Belagerung von Korinth und Semiramis zum ersten Male; Alfred der Große von J. P. Schmidt, Fra Diavolo, Andreas Hofer (die Bearbeitung Wilhelm Tell's) von Rossini. (Wir lebten damals in dem traurigen Zustande, daß sowol Schiller's Werk als diese Oper wegen des Stoffes nicht gegeben werden durften, ebenso Egmont.) Neu in Scene gebracht wurden Olympia und die Medea von Gotter und Benda. An Oratorien hörten wir: Judas Maccabäus und den Messias, die Schöpfung und die Jahreszeiten, Mozart's Requiem, und an neuen Werken Pharao von Fr. Schneider und das herrliche Werk Bernhard Klein's, David. Möser's Quartettsoiréen und Sinfonien erhielten sich im Schwunge; außer mehreren neuen Duvertüren wurde eine Sinfonie von Gährich und eine von Friedrich Schneider gegeben. Die Virtuosität erfreute sich nicht eines solchen glanzvollen Meteors wie im Jahre zuvor, doch kam Thalberg als junger Mann von sechzehn Jahren zum ersten Male auf seinem ersten Ausfluge zu uns (s. die Beurtheilung). Ferner Fräulein v. Belleville (später Mme. Belleville-Dury) und die Gebrüder Eichhorn, Violinspieler, als ganz kleine Knaben. An heimischen Virtuosen debütirte der nachmals so ausgezeichnete Geiger Zimmermann, desgleichen Karl Birnbach, Dlle. Zeidler, eine fertige Pianistin, Schülerin Ludwig Berger's. Der Pianist Hauck ließ sich in Berlin nieder, er starb wenige Jahre darauf; Panofka, jetzt in Paris, gleichfalls. Beide gaben ein Concert, das großen Beifall fand. Die Gebrüder Griebel, der treffliche Trompeter Bagans, der Cellist Schappler und eine fertige Pianistin, Dlle. Stollberg, gaben Concerte.

Jahr 1831.

Königliches Theater.

Am 5. Januar trat Mme. Schröder-Devrient als Julia in der Vestalin auf. Der unvergeßliche Eindruck, den wir von der Darstellung dieser Rolle in uns tragen, hatte, wir gestehen es gern, einige Besorgnisse in uns erweckt, daß die unabweisliche Zusammenstellung des Bildes unserer Erinnerung mit dem, welches sich vor unsern Augen gestalten sollte, einen ungerechten Schatten auf dieses werfen könnte. Um so freudiger sprechen wir es aus, daß, wenn wir ein anderes sahen, es doch kein geringeres war; in der unmittelbaren Wirkung möchte vielleicht ein Grad der Verschiedenheit eintreten, allein es ist nicht diese, welche über den Werth einer Kunstleistung allein entscheidet. Es gibt Leute, welche vor der Vergleichung zweier Kunstleistungen wie vor einer Uebertretung des ästhetischen Criminalcodex förmlich zurückbeben; wir haben indeß häufig gefunden, daß es nicht immer die reinsten Motive waren, welche diese Scheu erzeugten. Gerade aus der Vergleichung gestaltet sich die schärfere Charakteristik, die Individualität der Leistungen, und gewöhnlich haßt nur Der den Vergleich, der ihn fürchtet. Plutarch vergleicht Helden, Alexander und Hannibal würden sich nicht dagegen sträuben, wenn man sie mit Cäsar vergleichen wollte, wol aber Pompejus, Cassius oder Brutus. Ebenso ist es in der Kunst; Sophokles und Shakspeare werden es ohne Neid dulden, daß man ihre abſtoßenden und anziehenden Pole auffucht; Euripides würde zürnen, weil er den Prozeß verlieren muß. Ohne Bedenken können wir daher die Darſtellung der großen Künſtlerin, die uns vor Jahren zur Bewunderung hinriß, mit der zuſammenſtellen, die unſer Gemüth mit friſchen Eindrücken bewegt hat. Jene fühlte die Veſtalin, dieſe hat ſie gedacht; wenn dort das Herz ſeine ſchöne Herrſchaft übte, ſo waltete hier ein edler, ſelbſtbewußter Geiſt. Niemand misdeute dies dahin, daß ich damit etwa nur die eine Leiſtung als ein wahrhaftes lebenvolles Erzeugniß der Natur, die andere als ein kaltes Product des Verſtandes bezeichnen wollte; noch weniger umgekehrt, jene als einen unbewußten verdienſtloſen Fund, dieſe aber nur als das Ergebniß des denkenden Kunſtſinnes. Durchaus nicht; offenbar ſind in beiden Darſtellungen beide Motive thätig, nur in der einen herrſcht dieſes, in der andern jenes vor, und beide in ihrer edelſten Bedeutung. Wenn wir ſo den Charakter beider Darſtellungen im Ganzen unterſchieden, ſo möchte als ein beſonderer Unterſchied noch der hervortreten: Jene Julia war eine ernſte, erhabene, tieffühlende Römerin, dieſe mehr eine leidenſchaftliche, von der mächtigſten Glut der Liebe entzündete Italienerin. Daher traten dort die Momente der Faſſung, der Entſagung, des heldenmüthigen Bekenntniſſes, der Aufopferung — hier die des Schmerzes, des Unterliegens, der tödtlichen Angſt der Liebenden um den Geliebten hervor. Vielleicht ſind dieſe durchgehenden Unterſchiede nicht nur aus der Auffaſſung, ſondern auch aus den Mitteln der Darſtellerinnen zu erklären. Wenn die Eine durch die Allmacht ihrer Stimme Alles erſetzen konnte, was ihr ſonſt fehlte, wenn der bloße Klang ihres Tones ſchon die tiefſte Seele ergriff, ſo war es natürlich, daß ſie die glänzendſten Siege über das Herz da gewann, wo ſie mit dieſer Waffe kämpfte; der Gebrauch der Stimme, als der unmittelbare Ausdruck des Gefühls, ist natürlich auch mehr den Gesetzen des Herzens als des Geistes unterworfen. Wer aber, wie die zweite Darstellerin, um dasselbe zu erreichen, die Gesammtheit künstlerischer Kräfte anwenden muß, bedarf einer Abwägung und Ausgleichung derselben, die nur durch den denkenden, künstlerisch gebildeten Geist geordnet werden kann. Der glänzendste Triumph einer solchen Künstlerin erreicht sich daher überall da, wo die Gesammtwirkung von Mitteln dem Verhältniß mehr entspricht, als eine einseitige Hauptwirkung; aus eben diesem Grunde wird sie einzelne Momente anders zu fassen, ja der ganzen Darstellung ein anderes Colorit zu geben haben. Wer dies mit einer solchen Einsicht und zugleich mit einem so gebildeten Kunstgefühl thut wie diese Darstellerin, der wird, wenn auch die unmittelbare Wirkung geringer ist, doch durch die Anlage, Verwickelung, Steigerung des Ganzen, durch die Kunst der Contraste, durch den Reiz einzelner allseitig vollendeter Züge einen Erfolg erreichen, der jenem an die Seite zu stellen ist. Nicht vergeben würden wir es uns, wenn wir über diese Abhandlung die Pflicht vergäßen, wenigstens einige bestimmtere Andeutungen über die Darstellung der Künstlerin zu geben. Wir erinnern daher nur an den unendlich schönen Ausdruck, den sie in die ersten Gesangstellen legte, wo ihre Stimme sich mit sanftem Aufschwung über den Chor erhebt; wir werden ihr ergreifendes plastisches Spiel nicht vergessen, als sie das Haupt des Licinius mit zitternder Hand gekrönt hat und seinen kühnen, frevelvollen, aber doch so unbezwinglich hinreißenden Antrag vernimmt. Das Wachsen, Steigen und endlich reißende Aufschwellen der Leidenschaft im zweiten Act bis zu dem in die tiefste Seele dringenden angstvollen Flehen um die Rettung des Geliebten (es ist dies eine der im glühenden italienischen Colorit gehaltenen

Stellen des Bildes), das erschütternde Zusammenbrechen unter der zermalmenden Gewalt der Schmerzen; dann die großartige Erhebung zu aufopfernden Entschlüssen, zu dem edlen Stolz einer großen Seele, bis endlich, wenn die letzten Kräfte erschöpft sind, das betäubte Opfer, von sinnlichen Schrecken überwältigt, nur noch mit den Zuckungen körperlicher Angst zu Boden sinkt — das sind die zu einem unzertrennlichen Ganzen gesponnenen Fäden eines Gewebes, welches, obgleich von unsichtbarer Zartheit, wie das des Hephästos, uns doch mit mächtigen Banden fesselt, denen sich selbst der unwillige Geist, der theuere Erinnerungen zu fesseln strebt, nicht zu entreißen vermag.

Sollen wir auch noch von Mängeln sprechen? Nein, gewiß nicht! Wir haben sie vielleicht ebenso gut erkannt wie ein Anderer, zumal da sie, wie bei allen großen Erscheinungen, auf der seichtesten Oberfläche liegen; allein es gibt Leistungen, die sich so mächtig geltend machen, daß die Kritik nicht gewinnt, wol aber nur der Kritiker verliert, wenn er ihnen gegenüber nicht vergessen kann, daß die absolute Vollkommenheit nur in der Idee möglich ist.

Dasselbe Theater.

Die fast ganz neue Besetzung des Fidelio und die Darstellung dieser Rolle selbst durch Mme. Schröder-Devrient hatten einen ungemeinen Andrang zu der Vorstellung bewirkt. In der That entsprach aber auch die Ausführung selbst der gespanntesten Erwartung. Noch nie erinnert sich Referent eine solche übereinstimmende Wirkung aller Kräfte zum Ganzen in dieser Oper bemerkt zu haben. Die Leitung der Bühne verdient sowol für die neue treffliche Besetzung aller Rollen, als für die sorgfältige Einstudirung die un-

bebingteſte Anerkennung. Wie die Rolle der Marcelline dadurch gewinnen mußte, daß ſie an Fräulein v. Schätzel übergegangen war, darf kaum geſagt werden, auch wenn dieſe
Künſtlerin nicht mit ſichtlichem Fleiß und großem Eifer für
das Kunſtwerk ſowol in den einzelnen Stücken als in den
Enſembles thätig geweſen wäre. Mehrere Stellen ihrer
Arie, ſowie des erſten Duetts trug ſie vortrefflich vor; überall klang ihre ſchöne, reine Stimme erfriſchend hindurch und
gab vielen Stücken, die ſonſt faſt ganz verloren zu gehen
pflegten, ihre eigentliche Bedeutung wieder. Herr Devrient
als Rocco hatte dem Charakter zum erſten Male eine wahrhafte
Geſtalt gegeben. Namentlich trat dies in dem Duett mit
Pizarro hervor, wo er ganz den alten, ſchwachen, furchtſamen
Greis gab, der dem gebieteriſchen Einfluß eines mächtigen
Tyrannen aus gewohnter Unterwürfigkeit nachgibt, ohne in
ſich den geheimen Widerwillen gegen die That überwinden
zu können. Ihn treibt nicht Eigennutz, nicht Furcht, ſondern die Gewohnheit ſeiner demüthig gehorchenden Seele,
Beſchränktheit der Einſicht. Aber auch in anderen Theilen
wirkte das treffliche Spiel des Künſtlers in hohem Grade,
ſo namentlich in dem Terzett des erſten Acts, im Finale
deſſelben, in den erſchütternden Entwickelungsſcenen des zweiten Acts. Es kam dadurch ein Leben in das Ganze, eine
Einheit, eine Wahrheit, wie wir ſie noch nie empfunden.
Aufrichtig geſtanden, beachteten wir auch nicht eben den
Mangel derſelben, weil die hinreißende Macht der Muſik
über Alles hinwegträgt (wie in gewaltigen Strömungen
bisweilen ſelbſt ſchwerere Körper, als Waſſer, nicht unter-
ſinken); allein hat man die Wirkung einmal vollſtändig, oder
in erhöhtem Grade erfahren, ſo wird die Lücke bemerkbar,
die ſich früher vorfand. Zur weſentlichen Verbeſſerung der
Darſtellung trug auch die geänderte Beſetzung der kleineren

8*

Partien bei. Herr Heinrich, als Thorschließer, war an seinem Plaße sehr lobenswerth und die Partie des Ministers
durch Herrn Zschieße nach den besten Kräften unsers Theaters besetzt. Große Präcision des Orchesters, vortreffliche
Einstudirung der Chöre (wofür Herrn Elsler besonderer
Dank gebührt) vollendete das Werk. So trefflich auch
alles das bisher Bezeichnete war, so überschritt es doch nicht
die Grenzen der Foderungen, die ein gebildetes Publicum
der Hauptstadt machen darf. Allein weit über Das, was
man zu verlangen, was man zu erwarten berechtigt ist, erhob sich die geniale Darstellung der Hauptrolle. Noch nie
sahen wir eine Künstlerin so die Gesammtheit aller Mittel
zu einer Leistung vereinigen wie diese. Dialog, Mimik,
Plastik, Gesang, Alles hebt und trägt sich gegenseitig. Die
äußerlichen Kräfte der Darstellerin übersteigen nirgend das
gewöhnliche Maß; allein von ihr kann man sagen:

„Es ist der Geist, der sich den Körper baut!“

Niemals wird es die Naturgewalt des Tones an sich sein,
womit sie uns hinreißt, ja wir erblicken sie sogar häufig im
Kampfe mit nicht unbedeutenden Hindernissen in ihren Mitteln; allein sie schafft dem Klange eine Seele, gibt ihm ein
Herz, und so, aus dem Innersten der Brust entquollen,
dringt er unwiderstehlich in ihre tiefsten Tiefen ein. Mit
welch einer Nebenbuhlerin hat sie zu kämpfen! Die Wundergabe der Stimme, welche jene Künstlerin, unterstützt von
einer heiligen Glut des Gefühls, von edlen Gaben der Körperlichkeit, besaß, gleich der goldenen Zauberlanze Braba-
mante’s, von deren Berührung der Feind besiegt nieder-
stürzte: diese goldene Waffe fehlt der Darstellerin, die
gestern Alles zur Bewunderung hinriß, und dennoch siegte
sie ebenso schnell, so unwiderstehlich als Jene. Aber auf

welche Art? Sollen wir beschreiben, was sich nicht beschreiben läßt? Die ruhige Besonnenheit des Urtheils darf der Begeisterung weichen, zumal wenn bisher ungekannte Schätze vor uns glänzen, wenn die mächtige Bundesgenossin der Ueberraschung sich zu der Glut tiefster Wahrheit, zu der Macht edler Schönheit gesellt.

Dasselbe Theater.

Iphigenia in Tauris.

Bei einem Kunstwerk, an dem der Strom der Zeiten machtlos vorüberrauscht, das in tiefster Tiefe gegründet, mit erhabenem Gipfel emporragend, feststeht in der Flut, die alles Vergängliche hinwegspült, verstatte man uns einen Raum, dessen Grenzen nicht zu eng gesteckt sind. Wir haben von einer in vielfacher Beziehung neuen Anordnung des Ganzen und von drei Darstellern zu sprechen, die sich uns zum ersten Male zeigten. Die Aufgabe ist nicht in wenigen Zeilen zu lösen. Nach mehrjähriger Zurücklegung jener Oper erleiden Orchester, Chöre, Tempi, scenische Anordnungen fast immer eine Veränderung. Die neue Besetzung nach den trefflichsten Kräften unserer Bühne (die sich jetzt thätiger und eifriger für die wahre Kunst zeigt als jemals) hatte natürlich eine aufmerksame Beachtung auch aller übrigen scenischen Momente herbeigeführt. Vieles war von jeher so trefflich geordnet, daß man wenig ändern konnte; Einiges glaubte man im zweiten Act verbessern zu müssen. Ehemals befand sich der Altar, an welchem der ermattete Orest entschlummert, in der Mitte der Scene, die Furien, mit geschwungenen Fackeln und Schlangen umschwirrten ihn von allen Seiten. Der Chor bewegte sich bis mitten auf die

Bühne und wurde so in aller Kraft hörbar. Diesmal hatte
man den Altar seitwärts angebracht, der ganze Chor, eine
Mischung bleicher, graulicher Larven, blieb im Hintergrunde
und nur die Furien mit düster glimmenden Fackeln und
Schlangen nahten dem schlummernden Orest. Man hatte
geglaubt, dadurch das dämmernde Bild des Traumes an-
schaulicher darzustellen, durch ein nur halb sichtbar werden
der ahnenden Phantasie freieren Spielraum zu lassen und
so die Wirkung zu erhöhen. Doch der Eindruck entsprach
der Absicht nach des Referenten Meinung (die Viele mit
ihm theilten) nicht und es trat der Uebelstand ein, daß die
musikalische Wirkung ganz verloren ging, indem aus der
weiteren Entfernung der Chor völlig unhörbar war. Ueberdies ist der Anblick fahler, todtenfarbiger, grauer Larven in
solcher Masse eher widerwärtig als schauerlich, ja bei den
nicht zu vermeidenden Fehlgriffen so vieler einzelnen, ganz
untergeordneten Darsteller streifte Manches an das Lächerliche. Und weshalb nur drei Furien? Will man sich auf
die furchtbare, den Parzen entsprechende Dreizahl stützen
und Alekto, Megära und Tisyphone personificiren? Die
Alten beschränkten sich darauf bei ihren Darstellungen nicht.
Sie hatten Chöre der Furien. Wenn wir nicht irren, be-
stimmte sogar ein athenienfisches Gesetz die Zahl derselben,
um der Furchtbarkeit der Wirkung ein Maß zu setzen. Doch
wir könnten uns allenfalls mit der Darstellung dieser Scene
noch befreunden. Weshalb aber am Schluß derselben der
gewaltigste, erschütterndste Gedanke des ganzen Dramas
förmlich daraus verbannt wurde, indem die Erscheinung des
Schattens der Klytemnestra unterblieb, die die Schreckens-
vision Orest's auf die höchste Spitze steigert und die unmittelbar darauf folgende Erscheinung Iphigenia's auf die
ergreifendste Weise in das geheimnißvolle Reich der Wunder

hinüberspielen läßt, das ist uns durchaus unbegreiflich. Der
Irrwahn Orest's, vermöge dessen ihn die milde, tröstende
Erscheinung der Schwester im ersten Augenblick mit Entsetzen erfüllt, bildet die höchste Steigerung eines erhaben-
rührenden Moments. Bleibt daher die Erscheinung der
Mutter weg, so werden die Worte des Recitativs: „Ich
sehe, welches Graun bei meinem Anblick Dich ergreift" ganz
bedeutungslos; Orest's tief begründetes Zurückschrecken vor
der Schwester verwandelt sich in das einer gewöhnlichen
Ueberraschung oder Aufstörung im Traume — kurz, die
wunderbarste Erfindung des Dichters ist gänzlich vernichtet
und statt der mächtigen Verknüpfung des Lebens mit den
verborgenen Gestalten der Unterwelt haben wir nur eine
rein zufällige Verbindung äußerlicher Ereignisse vor uns.
Wir verlassen diesen wesentlichen Punkt, um einiges Andere
zu berühren. Das Orchester müßte ungleich mehr auf die
Schattirungen des Vortrags eingehen; die Chöre ebenfalls,
auch fodern sie eine viel stärkere Besetzung. Das Tempo
der meisten Stücke müßte sehr gemäßigt werden. Namentlich wird das Recitativ des Scythen, der die Ankunft der
Griechen meldet, bis zum Komischen übereilt. Einige Ne-
benrollen verdienen mehr Aufmerksamkeit, so der scytische
Priester, der die Gefangenen trennt. Er setzte die ersten
Töne mit so hohler Stimme ein, daß wir die Bemerkung
eines Nachbars, der ihn für den Nachtwächter in Tauris
halten wollte, nicht ganz verfehlt nennen konnten. Das
völlig undeutliche Aussprechen der Dlle. Lehmann machte,
daß ihre Rolle fast ganz verloren ging. Die Erscheinung
der Diana in dieser Art ist nur durch die Hoffnung des
baldigen Verschwindens erträglich.

Wir gehen zur Darstellung der Hauptrollen über. Herr
Mantius als Pylades zeigte einen ungemeinen Fortschritt

sowol im Spiel als in der Fähigkeit, seine schöne Stimme
in einem großen Raume geltend zu machen. Er sprach
ungemein deutlich aus, sang Vieles mit sehr schönem Aus=
druck, der bisweilen nur etwas zu weich war, kurz, zeigte
auf alle Weise, daß er die Rolle mit gebildetem Sinn auf=
gefaßt habe. Wenn wir ihm aber einen Rath geben dür=
fen, so ist es der, sich in der Kunst des Sprechens zu ver=
vollkommnen, den Adel der Rede zu gewinnen. Denn trotz
einer selten fehlgreifenden Auffassung mangelte doch überall
der höhere Stil des Gesanges; um es mit Einem Wort zu
sagen, man hört den provinziellen Accent hindurch. Auch
sollte Herr Mantius weniger angestrengt, aber mehr tönend
singen. Das Erstere ermüdet die Organe und verursacht ein
Abwärtsschweben der Stimme, das Andere stärkt dieselben
und macht den Ton überall geltend, während ein starkge=
nommener, aber nicht klingend hervorgebrachter Ton fast ganz
verloren geht. Daraus ist die Erscheinung zu erklären, daß
man viele Sänger beim pianissimo (wo es leichter und
natürlicher ist, dem Ton Klang zu geben) deutlicher hört,
als beim fortissimo, wo der Ton im Schrei erstickt.*) Herr
Devrient, als Orest, zeigte offenbar, daß er die Rolle mit
Fleiß und Liebe studirt, daß er sie sorgfältig durchdacht hatte.
Allein so hoch wir die Leistungen dieses Künstlers sonst
immer schätzen müssen, so glauben wir doch, er habe dies=

---

*) Wir müssen hier daran erinnern, daß der Künstler damals
im Beginn seiner Laufbahn war; späterhin hat er die hier bezeich=
neten Mängel nicht nur überwunden, sondern durch unablässigen
Fleiß und Studium sich zu einem Sänger ersten Rangs gebildet;
der einzige in neuerer Zeit, der seine Kunst in diesem Grade stu=
dirt, es zu solcher Meisterschaft gebracht hat. Das Vorbild und
der Rath E. Devrient's, dieses vorzüglichen Sängers aus einer
älteren Zeit, ist ihm dabei von besonderer Ersprießlichkeit gewesen.

mal Fehlgriffe gethan. Schon seine Gestalt zeigte mehr
einen gedrückten, kranken, hinfälligen Mann, als einen Helden, den furchtbare Leidenschaften zwar erschüttern, zu Boden werfen, zermalmen, der aber in diesen Kämpfen die
Kraft einer hohen, edlen Natur entwickelt. Auch in den
Gesang trug der Künstler diese Fehlgriffe über. Fast immer
gab er der Stimme einen schmerzlichen Beisatz, der beinahe
in das Klägliche hinüberspielte. Zu oft bediente er sich des
Mittels, den Gesang gänzlich in den Naturlauten des Wei-
nens, Jammerns, Seufzens untergehen zu lassen, diese äußersten Grade des Ausdrucks dürfen aber nur mit größter
Vorsicht angewendet werden. An einigen Stellen traf er
meines Erachtens die Meinung Gluck's nicht. So z. B.
bei der Frage Iphigeniens nach ihrem Vater stößt er das
Wort Agamemnon mit schmerzlichem Schrei heraus, statt es
in eine düstre Wehmuth zu verschleiern, welche theils durch
die musikalischen Intervalle schon angedeutet ist, noch bestimmter aber durch die Worte Iphigenia's: „Woher, der
Schmerz, der Dich ergreift?" — „Dein Auge schwimmt
in Thränen." — „Ein Seufzer bringt aus Deiner Brust
hervor!" — gefodert wird. Bei dem Ton, welchen Herr
Devrient bei dem Namen Agamemnon gab, konnte sie aber
nicht von einem Seufzer, von einer hervordringenden Thräne,
sondern mußte von heftigem Ausbruche der Verzweiflung
sprechen. Dies Alles kann uns jedoch nicht hindern, sehr
viel Verdienstliches in der Leistung anzuerkennen und namentlich seine Darstellung der Verzweiflung, wenn die Furien ihn verfolgen, in vielen Momenten zu loben. Nur sollte
er sich am Schluß des Traums nicht wirklich von den Furien
hinweg und der Schwester entgegenreißen lassen, denn die
Furien sind nur die bildliche Darstellung Dessen, was die
Seele Orest's bewegt; sobald sie anfangen zu handeln, wer-

8**

den sie zu wirklichen Gestalten und steigen aus dem erhabenen Reich der Wunder in das Gebiet des gewöhnlichen
Lebens hinab. Doch hängt dieser Fehler mit dem oben gerügten, dem Wegbleiben der Erscheinung Klytemnestra's
streng zusammen; offenbar hat hier der berechnende Verstand
sich der wahr empfundenen dichterischen Auffassung verleitend
untergeschoben. — Endlich zu Iphigenien selbst. Wie in
jeder Leistung der großen Künstlerin, welche diesen in seiner
Einfachheit so erhabenen Charakter darstellt, fanden sich die
Spuren des tiefeindringenden, reichschaffenden Genius auch
hier. Sei es jedoch, daß Befangenheit oder Unsicherheit in
der neuen Rolle, oder endlich eine gewisse spröde Fremdar-
tigkeit der Aufgabe zu dem gestaltenden Sinn der Künstlerin vorwaltete (denn es gibt nirgend mehr als in der Kunst
Wahlverwandtschaften und Idiosynkrasien), allein im Ganzen befriedigte uns dieselbe nicht so wie in anderen Darstellungen. Wir hätten z. B. mehr von der Recitation des
Traumes erwartet. An anderen Stellen treten Mängel
ihrer Mittel der Künstlerin hindernd in den Weg; aber
die Rolle der Iphigenia, fast immer in der erhabenen Ruhe
antiker Gestalten verweilend, findet oft ihre Stütze einzig in
dem musikalischen Vortrag, in den ruhigen, aber aus der
Tiefe der Seele schwebenden Klängen, die ein unverkennba-
rer, doch edler und gefaßter Schmerz der Künstlerin der
Brust entströmen läßt. Die Stimme der Sängerin ist ihr
aber ungleich gehorsamer im Ausdruck der heftigsten Leidenschaft als in dem des ruhigeren Schmerzes. Darum gelangen ihr die bewegten Momente bei weitem am vorzüglichsten. Doch eine Künstlerin wie diese findet andere Mittel, wo die gewöhnlichen nicht ausreichen. Ist ihr die Kraft
versagt, durch den unmittelbaren Klang des Organs alle
Gemüther zu fesseln, so weiß sie dagegen allein durch den

stummen Ausdruck der edlen Gestalt eine Macht zu üben,
mit der sie jene fast überbietet. Unvergeßlich wird ihr Bild
uns vor der Seele schweben, wie sie, am Altar stehend, den
geliebten Todten das fromme Opfer darbringt und sich durch
demuthvolle Ergebung in das Geschick, das schwerstrafende
Götter ihr verhängt haben, über den irdischen Schmerz
erhebt. Die Künstlerin stellte durch ihre plastische Dar=
stellung diesen Moment als den höchsten des ganzen Cha=
rakters hin. Und ist er es nicht vielleicht auch? Das Wie=
dersehen der Geschwister mag der Gipfel des Dramas sein,
doch Iphigenia erhebt sich am höchsten da, wo sie den thrä=
nenschweren Blick, das bange Herz von dem Aschenhügel
aller der Ihrigen allein noch zu den Göttern emporwendet
und dort den Trost sucht, den das Leben ihr versagt.

Dasselbe Theater.

Zwei classische Werke, Iphigenia und Don Juan,
erfreuten sich in der vergangenen Woche einer fast gänzlich
erneuerten Darstellung auf unsrer Bühne. Ueber das erste
hatte sich Referent schon nach der ersten Aufführung ge=
äußert; mit großer Freude bemerkte er, daß man bei der
Wiederholung in vielen Stücken den Ansichten gefolgt war,
die er über das Werk ausgesprochen. Er sieht darin nicht
eine eitle Genugthuung, sondern nur eine höchst achtungs=
werthe Bestätigung, daß er der Wahrheit vielleicht nahe ge=
kommen ist. Das Recitativ des Boten, der Orest's Lan=
dung meldet, wurde in einem angemessenen Tempo genom=
men; die Trennung beider Freunde im Gefängniß geschah,
ohne jenen komischen Anstoß zu geben, den wir gerügt haben.
Mehrere andere Einrichtungen waren gleichfalls verbessert,

vorzüglich aber müssen wir jetzt der scenischen Anordnung bei der Erscheinung der Furien unsern Beifall schenken. Vielleicht handelt der Geist Klytemnestra's noch zu viel; er sollte wol nur erscheinen und durch seine Gegenwart wirken. Indessen haben die Wendungen der Musik, die Worte selbst, der Raum der Scene und noch manches Andere eine Stimme bei dieser Sache, deren Berücksichtigung vielleicht gerade die getroffene Anordnung am zweckmäßigsten macht. Die dar= zustellenden Aufgaben sind selbst für die trefflichsten Künst= ler so hoch in dieser Oper, daß noch Niemand den Gipfel derselben in einem Schwung erreicht hat. Sowol Iphige= nia als Orest, eine so ehrenwerthe Höhe sie schon das erste Mal erklimmt hatten, standen doch diesmal der Vollendung ungleich näher. Der Traum Iphigenia's, der neulich kalt ließ, war jetzt von der größten Wirkung; die folgenden Re= citative, das Gespräch mit Orest, das Terzett, Alles erschien sicherer, und somit schöner, wahrhafter, natürlicher. Die Opferscene am Schluß des zweiten Actes war wiederum ein Meisterstück plastischer Darstellung, doch wurde der Chor, besonders vor dem Solo, viel zu rasch genommen. Herr Devrient gab den Orest männlicher, verlieh ihm eine edlere Haltung, ohne den Schmerz, die Erschütterung, die Ver= zweiflung zu schwächen; einige Momente waren hinreißend schön. Doch sind wir über die Auffassung im Einzelnen noch nicht ganz mit dem Künstler einig; namentlich aber sagen uns seine Aenderungen in der Uebersetzung bei wei= tem nicht alle zu. Leider können wir hier nicht auf das Besondere eingehen und erscheinen also mehr behauptend als beweisend; doch würden wir selbst durch ein Verschweigen die Aufrichtigkeit unserer Ansicht verletzen, die uns gerade gegen einen so denkenden, die Stimme des Beurtheilers so beachtenden Künstler als die unumgänglichste Pflicht erscheint.

Herr Mantius als Pylades ist oft zu zärtlich; er war es
diesmal noch mehr als das erste Mal. Unbemerkt dürfen
wir es nicht lassen, daß dieser junge Sänger sich eine durchaus falsche Aussprache des g hinter dem i angewöhnt. Er
spricht es hart, als z. B. ewik, Könik u. s. w. Diesen dem
k ähnlichen Laut erhält das g nach einem i aber nur dann,
wenn eine gleichlautende Silbe folgt. Daher sagt man kö-
niklich, aber Königreich. Es versteht sich, daß ich hier mit
den Buchstaben k und g nicht genau, sondern nur ungefähr den Laut bezeichnen will. — — —

Don Juan hatte in seiner großentheils erneuerten Besetzung ein so überfülltes Haus veranlaßt, daß die Kasse
nicht ein einziges Billet übrigbehielt. Ein Beweis für die un-
versiegbare Anziehungskraft dieses ebenso tiefen als reizenden
National-Kunstwerks. Wir können das unerschöpfliche Thema
dieser Oper selbst hier gar nicht einmal berühren, sondern
haben uns nur an die Darstellung zu halten. Mme. Seidler,
als Elvira, wirkte durch reinen Klang der Stimme, durch
Fleiß und guten musikalischen Vortrag der Melodien. Freilich
aber waren Spiel und Recitation der Sängerin sehr schwach;
die Kunst hat darin in neuerer Zeit einen solchen Aufschwung genommen, daß die Sängerinnen einer früheren
Periode den Wettkampf mit denen unserer Tage gar nicht
bestehen können. Fräulein v. Schätzel war durch Stimme,
Persönlichkeit, Gewandtheit des Organs ganz für die Partie
der Zerline geeignet; ihr Talent für muntere und naive
Rollen ist bei weitem größer als für tragische und so gab
sie denn auch durch ihr Spiel ein wohlgelungenes Bild
des Charakters. Freilich aber verschwinden beide Leistungen
gegen die großartig tragische Erscheinung der Anna, wie sie
uns durch Mme. Schröder-Devrient dargestellt wird. Ihr
erstes Auftreten war höchst ergreifend; declamatorischer Aus-

druck und Spiel bei der Leiche des Vaters steigerten sich
mächtig; das Duett nahm die Künstlerin mehr tief-schmerz=
lich, als heftig leidenschaftlich. Einige plastische Bewegungen,
zumal während des Schwurs, hatten einen großartigen Aus=
druck, wiewol sie vielleicht etwas zu lange währten und da=
durch an Natur verloren. Die Recitation vor der ersten
Arie und diese selbst sind wahre Meisterstücke zu nennen,
doch scheint es uns, als habe die Künstlerin dieselbe neulich
im Concert des Herrn Möser noch feuriger gesungen. Die
hohe trauernde Gestalt der Anna gab allen folgenden Scenen den tragischen Schmerz, der sich so tief erschüt
durch das ganze lebensfrohe frische Werk hindurch.
Selbst die den Gang des Dramas hemmende Arie im
ten Act verband die Künstlerin durch ihr unnachahm
Spiel inniger mit dem Ganzen der Oper, als wir dies jemals von einer früheren Darstellerin gesehen haben.
Adagio entwickelt sie die ganze Gewalt ihres rührenden A
drucks; das Allegro fodert ein anderes Maß und eine andere Natur der Mittel als die, welche die Künstlerin besitzt. Daher mislang ihr in demselben Manches; sie ersetzte
indeß die technischen Mängel für uns wenigstens hinlänglich
durch die edle Auffassung. Herr Bader, als Octavio, gab
die Rolle durch entschiedeneres Spiel wie durch den Klang
seines herrlichen Organs eine Kraft, die uns den Charakter
viel näher im Interesse stellt. Sehr dankbar sind wir ihm
für die Restitution der schönen Arie in G dur, die wir der
späteren Bravourarie bei weitem vorziehen. Das Ganze
der Vorstellung war in vielen Beziehungen vollendet zu
nennen; wol gebührt einer Direction, die sich so warm und
thätig der deutschen Meisterwerke annimmt, die vollste Anerkennung.

Daſſelbe Theater.

Am 1. März wurde im königlichen Theater zum erſten Male (vermuthlich auch zum letzten) die Täuſchung, lyriſches Drama in einem Act nach dem Französiſchen, mit Muſik von Herold, gegeben. Ein misratheneres Product iſt uns lange nicht vorgekommen. Der Dichter hat den Teig unſinnig eingerührt, der Muſiker, der ihn backen ſollte, hat ihn halb roh gelaſſen, halb verbrannt, die Darſteller wußten ihn nicht zu ſerviren — kein Wunder, daß er dem Publicum nicht ſchmecken wollte. Bei der Komik gähnte man, bei der Tragik war man geneigt zu lachen. Pulver fabricirt man aus 6 Theilen Schwefel, 1 Theil Kohle und ⅙ Theil Salpeter; Herold hatte ſeine Muſik aus ungefähr 6 Theilen Auber, 1 Theil Roſſini und 1 Theil Herold gemiſcht. Er darf über dieſes kleine Eigenthum daran indeß nicht unruhig ſein, weder Auber noch Roſſini werden reciproce verfahren und es ihm nehmen. — Eine eigentliche Kritik läßt ſich über Etwas, das an allen Seiten ſchief und verkehrt iſt, nicht ſchreiben. Bei einer vollkommenen Misgeburt iſt Alles unnatürlich, unverhältnißmäßig, und Niemand kann ſagen, ob der Kopf zu groß und der Leib zu klein ſei, oder umgekehrt. Nur das Horaziſche Wort läßt ſich von vielen Situationen des Stücks ſagen: «Quae mihi sic ostendis, incredulus odi».

Concert.

Der junge Theodor Stein, ein Knabe, der unſtreitig viel Talent hat, ließ ſich im Jagor'ſchen Saale als Pianiſt hören. Wenn Kinder dieſer Art Das, was ſie vortragen, nach gründlichem Unterricht einſtudirt, ſo vollkommen

geben, als es ihrem Eifer bei den jugendlichen Kräften möglich ist, so wird das Publicum diese Gattung öffentlicher
Leistungen, wobei die Kunst freilich nichts gewinnt (im Gegentheil verliert, nämlich oft einen Künstler, der, wenn der
Knabe nicht zur Schau gestellt worden wäre, als Mann
vielleicht Gutes geleistet haben würde), mit Nachsicht beurtheilen und der öffentliche Referent sich diesem Urtheil anschließen. Allein, wenn man uns zumuthet, Leistungen mit
anzuhören, die wir gelinde bezeichnet, leichtsinnig nennen
müssen, so wird das Urtheil streng gegen Diejenigen ausfallen, denen die moralische Verantwortlichkeit dabei obliegt.
Daß ein Knabe von 12 Jahren nicht besser componirt und
phantasirt, daß er sehr unvollkommen Klavier spielt, das ist
eine Sache, die sich von selbst versteht. Daß man aber die
augenblicklichen Eingebungen der Phantasie eines solchen
Kindes, oder besser die Uebung, ein Thema mit einigen
Passagen verbrämt, und dies noch dazu sehr unsicher, zu
spielen, zu einer öffentlichen Kunstleistung erheben will, das
scheint uns durchaus unstatthaft. Schon die ausgezeichnetsten Virtuosen wagen etwas Gefährliches, wenn sie sich un-
terfangen, durch die augenblicklichen Eingebungen ihrer Phantasie ein Publicum zu fesseln; es ist überdies bekannt, wie
viel Vorbereitetes, Eingeübtes, Angelerntes dabei mitwirkt,
so daß die eigentliche Phantasie eine sehr geringe Rolle dabei spielt. Was soll man aber von der Leistung eines Knaben erwarten, die, unreif in jeder Beziehung, natürlich da,
wo die Aufgabe die höchste ist, am allerschwächsten erscheint?
Ein Schulknabe mag Talent zur Dichtkunst haben. Wird
man aber die Trauerspiele, die er verfaßt, in Druck geben?
Eine Beurtheilung der Phantasien selbst, die wir hörten,
wollen wir zurückhalten; nur können wir nicht umhin, zu
bemerken, daß dieselben sogar im Vergleich mit Leistungen

unter ähnlichen Verhältnissen, in gleichem Alter, die uns in
dieser Stadt mehrmals vorgekommen sind, durchaus verlieren.
Der kleine Virtuos verdient übrigens alle Aufmunterung,
wir wünschen ihm alles Gute; das Beste, was wir ihm
aber wünschen können, ist, daß er gründlicher belehrt, richtiger geführt werden möge!

Königliches Theater.

Am 8. April wurde die Oper: Der Gott und die
Bayadere, von Auber, zum ersten Male gegeben. Man
hat bei diesem französischen Product zuerst Mancherlei zu
vergessen. Zuerst, daß es ein Gedicht von Goethe gibt, welches denselben Namen führt. Dies wollte dem Referenten
anfangs durchaus nicht gelingen. Er sagte sich stets: Der
Gott und die Bayadere! Dachtest du nicht sonst bei diesem
Namen ein erhabenes Kunstwerk, an ein Gedicht, in dem
die tiefsten Tiefen der menschlichen Natur ergründet sind,
wo die wunderbarsten Geheimnisse und Widersprüche des
Herzens gelöst werden; an ein Gedicht, welches das nüch-
terne Alltags-Moralprincip mit ewigem göttlichen Feuer vernichtet; an ein Gedicht, das dich rührte, erschütterte, erhob —
und hier derselbe Name, ja auch eine dunkle, äußerliche
Aehnlichkeit der Ereignisse und doch Alles so schal, so in
die geistloseste Außenwelt gezogen! Nun und warum nicht?
Hat nicht Rafael die Madonna gemalt und steht sie nicht
angestrichen und vergoldet, mit plumpem Putz behangen, an
vielen Landstraßen aufgestellt? Ich wollte, ich mußte Goethe's Gedicht endlich vergessen! — Ich war in der Oper,
was sind Opern? Ich dachte an Iphigenia, Alceste, Armide, an Don Juan, Fidelio. — Sollte denn der Gott
und die Bayadere wirklich eine Oper sein? Ich suchte den

Begriff, den ich mir von einer Oper gemacht hatte, zu vergessen. Aber es ist ungerecht, flüchtige Leistungen der Zeit
an ernsten, ewigen messen zu wollen; doch auch im Vergleich mit jenen muß man immer noch gewaltsam den Begriff einer Oper aus dem Gedächtniß verbannen. Mir fiel
unglücklicher Weise ein, daß so viele deutsche Componisten
Opern geschrieben haben, die wir noch nicht gehört. Ich
überlegte und fragte mich: Wenn etwa ein vaterländischer
Musiker einmal aufträte und sagte, ich will einige Tänze
schreiben. Gebt mir aber einige eurer besten Sänger, die
neben dem Tanz ihre Stimmen hören lassen sollen, gebt mir
die schönsten Kleider, Prachtaufzüge, Decorationen, ein glänzendes Orchester, kurz, thut Alles, ich will Nichts thun,
aber nachher Ruhm und Vortheil davon haben. Was
würden wir ihm wol antworten? — Ich mußte also vergessen, daß es eine deutsche Kunst gibt, die, wenn sie mit
Fleiß und Ernst das Gute geleistet, große Mühe hat, daß
man ihr nur die nothwendigsten Mittel bewillige, um ins
Leben treten zu können. Nachdem man Alles das vergessen
hat, kann man endlich daran denken, daß man eine Oper
beurtheilen soll. Nein, wir wollen lieber den Namen ändern und sagen: ein Ballet. Wenn man Wasser in den
Wein gießt, verdirbt man ihn; es ist Schade darum, Wein
in Wasser zu gießen, aber das Wasser gewinnt wenigstens
einen bessern Geschmack. Als ein Ballet betrachtet, d. h.
als ein Aggregat von Tänzen, Decorationen, Costüms, Aufzügen u. s. w., wozu man die Vorwände dürftig an einen
geschichtlichen Faden wie Glasperlen an eine Schnur auf-
reiht, mag der Gott und die Bayadere ganz artig sein.
Auber ist reich an graziösen rhythmischen Melodien von vier
bis acht Tacten; er legt alle seine größten Stücke aus diesen bunten Abschnittchen zusammen, d. h. componirt eine

Ecossaise oder einen Cotillon von zwanzig, dreißig Theilen, unter denen immer ganz artige sind. Diese versteht er durch die Orchester-Toilette sehr geschickt, wenn auch bisweilen etwas kokett, aufzuputzen, und somit ist das Werk fertig. Will man einmal artige Galanteriewaaren betrachten, gut, so ist er der Mann, sie uns aus seinem Magazin in modernster Weise herbeizuschaffen. Aber Begriffe, wie schön, wahr, innig, ergreifend, oder gar erhebend, begeisternd, die sich sonst als die geflügelte Götterschar um den Triumphwagen eines Kunstwerks reihen — solche Begriffe lasse man zurück.

Vielleicht, wenn die Zeit uns die Wiederholungen dieses Opernballets in ihrem ewigen Kreislauf wieder mitbringt, kommen wir noch auf Einzelnes zurück. Was die Darstellung anlangt, so wurden von Seiten der Sänger schöne Kräfte ohne Zweck verwendet. Denn es ist gar niemals daran gedacht worden, daß der Gesang in dieser Oper eine Wirkung thun soll.

Dasselbe Theater.

Mozart's «Cosi fan tutte» hatte in einer neuen Bearbeitung eine für die schönen Sommertage sehr große Anzahl von Hörern im Opernhause versammelt. Wir können diese Bearbeitung nicht anders als loben, wiewol sie für uns nicht nöthig gewesen wäre. Es ist uns in der That stets unbegreiflich gewesen, wie man einen leichten Carnevalsscherz, der den Inhalt dieser Oper bildet, so schwerfällig ernsthaft betrachten und Foderungen an denselben machen wollte, die er gar nicht erfüllen will und soll. Zwei Liebhaber prüfen ihre Schönen dadurch, daß sie selbst sie in einer Verkleidung

zur Untreue zu verleiten suchen; es gelingt ihnen, die Mädchen sind beschämt, reuig, man verzeiht und liebt von neuem.
Das ist der einfache Gang des Dramas und der Welt.
Dem Dichter bedeutet das Ganze nichts, als einen fröhlichen
Scherz, es ist ein Vaudeville-folie, wobei er freilich weder
auf die Wahrscheinlichkeit, noch auf die moralische Nutzan-
wendung seiner Fabel ein großes Gewicht gelegt hat. Mozart hat den leichten Stoff eben so leicht, frei und muth-
willig behandelt. Indessen das Publicum will es einmal
zu unwahrscheinlich finden, daß die Mädchen ihre abreisen-
den Liebhaber eine halbe Stunde später in der Maske nicht
mehr erkennen, daß sie ihnen in einem halben Tage untreu
werden und in einer halben Minute die Vergebung dafür
erhalten. Der Bearbeiter wollte also die Wahrscheinlichkeit
herstellen und die Tugend der Mädchen retten. Sein Mittel ist einfach, er läßt die Verkappten erkannt werden und
nun die Mädchen den Schein der Untreue annehmen, um
dadurch sowol die Liebhaber, als den alten Hagestolz, der
eine ernstliche Wette auf die weibliche Flatterhaftigkeit gewagt hat, durch Verlust derselben zu bestrafen. Auch das
ist artig, es ist, wenn auch nicht der Lauf der Welt, doch
der Lauf der Lustspiele, und wir können es uns ebenfalls
gefallen lassen, wenn ein unsterblicher Genius, wie Mozart,
hinzutritt und dem nicht sonderlich künstlichen Thongebilde
durch den Prometheusfunken seiner Kunst ein göttliches Leben einhaucht. Beim Licht besehen, gewinnt zwar weder die
Wahrscheinlichkeit, noch die Tugend sonderlich viel. Denn
von der reinen Verstandesseite betrachtet, bleibt der Plan
der Männer ebenso verkehrt, wie er war. Wer sollte das
lustige Kammermädchen für einen Doctor, wer sie für einen
Notar halten, wer an die Vergiftung und die schnelle Hei-
lung glauben? Wer endlich gäbe viel für die sittliche Hal-

tung zweier Männer, die von ihrer Geliebten so gering
denken, daß sie sie durch eine solche Prüfung zu verleiten
glauben? Wer schlüge den Werth der Mädchen hoch an,
welche nach dem Vorgefallenen nicht im Innersten beleidigt
zurücktreten und solche Männer ihrer unwürdig erklären?
Käme es daher auf Alles dieses in der Oper an, so wäre
sie jetzt so wenig gut zu heißen wie zuvor; allein zum Glück
dürfen uns diese Einwendungen wenig kümmern. Der
Dichter hat von seinem Recht, den Verhältnissen der Wirklichkeit eine poetische Ausdehnung zu geben, Gebrauch gemacht. Er fodert nichts von uns, was gegen die innere
Wahrheit des Gedichtes stritte, sondern nur einiges Hinweg-
setzen über die Schranken der Zeit und des Raums. Nehmen wir an, daß seine Türken nach Jahren zurückkehren,
statt zu unserer Bequemlichkeit in derselben Minute, wo die
französischen Officiere abreisen, so dürfte damit der ganze
Uebelstand gehoben werden. Allein wer darf den Scherz
so schwerfällig zergliedern und deuten? Wir müssen mit
Heiterkeit an das Heitere gehen, Das, was geschieht, nur als
eine flüchtige Allegorie des Gedankens betrachten, wo es auf
die Perspective, in der die Gruppen geordnet sind, als auf
eine Nebensache, eben nicht ankommt. Wer sich den klü-
gelnden Verstand zum Begleiter in das Reich der Dichtkunst nimmt, der wird meist schlecht berathen sein; er bringe
Glauben mit.

> Du mußt glauben, Du mußt wagen;
> Nur ein Wunder kann Dich tragen
> In das schöne Wunderland.

Das Wunder aber ist Mozart's ewig heiterer Genius,
der in voller Frische blühender Gesundheit, im hellsten Glanz
des Frühlingsmorgens vor uns hintritt. Zwar ist es nicht

der Mozart, der in die tiefsten Tiefen der Seele dringt und
uns durch nie geahnte Geheimnisse seiner Kunst erschüttert;
auch nicht der, welcher sinnliche Gestalten so mit dem zauberischen Schimmer brennender Farben umgibt, daß er ihnen
einen Reiz der Schönheit verleiht, der uns fast verleiten
kann, sie gut zu nennen, weil sie schön sind; es ist freilich
nicht dieser Beherrscher der Unterwelt und des Paradieses.
Aber es ist Mozart auf dieser Erde, es ist sein lebensfrischer,
heiterer Sinn, der die Gestalten des Scherzes in reizende
Gewänder hüllt, sie mit Kränzen schmückt und uns unwiderstehlich zwingt, dem bunten, fröhlichen Zug zu folgen.
„Werft alle Sorgen des Lebens weg", scheint er zu rufen,
„laßt uns einmal fröhlich sein! Denkt nicht, grübelt nicht,
zweifelt nicht! Schweift mit mir umher durch Feld und
Flur, ohne Ziel, ohne Zweck, als die muthwillige Freude!
Glaubt Ihr, ich würde mich anstrengen, arbeiten, mich ver-
drüßlich abmühen? Nimmermehr! Thue ich Wunder, so
ist's, weil ich's nicht anders vermag; vollbringe ich Thaten
der kühnsten Kraft, so ist's, weil Herkules auch den Spiel-
ball in höhere Lüfte treiben muß als Lychas." — In diesem Sinne wurde das Werk vom Publicum aufgenommen.
Es herrschte von Anfang bis zu Ende jene Stimmung
der Lust und Freude, die sich vollständig selbst genügt;
jene innere Befriedigung, die der Charakter des vollkräfti-
gen Lebensgenusses ist. Undankbar würden wir sein, wenn
wir sagten, daß die treffliche Ausführung, die kaum im
Einzelnen etwas zu wünschen übrigließ, nicht einen großen
Antheil daran hätte. Die Darsteller schienen für einander
wie geschaffen; das Werk will nirgend tief, es will überall
frisch genommen sein, und so geschah es. Alle verdienten
den Kranz, wir wüßten ihn keinem Einzelnen vorzugsweise
zu reichen; so urtheilte auch das Publicum, welches, wie

aus Einem Munde, sowie der Vorhang fiel, Alle hervorrief. Seit vielen Jahren können wir uns keines heiterern Kunstgenusses erinnern, keines, der uns so ohne alle Anstrengung gewissermaßen unwillkürlich geworden wäre. Und dennoch regt das Werk eine Welt von Betrachtungen auf! Wir denken künftig an Einzelnes dergleichen anzuknüpfen. — Für diesmal wollen wir nur noch einige kleine Erinnerungen hinzufügen, damit man uns nicht vorwerfe, ein reiner Panegyrist zu sein. Einige Tempi waren uns zu rasch; die Oper verlangt keine wilde Lustigkeit, sie will überall nur fröhliches Behagen. In dem Terzett: „Weht freundlich, ihr Winde"! war die Begleitung gegen die Singstimmen zu schwach. Man hörte die reizenden Violinbewegungen fast nicht.

Dasselbe Theater.

Für das Tanz und Tänzerinnen liebende Publicum war es ein Ereigniß von unermeßlicher Bedeutung, daß die angenehmen Gäste aus Wien, die uns vom vorigen Jahre her in so erfreulicher Erinnerung sind, die Geschwister Elsler in dem von denselben hier in Scene gesetzten Ballet Ottavio Pinelli einen neuen Cyclus von Gasttänzen eröffneten. Das große Opernhaus war vom ersten bis zum letzten Platze gefüllt, Tausende von Lorgnetten und Perspectiven richteten sich nach der Bühne. Indessen mußten die ungeduldigen Verehrer der schönen Fremden sich in Geduld fassen und erst Wallenstein's Lager einnehmen, bevor sie zu dem Tempel der Tanzkunst vordringen konnten. Endlich erschien der so lang ersehnte Augenblick. Dlle. Therese Elsler war die Erste, die sich auf der Scene zeigte, sie wurde lebhaft, ihre später erscheinende Schwester Fanny noch leb-

hafter begrüßt. Beide erhielten während der ganzen Dauer
der Vorstellung unaufhörliche Zeichen des Beifalls. Beide
wurden am Schlusse gerufen. Ein Schriftsteller, der nur
historisch, gewissermaßen als Chronikant, der Mitwelt dies
Ereigniß zu überliefern hat, muß schon wie Homer die Musen anrufen, um ihm bei der schwierigen Arbeit zu Hülfe
zu kommen; ein Kritiker gar, der anschauend, erkennend,
beurtheilend, würdigend auftreten soll, thut am besten, gleich
vorweg die Segel zu streichen. Rein historisch · also bringt
er nur folgende Aphorismen ins Publicum. An Anmuth
und Grazie, an gewandter Zierlichkeit der Füße, an höherem
Reiz ruhiger Stellungen haben die Gäste nicht nur nicht
verloren, sondern offenbar gewonnen. Auf jeden Entrechat,
jedes Battement, jede Pirouette folgte der Schall eines Pe-
loton-Applaudissements so gewiß wie der Knall nach dem
Blitz des Gewehrs. Einige Tirailleurs der verehrenden
Schar feuerten auch einzeln ihre Ehrenbegrüssungsschüsse
ab; einmal war es gar, als ob eine concrevesche Rakete ihr
prasselndes Lobpreisungsgetön vernehmen ließe. Mehrere
vereinzelte Stentor-Bravo-Rufe glichen Kanonenschlägen aus
dem Massengetümmel heraus. Die Logenränge schienen kreis-
förmige Redouten, wegen der vielen Perspectivröhre, die wie
Kanonenröhre über Bord gerichtet wurden. — Ein hoher Preis
wäre gewiß mit der Erfindung zu verdienen, wie man das
Glas unverrückt vor dem Auge halten und doch mit beiden
Händen dauernd applaudiren könne. — Kurz, es war ein
Tag der Tage, dem man die erste Hälfte eines sonst omi-
nösen Hexameters als Inschrift weihen kann: «Venit summa
dies!» Denn was, frage ich, kann dem Glücklichen, dem
keine Stunde schlägt als die des Theateranfangs und Schlusses,
noch jenseit liegen? Höchstens die Hoffnung, daß die hohen
Preise auf die gewöhnlichen reducirt würden, was aber un-

ausbleiblich eintreten wird, wenn der Andrang der Specu-
lanten à la hausse sich erst so weit vermindert hat, daß
Papiere des Theaters um 33⅓ Procent fallen.

Uebersicht des Jahres.

Die Bühne brachte nebst den in den Beurtheilungen berührten Werken in diesem Jahre an neuen Aufführungen die Räuberbraut von F. Ries (mit großem Erfolg gegeben, doch nach der
Abreise der Mme. Schröder-Devrient, welche die Hauptrolle hatte,
nie wieder dargestellt), die Täuschung von Herold, Auber's Gott
und Bayadere, Bettina von Blum, die beiden Familien von La-
barre, Boieldieu's umgeworfene Wagen. — An hervorragenden
Aufführungen nennen wir Joconde, damals durch E. Devrient's
feine, elegante Darstellungsweise und unübertreffliche Gesangskunst
und durch Bader's wunderschöne Mittel und edle Kunst und Persönlichkeit eine Vorstellung von unvergeßlicher Trefflichkeit. Demnächst Mozart's «Cosi fan tutte», in neuer Textbearbeitung (siehe
die Beurtheilung), und die Stumme von Portici, unter Mitwirkung
Fanny Elsler's, mit außerordentlichstem Erfolg. — An Sängern
und Sängerinnen hörten wir, außer den einheimischen, Mme. Schröder-Devrient in Euryanthe, Vestalin, Fidelio, Räuberbraut, Iphigenia, Oberon u. s. w. Herr Breiting trat als Licinius auf.
Mme. Pohl-Weißteiner, Mme. Fischer aus Karlsruhe (schöne Stimme
und Persönlichkeit), Mme. Sehse-Welker gaben Gastrollen. — In
der Concertwelt traten Fanny als Componist, F. Ries, Henriette
Arnold (treffliche Sopranistin, Gattin des Pianoforte-Virtuosen),
Mme. Türrschmied (ebenso ausgezeichnete Altistin), Louis Maurer, der berühmte Geiger, und Theodor Stein, der als Klavierspieler seine Laufbahn begann, auf. — An Aufführungen
hatten wir unter den Oratorien der Singakademie wiederum die
Passionsmusik von S. Bach. Außer Möser's Soiréen hatten die
Gebrüder Ganz Matinéen eingerichtet für Kammermusik mit Pianoforte; von W. Taubert wurde eine erste Sinfonie gegeben.
Herr Girschner führte eine Composition der Oper Undine von Fou-

qué (die einst von A. E. T. Hoffmann componirt, so großes Glück gemacht) als Concert auf. — Einen beliebten Componisten, der die Kunst aus Liebhaberei, aber mit großer Kenntniß und Einsicht übte, den Justizrath Wollanck, einen Schüler Zelter's, verlor Berlin durch den Tod als eines der ersten Opfer der Cholera.

Jahr 1832.

Königliches Theater.

Eine kleine Oper, die Kirmeß, von unserm geschätzten Sänger E. Devrient gedichtet und von dem jungen, talentvollen Componisten Herrn W. Taubert in Musik gesetzt, erwarb sich am 23. Januar den ungetheilten Beifall des Publicums und muß auch von allen Sachverständigen als ein sehr erfreuliches Werk eines jüngern Talents anerkannt werden. Das Sujet ist gewissermaßen eine andere Weise von Jery und Bätely, jedoch sehr eigenthümlich, und für die Darstellung mit Kenntniß der theatralischen Vortheile behandelt. Die Verse sind nicht ausgezeichnet, erheben sich aber doch weit über Das, was uns die gewöhnlichen Opern, zumal die Uebersetzungen liefern. Der Componist ist dem Dichter mit Einsicht gefolgt und hat oft sehr glückliche Erfindungen im schönen Ausdruck des richtig Aufgefaßten gezeigt. — Die Ouvertüre hat viele pikante Züge, die jedoch nicht gehörig zu einem Ganzen geordnet erscheinen, weshalb dieses Stück, wiewol es immer noch verdienstlich genannt werden kann, auch nur eine geringe Theilnahme gefunden hat. Das

zweite Terzett, welches vielleicht schicklicher gleich mit dem
ersten verbunden würde, fand zuerst lebhafte Anerkennung.
Der Beifall steigerte sich mit dem Fortgange der Handlung
und Musik. Das Lied Anton's (von Herrn Hoppe sehr
gut vorgetragen) ist natürlich und auch originell in der Melodie, schön deklamirt und mit vielem Geschick instrumentirt.
Suschens kleines Lied (Fräulein v. Schätzel gab die Rolle
in Spiel und Gesang höchst anmuthig) gefiel ebenfalls; Referent muß es, ein seltener Vorwurf, zu kurz nennen. Es
klingt ihm nur wie eine Einleitung zu einem größern Stück,
das vielleicht dort an seiner Stelle wäre. — Von hier an
wird durch das Auftreten des Chors die Handlung leben-
diger, die Musik entwickelt Frische, Kraft, Humor; sie ist
nirgend ausgezeichnet in der Erfindung zu nennen, überall
aber gut. Bei gesteigertem Fleiß, bei erhöhter Begeisterung,
zu der ein größerer Gegenstand anregt, würde der Componist vielleicht auch auf jene höheren Standpunkte künstlerischer Schöpfungen gelangen. Sehr wirkungsvoll ist die
schlechte Tanzmusik der Kirmeßgeiger mit der guten des
Orchesters verbunden. Die Arie des Hanswursts, welchen
Herr Devrient mit glücklichster Laune gab, fand mit Recht
allgemeinen Beifall, sowie auch seine spöttische Anwendung
eines bekannten Volksliedes, welches der Componist, jedoch
mit eigenthümlicher Melodie, behandelt hat und dazu berechtigt war, weil auch der Dichter nur mit den ersten Zeilen daran erinnert und nachher die seiner Situation angemessenen Aenderungen anbringt. Das kleine Stück, rasch
gespielt, durchweg vortrefflich gesungen (denn auch Herr
Zschiesche als Voigt ließ nichts zu wünschen übrig), erhielt
die Theilnahme fortwährend rege und wurde am Schluß
durch den lebhaftesten Beifall, der dem Ganzen galt, seinem
Werthe gemäß anerkannt.

9*

Der Tod Zelter's.

Berlin, 15. Mai.

Diesen Morgen vor 6 Uhr entschlief hierselbst nach vier-zehntägigem, großentheils sehr schmerzlichem Krankenlager der würdige Veteran der Kunst Karl Friedrich Zelter. Das äußerliche Leben dieses bedeutenden Mannes ist theils so in unserer Mitte geführt worden, theils so gleichmäßig verflossen, daß es sich in wenigen Worten zusammenfassen läßt. Im Jahre 1758 zu Berlin geboren, erhielt derselbe seine erste Bildung auf dem Joachimsthalischen Gymnasio. Im 17ten Jahre trat er in das Gewerk der Maurer, ein Stand, dem sein Vater angehörte, ein; er widmete sich die-ser thätigen Laufbahn ungern, indeß doch mit rühmlichem Eifer. Die Zeit jedoch, welche er erübrigen konnte, wandte er auf das Studium der Musik, welche Kunst ihn mit einer un-widerstehlichen Macht anzog. Nachdem er sich lange durch eigene Kraft zu bilden gesucht, wurde er Fasch's Schüler und trat nachmals ganz in die Wirksamkeit dieses berühmten Mannes ein. So ward er der Führer des Instituts der Singakademie, dem er eine geraume Zeit von Jahren vor-gestanden. Im Jahre 1809 wurde er zum Professor der Tonkunst an der Akademie der Künste in Berlin ernannt. In demselben Jahre stiftete er den schönen Verein der Lie-dertafel, welcher seitdem rüstig fortgediehen ist und die Ver-anlassung zu einer großen Zahl ähnlicher Gesellschaften wurde, die sich in vielen Städten Deutschlands bildeten. Der Ge-sang für Männerstimmen à capella hat dadurch einen ganz besondern Aufschwung erhalten und ist weiter verbreitet und beliebt geworden als irgend sonst. Für Zelter's Thätigkeit als Lehrer zeugt die große Zahl seiner Schüler, die theils in unserer Mitte, theils auswärts eine rühmliche Wirksam-

keit üben. Viel bedeutender ist jedoch die innere Lebensge-
schichte dieses seltenen, höchst eigenthümlichen Mannes, allein
sie bietet eine ungleich größere Aufgabe, als der Zweck und
der Raum dieser Blätter zu lösen gestattet. Von warmer
Verehrung für das Schöne in jeder Gestalt durchdrungen
lebte Zelter im vertrauten Umgange mit den ausgezeichnetsten Künstlern des Zeitalters. Die nahe Verschwisterung
der Musik mit der Dichtkunst knüpfte ein Band der Freundschaft zwischen ihm und den beiden größten deutschen Dichtern. Schiller schied früh aus diesem schönen Bunde ab;
Goethe und Zelter blieben bis an ihre letzten Tage die innigsten Freunde. Das Dahingehen des Dichtergreises wirkte
so erschütternd auf den Zurückbleibenden, es raubte ihm so
das kostbarste Gut, welches die Erde für ihn besaß, daß
von jenem Tage an auch er das Vorgefühl des Todes in
sich zu tragen schien. Er fühlte deutlich, daß diese Welt
ihm zu wenig mehr biete, um ihr noch lange angehören zu
können. Eine weiche, dem festen, freudigen Charakter Zelter's sonst fremde Stimmung waltete in ihm vor. Es zog
ihn mächtig dem Freunde nach. Ein wehmüthiges, aber
dennoch erhebendes Gefühl ergreift uns, wenn wir sehen,
wie die äußere Natur auf diese Weise der Seele einen traurigen Gehorsam leistet. — Der Todte fand, und häufig auch
nicht mit Unrecht, entschiedene Gegnerschaft in seinem Wirken. Wir gehören nicht zu Denen, die das Sprichwort
«de mortuis nil nisi bene», ohne den Sinn der Pietät,
welchen dasselbe hat, zu verkennen, unbedingt annehmen
möchten. Die Wahrheit ehrt Lebende und Todte und gerade bei bedeutenden Männern muß sie am strengsten ihr
Recht geltend machen, und wahrlich, sie selbst fodern dies
am eifrigsten. Wie man aber auch von dem Würdigen
denken möge, den wir betrauern, die Anerkennung muß ihm

Jeder zollen, daß er mit heiligem Eifer für das Edle in der Kunst gewirkt hat, daß er der festeste Damm gegen ihre leichtsinnige Ausartung war, daß er, unabläffig in feiner Thätigkeit, unermüdlich in der Ausdauer, mit seinen Gaben und Mitteln den möglichsten Grad der Erfolge errang. — Selbst die Besonderheit der Tüchtigen darf Achtung verlangen. Hätten wir dem Todten eine Grabschrift zu fetzen, so würden wir die Zeilen des Dichters, den er so hoch verehrte, wählen:

Denn Recht hat jeder eigene Charakter!

Berlin, 18. Mai.

Diesen Morgen wurden Zelter's sterbliche Ueberreste in ernster, aber erhebender Feier, bestattet. Um 6 Uhr hatten sich im Saale der Singakademie die sämmtlichen Mitglieder dieses Institutes, außerdem die zahlreichen Verehrer, Freunde und Schüler des Verstorbenen und Diejenigen, welche in amtlichen oder collegialischen Verhältnissen zu ihm standen, versammelt. Ein schöner Zug war es, daß das löbliche Mauergewerk sich der Bestattung angeschlossen hatte, ein Zeichen, daß auch von dieser Seite der Dahingegangene in bürgerlich ehrenhaftem Andenken gehalten wurde. Es fehlte in der trauernden Versammlung fast keiner der bezeichneten Verwalter der künstlerischen Anstalten; auch ein fürstlicher kunstsinniger Freund ehrte das Gedächtniß des Todten durch seine Gegenwart. *) Inmitten des Saales stand der Sarg, zu Füßen mit einer Leier, zu Häupten mit einem Lorberkranz geschmückt. Blumen bildeten eine freundliche Umgebung, aus der sich fünf Postamente mit Büsten erhoben. Die mittlere war die des Verstorbenen selbst, zur Rechten stand die seiner Gattin, zur Linken die seines großen,

---

*) Fürst Radziwill, der Componist des Faust.

ihm kurz vorangegangenen Freundes, so daß er von Denen,
die ihm im Leben die Theuersten gewesen, zunächst umgeben
war. An den beiden äußersten Enden waren Fäsch und
Sebastian Bach mit sinnvollem Verständniß als diejenigen
großen Künstler aufgestellt, denen der Verstorbene unstreitig
die Hauptrichtung seines Lebens verdankt. Zu beiden Seiten des Sarges standen die Festpokale beider hiesigen Lieder-
tafeln. Zwar hatte der Verstorbene nur die ältere gestiftet,
allein die jüngere von Ludwig Berger und Bernhard Klein
gegründete hatte ihn von Anbeginn zu ihrem Ehrenmitgliede
erwählt, als welches er derselben bis an sein Ende ebenso
getreu anhing und fleißig beiwohnte, wie dem Vereine, dessen
Schöpfer er war. — Ein von dem ganzen Chor der Singakademie ernst angestimmter Choral: „Wen hab' ich sonst
als Dich allein" begann die Feier. Hiernächst sprach Herr
Professor Schleiermacher eine kurze, aber inhaltreiche Rede,
in welcher er mit wenigen Zügen das bedeutsame Leben des
Verstorbenen entwarf und namentlich dessen letzte Lebens-
augenblicke, in denen sich gewissermaßen die Summe seiner
Bestrebungen als Endresultat zusammendrängte, auf ergreifende Weise berührte. Nach dem Schluß der Rede sang
der Chor den Choral: „Wenn ich einmal soll scheiden"
u. s. w. Hierauf wurde der Sarg von 24 Leichenmarschällen
begleitet hinabgetragen und der Zug der Folgenden bildete sich in der Ordnung, daß zunächst hinter den Verwandten die vier Vertreter der Institute, denen der Verstorbene im Leben angehört hatte, sich anschlossen. Nämlich
als ältester Vorsteher der Singakademie der Herr Geheime-
rath Köhler, als Director der Akademie der Künste Herr
Professor Schadow, als Rector der Universität Herr Professor Marheinicke und als ältester Meister des Maurerge-
werkes (Herr Altmeister Siegel war verhindert) Herr Mau-

termeister Einsiedler. Demnächst schlossen sich die Anwesen=
den in freier Ordnung paarweise an. Das Geleite geschah
zu Fuß, die Wagen folgten in unabsehbarer Reihe hinter
den Fußgängern, der Zug bewegte sich hinter dem Gießhause
vorbei über die Friedrichsbrücke nach dem Sophienkirchhofe.
Das schönste Frühlingswetter verlieh der ernsten Feier eine
rührende Milde. Namentlich war dies auf dem Kirchhofe
von Vielen empfunden, wo die im frischesten Grün stehen=
den Bäume, der heitere Himmel und der muntere Gesang
der Vögel dem trauernden Zuge ein auf ganz eigne Weise
bewegendes Bild des Lebens gegenüberstellten. Nach breima-
ligem Accord der Posaunen stimmte der Männerchor der
Singakademie an der Gruft den Choral: „Jesus meine Zuversicht" an. In dem Augenblicke, wo der Sarg eingesenkt
war und Herr Professor Schleiermacher die segnenden Worte
sprach, ertönte von dem Glockenstuhle herab in langsam
feierlichen Schlägen die achte Stunde. Selbst das Zufällige
scheint in solchen Augenblicken eine ernste Bedeutsamkeit zu
gewinnen. — Nachdem Herr Professor Schleiermacher noch
einige tiefempfundene und darum tiefeindringende Worte gesprochen, hob der Männerchor noch einmal den Gesang an:
„Wenn ich einmal soll scheiden". — Mit den letzten ver-
klingenden Tönen war die wehmüthige Feier geschlossen.
Die ernsten Klänge, die das Leben des Dahingegangenen
geleiteten, trugen und verschönten, wehten ihm auch jenseits
der Gruft nach. *)

---

*) An dem unbeschreiblich schönen Frühlingsvormittage, der die=
ser uns Alle im Tiefsten ergreifenden Trauerfeier folgte, ging ich
mit Bernhard Klein nach dem Garten, den er damals bewohnte,
hinaus. Nie habe ich ihn bewegter, nie hingegebener, nie so von
Wehmuth ergriffen gesehen. Er strömte mir sein ganzes Herz aus.
Bitterste Schmerzen hatten ihn getroffen. Seine junge Gattin

Concert.

Berlin, 16. Juni.

Gestern begannen die ersten Quartett-Abende der vier Gebrüder Müller. Ist es schon eine seltene Erscheinung, vier Brüder zu einer Kunstleistung vereinigt zu sehen, so ist die Höhe, auf welcher dieselbe steht, eine noch seltenere. Wir haben noch niemals in einem Quartett ein schöneres Zusammenspiel gehört, als das dieser vier ausgezeichneten Künstler. Nicht nur, daß jeder auf seinem Instrumente ein trefflicher Virtuos ist, sondern jeder hat auch so viel Achtung vor dem Ganzen, um seine besondere Virtuosität stets dem Hervortreten des Stücks in seiner vollsten Klarheit zu widmen. Ein so feines, wie aus dem Druck einer Hand entspringendes gleichmäßiges Nüanciren, eine solche Präcision des plötzlichen Forte und Piano, eine so gleichmäßig wachsendes Crescendo, und dabei ebenso eine stete Klarheit des Ganzen wie der einzelnen Stimmen, ist nur durch den größten Fleiß des Zusammenspiels zu erreichen, wenn jeder Theilnehmer daran selbst ein großer Künstler ist. Diese so höchst seltene Vereinigung der Umstände findet sich

---

war ihm durch den Tod entrissen, eine innere Mißstimmung, vielleicht ein tiefer, künstlerischer Zwiespalt (dessen nähere Erklärung hier nicht möglich ist) folterte ihn. — Vielleicht war es aber auch eine Mahnung, daß auch sein Ziel nahe, allzunahe gesteckt sei. Noch derselbe Sommer sollte ihn dem Leben entreißen! — Die nächsten Blätter schon haben von diesem unschätzbaren Verlust zu berichten; denn, abgetrennt von seiner musikalischen hohen Bedeutsamkeit, war Bernhard Klein, es kann nicht genug wiederholt werden, eine der wunderbarsten künstlerischen Naturen, von einer geistigen Hervorragung seltenster Art. Eine Seele aus Flammen geschaffen. — Jean Paul hat verwandte Charaktere dichterisch construirt. Das Leben hat mir keinen zweiten gezeigt.

9 **

bei dem kunstreichen vierblätterigen Brüderkleeblatt. Sie
spielten ein Quartett von Mozart (Es dur), eins von Fesca
und eins von Beethoven (C dur). Das erste trugen sie
durchaus ruhig, in einem uns bisweilen fast ein wenig zu
langsamen Tempo vor, namentlich hätten wir einige Stellen
des Allegros wol feuriger gewünscht. Indessen gibt man
einmal die Art der Auffassung zu, so war die Ausführung
nach dieser Ansicht eine vollkommene zu nennen. Das zweite
Quartett, so schön es gespielt wurde, erschien zu wenig bedeutend als Composition, wiewol einzelne glückliche Züge
nicht darin fehlen. Im dritten aber, dem so schwierigen
Werke Beethoven's, zeigte sich die Meisterschaft der Künstler
in ihrem höchsten Grade. Das Andante würden wir zwar
etwas zarter, schwärmerischer, gewissermaßen verschleierter
aufgefaßt wünschen und ziehen in dieser Hinsicht die Ausführung durch das Möser'sche Quartett vor; allein die
übrigen Sätze und zumal der letzte wurden mit einem Feuer,
einer Kraft, einer vollendeten Fertigkeit vorgetragen, die zu
einem wahrhaft begeisterten Beifall hinriß. Die Künstler
zeigten, daß Grade der Vollkommenheit in der Execution
möglich sind, an die wir kaum geglaubt hätten. Möge doch
ja kein Musikfreund es versäumen, sich den hohen Genuß
zu verschaffen, diese trefflichen Künstler zu hören, um durch
sie gewissermaßen eine ganz neue Weise der Behandlung
des Quartetts kennen zu lernen!

Königliches Theater.

Am 8. Juli wurde bei überfülltem Hause Don Juan
gegeben und Fräulein v. Schätzel sang zum ersten, vielleicht
auch zum letzten Male die Rolle der Anna, der edelsten im
großartig leidenschaftlichen Stil, welche wir im ganzen Reiche

der Musik kennen. Die erste Scene, das Duett mit Don Juan, haben wir noch niemals trefflicher gehört. Die Künstlerin sang es mit einem solchen Feuer und einer so imponirenden Fülle der Stimme, daß sie in diesem Stück alle ihre Vorgängerinnen übertraf, zumal da ihre Haltung im Spiel, wenn nicht ausgezeichnet an sich, doch die Situation durchaus erfüllend war. Allein der Angriff mochte, wie es bei jungen kühnen Truppen zu sein pflegt, etwas zu heftig gewesen sein; er hatte die Kräfte zu schnell erschöpft, denn in dem darauf folgenden großartigen Duett hörte man es der Sängerin, zumal in einigen hohen Tönen an, daß sie anfangs zu verschwenderisch mit ihrem Reichthum umgegangen war. Doch blieb die Auffassung höchst würdig und im Ganzen wirkte der herrliche Metallklang ihrer Stimme doch noch mit bedeutender Macht. Indessen steht diese Aufgabe so hoch, sie ist so verwickelt, daß es selbst der größten Darstellerin nicht gelingen wird, sie sogleich mit Vollkommenheit zu lösen. Wenn daher in den Recitativen Manches nicht nach unserm Sinn, das Meiste in zu einförmiger Auffassung, Einiges auch nicht ganz deutlich in der Aussprache vorgetragen wurde; wenn es auch der Darstellung hier und da noch an der feineren Ausarbeitung, an leisen Abstufungen, an wirksamen Contrasten mangelte, so glauben wir doch, daß selten eine Künstlerin, welche in dieser Rolle debütirte, so viele Ansprüche befriedigt haben wird. Es ist nothwendig, daß man gewissermaßen in den Charakter hineinwächst; ja sogar das Zusammenspiel mit den übrigen Künstlern kann sich erst nach gerade so gestalten, daß alle Unebenheiten sich abschleifen. Wenn wir daher die großen Vorgängerinnen in dieser Rolle, Dlle. Sontag und Mme. Schröder-Devrient, auf eine höhere Stufe stellen müssen, so leistete unsere einheimische Künstlerin doch beim ersten Ver-

suche so viel, daß man gewiß sein dürfe, sie werde dereinst
hinter jenen Darstellerinnen nicht zurückbleiben und wenn
gleich durch andere Mittel, auf anderm Wege, eine ähnliche
Höhe der Wirkung erreichen, falls sie sich die Zeit ließe,
ihre Aufgabe zu vollenden. Das ungleich schönere Metall
der Stimme, der Vortheil der Jugend kommen ihr zu Gute
und würden Das aufwiegen, was jene Beiden, die Eine
an meisterhafter Gesangskunst, die Andere an kühner Ge-
nialität der Darstellung voraus hat. Fräulein v. Schätzel
gab uns ein Bild aus dem edelsten Marmor, nach einem
großen Entwurf gearbeitet, an dem jedoch die vollendende
Hand des Meisters noch die letzte Thätigkeit üben müßte.
In einigen Momenten war die Wirkung außerordentlich, so
z. B. einige Einsätze in der ersten Arie, das Ansteigen und
Sinken der Tonleiter im Maskenterzett, die schwierige Passage im Sextett, die wir noch von keiner Sängerin so durch-
greifend und sicher gehört haben; endlich die schöne Arie im
zweiten Act, die mit durchgehender Empfindung gesungen
wurde. Weniger dagegen sagte uns das große Recitativ
vor der großen Arie, sowie diese selbst, zu; wir hörten darin
zuviel jenes piangeudo im Ansatz der Töne, welches früher
eine vorherrschende Gewohnheit der Sängerin war. Wie
gesagt aber, das Ganze der Leistung fiel sehr schwer in die
Wagschale der Kunst; mit vollem Recht spendete das Publicum daher seinen stürmischen Beifall, seinen doppelten Hervorruf.

Dasselbe Theater.

Am 23. Juli fand im Opernhause eine Kunstfeier statt,
die, so viel Heiteres und Erfreuendes sie darbot, doch im
Ganzen einen wehmüthigen Eindruck machte. Fräulein

v. Schätzel nahm als Rosine im Barbier von Sevilla für immer von dem Publicum und der Bühne, wo sich ihr ein so schöner Schauplatz des Wirkens eröffnet hatte, Abschied. Wir hätten gewünscht, dies möchte in einem deutschen, ernsten Kunstwerk geschehen sein, welches eine eblere Stimmung der Seele und somit eine ernstere Betrachtung des wichtigen Augenblicks veranlaßt hätte, als es des Italieners zwar von Talent reich übersprudelndes, aber doch nur auf der Oberfläche der Empfindungen verkehrendes Werk vermochte. Indessen hat die Künstlerin wol in der alle frische Kräfte der Heiterkeit aufregenden Darstellung ein Gegengewicht für die Gewalt des Augenblicks zu finden gesucht, der bei seinem mächtigen Eingreifen in den ganzen Lebensgang sonst leicht der Wirklichkeit einen unabweislichen Sieg über die schönen Täuschungen der Kunst verschafft haben würde. Ein solcher Grund liegt so streng in der persönlichen Berechtigung, daß Niemand darüber zu rechten hat. — Es sei der Feder, die fast immer nur die oft herbe Pflicht der Kritik üben muß, für diesmal vergönnt, ihre gewohnte Beschäftigung zu vergessen und sich nur der Darstellung des Ereignisses zu widmen. Die Anmuth, die Gesangsfertigkeit, welche die abschiednehmende Sängerin stets in dieser Rolle entwickelt hat, entfaltete sich auch diesmal in ihrem ganzen Reichthum; sie ist unter uns so gekannt und anerkannt, daß es weiter keiner Schilderung derselben bedarf. Beim Erscheinen auf der Bühne wurde die Künstlerin, an der jeder Blick mit halb trauerndem, halb glückwünschendem Antheil hing, durch einen lauten, anhaltenden Ausbruch des Beifalls begrüßt; Blumen, aus den Logen des Prosceniums herabgeworfen, bedeckten schmückend den Boden, welchen ihr Fuß nun zum letzten Male betreten sollte. Jeder Abschnitt des Gesanges, der Darstellung wurde durch rauschenden Beifall bezeichnet;

das anmuthige Duett zwischen Figaro und Rosine zum zweiten Male verlangt. Am Schluß des ersten Actes tönte von allen Seiten der Name der Sängerin und bei ihrem Erscheinen wallte ein bunter Regen von Blumen auf das Theater und von flatternden Gedichten auf das Publicum herab. Auf gleiche Weise verging der zweite Act. Gegen den Schluß nahm Herr Blume als Doctor Bartholo die Gelegenheit wahr, einige scherzhaft gefaßte Worte an die Künstlerin zu richten, die das Publicum mit dem lebhaftesten Antheil aufnahm. Kaum war daher der Vorhang gefallen, als der Name der Abschiednehmenden von allen Seiten laut ertönte und, da sie, umgeben von ihren Mitspielern, wieder sichtbar auf der Bühne wurde, ein begrüßender Strom von Blumen und Gedichten sich aus allen Logen ergoß. Ein Kranz fiel zu ihren Füßen nieder; Herr Devrient, Figaro, wies ihm die rechte Stelle auf dem Haupte der Gefeierten an. Sie sprach in tiefer Bewegung einige Worte des Dankes; dieses Gefühl wurde von allen Anwesenden und von einigen Kunstgenossen so lebhaft getheilt, daß sie den hervordringenden Thränen nicht zu gebieten vermochten.

Die künstlerische Laufbahn der Sängerin war kurz, aber glänzend. Am 26. April des Jahres 1828 trat sie zum ersten Male auf; also nur vier Jahre weilte sie auf der Bühne, eine Zeit, die, so rasch sie entflohen ist, ihr doch einen dauernden Ruf in der Kunstgeschichte sichert. Wurde es ihr, trotz der reichsten Gaben, anfangs nicht ganz leicht, alle die Schwierigkeiten zu überwinden, welche die Höhe, auf der die Kunst jetzt steht, auch den Talentvollsten in den Weg legt; hatte sie lange mit manchen Hindernissen und Fehlern zu kämpfen: so war doch ihr Wachsen und Fortblühen bis zur schönen Entfaltung der vollen Blüte ihres Talentes unverkennbar. Zumal aber in der letzten

Zeit schien der Gedanke, daß ihr Wirken nur noch ein so kurzes sei, ihr den glühendsten Eifer zu leihen, der sie mit einer alle Kräfte entwickelnden Wärme ausgezeichnete Höhen der Kunst siegreich erringen ließ. Dieser oft wahrhaft großartige Aufschwung ihrer Kräfte, z. B. in der unvergeßlichen Darstellung der Leonore, ist von Allen tief gefühlt worden. Die Künstlerin scheidet nun aus diesem erhebenden Gebiet der öffentlichen Wirkung aus; Niemand vermag darüber mit ihr zu rechten, doch Jeder, dem die Kunst ein heiliges Gut ist, wird darüber trauern. Das aber glauben wir hoffen zu dürfen, sie werde auf den Abschnitt ihres Lebens, der einer so weithin mächtigen Wirksamkeit gewidmet war, niemals mit Bedauern zurückgeblieben. Zwar schenkt die Göttin nichts; nur durch Opfer erkauft man ihre Gunst — allein sie gewährt überall den erhabensten Trost für Das, was man um ihretwillen leidet. Durften wir daher der jungen Sängerin bei ihrem ersten Auftreten die Worte des Dichters zurufen:

> Wahrhaftig ist die Kunst allein,
> Kein Opfer bringst Du ihr vergebens,
> Und in den herbsten Kelch des Lebens
> Mischt sie Dir Nectartropfen ein —

so können wir ihr jetzt beim Abschiede sagen, daß diese erhebende Wirkung durch das ganze Leben fortdauert. Wem das Auge einmal mit dem himmlischen Thau, wie Schiller singt, genetzt ist, der sieht den verhaßten Styr nimmermehr. So die Gaben der Kunst; sie sind unwiderruflich. Mit desselben großen Dichters Worten können wir daher die Zukunft der Künstlerin deuten:

> Das Spiel des Lebens sieht sich heiter an,
> Wenn man den sichern Schatz im Herzen trägt.

Aber nur das Spiel? Auch der Ernst. Die Morgen-
sonne der Kunst, welche den schönsten Jugendjahren der
Künstlerin so hell geleuchtet hat, wird ihr nicht untergehen;
selbst in der Mitternacht des Lebens wird sie noch einen
rosigen Dämmerschein auf die irdischen Pfade zurückwerfen
und was sie Rauhes darbieten, mit einem sanft verklärenden
Glanz verhüllen.

Bernhard Klein.

Berlin, 21. September.

Diesen Vormittag wurde in der hiesigen katholischen
Kirche zum Gedächtniß des jüngst verstorbenen Bernhard
Klein eine Todtenmesse gehalten und dabei Mozart's Requiem von einer Auswahl trefflicher Künstler mit Liebe und
unverkennbar tiefer Bewegung ausgeführt. — So ist denn
die erste Pflicht, welche nach längerer Abwesenheit *) der Berichterstatter in diesen Blättern zu erfüllen hat, eine der
ernstesten und für ihn selbst erschütterndsten; zugleich aber
eine unerläßliche, welche die Freundschaft nicht minder stark
von ihm fodert, als die Kunst. In dem Verstorbenen ist
eine so reich begabte wunderbare Eigenthümlichkeit, die sich
nicht allein in dem Gebiet der Musik geltend machte, verloren gegangen, daß sein Verlust einer der unersetzlichsten ist,
die uns treffen konnten. Es würde eine höchst anziehende,
freilich auch sehr schwierige Aufgabe sein, ein getreues, im
Einzelnen ausgeführtes Bild dieser höchst denkwürdigen

---

*) Ich hatte eine Reise nach der Schweiz und Holland gemacht.
Auf der Heimkehr, zwischen Magdeburg und Berlin, erfuhr ich
durch ein Gespräch mit fremder Personen in der Schnellpost den
Tod des innig geliebten Freundes, des unschätzbaren Künstlers!

Erscheinung im Gebiete ausgezeichneter Persönlichkeiten zu
geben *), anziehend, indem man nicht leicht bei dem Versuch
einer geistigen Analyse eine reichere Ausbeute finden dürfte,
schwierig, weil die Auflösung der scheinbaren Widersprüche,
das Zurückführen der verschiedenartigsten geistigen Erscheinungen auf die Einheit des Gesetzes, nach dem dieselben sich
bildeten, einen ebenso durchbringenden Kenner der mensch=
lichen Natur überhaupt erfobern würde, als die Bedingung
nothwendig ist, im langen, nahen Vertrauen zu dem Dahingeschiedenen gestanden zu haben. Diese Blätter können
eine solche Aufgabe nicht lösen; sie müssen sich mit wenigen
Andeutungen begnügen. — Die Welt betrauert in Bernhard Klein nur den Verlust eines ernsten, tief durchgebilde-
ten Künstlers; von dieser Seite allein mögen uns daher
einige Worte über ihn vergönnt sein. Geben wir gern zu,
daß selbst die lebende Mitwelt Talente aufzuweisen hat, die
in der absoluten musikalischen Erzeugungskraft reicher, vielseitiger, jedoch nur in wenigen Fällen sich tiefer gezeigt haben, als er — in einer Eigenschaft ist er weder von einem
Lebenden, noch von einem Todten übertroffen worden. Edler als er hat Niemand, so weit der Bereich unsers musikalischen Wissens geht, die Kunst aufgefaßt; selbst in denjenigen seiner musikalischen Gedanken, denen man keinen
ausgezeichneten Werth, keine hervortretende Eigenthümlichkeit beilegen kann, ist ein Adel der Gesinnung, ein Entfernen von jeder Berührung mit dem Gemeinen, in eine nie-
dere Welt der Gedanken und Empfindungen Herabziehenden
zu erkennen, wie dies bei keinem der Vorangegangenen und
der Mitlebenden so durchweg gefunden wird. Ohne Scheu,

---

*) Ich behalte mir die Lösung dieser Aufgabe noch vor für die
Muße späterer Jahre, wenn sie mir der Himmel gewähren will.

denn die Stimmung, in der wir von den Todten reden,
läßt eine solche Bedenklichkeit nicht zu, ohne Scheu sprechen
wir es aus, daß in dieser Beziehung selbst Gluck und Händel nicht über ihm stehen, wie sehr er sonst gegen diese colossalen Heroenbilder verschwinden mag. Mit diesem Sinn
des Edlen aber durchdrang er nicht nur die Kunst, der er
sich eigenthümlich gewidmet hatte, sondern das ganze Leben
überhaupt; selbst dem leichtesten, flüchtigsten Scherz wußte
er dadurch einen geläuterten Geist einzuhauchen und es gibt fast
kein Gebiet desselben, welchem er nicht mit dieser Macht seiner
Eigenthümlichkeit gewissermaßen eine höhere Weihe zu verleihen
gewußt hätte. Diese seiner Natur zur nothwendigen Lebens-
bedingniß gewordene Ansicht bewirkte freilich, daß er sich oft
zu strenge Ordensgesetze gab und die Kunst, die doch im
Gebiete der Sinne wohnen muß, zu sehr von dem anlocken-
den Reiz sinnlicher Umgebungen zu trennen suchte; daß er
auf solche Weise der größeren Menge stets entfernter stehen
mußte, daß er sich auf einen ungleich beschränkteren Wir-
kungskreis zurückgewiesen sah, als sein Talent ihm außerdem
geboten haben würde, war eine Folge, die sich nicht vermeiden ließ. Indessen glauben wir, daß auf Wenige, so wie
auf ihn, das bedeutsame Wort angewendet werden darf:

— — — Wer
Den Besten seiner Zeit genug gethan,
Der hat gelebt für alle Zeiten.

Er mag denn leicht des weithin verbreiteten, in seichte
Flächen ausgedehnten Ruhmes entbehren; es genüge, daß er
Wenigeren, die sich an dem reinen Born seines künstlerischen
Schaffens erquickten, in oft wunderbarer Tiefe den Becher mit
edler Flut zu füllen wußte. Doch davon werden seine Werke
zeugen und es bedarf nur dieser, um bei den Einsichtsvollen

unſere Worte zu rechtfertigen. Anders aber iſt es mit einer
zweiten ſchönen Kunſt, die mit dem Athem ſeiner Lippe entflohen iſt; es war die des Geſanges. Wenn wir von dieſer
ſeiner Eigenthümlichkeit, als von einer hohen, noch von keinem Andern erreichten, ſprechen, ſo müſſen wir freilich den
Glauben unſerer Leſer in Anſpruch nehmen und können
uns nur auf das Zeugniß derjenigen Ueberlebenden berufen,
welche ihn in dieſer Beziehung gekannt und gewürdigt haben.
Die allein wahre Aufgabe des Geſanges, die Empfindung,
welche das Wort bezeichnet, durch den Ton zur wahrhaften
Lebendigkeit zu erheben, hat Niemand ſo gelöſt wie er.
Unſere Zeit iſt reich an großen Meiſtern und Meiſterinnen
des Geſanges geweſen, doch ſo zarte Grenzlinien des Schönen, ſo kühne Grundſtriche erhabener Kraft als er, wußte
und weiß keiner Derjenigen zu ziehen, die uns bekannt geworden ſind. Die Uebermacht ſchöner Mittel beſitzen Viele,
faſt Alle; doch Keiner hauchte dem luftigen Körper des
Tones eine ſo tiefe Seele ein. Darf der Verfaſſer dieſer
Zeilen glauben, einiges Urtheil über die Kunſt des Geſanges
zu beſitzen, ſo hat er es vorzugsweiſe dem Dahingeſchiedenen zu
verdanken und damit zugleich viele der ſchönſten und be-
wegendſten Erinnerungen ſeines Lebens. — Wenn ſo Mancher bei der Todtenfeier zugegen war, in deſſen Seele ſich
ähnliche Gedanken bewegten wie in der unſrigen, ſo konnte
es nicht fehlen, daß der Eindruck ein tief erſchütternder ſein
mußte. Wie oft hatte der Verſtorbene mitten unter uns
an eben jener heiligen Stätte den wunderbaren Klängen
jenes Meiſters verehrend gelauſcht, die ihm jetzt das Lebewohl
feierlich nachriefen! Wer verſtand ſie tiefer als er, wem
gehörten ſie näher an? — Er iſt in der Fülle der Kraft
auf halb vollendeter Bahn dahin gegangen; möge das edle,
theure Bild der Erinnerung, welches er uns zurückläßt, ernſt

mahnend weiter wirken, daß die Vielen, die er in das Gebiet der Kunst einführte, der Göttin mit so heiliger Ehrfurcht
dienen als er, dessen Dahinscheiden wir aus tiefster Seele
betrauern!

Concert.

Am 15. November gab Herr Felix Mendelssohn
das erste seiner drei großen, für die Witwenkasse des königl.
Orchesters bestimmten Concerte. Obwol wir es uns zum
Gesetz gemacht haben, über Musikaufführungen, die wohlthätigen Zwecken gewidmet sind, nur referirend zu sprechen,
so wird die Wichtigkeit der mancherlei neuen Kunsterscheinungen uns diesmal wol eine Ausnahme gestatten. Der
Concertgeber gab eine Sinfonie, ein Klavier-Concert, eine
Ouvertüre seiner Arbeit. Die erste ist zur Feier des Re-
formationsfestes componirt. Die Introduction, auf einen
der schönsten Choräle unsrer evangelischen Gemeinde gearbeitet, einige choralartige Säße im Adagio und im lezten
Stück zeigen den Zusammenhang dieser Arbeit mit dem
kirchlichen Feste. In den übrigen Sähen würde sich derselbe
jedoch nur schwer nachweisen lassen und wir müssen es dem
Componisten frei stellen, wie er denselben in sich gestaltet.
Für die Trefflichkeit des Musikstücks an sich gilt uns dies
überhaupt wenig, diese fobert nur einen Zusammenhang der
Arbeit in sich selbst und diesen wird Niemand abläugnen.
Wir müssen es einem andern Orte vorbehalten, ausführlicher
auf Einzelnes einzugehen; hier nur so viel, daß die Anlage
großartig, die Durchführung meisterhaft zu nennen ist. Lieber wäre es uns jedoch, wenn der Componist nicht so viel
auf colossale, als auf schöne Grundzüge hielte, wenn er
nicht so überreich instrumentirte und endlich mehr den me-

lobiſchen als ben harmoniſchen, kühn combinirten Schönheiten das Uebergewicht verſtattete. Auch zeigt er uns ſelten einen heitern Himmel; faſt immer ſtürmt ober gewittert es. Doch iſt es eine Eigenſchaft der Jugend und des Frühlings, ſich in Extremen zu gefallen, und wir dürfen die beſtändigeren Tage vielleicht von der vorgerückteren Jahreszeit des Alters erwarten. Einige Anklänge an Weber's Euryanthe (dritter Act) und im Ganzen ein Nachbilden der Beethoven'ſchen Formen aus beſſen ſpäteſter Zeit können nicht unbemerkt bleiben. — Das Klavier-Concert beginnt mit einem ſtürmiſchen Allegro, in welchem ſich zwar die ganze coloſſal zu nennende Fertigkeit des Spielers, ſein hinreißendes, bisweilen wildes Feuer zeigen kann, wo jedoch nach unſerer Meinung das Orcheſter ein zu ſtarkes Uebergewicht über das Fortepiano hat, deſſen materielle Kraft dadurch faſt erdrückt wurde. Das Adagio dagegen, ſowie der letzte Satz, ſtellten das Gleichgewicht wieder her und verſtatteten ſo dem Spieler, ſich in den ſchönſten Eigenſchaften der Grazie und der glänzendſten Sicherheit zu zeigen. Die Ouvertüre zum Sommernachtstraum von Shakſpeare iſt ein ebenſo geiſtvolles als phantaſtiſch-erfundenes Stück. Die träumeriſche Einleitung misrieth leider dadurch, daß die Orcheſter-Inſtrumente nicht ſtimmten; der nächſtfolgende Violinſatz wurde dagegen meiſterhaft executirt und war von der größten Wirkung. Den Schluß der Ouvertüre, wo Alles wieder in Duft und Traum zerrinnt, können wir nur außerordentlich ſchön nennen; doch glauben wir, es ſei ein Uebelſtand, daß zuvor ein ſtarker Schlußfall in der Tonart eintritt, ſo daß Niemand vermuthen kann, es werde noch ein Nachſatz kommen. Wenn dieſer mit dem ganzen Körper inniger verſchmolzen werden könnte, würde, glauben wir, die Wirkung ungleich größer ſein. Wir ſchließen dieſe Andeutungen über den

Concertgeber als Componisten mit einer Bemerkung, die sich
uns über das Ganze seiner musikalischen Leistungen aufdrängt. Wäre die Musik eine Wissenschaft, so glauben wir,
daß F. Mendelssohn der größte aller Musiker sein oder
werden würde, in solchem Maße besitzt er alle in dieser Beziehung erforderliche Talente und so hat er sie durch Studien ausgebildet. Da sie aber eine Kunst ist, scheint es uns,
er werde zwar eine höchst rühmliche Stufe, aber doch
nicht die höchste Staffel derselben gewinnen.*) — Noch
haben wir seiner Leistungen als Virtuos zu gedenken; sie sind
in jeder Beziehung erstaunenswürdig und den ersten auf dem
Instrumente mindestens gleichzustellen, wenn sie sie nicht in
den meisten Beziehungen übertreffen. Jedoch waren wir
mit dem Vortrag des ersten Theiles der Beethoven'schen
Sonate in C dur nicht ganz einverstanden; das Pedal, welches schlechte Spieler oft zu viel brauchen, benutzte der
Künstler uns zu wenig. Das Instrument aber bedarf,
wenn es nicht trocken erscheinen soll, durchaus dieses äthe-
rischen Zusatzes, um durch eine gewisse duftige Verhüllung
der Klänge ihre scharfe Abgeschnittenheit zu mildern. Es
ist nicht wohl möglich, in einer ausgedehnten Composition
das Heben und Senken des Pedals überall scharf zu bezeichnen; individueller Geschmack, besondere Spielart, Natur
des Instruments, ja das größere oder kleinere Local modificiren darin sehr Vieles. Der Spieler führte aber den Beweis gegen sich selbst dadurch, daß er in dem ebenso schwierigen als reizenden Rondeau dieses Hülfsmittel im höchsten
Grade vortrefflich und mit unausbleiblicher Wirkung an-

---

*) Der Kreis seines Wirkens ist nun, leider viel zu früh, vol-
lendet! Ich kann das oben ausgesprochene Wort, das vielfach an-
gefeindet worden, auch heute, 1848, nicht zurücknehmen. Die
Nachwelt wird entscheiden, ob ich Recht gehabt.

wandte. Nicht genug können wir es übrigens anerkennen, daß er eine Sonate von Beethoven spielte. Das Klavierspiel ist uns vorzüglich durch die Seichtigkeit der neueren Compositionen fast zuwider geworden; es ist hohe Zeit, zu classischen Werken zurückzukehren, wenn gleich sie nicht eine solche Scheinfertigkeit der Finger glänzen lassen. An gediegener Fertigkeit darf es Keinem, der sie vortragen will, fehlen und wir würden hier manchen Spieler an Klippen scheitern sehen, die er gering schätzen zu dürfen glaubt. Und wie reich ist die musikalische Literatur noch in diesem Fach! Was hat Beethoven allein für unsterbliche Werke darin geschaffen! Dürfen wir Wünsche aussprechen, so wären einige davon die, auch einmal die Sonate in F moll zu hören, welche man jüngst in Wien in einem Concert gespielt hat; ferner die Phantasie in Cis moll, die recitativische Sonate in D moll und viele andere.*) Möchten doch unsere Klavierspieler ein Beispiel an Herrn Mendelssohn nehmen! Die Zeit des nichtigen modernen Galanteriekrams ist wahrlich vorbei, nicht einmal Neues, viel weniger Gutes wird darin erzeugt; so möge denn die Noth bewirken, was freier Entschluß verschmähte, Rückkehr zu dem Vortrefflichen, dem Classischen. Auch im Publicum findet man Dank dafür und man wird ihn um so reicher einernten, je mehr die Verständniß solcher Werke durch öftern, trefflichen Vortrag sich eröffnet.

Der Saal war sehr gefüllt und wir sind überzeugt, er wird es künftig noch mehr sein. Einer solchen Anerkennung

---

*) Diese und andere Beethoven'sche Werke sind später fast zu stehenden Concertproductionen geworden. Mendelssohn und Liszt haben das Hauptverdienst bei dieser Umgestaltung des Concertgeschmacks mit gehabt.

erfreuten sich die ausgezeichneten Leistungen unsers jungen Landsmannes.

Uebersicht des Jahres.

Das Jahr ist durch die in der Sammlung der Kritiken angegebenen Todesfälle Zelter's und Bernhard Klein's als eines der herbsten Verluste für die Musik zu bezeichnen. — Im Uebrigen war es reich an musikalischen Ereignissen, wenn auch nicht außerordentlichster Art. — An Sängern und Sängerinnen ließen sich auf der königl. Bühne hören: Mme. Hoffmann, Herr Vetter, Herr Hoppe, Herr Reichel, Dlle. Haus, Dlle. Neureuter. — Herr Hammermeister, Mme. Pirscher und Dlle. Grünbaum traten zur königl. Bühne, Dlle. Lentz (eine liebliche, sehr hohe Sopranistin) debütirte daselbst. Dlle. Schmidt machte Aufsehen als Concertsängerin, verließ aber bald die öffentliche Laufbahn. Fräulein v. Schätzel verließ die Bühne für immer eben in ihrer glänzendsten Zeit. Sie ist seitdem (Mme. Decker) die ausgezeichnetste Dilettantin Berlins geblieben. — In der Concertwelt sind die Virtuosen Hauck (Pianist, der frühzeitig starb), Panofka (jetzt in Paris), S. Lubin, ausgezeichnete Geiger, Musikdirector Löwe, der sich als Componist und Sänger geltend machte, Gebrüder Belke (Flöte und Posaune), Taubert, Hubert Ries, Gabrielski (Flöte), Stoll (Guitarrist), der treffliche Componist und Cellist Groß und endlich Mendelssohn zu nennen, der von seiner Reise nach Italien zurückgekehrt, eine Reihe vorzüglicher Concerte zu wohlthätigen Zwecken gab. — Das Quartett der berühmten Gebrüder Müller ließ sich im Frühling dieses Jahres zum ersten Male in Berlin hören (vergl. die Beurtheilung). An Opern nennen wir: die Kirmeß von Taubert (1 Act), sehr beifällig aufgenommen, von E. Devrient gedichtet. Zampa von Herold, Robert der Teufel, der Bergmönch von Wolfram, Irene von Karl Arnold (ursprünglich für Bernhard Klein von L. Rellstab gedichtet, doch durch andere Hand bearbeitet). An sonstigen Aufführungen ist die Säcular-Geburtstagsfeier Haydn's (durch Aufführung der Schöpfung unter Spontini's und Zelter's Leitung), der Messias und Salomo von Händel, die Zerstörung Jerusalems von Löwe, das Gesetz des alten Bundes von Neukomm zu nennen. — Möser's Soiréen, der Gebrüder Ganz Matinéen, die musikalische Feier des Geburtstags Mozart's und des Todestags Beethoven's dauern fort.

Jahr 1833.

Concert.

Am 10. Januar fand das letzte der drei großen Concerte statt, welche Herr Felix Mendelssohn zum Besten der Orchester-Witwenkasse veranstaltet hatte. Diese drei musikalischen Abende waren bedeutungsvoller für die Kunst, als ein ganzer Jahrgang der gewöhnlichen Concerte. Nicht ein einziges Stück wurde daselbst gehört, welches nicht, entweder durch die Ausführung, oder durch historische Merkwürdigkeit, oder endlich durch innern Werth ein hohes Interesse der Sachverständigen in Anspruch genommen hätte. Mit Bedauern haben wir daher von dem letzten dieser genußreichen Abende zu sprechen. Der Concertgeber führte zuerst eine Ouvertüre von seiner Composition „Die Hebriden" auf. Sie ist nicht zu einer Oper dieses Namens geschrieben, sondern aus der Anregung entstanden, welche der Besuch dieser merkwürdigen Inseln in dem Componisten erzeugte. Das Stück ist phantastisch angelegt; ein zwar ernster gehaltener, aber doch an eine Beethoven'sche Figur in der Pastoral-Sinfonie erinnernder Gedanke bildet die Hauptgrundlage desselben. Vieles Einzelne überrascht; Bau, Fluß, Form, im gewöhnlichen Sinne des Worts, sind schwer zu verfolgen. Der Fehler der Composition ist vielleicht nur der, daß sie eines Commentars bedarf. — Hiernächst spielte Herr Mendelssohn das Concert in G dur von Beethoven mit vollendeter Meisterschaft und so tief eindringend in die seelenvolle Composition (zumal des, wenn wir uns so ausdrücken dürfen, dialogisirten Abagios), daß die Kritik dabei nur die Pflicht der vollsten Anerkennung behält.

Den zweiten Theil des Concerts bildete ein größeres Musikstück für Orchester und Gesang, von Herrn Mendelssohn. Goethe's Gedicht „Die erste Walpurgisnacht", welches die historische Erklärung der Sage von dem Zauberfeste auf dem Gipfel des Brocken behandelt, darum eben vielleicht' aber weniger romantisch ist, hat dem Musiker den Stoff geliefert. In einer großen Instrumentaleinleitung, die uns etwas zu lang erschien, gibt der Musiker ein Bild des Ganzen. Mehr oder weniger haben bei diesem Stück die ähnlichen Aufgaben, welche sich Spohr im Faust und Weber (der diesem folgte) im Freischütz stellen mußten, auf den Componisten eingewirkt. Gegen die Behandlung des Textes hätten wir Manches einzuwenden, was jedoch für diese Blätter zu sehr ins Einzelne gehen würde. Doch ist das Werk ebenso reich an einzelnen Schönheiten, an phantastischen Stellen, an kühnen Combinationen; zumal werden die Chöre wirksam. Der überfüllte Saal (im untern Raume war kaum noch ein Stehplatz zu finden), die große Hitze, das beginnende Fortgehen der Hörer, fingen an schon gegen die Mitte des Werkes so störend einzuwirken, daß auch der Referent, um sich für eine andere Gelegenheit den freieren Genuß des Schlusses aufzubewahren, nach dem originellen, phantasiereichen Chor „Kommt mit Zacken, kommt mit Gabeln" den Saal verließ. Er erlaubt sich daher kein Urtheil über das Ganze, doch hat es ihm so scheinen wollen, als entbehre dasselbe wenigstens, bis zu dem angezeigten Punkte, der der Singstimme so nothwendigen Cantilene, zu der das Gedicht doch nicht selten Gelegenheit gab.

Die in vielfacher Beziehung schöne Unternehmung des

Concertgebers ist also nun vollendet. Von allen Seiten muß ihm Dank dafür werden; der wohlthätige Zweck ist in einem seltenen Grade erreicht worden. Die Kunst darf die drei Abende in ihren Annalen nicht vergessen; das Publicum wurde erfreut und wir dürfen wol sagen gebildet durch den Ernst der Genüsse. Möge der Concertgeber durch die vielen Schwierigkeiten, welche leider bei uns sogar einem solchen Unternehmen entgegenstehen —, möge er durch die vielfachen Unannehmlichkeiten, die er bei seinem warmen Eifer für das Gute und die Kunst erfahren mußte, nicht so abgeschreckt sein, daß er die Lust zu einem erneuten Versuche verloren hätte! Möge er in der hohen Achtung des gebildeten Publicums, die er sich gewonnen, in dem Genuß und der Belehrung, die die Verwirklichung eigner Schöpfungen gewährt, in der künstlerischen Freude, die er bei allen Wohlwollenden und Sachverständigen geweckt hat, seine Entschädigung finden! Für den Verfasser dieser Zeilen ist es die angenehmste Pflicht gewesen, diese unverkennbare Stimmung des Publicums öffentlich auszusprechen; denn er hat nicht zu fürchten, daß dasselbe ihn in dieser Hinsicht verläugnen werde.

Königliches Theater.

Dlle. Stephan trat als Vestalin auf. — Es ist diesmal nicht das an mancherlei Schönheiten so reiche Kunstwerk, von dem wir zu sprechen haben, sondern nur die Darstellung der Rolle durch die junge Sängerin, die außer in zwei unbedeutenden Partien von Spontini sich noch nicht auf der Bühne versucht hat. Nachdem uns das Bild dieses schönen, in der edelsten Sphäre gehaltenen Charakters von zwei solchen Meisterinnen wie Dlle. Schechner und Mme.

10*

Schröder-Devrient auf unvergeßliche Weise in die Seele geprägt worden ist, wird es selbst für eine bedeutende Künſtlerin immer eine schwierige Aufgabe bleiben, den Wettkampf
mit diesen Eindrücken zu beginnen. Wir haben daher die
Leistung ganz isolirt zu betrachten und insofern können wir
sie, zumal in Erwägung der Jugend und dramatischen Un-
erfahrenheit der Darstellerin, in vieler Beziehung nur sehr
lobenswerth nennen. Zuvörderst machte sich die schöne
Stimme der Sängerin (die nur immer die Spuren zu großer
Ermüdung verräth) überall geltend. Das kleine, aber weil
es ungünstig für die Stimme liegt, sehr schwere Solo zu
dem ersten Chor trug sie durchaus befriedigend vor. Im
Einzelnen hätten wir überhaupt dem Ausdruck nichts vor-
zuwerfen, allein im Ganzen blieb er zu monoton. Nicht
einmal an einem vielseitigen Meister kann man sich zur
Sängerin bilden, viel weniger aber an einem, der an sich
schon so einseitig ist wie Spontini, wenngleich derselbe überall, in seinen älteren Opern wenigstens, durchaus eine edle
Auffassung der Kunst bedingt. So kommt es denn, daß
Dlle. Stephan Das, was die Farbe der einzelnen Rolle und
selbst in dieser nur die der Hauptmomente sein soll, auf
ihren ganzen Gesang überträgt und z. B. neulich in den
„Jahreszeiten" die heitern, anmuthigen Säße mit eben so
gepreßter Stimme, Schmerz ausdrückendem Ansaß der Töne
u. s. w. sang, wie es in der tragischen Oper gefodert wird.
Als Vestalin ließ sie die Stimme niemals frei wohllautend,
sondern fast durchweg nur im Ausdruck des piangendo hören, welches sparsamer angewendet von der größten Wirkung
ist, zu häufig benußt, aber lästig wird. Mit der Aussprache
ist die Sängerin auf gutem Wege, aber doch erst auf hal-
bem; man versteht sie in den Recitativen, aber fast niemals
in den Arien, selbst nicht in denen, wo es nicht schwer ist,

deutlich zu sein. Daher war die ihretwegen vorgenommene Abänderung des Textes eine vergebliche Sache, indem man das Wenigste davon verstand. Im Ganzen müssen wir einräumen, daß diese Umänderungen gut sind; wenn man aber einmal Hand ans Werk legte, so wäre es wol gut gewesen, die Arbeit erstlich einer noch fähigeren Hand, die wahrhaft dichterisch in den Geist Jouy's schöner Verse einzubringen verstanden hätte, anzuvertrauen, und zweitens sie auf das ganze Werk zu erstrecken, dessen jetzige Uebersetzung freilich eine halbe Barbarei ist. An einzelnen Stellen hat der Bearbeiter jedoch schöne Wirkungen ohne Grund und ohne Besseres dafür an die Stelle zu setzen, zerstört. So z. B. steht der Name „Licinius" statt der Worte „O theurer Freund" ungleich matter, schon wegen der Dehnung und Verschleppung der römischen Silben auf der musikalischen Figur, des zweiten Grundes, daß der objective Ausdruck den subjectiven überbietet, nicht zu gedenken. Ferner ist die Zeile des Gebets an die Göttin „O läutre du selbst mein strafbares Herz" eine der wenigen in dem Buche, die man nicht angreifen darf, ja die sogar schön zu nennen ist. Der Umarbeiter setzte an die Stelle derselben das ungleich mattere und gezwungenere, welches selbst dem musikalischen Ausdruck nicht so zusagt „Und stille mein empörtes Herz". — Doch wir kehren zu der Darstellerin zurück. Die sanfteren, melodischen Wendungen gelingen ihr besser als die energischen; in den letzteren ist sie häufig noch etwas roh, ja bisweilen ins Gemeine sinkend. In dem schönen Satz „Siegreicher Held" u. s. w. blieb sie unter unsrer Erwartung. Hier muß sie wenigstens versuchen, Römerin zu sein; Dlle. Schechner sang diese Stelle unübertrefflich. Dagegen gelang ihr die Cavatine in Fis moll im Finale ungleich besser. — Das Spiel im Ganzen war zwar nicht künstlerisch schön, jedoch immer im Einklang mit der Situation. Vorzüglich hätte die Darstellerin sich einer edleren Mimik zu befleißigen, deren man in dieser Rolle kaum entrathen kann. Ein aufmunternder Beifall des Publicums würde unserer Gesinnung ganz angemessen gewesen sein; aber dieser Parteibeifall, der die junge Künstlerin, die sich noch durch keine einzige bedeutende Leistung einen Ruf gegründet hat, gleich beim Auftreten empfangen wollte (er verstummte jedoch unter dem sofort hörbar werdenden Zischen), als sei sie eine bereits berühmte große Künstlerin, der sie ferner am Schluß des zweiten Actes hervorrief — ein künstlerischer Triumph, der nur den höchsten Leistungen aufbehalten bleiben darf —, dieser Beifall hat keinen Werth, und nur die Folge, daß das gerechter denkende Publicum, wie es denn auch geschah, sich dagegen auflehnt.

Concert.

Am 15. Juni gab Herr Kalkbrenner ein großes Concert im Saale des königl. Schauspielhauses, dessen Ertrag für die Stadt-Armen bestimmt war. Ein ungemein zahlreiches und glänzendes Publicum hatte sich eingefunden, um den Doppelzweck der Wohlthätigkeit und eines seltenen Kunstgenusses zu verbinden. Ohne uns auf kritische Bemerkungen einzulassen, die, wie wir schon öfter erwähnten, für Concerte dieser Art, wo man den Veranstaltern und Mitwirkenden nur zu danken hat, uns nicht angemessen scheinen, dürfen wir doch ein so wichtiges künstlerisches Ereigniß nicht ganz ohne nähere Beachtung vorübergehen lassen. Herr Kalkbrenner trug ein Concert von Mozart, von ihm selbst für die erweiterten mechanischen Hülfsmittel des Instruments eingerichtet, vor. Wir haben uns über diese Arrangements schon anderweitig dahin ausgesprochen, daß wir sie für durchaus angemessen halten und in die Meinung solcher Rigoristen, die keine Note an dem Bestehenden geändert wissen wollen, nicht eingehen können. Uns weitläuftiger hier darüber auszusprechen, ist nicht der Ort. Nur müssen wir unsere Ansicht für den speciellen Fall dahin aussprechen, daß uns die durch den großen Virtuosen geschehene Umarbeitung vollkommen gelungen und durchaus mit der Achtung vor Dem, was das Werk Unantastbares hat und haben soll, vereinigt scheint. Eine sehr glänzende, auf Themata des Concerts gegründete Cadenz gab dem Spieler Gelegenheit, seine volle Fertigkeit zu entwickeln; wir wünschten nur, daß der freilich an sich sehr melodiöse Mittelsatz derselben ausbliebe, weil uns dadurch der prächtige Fluß der Passagen zu sehr unterbrochen wird. — Auf einem neu erfundenen, in der Fabrik des Concertgebers zu Paris verfertigten Instrument, Pianino genannt, trug er eine Romanze und ein Ronbeau vor. Dasselbe hat einen zwar, zumal im Baß, etwas gedämpften, aber doch sehr angenehmen, runden Ton und gestattete dem Spieler die zartesten Nüancirungen; da es sehr Raum ersparend ist, möchte die Anwendung desselben für das Zimmer vielen Beifall finden. — Zum Schluß spielte Herr Kalkbrenner höchst glänzende Variationen, in denen er die ganze, bisher unerreichte Fertigkeit entwickelte, mit der er das Instrument beherrscht. Ein stürmischer Beifall folgte denselben, wie überhaupt jedem Stück, welches er vortrug. — Leider hat uns der Virtuos bereits heute wieder verlassen, um nach Frankreich zurückzukehren, wo er die Seebäder von Boulogne für ein Uebel an der Hand gebrauchen will. Halb Europa wird zum Aeskulap flehen müssen, daß er sich günstig zeige und den Hahn b.. Ge-

nesung diesmal nicht verschmähe. Es ist uns Hoffnung zu
seiner Wiederkehr gemacht.

Concert.

Am 20. Juni gab Mme. Carrabori-Allan ein Concert im Saale des Schauspielhauses. Die Künstlerin rechtfertigte den großen Ruf, der ihr vorangegangen war, vollkommen. Sie besitzt keine starke, aber eine ungemein wohlklingende Stimme von hellem Metall; ihre Intonation ist
durchaus rein, selbst in den schwierigsten Stimmlagen, und
verbindet sich mit einer sehr eleganten Geläufigkeit des Organs. In jeder Kunst hat die nationelle Weise ein unbe-
streitbares Recht. Wir würden die Vortragsweise der Sängerin einer Landsmännin gerade nicht als bestimmtes Vorbild
empfehlen, allein der ganzen italienischen Kunstauffassung
und Bildung ist sie vollkommen angemessen und hält sich
fast von allen absoluten Fehlern, die dieser Schule ankleben,
frei. Sehr empfehlenswerth für alle Schulen aber ist die
ungemein klare Aussprache, diese freie, leichte Zunge, mit
der die Sängerin die schwersten Consonanten bildet; ebenso
ihr vortrefflicher Triller, ihre chromatische Tonleiter, die zwar
etwas langsamer als von anderen Sängerinnen, dafür aber
auch mit der vollendetsten Deutlichkeit und Reinheit ausgeführt wird. Die Sängerin scheint, schon dem Organe nach,
weniger für heroischen Ausdruck geeignet, wiewol es ihr
nicht an Feuer fehlt; doch im graziösen Vortrage der neueren italienischen Musik ist sie in einem hohen Grade Meisterin und unterstützt denselben auch durch äußerliche Anmuth. Die Art, wie sie die Arie aus Figaro «Voi che
sapete» u. s. w. verzierte, können wir zwar durchaus nicht
nachahmenswerth nennen, indessen ist diese Freiheit so durch

den Gebrauch einheimisch geworden, daß wir der Sängerin keinen Vorwurf daraus machen wollen. Daß diese so sehr angenehmen Kunstleistungen, welche dem Geschmack des bei weitem größeren Publicums zusagen, mit allgemeinstem Beifall, wie wir ihn lange nicht gehört, aufgenommen wurden, darf kaum erwähnt werden. Sehr erfreulich ist es uns daher, daß die Sängerin ihre Abreise um einige Tage verschoben hat, um noch einmal in dem Concert der Dlle. Josephine Eder zu singen. Diese junge Künstlerin trug ein brillantes Rondeau von Würfel mit weiblich graziösem Vortrag und leichter, runder Fertigkeit mit lebhaftem Beifall vor. Wahrlich ein nicht geringer Erfolg bei dem frischen Andenken an die erstaunenswürdigen Leistungen Kalkbrenner's.

Königliches Theater.

Nicht nur die Erinnerungen an die hohen künstlerischen Leistungen der Mme. Schechner-Wagen, welche als Iphigenia (am 21. Juni) die Bühne betrat, sondern auch die lange Entbehrung einer Gluck'schen Oper erzeugten jene Stimmung, in die uns die Erwartung eines wirklichen Kunstgenusses versetzt. Wir können es nur gut heißen, daß gewissermaßen zur Vorbereitung auf diese ernsten, das tiefste Gemüth ansprechenden Genüsse die Ouvertüre aus Iphigenia in Aulis, ein unschätzbares Juwel unter den Werken dieser Gattung, ausgeführt wurde. Der Beifall des Publicums sprach sich lebhaft darüber aus. Mit einer, wir dürfen sagen, ängstlichen Spannung harrte man auf die Erscheinung der großen Sängerin, die wir seit vier Jahren hier nicht begrüßten. Nicht allein, daß vorangegangene, zum Glück ungegründete Gerüchte von dem Verlust dieses schönsten Organs sprachen, das wir auf der Bühne gehört, sondern auch

10 **

die Besorgnisse, die man mit Recht immer an den möglichen Verlust eines solchen Kleinods knüpft, hatten fast alle Hörer erfüllt. Doch in dem Augenblicke, wo die Sängerin aus den Pforten des Tempels trat, wurden nur die unvergeßlichen Genüsse, die sie uns gewährt hatte, in der Seele lebendig und ein stürmender Beifall begrüßte ihre Wiedererscheinung auf unsrer Bühne. Wenn wir eine Aenderung in den Mitteln der Künstlerin bemerkten, die seit ihrer letzten Anwesenheit hier eingetreten wäre, so war es die, daß sie, wo sie sich vormals ganz unbefangen ihrer Natur überließ, jetzt mit Vorsicht zu Werke ging. Dies ist aus momentanen Umständen eben so natürlich, es kann sogar nicht anders sein, daß uns nur das Gegentheil auffallen würde. Die Künstlerin hat eine stets die Stimmorgane angreifende Krankheit in ihrer Heimat überstanden, vielleicht ein wenig zu früh nach derselben eine große Reise angetreten; sie empfand dies bei einem Versuch in Dresden, wo sie nach einer Pause von vier Monaten zum ersten Male die Bühne wieder betrat, und wurde überdies bei ihrem Eintreffen hierselbst von einer Halskrankheit ergriffen, die uns vierzehn Tage des Genusses beraubte, sie zu hören. Unter solchen Umständen kann auch das mächtigste Organ nur die, wenn wir uns so ausdrücken dürfen, blaßrothe Farbe der Genesung statt der vollen, frischblühenden Röthe der Gesundheit auf den Wangen tragen. Nicht ohne Absicht wählen wir dieses Gleichniß, weil die Stimme auch gerade diesen eigenthümlich weichen, schmelzenden Reiz entwickelte, den eine zart wieder aufblühende Genesung darbietet. Im ersten Act schien die Künstlerin ihrer selbst erst ganz gewiß werden zu wollen; das innigste Gefühl belebte ihr Spiel wie ihren Gesang, doch webte sie eine sanft dämpfende Schleierhülle über ihre Kraft. Im zweiten wuchs ihre Leistung mit dem Gefühl ihrer Sicherheit; sie führte sie auf den höchsten Gipfel in der Arie „O laßt mich tief Gebeugte weinen", die sie mit einem hinreißenden Schmelz des Ausdrucks und einer Klarheit der Stimme vortrug, die ganz jene schönen Zeiten ihres ersten Erscheinens bei uns zurückrief. So wuchs die Darstellung fort und fort und am Schluß entfaltete die Sängerin bei den Worten „O mein theurer Bruder" — auch jenen vollsten Reiz der Stimme, jenen unnachahmlichen Ausdruck derselben in Mischung von Entzücken und Rührung, der uns früher so oft unwiderstehlich bewegte. So dürfen wir es denn aus innerster Ueberzeugung aussprechen, daß die truben Wolken aller Besorgnisse verschwunden sind und wir dieses schöne Gestirn wieder in seinem klarsten, mildesten Glanz am heitern Himmel der Kunst strahlen sehen.

Concert.

Dlle. Josephine Eder aus Wien gab am 23. Juni ein Concert im Saale der Singakademie. Die Concertgeberin trug zuerst ein Adagio und Schlußsatz eines Concertes von Moscheles mit glänzender Fertigkeit in den Passagen und oft auch mit angenehm melodischem Ausdruck vor; das Zierliche gelingt ihr ganz besonders. Nächstdem besitzt sie auch eine für eine Dame nicht unbedeutende Kraft der Finger, ja sie greift das Instrument, zumal in den Bässen, bisweilen etwas zu stark an. Die Sonate in F moll von Beethoven spielte sie mit großer Fertigkeit und Energie, den Schlußsatz aber vielleicht ein wenig zu rasch. Ueberhaupt hält die junge Künstlerin das Tempo nicht immer ganz fest, sondern läßt sich durch ihr Feuer hie und da zum Eilen verleiten. Zum Schluß trug sie mit Herrn Taubert Va-

riationen für zwei Pianofortes vor, in denen sie ihren leichten Anschlag und die Rundung in gefälligen Passagen ganz
besonders zu entwickeln Gelegenheit fand. Herr Taubert
hatte eine eigne Variation eingelegt, die er in gesangvoller
Bindung der Passagen wie in zarter Schattirung des Ausdrucks ungemein schön ausführte; auch kam ihm der ungleich
schönere Ton und Gesang des Kisting'schen Flügels dabei
zu statten, der, wie wir ohne alle vaterländische Parteilichkeit versichern dürfen, das an sich sehr gute Instrument
von Graff aus Wien, dessen sich Dlle. Eder bediente, glänzend besiegte. Es scheint nicht unnöthig, darauf aufmerksam zu machen, da ein altes Vorurtheil den wiener Instrumenten so große Vorzüge einräumt. Noch haben wir
keins gehört, das einem guten, völlig ausgearbeiteten aus
der Fabrik des Herrn Kisting vorzuziehen gewesen wäre.
Falls unseren Fabrikaten in Oesterreich so leichter Eingang
gestattet wäre wie den österreichischen bei uns, so würden
wir schwerlich noch so viel mit meist ganz schlechten wiener
Instrumenten zu scheinbar wohlfeilen Preisen überschwemmt
werden.

Unter allen Stücken dieses reichhaltigen Concerts wurde
jedoch die Arie aus dem Barbier von Sevilla, welche Mme.
Carradori in der That mit der ausgebildetsten Anmuth und
Fertigkeit des Vortrags in diesem leichteren italienischen
Stil sang, mit dem größten Beifall aufgenommen. Referent
tritt diesem Ausspruch des Publicums vollkommen bei.

Königliches Theater.

Mme. Schechner-Wagen trat in der Rolle des Fidelio auf und regte damit unvergeßliche Eindrücke in ihrer
ganzen Frische wieder an. Welche Theilnahme das Publi-

cum diesen edelsten Kunstgenüssen widmet, beweist wol zunächst der Umstand, daß troß der glühenden Hiße dieses Tages, von der man nur in der Abendkühle einige Erholung
erwarten durfte, das Opernhaus mit Hörern überfüllt war.
Wir haben es schon in unsrer letzten Beurtheilung ausgesprochen, daß wir im Allgemeinen keine Veränderung der
schönen Mittel dieser Sängerin wahrgenommen haben, die
seit vier Jahren vorgegangen wäre, daß wir jedoch im Besonderen ihr Organ für augenblicklich ein wenig angegriffen
halten müssen.   Daß unter solchen Umständen der klimatische
Einfluß, den eine so außerordentliche Temperatur wie die,
welche am 26. Juni stattfand, schon auf die gesundesten
Organe übt, sich auch bei ihr geltend machen mußte, konnte
Niemanden überraschen.   Die Stimme sprach der Sängerin
im ersten Act nicht ganz sicher an, einige Töne, wie z. B.
e, schwebten bisweilen ein wenig abwärts und die Töne
über a hinaus wurden der Sängerin sichtlich schwer.   Obwol troß dieser kleinen Uebelstände ihre Leistungen selbst im
ersten Act, den die Künstlerin von jeher mit großer Zurückhaltung sang, noch immer mit zu dem Schönsten zu zählen
sind, was wir auf der Bühne gehört, so konnten wir doch
die Besorgniß nicht unterdrücken, es werde ihr im zweiten
Acte jene besiegende Kraft der Mittel versagen, mit denen
sie sonst so unbeschreibliche Triumphe erfocht.   Doch schon
in dem ersten Duett dieses Actes ließ sich bei der Stelle
„Wer Du auch seist, ich will Dich retten", etwas von jener
alten Macht verspüren.   Die Kraft und die Seele der Darstellung wuchs mit dem Terzett und mit ihr die Spannung
der Hörer.   Aber wie ein großer Feldherr, der eine ganze
Schlacht hindurch mit sparsamen Mitteln Haus gehalten hat,
als wolle er nur die Niederlage vermeiden, nach und nach
seine Kräfte auf einen entscheidenden Punkt sammelt und

sich nun plötzlich unvermuthet mit voller Waffengewalt auf
den Feind wirft, so daß Angriff und Sieg als Werk eines
Augenblicks erscheinen: so stürzte sich nun auch diese Darstellerin plötzlich mit der ganzen Uebermacht ihrer Kraft auf
den Moment der Entscheidung und die Gewalt ihrer Töne
schlug wie leuchtende Blitze zerschmetternd ein. Es schien,
als ob ein höherer Geist sie während des Quartetts ergriff,
von einem solchen Feuer war sie belebt, mit einer solchen
Kraft gerüstet! Die Wirkung war unaussprechlich, ein
Sturm des Beifalls erschütterte das Haus und ließ sich
kaum beschwichtigen, um den weiteren Genuß des Werkes
möglich zu machen, das sich in dem Duett „O namen-
namenlose Freude" noch auf einen höheren, sonnigeren Gipfel
schwingt. Wir müssen es dem Publicum als eine Handlung der richtigen Verständniß anrechnen, daß es dieses
Duett, welches sonst immer da capo gerufen wurde, nicht
zum zweiten Male verlangte, sondern richtig bedachte, daß
die Darstellerin den äußersten Grad ihrer Kraft bereits vielleicht zu heftig angespannt hatte. Ueberhaupt wünschten wir,
daß die Wiederholung dieses Stücks niemals begehrt würde,
weil sie, aus dem dramatischen Zusammenhang gerissen,
immer von schwächerem Eindruck sein muß. So groß aber
auch unser Genuß, ja unsre Erhebung war, so möchten
wir dennoch diese edle Darstellerin bitten, sich so angreifen-
den Rollen nur mit der größten Vorsicht zu unterziehen,
bis sie die jüngsten Erschütterungen ihrer Kraft ganz ver-
wunden hat; wir würden vielleicht dadurch für Jahre erhalten, was wir auf Tage entbehren.

Daſſelbe Theater.

Es iſt ein Gemiſch künſtleriſcher Trauer und Freude, mit dem wir heute an das Geſchäft der Berichterſtattung über das jüngſte theatraliſche Ereigniß, die Darſtellung der **Iphigenia**, gehen. Die Freude ſtammt aus dem erhebenden Genuß, den uns Gluck's vollendetſtes Werk, die würdige Ausführung deſſelben durch die ausgezeichnetſten Talente unſrer Bühne und vor Allem die den erhabenſten Geiſt deſſelben auffaſſende und klar zurückſpiegelnde Darſtellung der großen Künſtlerin gewähren mußte, welche an dieſem Abend von uns Abſchied nahm. Dies aber iſt unſre Trauer. Wir wollen zuerſt Deſſen gedenken, was minder hervortretend, aber doch beachtenswerth war. — — — — —
— Und was hätten wir über die Hauptdarſtellerin zu ſagen? Wir können das oft Geſagte nur wiederholen, daß ſie, mit innerſter Seele in das erhabene Werk eindringend, es im Ganzen wie in ſeinen Theilen überall rein, edel, großartig auffaßt und wiedergibt. Die Darſtellung des Traums, der rührende Vortrag der Arie in G dur, die Wahl zwiſchen Oreſt und Pylades, endlich die heilige Freude bei der Erkennung des Bruders ſind Momente, die in der Kunſtgeſchichte unvergeßlich bleiben werden, ſo weit Wort und Schrift die flüchtigen Zaubererſcheinungen der Bühne, die dem Ohr und dem Auge gleich ſchnell entrauſchen, zu bannen vermögen. Dieſe Anerkennung ſprach ſich in der bald geſpannt in tiefſter Stille folgenden, bald nach langer Zurückhaltung begeiſtert ausbrechenden Theilnahme des Publicums aus. In dieſer Weiſe haben wir niemals die allgemeine Stimme eine aufrichtigere Huldigung, die von allem Schein der Uebertreibung frei bleibt, ausdrücken ſehen. Darum war es in der That erfreulich, daß jene in ihrem

Werth so tief gesunkenen Theater-Triumphe, Blumenkränze, Gedichte — in letzter Zeit meist von einer feilen Tagesliteratur erkauft — ausblieben. Die Künstlerin war die erste auf unsrer Bühne, welche sich vor sechs Jahren dieses Maß der Huldigungen gewann, der es mit Begeisterung zuerkannt wurde. Durch die Nachahmung und Verschwendung an Mittelmäßiges und schlechthin Unwürdiges ist ihm der Werth geraubt; höher stand daher die reine, wahrhafte Anerkennung, die der Sturm des Beifalls und des Hervorrufens der Künstlerin darbrachte. Ihr Dank war diesmal nicht stumm. Sie schloß mit den Worten „Meine innersten Wünsche müssen mich stets hierher zurückführen". Möchten sie sich erfüllen! *)

---

*) Sie haben sich nicht erfüllt! Die Sängerin schied für uns von der Bühne mit dieser Darstellung, bald darauf mußte sie dieselbe überhaupt verlassen. — Es war tief schmerzlich, dieses einst so unerreicht hohe Talent, diese Wundergabe der Stimme im Abblühen — und wie rasch!! — zu sehen. Noch war sie im Besitz des Kleinods, jedoch im unsichern. An einzelnen Tagen strahlte der Diamant im alten Glanze — dann schien er plötzlich zu erlöschen. Wir haben die Beurtheilung einer Darstellung des Figaro zurückgelegt, in der der Sängerin auf der Bühne (als Gräfin) mitten in der Arie die Stimme ganz versagte. Sie brach in bange Thränen aus, ein Schmerz, den das Publicum mit fühlte und ehrte. — Sie strahlte kurze Zeit! Das leuchtendste Meteor des Kunsthimmels, das wir jemals gesehen — bis Jenny Lind in ganz andrer Weise, in reinster Verklärung die Verkünderin des Göttlichen in der Kunst wurde — zog auch am schnellsten vorüber, aber ewig unvergeßlich Allen, denen es in seinem Glanze gestrahlt! Und so legen wir denn von der großen Künstlerin hier, nach abermals drei Lustren, das Zeugniß ab: Daß wir eine Größere nicht gekannt.

Bernhard Klein's Todestag.

Der 9. September des vergangenen Jahres war der Todestag des so früh seiner schönen künstlerischen Laufbahn entrissenen Bernhard Klein. Oft zeigt uns erst der Verlust eines Mannes den Werth desselben in vollem Umfange; was im Leben nur anerkannt wurde, erhält nach dem Tode eine höhere Schätzung, nicht selten Bewunderung. So scheint es sich mit dem edlen Künstler zu begeben, dessen Tod wir betrauern; das Erlöschen seines Wirkens hat, weit entfernt, die Zahl seiner Verehrer zu mindern, dieselben bis jetzt nur vermehrt. Manches ist bereits in diesem Jahre geschehen, was darauf deutet, daß das Gedächtniß des Dahingegangenen lange und theuer bewahrt werden soll. Bei vielen Gesangvereinen hat man seinen Werken vor allen anderen den Vorzug gegeben; in Thüringen hat sich eine Verbindung kunsteifriger Männer, die zur Ausführung religiöser Gesänge zusammengetreten ist, aus hoher Verehrung des Todten, den Namen „Bernhard Klein'scher Gesangverein" beigelegt; eine größere Versammlung thüringischer Musikfreunde, der sich diese kleinere angeschlossen, feierte zu Weißenfels am 26. Juni d. J. ein erstes großes thüringisches Gesangfest und beschloß zur Basis dieser Feier stets vorzugsweise die Werke unsers hingeschiedenen Freundes zu wählen. Ohne besondern Beschluß geschieht dasselbe bei den schlesischen Gesangvereinen. Alle diese rührend erfreulichen Zeichen, die dem Gedächtniß des Todten gewidmet wurden, machten es wol zu einer natürlichen Pflicht, der das Herz sich mit Liebe weihte, auch unter uns, mit denen er zunächst gelebt, die Erinnerung an ihn in steter Lebendigkeit zu erhalten. So feierten nähere Freunde zuerst durch einfachen Gesang den Tag seines Todes. Die Singakademie, ein

Institut, dem er durch seine Leistungen am innigsten ver=
bunden ist, blieb nicht zurück. Vorgestern hatte sie, haupt=
sächlich zum Ehrengedächtniß des Verstorbenen, eine öffent=
liche Aufführung, zu der jedoch nur Freunde der Anstalt,
wiewol in großer Zahl, geladen waren, veranstaltet. Außer
einigen vortrefflichen Compositionen von Fasch, einem Choral
und mehrern Stücken der sechzehnstimmigen Messe, führte
sie ein größeres Werk Bernhard Klein's, sein «Magnificat»,
aus. Im edelsten, strengsten Stil kirchlicher Musik gehal=
ten und dennoch in der Erfindung auf gleicher Höhe mit
dem Schwung, den die Kunst bis zu den neuesten Zeiten
genommen, vertritt das Werk die Religion, wie sie in un=
serer Zeit, geläutert durch die klarere Erkenntniß und tiefere
Durchdringung des göttlichen Wesens dasteht. Es ist die
religiöse Bedeutung des Zeitalters überhaupt, die der Künst=
ler tief aufgefaßt und mächtig hineingetragen hat in sein
Kunstwerk; und nicht in dieses allein, sondern in alle, welche
er der heiligen Muse in frommer Begeisterung gewidmet
hat. Das ist die höhere Stufe, die er nach dem nothwen=
digen Gesetz der fortschreitenden Entwickelung in Bezug zu
früheren, an sich größeren Meistern einnimmt. Die Aus=
führung dieses Werkes war durch eine ehrende, liebende
Theilnahme erwärmt und steigerte sich oft zu einer hohen
Schönheit. Wie im Innersten erfreuend und erhebend die
Feier sein mußte, so regte sie doch auch einen unwilligen
Schmerz auf, den, daß die größeren, vollendeten Werke des
jetzt nur der Kunstwelt angehörenden Todten, durch das
Vorwalten einer kleinlichen Ansicht, der Oeffentlichkeit so
gut wie entzogen sind.

Concert. *)

Das Concert der Gebrüder Müller war in jeder Beziehung äußerst glänzend zu nennen, auch in der des Be-
suchs. Wie das Quartettspiel dieser Virtuosen ihnen bereits
viermal einen überfüllten Saal im Hôtel de Russie verschaffte,
so jetzt auch ihr Concert im Saale des königl. Schauspielhauses. Schon um halb sieben Uhr waren die Sitzplätze
sämmtlich besetzt und zur Zeit des Anfangs im Saale selbst
kein Raum mehr zu finden. Eine Duvertüre von Nicolai,
ein Terzett aus Titus, ein gleiches aus Wilhelm Tell und
endlich die große Tenor-Arie aus Spohr's Faust bildeten
die Accessorien des Concerts, auf die wir nicht näher eingehen können.

Den übrigen Theil des Concerts füllten die Gebrüder
Müller aus. Gemeinschaftlich traten sie zuerst durch die
Ausführung der Menuett und des letzten Satzes des C dur-
Quartetts von Beethoven auf und erregten durch die erstaunenswürdige Präcision und Rapidität, mit der sie dieses
brillante Stück vortrugen, den allgemeinsten Beifall. Dasselbe
war mit dem für ihre vier Instrumente arrangirten, ursprünglich für vier Violinen geschriebenen Concertante von Maurer
der Fall. In beiden Leistungen entwickelten die Künstler
wiederum ihr ganz eignes, fast unbegreiflich vollendetes Zusammenspiel, in der Gemeinsamkeit der zartesten Nüancirungen, wie der schwierigsten Passagen. Wir können nur
wiederholen, was wir bereits darüber gesagt. Nächstdem
spielten die Herren Karl und Georg Müller eine von dem

---

*) Eine erneuerte, ausführlichere Beurtheilung des unübertroffe-
nen Quartettspiels der vier Gebrüder haben wir zurückgelegt. Sie
ging dieser unmittelbar voran. Wir verweisen auf die, freilich nur
andeutende, des vorigen Jahres.

letztern componirte Polonaise für zwei Violinen, worin sich
sowol die glänzendste Fertigkeit des einzelnen, wie des Zusammenspiels, als auch der in allen Schattirungen vortreffliche Vortrag beider Virtuosen entwickelte. Den Gipfel der
eigentlichen Virtuosenleistungen erreichte jedoch der älteste der
vier Brüder, Herr Karl Müller, sowol durch den Vortrag
des Concerts von Maurer, als der Variationen von Pechatschek. In dem ersteren, mehr weich als elegisch gehaltenen
Stück hatte dieser außerordentliche Spieler vorzüglich Gelegenheit, die Fülle und sanfte Klarheit seines schönen Tons
zu entwickeln, wiewol es an schwierigen Passagen, besonders
Doppelgriffen, nicht fehlte. Besonders sprach das sowol mit
Grazie componirte, als mit immer neuen, überraschenden
Wendungen vorgetragene Rondeau an. Was wir ganz besonders in dieser Leistung des Virtuosen hoch stellen, ist die
schöne Natürlichkeit des Vortrags, die er sich bei der feinsten Colorirung desselben zu erhalten gewußt. Daß alle
Passagen durchweg perlten und mit der größten Reinheit
ausgeführt wurden, dürfen wir kaum bemerken. Dennoch
hatte der Spieler sich für das letzte Stück die glänzendsten
Wirkungen aufgespart. Die außerordentlich schwierigen Variationen von Pechatschek trug er mit einer Vollendung vor,
die kaum höher gedacht werden kann. Ein rauschender Beifall erkannte dies nach jedem Abschnitt an. Die schwierigsten Arpeggios, chromatischen Läufe aus höchster Höhe herab,
Doppelgriffe, Triller, Flageolet-Einsätze, Alles wurde mit der
höchsten Anmuth und Leichtigkeit ausgeführt. Diese vollendete Beherrschung jeder Schwierigkeit bildet allein
die wahre Virtuosität und nur so wird diese etwas
Schönes. — So hatte denn der Erfolg des Concerts die
gespannteste Erwartung völlig befriedigt und wir dürfen diese
vaterländischen Künstler mit wahrem Stolz ihre Reise nach

dem Auslande antreten sehen, wo es nicht fehlen·kann, daß
sie den Ruhm deutscher Kunst auf das ehrenvollste fördern
werden. Möge ihnen das Glück ebenso treu zur Seite sein,
wie das Verdienst sie begleitet!

Königliches Theater.

Das erste Auftreten des berühmten Sängers Herrn
Wild hatte einer sonst wenig beliebten Oper, Zampa, ein
ungemein zahlreiches Publicum zugeführt. Die Erscheinung
ausgezeichneter Gäste hat immer schon das Gute, daß die
einheimischen Künstler aus einem löblichen Eifer nicht gegen
das Ausland zurückzustehen und den Ruhm ihrer Bühne
zu behaupten, sich in einem ungleich höheren Grade anstrengen als gewöhnlich und alle Kräfte zusammenraffen, um
sich dem Nebenbuhler gegenüber geltend zu machen. So
haben wir denn auch die erste, wirklich gelungene Vorstellung der Oper gesehen.

Der Gast selbst ist eine eigenthümliche, jedenfalls merkwürdige Erscheinung, über die wir uns nach dem ersten
Hören nicht vollständig zu urtheilen getrauen. Zuerst ist
die Dauer, mit der sich das Organ des Sängers erhalten
und in den letzteren Jahren, wie wir hören, gewissermaßen
erneuert und umgestaltet hat, erstaunenswerth. Die metallne
Stärke desselben thut in vielen Momenten eine große Wirkung. Der Sänger nimmt die höchsten Falsett-Töne mit
größter Sicherheit und Kraft, er springt von C bis C zwei
Octaven herunter, ja wir hörten ihn, wenn wir nicht irren,
bis e hinauf singen und im letzten Act brachte er eine Art
Doppelschlag auf cis mit vollkommener Sicherheit an. Dagegen können wir seine Aussprache nicht durchweg loben;
gewisse Diphtongen nimmt er viel zu voll, andere geradezu

falsch. Er singt z. B. fast Bruaut statt Braut, spricht
das ei häufig wie eu, ja bisweilen wie oi, unterscheidet das
harte und weiche s kaum hörbar, sondern zischt dasselbe in
den meisten Verbindungen zu stark, und dergleichen mehr.
Dies bringt für die aufmerksamen Hörer manche Uebelstände
hervor. So klang die Phrase „Ich kenne seine Züge"
(oder eine ähnliche, da wir die Worte nicht genau anzugeben
vermögen) wie „Ich könne seine Ziege". Ferner setzt der
Sänger die Töne in den mittleren Lagen nicht leicht, nicht
frei, sondern mit einem störenden Druck ein, wie denn über=
haupt der Ton sich nicht leicht von seinen Lippen löst, son=
dern mehr wie eine Art von Hammerschlag klingt. Daher
gelingt ihm alles Kräftige, wozu die Rolle viel Gelegenheit
bietet, alles Gewaltsame, die Affecte bis zur Uebergipfelung
Treibende ungleich besser als der ruhig schöne Ausdruck.
Sein Organ verschmilzt sich nicht gut; daher gleicht seine
Vortragsweise mehr einer harten, aber scharf charakteristischen
Zeichnung, als einem durch weiche Farbengebung verschmol=
zenen Gemälde. Freilich steht eine solche Auffassung dem
Charakter der Musik in dieser Oper sehr nahe; allein uns
däucht, es wäre eher die Aufgabe des Sängers, die Schroff=
heiten, die unkünstlerisch gewaltsamen Effecte derselben zu
mildern und so die Verirrungen des Musikers und auch
des Dichters zu verschleiern, als sich ihnen zuzugesellen.
Das Spiel des berühmten Künstlers ist lebhaft, frei, sicher,
aber ermangelt der feineren Nüancirung ebenso wie der Ge=
sang. Einen schön getragenen Ton, eine wohllautend ver=
schmolzene Melodie hörten wir nicht und diesen edlern Reiz,
der dem musikalischen Vortrag mangelt, vermißten wir auch
im Spiel. Daß jedoch die vielen glänzenden Eigenschaften
des Sängers, vor Allem aber sein schönes, mächtiges Or=
gan, sein bis zur Kühnheit festes Fußen auf dasselbe, end=

lich auch seine auf den Stil der Decorationsmalerei berech-
nete Darstellung vielfach eine in der That große Wirkung
und zumal auf die Mehrzahl hervorbrachte, war ganz un-
ausbleiblich. Ebenso auch der laute Beifall, den man ihm
zollte und dem wir unsere bedingte Zustimmung sehr gern
geben. — Doch wie gesagt, wir wollen diese Andeutungen
nicht für eine feste Ansicht, sondern nur für vorläufige Muth-
maßungen gehalten wissen; ein jedenfalls so bedeutendes Talent will vielseitiger beleuchtet und gewürdigt sein und es
freut uns, daß uns, wie das Gerücht sagt, der Gast dazu
reichliche Gelegenheit geben wird. Seine nächste Rolle wird
Othello sein; möchte er auch den Don Juan nicht aus seinem Verzeichniß gestrichen haben, in dem er vor Jahren
berühmt war und aus dem wir die lebendigste Erinnerung
seiner früheren glänzenden Kunstperiode bewahrt haben!

Dasselbe Theater.

Die zweite Rolle, in welcher unser berühmter Gast, Herr
Wild, auftrat, war die des Othello. Im Allgemeinen
haben sich uns dabei die Bemerkungen, die wir über die
Gesangsweise des Künstlers gemacht haben, bestätigt. Die
Wahl der Rolle zeigt zugleich, daß er sich selbst richtig beurtheilt; denn da es besonders die stärkeren Effecte und
Affecte sind, die ihm gelingen, so mußte eine so mit Leidenschaft und Kraft gewissermaßen gesättigte Partie, wie die
des Othello, ihm ganz besonders zusagen. Wenn zwei Beispiele eine Regel feststellen könnten, so würden wir glauben,
der Künstler habe es sich zur besondern Aufgabe gemacht,
jeden Charakter an irgend einer Stelle, hier von den Worten
an „Die Falsche soll erbleichen" recht scharf zu zeichnen. Hier
stürzt er sich mit der ganzen Macht seines kraftvollen Organs,

gewissermaßen alle Zügel von sich schleudernd, auf die Töne und Worte und bringt dadurch eine, unstreitig wenigstens durch Ueberraschung hinreißende, blendende Wirkung hervor, wenngleich das höhere Kunstgesetz hier schon eine Gewalt-thätigkeit erkennen muß, die gefährlich nahe an das Unschöne grenzt. Indessen hielt sich, trotz dieser Explosion seiner Kräfte, der Künstler doch mit Sicherheit auf der schwankend steilen Höhe und somit ist ein solcher Moment allerdings anzuerkennen. Daß er im Publicum einen stürmischen Bei-fall erregte, darf kaum erwähnt werden. Uebrigens war der Sänger auch in andern Zügen oft bedeutend. So z. B. als er dem Vater der Geliebten seine Berechtigung auf die Hand der Tochter im vollen Selbstgefühl seiner Würde dar-thut; in der Scene vor dem Kampf mit Rodrigo und am Schluß in dem Recitativ, welches der Ermordung Desde-mona's vorangeht. — Unsere Sänger stehen in einem eigen-thümlichen Verhältniß zu diesem Künstler; sie müssen sich, um mit ihm zu kämpfen, anderer Waffen und Vortheile bedienen, als er geltend machen kann. In der Kraft sind sie sogleich von ihm besiegt; nicht so in der Verschmelzung der Melodie, in der edlen Behandlung der Aussprache und in den zarteren Schattirungen des Ausdrucks. Herr Man-tius, durch die Uebermacht des Gegners überall geschlagen, wußte mit gewissermaßen strategischem Geschick die Momente zu finden, wo auch er seine Siege erfocht. So im Finale des ersten Actes bei den freien Eintritten auf die Worte „Des Lebens Freuden sind mir verschwunden", wo ihm der ungleich höhere Grad der künstlerischen Ausbildung, womit er die Phrase vortrug, einen lauten Ausbruch des Beifalls eintrug, während dieselbe Stelle zuvor unbemerkt vorüber-gegangen war. Ein solcher Kampf mit verschiedenen Waffen und Vortheilen erregt ein großes Interesse und verdanken

wir daher dem Gaste auch nichts weiter (was wir weit ent=
fernt sind, behaupten zu wollen), so verdanken wir ihm das,
daß unsere Künstler ihre eigenthümlichen Gaben und Talente
mit aller Aufmerksamkeit und Anstrengung geltend zu machen
suchen, um den gefährlichen Wettkampf ehrenvoll zu bestehen. Das Ganze kann dabei nur gewinnen.

Concert.

Im zweiten diesjährigen Concert der Singakademie führte
dieselbe ein neues Oratorium von C. Löwe „Die sieben
Schläfer", wozu Herr Professor L. Giesebrecht das Gedicht geliefert hatte, auf. Ganz abgesehen von dem Werth
des Werkes, so ist es schon lobenswerth und erfreulich, wenn
in unsrer flüchtigen Zeit ein Künstler den Ernst und Fleiß
besitzt, den eine so bedeutende Arbeit erfodert, die, so stehen
einmal die Dinge, keinen andern Lohn gewährt, als den,
welchen die Arbeit selbst mit sich bringt. Ebenso ist die
Wichtigkeit eines Instituts hervorzuheben, durch welches es
allein möglich wird, ein so umfassendes Werk auf eine würdige Weise zur Oeffentlichkeit zu bringen. Allein wir haben
hier nicht nur Fleiß und guten Willen anzuerkennen, sondern erfreuen uns einer in vielfacher Hinsicht wahrhaft schönen und eigenthümlichen Kunstschöpfung. Zuvörderst muß
auch dem Dichter sein Verdienst gelassen werden und wir
fühlen uns um so berufener, dies auszusprechen, als dessen
Mühe noch seltener eine Belohnung findet, kaum die, daß
die allgemeine Stimme ihm einigen Antheil an dem Erfolge
ließe. Wir finden seine Dichtung zwar nicht in den einzelnen Versen schön, wo dieselbe zu häufig, um für die
musikalische Behandlung kurz genug zu sein, fast aphoristisch,
nicht selten undeutlich wird und zu Fremdartiges in zu nahe

Verbindung bringt; dagegen ist zuerst seine Wahl des Stoffes ungemein glücklich, denn derselbe ist neu, eigenthümlich, mannichfaltig, christlich erhebend und rührend, und ebenso ist dessen Gliederung dichterisch und vortheilhaft für die Musik. Wir wüßten nicht, und dies ist bei der breiten, unbestimmten Form des Oratoriums gewiß ein seltener Fall, daß uns irgend eine Stelle überflüssig, müßig oder gar hinderlich erschienen. Der Dichter hat sich an den einfachsten Gang, den die Legende nehmen konnte, gehalten und wiederum bewährt sich, daß das einfach Natürliche auch das dichterisch Schöne ist, vor Allem aber das der Musik Günstigste. Was den Componisten anlangt, so erfreuen wir uns hauptsächlich darüber, ihn in diesem Werke fast ganz von einer früheren Richtung, die wir nur als eine Verirrung seiner Zeit und Jugend betrachten konnten, zurückgekommen zu sehen und finden in dieser Beziehung einen großen Fortschritt gegen sein vor zwei Jahren hier aufgeführtes Oratorium „Jerusalem". Aber auch im Einzelnen bekundet sich diese der reineren Kunst sich zuwendende Richtung seines Talents. Alle Stücke haben gemäßigte, wohlbegrenzte Formen, die Modulation ist nicht überladen und dennoch reich und oft neu, die Instrumentirung gewählt, wohlklingend, bedeutungsvoll, ohne jene Ueberhäufung, die das Ohr abstumpft und ermüdet, statt es für einen erhöhteren Reiz empfänglich zu machen. Das Einzige, was wir im Allgemeinen zu wünschen hätten, wäre eine noch größere Einfachheit, ein ruhigerer Schritt in der melodischen Behandlung und die Weglassung einiger Wiederholungen, welche freilich für sich musikalisch gerechtfertigt sind, aber den an einigen Stellen bis zum dramatischen Leben geförderten Gang des Gedichtes unterbrechen. — Gehen wir nun zu dem Einzelnen über, so viel sich davon nach einmaliger Anhörung

eines so mannichfaltigen und umfassenden Werkes festhalten
ließ. Gleich die Instrumental-Introduction ergriff durch
ihre bedeutsame Schönheit, indem sie jenen Zustand geheimnißvollen Schlummers und Traumes, behütet durch die
Engel des Herrn, vortrefflich ausdrückt. Sehr glücklich steht
der frische belebte Morgenchor der Hirten im Gegensatz dazu; nur dürften hier vielleicht die in dem ganzen Abschnitt
verflochtenen Arien Antipater's und Honoria's zweckmäßiger
in kürzere Ariosos verwandelt werden, wiewol wir nicht
läugnen wollen, daß die Stücke an sich viel Schönes enthalten. Höchst feierlich und das Gemüth fromm erhebend
ist die Stelle, wo sich die erste Stimme der aus dem Wun-
derschlaf Erwachenden vernehmen läßt; wir dürfen nicht zu
bemerken unterlassen, daß diese Stelle auch, durch Herrn
Zschiesche, ganz vortrefflich gesungen wurde. Die Art, wie
sich die Tenorstimme damit verbindet, das Staunen und
dann die Täuschung Derer außerhalb der Höhle, die ganze
Wendung, welche das Gedicht hier nimmt und wie diese
durch die Musik unterstützt wird, Alles vereint sich zu einer
tief bewegenden Wirkung. Der darauf folgende Psalm, wo
die sieben Brüder nach und nach eintreten, ist zwar sehr
schön, allein wir glauben doch, daß er noch wirksamer sein
würde, wenn der Musiker sich nicht zu bestimmt an dem
äußerlichen Gesetz der sieben einzelnen Eintritte gehalten,
sondern die späteren etwa gepaart, oder doch dichter auf einander gerückt hätte. Es liegt etwas Peinliches darin, daß
man ihm die Sieben überall zu bestimmt nachzählen kann.
Diesen Umstand abgerechnet machen Ernst und Feierlichkeit
des Stücks einen unabweisbaren Eindruck. Der darauf
folgende Choral ist nicht ganz nach unserm Sinne behandelt und auch das Duett zwischen den beiden jüngsten Brüdern, so rührend ihre Liebe an sich ist und so oft der Com-

11*

poniſt dies glücklich ausgedrückt, hat nicht völlig den Stil,
den wir ihm wünschen, und hier tritt der oben allgemein
beregte Fall ein, daß uns die Melodie nicht einfach genug
vorschreitet. Aus der zweiten Abtheilung heben wir zuvör-
derſt den charakteriſtiſchen Chor der Krieger „Zion, Zion
iſt umringt" — hervor; demnächſt den Chor des Volkes in
ſeiner ganzen Verflechtung mit der Erſcheinung des Malchus,
zumal gegen den Schluß, wo die Fuge ſehr an ihrer Stelle
iſt. Das darauf folgende Duett zwiſchen Antipater und
Malchus entſpricht dagegen unſrer Erwartung nicht. Vielleicht aber ohne Schuld des Componiſten, denn die Handlung wird hier in einem ſo hohen Grade dramatiſch, daß
weder Dichter noch Muſiker in denjenigen Formen den vollen
Ausdruck finden konnten, welche ihnen das richtige Kunſt-
gefühl für den ruhigeren Ernſt des Oratoriums gebot. Die
Grundurſache iſt alſo die, daß hier der Stoff auf einen
Augenblick der dichteriſchen Form entwächſt. Die ſehr bewegte Schlußfuge gibt zugleich einen Beweis von der Erfindungskraft und dem Fleiße in der Arbeit des Componiſten.
Im dritten Theile iſt das Sextett der Brüder ſehr würdig
gehalten; der Chor der Frauen und der des Antipater und
ſeiner Begleitung bilden ſchöne Contraſte zu jenen Grund-
farben des tiefſten Ernſtes, zumal die Wiederkehr des Satzes
aus dem erſten Theile „Theodoſius herrſchet" u. ſ. w.
Der Uebergang von den Worten „Wir ſind alle Anicianus
Söhne!" zu dem Arioſo des Biſchofs Martinus ſollte be-
deutſamer ſein. Sehr ſchön iſt noch die Altarie und der
Satz, wo der Wunderſchlaf die ſieben Brüder abermals über-
fällt. Der Chor „Ihre Augen ſanft geſchloſſen" ꝛc. und
der Eintritt der Fuge auf die Worte:

> „Bis einſt die Poſaune des Richters der Todten
> Sie und uns in die Wolken entrückt."

beschließen das Werk auf eine des Ganzen höchst würdige Weise, so daß sich am Schluß das Gefühl verstärkt erneuert, wie sehr wir dem ernsten Streben des Dichters, des Musikers und des Instituts, welches den Gedanken Beider verwirklichte, Dank schuldig sind. Die Ausführung war in vielen Beziehungen, sowol was die Chöre, die Instrumentalpartie und die Soli anlangt, vortrefflich; einiges Mißglückende kommt nicht in Betracht gegen den Geist, der das Ganze belebt.

Uebersicht des Jahres.

Das Theater gab in diesem Jahre an neuen Opern Schloß Kandra von Wolfram, Mathilde von Hummel (sehr gute Musik, doch nicht dramatisch und ohne Leben im Text), das Duell von Herold, dann Hans Heiling von Marschner und E. Devrient, ein Werk von frischer musikalischer Erfindung und fein dramatisch angelegt, das die deutschen Bühnen besser hätten pflegen sollen. — Die heimischen Sänger erhielten einen Zuwachs durch Dlle. Stephan, eine Debütantin mit schönen Mitteln, durch Spontini selbst zur Bühne gebracht; sie ist früh wieder zurückgetreten. Auch Dlle. Lehmann, eine schöne Altstimme, war in dieser Zeit lobenswerth an der Bühne. Der Gastbesuch war zahlreich und glänzend, außer Mme. Schechner-Wagen, welche für uns den Schwanengesang hören ließ (vergl. die Beurtheilung), betraten Dlle. Bertha Carl (in Berlin gleichzeitig mit Dlle. Hoffmann, die eine volle Altstimme besaß, einem Wohlthätigkeits-Institut entnommen und für die Bühne durch Dlle. Schmalz gebildet, damals aber aus Italien heimkehrend), Dlle. Maschinka Schneider (spätere Mme. Schubert in Dresden) und Mme. Gehse-Walker, Herr Föppel, Herr Rauscher (ein vorzüglicher Tenor) und Wild die Bühne. Im Concert ließen sich Mme. Schmidt aus Amsterdam, die eine angenehme Stimme und große Geläufigkeit besaß, während ihr Mann sich als guter

Geiger verwahrte, der Tenorist Brugt, ebenfalls aus Amsterdam, und Mme. Carradori-Allan aus London hören, welche Letztere durch feine Vollendung der Kunst und Reiz der Stimme nahe an Henriette Sontag reichte. — Aus der Virtuosenwelt kamen Bärmann, Mendes, Josephine Eder (später die Gattin Vieurtemps) und die Gebrüder Müller (siehe die Beurtheilungen) als die ausgezeichnetsten Gäste zu uns. — Von Concertaufführungen erwähnen wir außer den stehenden die Fortsetzung der classischen Concerte Mendelssohn's, in denen unter andern eine treffliche Sinfonie Ludwig Berger's (aus seinem Nachlaß zu vier Händen bei Hofmeister erschienen) ausgeführt wurde; ein Concert Otto Nicolai's (jetziger Kapellmeister), in welchem er sich als Componist und guter Pianofortespieler bethätigte); die Aufführung einer großen Cantate Mendelssohn's zum Säcularfest für Albrecht Dürer, das der Künstlerverein veranstaltete. — An Oratorien hörten wir Samson, Saul, die Bach'sche und Grau'sche (diese alljährlich) Passionsmusik und das ehrenwerthe Werk Löwe's „Die sieben Schläfer", Gedicht von Giesebrecht. — Hubert Ries gründete Quartettsoiréen, den Gebrüder Müller nacheifernd; dieselben haben sich viele Jahre neben denen bald durch v. Zimmermann begründeten erhalten. Letztere dauern noch (1848) fort. — Einen schmerzlichen Verlust erlitt die Kunst durch den Tod des Fürsten Radziwill, dessen Composition des Goethe'schen Faust seitdem mit solchem Erfolg in die Oeffentlichkeit getreten ist.

Jahr 1834.

Königliches Theater.

Am 8. Januar wurde Gluck's Iphigenia gegeben. Ein solches Ereigniß ist für alle Diejenigen, welche noch einen Antheil an der edlern Kunst nehmen und an ihre höhere Bedeutsamkeit glauben von einer ernstern Wichtigkeit, als Viele begreifen möchten. Es unterbricht die Reihe frivoler Genüsse, denen man sich nur zu leicht hingibt, auf eine Weise, die es uns wieder in Erinnerung bringt, daß die höchsten Zwecke der Kunst mit zu den höchsten des Menschen über- haupt gehören, Etwas, das man in dem Verkehren und Trei- ben der Gegenwart nur zu leicht zu vergessen oder gar den Glauben daran zu verlieren in Gefahr ist. Wie wir hören, war der Wunsch der Mme. Milder, noch einmal mit ihrer Kunst vor das Publicum zu treten, das ihrem Talent eine so lange Reihe von Jahren die edelsten Genüsse verdankt hat, die Veranlassung zu dieser Aufführung. Wir sind ihr dafür so vielen Dank schuldig, daß wir, möchte unsre An- sicht von ihren Kunstleistungen und insbesondere von ihrer Auffassung der Iphigenia auch noch so abweichend sein, den- noch nicht mit ihr darüber rechten würden. Ueberdies hat diese Sängerin ihren Ruf und ihre Laufbahn abgeschlossen; was sie sich in der Fülle ihrer Kraft an Lorbern erworben, bleibt ihr unbestreitbar. Wir wollen also in dieser Bezie- hung um so weniger kritisch auftreten, als wir früher oft genug Gelegenheit gehabt, unsre Meinung über ihr bedeutendes Talent, das sich, ein seltener Ruhm, stets nur in den edelsten Sphären bewegt hat, auszusprechen. Mit Freuden schließen wir uns daher der Gesinnung des Publicums an, welches die Sängerin mit lebhaftem Beifall, der den Dank für vielfältig vergangene Genüsse ausdrückte, empfing und in dieser Theilnahme für Das, was sie uns jetzt bot, beharrte. — Gern gestehen wir, daß wir einige Augenblicke lang über Vieles, was uns im Ganzen der Darstellung gegen Gluck's Geist zu freveln schien, in Unwillen geriethen; allein die Macht des Kunstwerks bezwang uns so gewaltig, daß alle die Verirrungen der Einzelnen in dem erhabenen Strom versanken und seinen stolzen Lauf weder zu hemmen noch zu brechen vermochten. Die Zeit hat uns gelehrt, daß man sich des Edlen erfreuen müsse, wenn es nur überhaupt noch erscheint, mag es überall seiner würdig angethan sein oder nicht. So soll denn auch in jeder andern Beziehung die Kritik der Persönlichkeiten schweigen und Gluck's strahlender Fittig möge Alles bedecken, was der Hoheit seines Werkes nicht entsprach. Und diese Entschließung ist nicht eine angenommene, sondern sie durchdrang uns mit voller Wahrheit; es ist ein Sieg des Ewigen in dem Werke über die Zufälligkeiten seiner äußern Erscheinung. Also nur Dank allen Denen, die zur Verwirklichung derselben mitwirkten, dem eifrigen Gast, wie den heimischen Künstlern. Doch dürfen wir das Gelungenste nicht ohne Anerkennung lassen. Es war unsrer Ansicht nach die Darstellung des Pylades durch Herrn Mantius, dessen ganze Kunstbildung von der Art ist, daß sie die veredelte Erhabenheit des griechischen Geistes, die in dem Werke lebt, aufzufassen und wiederzugeben wußte. Die Göttergestalten Iphigeniens, Orest's und Pylades müssen wie Marmorgebilde auf dem granitnen Hintergrunde barbarischer, scythischer Elemente hervortreten; in

diesem Sinne löste der denkende und begabte Künstler seine
Aufgabe. — Nur ein Wunsch muß ausgesprochen werden,
der, daß Diejenigen, welche die Leitung eines solchen Werkes im Ganzen über sich nehmen, tiefer von seiner Bedeutung erfüllt sein möchten!

Concert.

Das zweite Concert der Gebrüder Eichhorn (24. März)
war zwar nicht so gefüllt wie das erste, aber doch so, daß der
Saal keinen leeren Platz mehr zeigte; ein Beweis, daß die
Theilnahme dieselbe geblieben war und man nur angemessener
gesorgt hatte, daß nicht zu viel Billets ausgegeben wurden.
Die beiden Knaben bewährten ihr Talent wieder in mannichfaltiger Weise und gewannen sich mit Recht den rauschendsten Beifall. Der ältere setzte seinem Spiel die Krone auf
durch den meisterhaften Vortrag des Adagios von Spohr,
wiewol er auch in dem Rondeau von Paganini (welches
uns jedoch einigermaßen für seine Fähigkeiten adaptirt schien)
wiederum die erstaunlichsten Züge seines fertigen Spiels entwickelte. Möge Derjenige, welcher die fernere Ausbildung
dieser talentvollen Knaben leitet, sie übrigens nicht so viel
von Paganini spielen lassen, d. h. von Dem, was wir
nur seine Scherze nennen können, wie z. B. alle die kleinen
Variationen und Potpourris, die wir bisher von den beiden
Knaben gehört. Wenigstens wäre es gerathen, daß die
Knaben überall, wo sich große Meister auf dem Instrument
befinden, den Unterricht derselben benutzten und sich Stücke
von deren eigner Composition einstudiren ließen, damit sie
ihren schönen Sinn für reinen, classischen Stil behielten.
Der ältere hat, wie wir hören, bereits den Unterricht Spohr's
und Mayseder's fleißig benutzt und Paganini sich beider Kna-

11 **

ben mit Eifer und Liebe angenommen; bisher ist also das Beste geschehen, was für sie geschehen konnte. Möge dies auch noch ferner der Fall sein! Das Uebrige muß freilich einem wohlwollenden Geschick anheimgestellt werden, indessen wo es so auffallende Pfänder seiner hohen Gunst gegeben, darf man wol hoffen, daß es sich auch ferner huldreich zeigen und die mancherlei Gefahren, die den Weg zur reinen, edlen Kunst umgeben, abwenden werde. — Dlle. Lenz und Herr Mantius unterstützten das Concert durch ihre Gesangstalente in der bekannten, höchst schätzenswerthen Weise. Herr Taubert trug ein Klavierconcert eigner Composition vor, dessen wir uns in vielfacher Beziehung erfreuten. Einmal, weil wir den Spieler noch niemals so vortrefflich gehört, indem er zum ersten Male zu den vielen glänzenden und schönen Eigenschaften seines Spiels auch die letzte des Virtuosen, die ruhige Beherrschung des Schwierigsten entwickelte; ferner aber auch, weil die Composition alles Lobes werth, offenbar das beste Stück ist, welches wir bisher von der Arbeit dieses so talentreichen Künstlers gehört haben. Es ist kein reines Virtuosen-Concert, sondern nach dem Muster derer von Beethoven und Mozart vielfach mit dem Orchester verbunden, so daß das Fortepiano mehr als ein obligates, wie als ein absolutes Solo-Instrument erscheint. Jedoch bietet es dem Spieler die mannichfaltigste Gelegenheit dar, sich zu zeigen, zumal im letzten Satz, der auch überhaupt der gelungenste ist. So fanden sich denn die zahlreichen Hörer aller Gattungen, gründliche Musiker und moderne Dilettanten durch das Concert allgemein befriedigt und wir dürfen es den besten dieses Winters zuzählen.

Concert.

In der Quartett-Versammlung bei Herrn Musikdirector
Möſer (22. Jan.) wurde zuerſt ein Quatuor von Haydn und
das Es dur-Quartett von Mozart (welches auch die Gebrüder
Müller während ihrer Anweſenheit hier ſpielten) mit wahrer Meiſterſchaft von Herrn Möſer und ſeinen gewohnten
Quartettiſten vorgetragen. Sie gewährten, was die Compoſition anlangt, die reine Freude am Schönen, an der Klarheit und Vollendung der künſtleriſchen Form, an der Friſche
und dem heitern Adel der Erfindung. — Zum Schluß
wurde, als eine Ausnahme von der Regel, durch vier jüngere
Quartettiſten, nämlich die Herren Zimmermann, Ron-
neburg, Richter und Griebel, das in der Auffaſſung
für den Hörer, wie in der Ausführung für den Spieler
gleich ſchwierige Quartett von Beethoven in Cis moll vorgetragen. Als Product dieſes großen Genius bietet das
Werk freilich im Ganzen wenig Erfreuliches dar. Denjenigen, welche dieſen Erzeugniſſen der letzten Jahre des durch
Krankheit und endlich aufreibende productive Thätigkeit er-
ſchöpften Componiſten einen hohen und höheren Kunſtwerth
beilegen wollen, als ſeine früheren Schöpfungen haben, können wir unmöglich glauben, daß ſie jemals die wahre Größe
dieſes Genius gefaßt haben. Ein reines Urtheil über große Leiſtungen großer Männer, däucht uns, können nur Diejenigen
haben, welche ſich ihren Blick frei bewahren und auch den
Irrthum ſehen, der bei coloſſalen Geiſtesorganiſationen meiſt
ebenfalls in großen Dimenſionen zu erſcheinen pflegt. Die
blinden Verehrer Shakſpeare's, Goethe's, Jean Paul's, Beethoven's theilen hier alle daſſelbe Schickſal; weil ſie Götter
zu Götzen machen, verlieren ſie ihren Antheil an dem Göttlichen ſelbſt. Der erſte Satz des Quartetts, um auf unſern concreten Fall zu kommen, kann nur als ein verwirrtes,

selbst nur selten geistreich phantastisches Träumen betrachtet
werden; seine Wirkung ist geradehin folternd für den Hörer. Alle künstliche Combinationen in der Stimmführung,
der Harmonie, entschädigen nicht für den Mangel an schöner Gestaltung und Erfindung. Die folgenden Sätze dagegen sind, wenn gleich voller Seltsamkeiten, die kein Kunstgesetz rechtfertigen kann; doch auch voller productiven In-
halts. Ueberdies, das darf nicht geläugnet werden, ist ein
edler Geist überall zu erkennen und man dürfte vielleicht
nicht einen einzigen Tact in dem ganzen Werke oberflächlich
oder gar gemein nennen.*) Die Ausführung des Stückes bietet unendliche Schwierigkeiten dar; dennoch gelang sie den
vier vereinigten jungen Talenten in der vollkommensten Weise.
Ein unablässiges Studium, verbunden mit einem verehrenden Sinn für das Große in dem Werk, das überall erhaben gedacht ist, wenngleich es sich nicht überall so verwirklicht, war unverkennbar. Es ist dies ein schönes Zeichen
für den edlen Eifer unsrer jungen deutschen Künstler; und
so lange dieser fortdauert, ist uns um den Verfall der ächten
Kunst nicht bange; denn Schiller's Ausspruch „Zu allen Zeiten,
wo die Kunst verfiel, ist sie durch die Künstler verfallen" bleibt
unerschütterlich wahr, weil der Künstler es ist, der zuerst in
die Gemeinheit hinabsteigen muß, um das Publicum nach-
zuziehen und daran zu gewöhnen. Hülfe wird ihm freilich
sogleich von allen Seiten dabei, während er auf dem umge-
kehrten Wege lange isolirt bleibt. Deshalb so lange unsere
Künstler den Muth nicht verlieren und sich mit so wackrer
Kraft wie die vier genannten Virtuosen an das Tüchtigste

---

*) Ich habe in dieser Beurtheilung, wie ich auch später anders,
wenngleich nicht entgegengesetzt, gedacht, absichtlich nichts geändert
noch etwas weggelassen; diese Sammlung muß auch die Geschichte
meiner Irrthümer geben.

machen, sogar da, wo es wie hier selbst in edlem Irrthum befangen und fast so undankbar als mühevoll ist, so lange dürfen und werden auch wir die Hoffnung nicht aufgeben, daß das Bessere über die Flut des Schlechten in unsrer Zeit mit felsiger Unerschütterlichkeit emporragen und sich kämpfend behaupten werde.

Königliches Theater.

Die Darstellung des Othello am verwichenen Freitag (18. April) gehörte zu denjenigen, welche sich als strahlendere Kunsterzeugnisse über den gewöhnlichen Lauf der Vorstellungen erheben und sowol bei den Künstlern selbst als bei dem Publicum einen neuen Aufschwung erzeugen. Desdemona war eine Rolle, in welcher Mme. Schröder=Devrient hier noch nicht aufgetreten war. Theils die Erinnerung an frühere ausgezeichnete Darstellungen derselben, theils die Spannung, wie eine Sängerin, welche man bisher nur in der deutschen Oper gekannt hatte, diese italienische Aufgabe lösen werde, hatte den Antheil des Publicums schon vorher zu einem ungewöhnlichen Grade gesteigert. Fast immer haben wir die Bemerkung gemacht, daß die Erscheinung eines aus= gezeichneten fremden Mitgliedes auf unsrer Bühne einen edlen Wetteifer bei unseren einheimischen Künstlern hervor= bringt und sie anregt, ihr Bestes zu thun, um den Ruf des Kunstinstituts zu behaupten. Dies war auch hier der Fall. Einige unsrer Gewohnheit zu langsame Tempi ab= gerechnet, welche zum Theil aber durch die fremde Künst= lerin veranlaßt wurden, war das Ensemble der Oper durch= aus lobenswerth und die mit dem Hauptcharakter parallel laufenden, oder sich nahe anschließenden Rollen wurden mit größtem Eifer gegeben. Zwar müssen wir den Tausch, statt der Herren Bader und Devrient, Herrn Hoffmann und

Hammermeister als Othello und Jago zu sehen, im Ganzen ein Herabsteigen nennen, allein beide Sänger gaben ihre Partien mit dem größten Fleiß. Herr Hammermeister hüte sich nur vor dem Fehler, Alles accentuiren und durch jenen Druck der Stimme hervorheben zu wollen, der zwar in einzelnen leidenschaftlichen Momenten von Wirkung ist, überall angewendet jedoch störend wirkt. Herr Hoffmann, obwol wir uns auch in dieser Rolle mit seiner Gesangsweise im Allgemeinen keineswegs befreunden können, trug gleich das erste Adagio seiner großen Arie mit lobenswerther Mäßigung und fast ganz frei von seinen üblen Gewohnheiten vor, die wir so oft an dem Sänger tadeln mußten. Im zweiten Act verleitete ihn, nach unserm Gefühl, der Eifer, zu weit zu gehen, und er gerieth auf Abwege, die wir nicht mehr für schön gelten lassen können. Namentlich hat ihn wol das Beispiel eines berühmten Sängers (Wild) verführt, der vor kurzem mehrere Momente der Rolle ganz so auffaßte, wie Herr Hoffmann; schon dort hielten wir dieselben für materielle Effecte, welche zwar der Masse imponiren, aber dem reineren Kunsturtheil zuwider sind. Indessen verrieth Alles, daß Herr Hoffmann sich die größte Mühe mit der Partie gegeben hatte, und der ernste Wille, das Gute und Bessere zu leisten, ist so viel werth, daß sich daran auch sogleich die Hoffnung knüpft, es werde bald vom Bestreben zur That kommen. Das Publicum erkannte das Verdienstliche der Leistung auch allgemein an. — Herr Mantius, Robrigo, sang den melodischen Theil seiner Rolle vortrefflich; Dlle. Bötticher, als Emilie, erfüllte durch reine Intonation und natürlichen Vortrag die Foderungen, welche man an die kleine Partie machen kann, durchaus genügend. Inmitten eines solchen Vereins von Talenten wird eine große Künstlerin auch noch durch ihre Umgebung größer. Mme.

Schröder-Devrient gab eine im Ganzen großartiger, heroi-
scher gehaltene Desdemona, als wir sie von ihren Vorgängerinnen gesehen; dennoch hatte sie die Milde des Charakters,
die rührende Schönheit im tiefsten Schmerz beizubehalten
gewußt. Ihr Costüm war mit feinem Verständniß gewählt
und namentlich die Farbe ihres Kleides, ein sanft gehaltenes
Blau, durchaus zusagend. Die Pracht der Kleidung muß
bei einer Desdemona immer eine gewisse Bescheidenheit behalten; sie sei, um mit dem Dichter zu reden, „mit der Perlen mildem Glanz, nicht mit der Juwelen leuchtenden Gewalt" geschmückt. So hatte es die Künstlerin getroffen.
Ihre Darstellung war durchaus ein Ganzes; sie steigerte
den Charakter mit jedem Act. Die Zahl unaussprechlich
schöner Momente im Gesang und plastischen Spiel herauszuheben, ist fast unmöglich, doch erinnern wir an Einiges.
Von unnachahmlicher Wirkung war ihr Spiel bei dem ersten Zusammentreffen mit Othello und hiernächst ihr ganzes
Verhalten während des Finales, von dem ersten Zusammen-
sinken unter dem Fluch des Vaters an, bis zum Schluß,
wo sie mit einer erstaunenswürdigen Gewalt der Stimme
eingriff. Dies ist um so mehr zu bewundern, als sie zuvor dem Duett mit Emilia die zartesten Färbungen des Ausdrucks zu geben wußte. Der zweite Act war noch ungleich
bedeutender als der erste; die berühmte Arie während des
Zweikampfes zwischen Jago und Othello sang die Künstlerin
mit einer Gewalt und Beherrschung der Mittel, welche Alles
überwand, was uns die Auffassung durch den Componisten
in diesem Stück Zurückweisendes hat. Den höchsten Gipfel
des leidenschaftlichen Ausdrucks aber erreichte sie im Finale
bei den Worten „Kannst du dein Kind verstoßen, wo wird
Erbarmen sein!" Hier wetteiferten Schönheit des Gesanges
und des plastischen Spieles mit einander um den Preis.

Wir beneiden den Maler, der wenigstens im Stande ist, diesen schönen Bildern eine Dauer zu verleihen, während der Musiker sich nur an der Erinnerung der schnell verweh= ten Klänge erquicken kann. — Der dritte Act folgt in dem Werke (freilich ist Shakspeare Derjenige, welchen wir hier als den Schöpfer betrachten müssen) wie eine Mondschein= nacht nach stürmenden Gewittern. Der Charakter Desde= mona's ist hier am reizendsten dargestellt und sogar der leichtsinnige Italiener ist von der Macht dieser Schönheit bezwungen worden und hat sich zu einem reineren Tempel= dienst entschlossen. Die Künstlerin gab diese Scenen mit einem Reichthume plastischer und musikalischer Schönheiten, die, obwol tief durchdacht, sich dennoch so natürlich an ein= ander reihten und verschmolzen, daß die Wirkung ganz aus einem Guß war. Ihr Vortrag der Romanze, das Abbrechen mitten im Gesang, das Aufschrecken beim Gewitter, einige das schwermüthige Sinnen ausdrückende Stellungen, in de= nen sie uns wahrhaft das Bild einer Antike vor das Auge stellte, gehören zu den schönsten Momenten, die wir jemals auf der Bühne gesehen haben. So steigerte sich die Rolle bis zu dem Moment, wo Desdemona sich zur Ruhe begibt. In der Darstellung der Schlußscene, gegen welche wir über= haupt sowol dramatische als musikalische Einwendungen in großer Zahl erheben würden, war uns Manches zu heftig aufgetragen; es schien uns, als sei die Künstlerin durch den Irrthum des Dichters (ich verstehe darunter natürlich nur den des Operntextes) und des Componisten zu ähnlichen Irrungen verleitet worden. Sie stirbt, um es mit Einem Wort hinzustellen, nicht als die schuldlose Gemahlin des lei= denschaftlichen, aber edlen Othello, sondern wie die schuldige des Unmenschen Blaubart; auch Othello wird wider Willen in diese tiefere Sphäre entsetzlicher Effecte mit hinabgezogen.

Indeſſen ſollten wir freilich hier des Horaziſchen Wortes gedenken «Ubi plurima nitent, paucis non offendar», wenn auf der andern Seite der Wunſch, ein ſo vollendetes Kunſtwerk auch von den kleinſten Flecken befreit zu ſehen, nicht ſo natürlich wäre.

Daſſelbe Theater.

Der Berichterſtatter war durch eine Pfingſtreiſe um die erſten beiden Aufführungen der Oper Olympia gekommen; ſeitdem ruhte dieſelbe, bis ſie geſtern wieder erſchien. Von jeher haben wir dieſes Werk Spontini's als den Scheideweg ſeiner künſtleriſchen Laufbahn betrachtet, d. h. als dasjenige, in welchem der Kampf zwiſchen den höheren Intentionen der Kunſt und denen, die nur durch äußern Schein und falſchen Schmuck glänzen wollen, am ſchärfſten hervortritt. Gegen Gluck's Werke gehalten ſind zwar auch die erſten und namentlich die Veſtalin ſehr auf Irrwegen, wenigſtens im Abwärtsſteigen von dem edlen Götter-Olymp, den jener hohe Meiſter in erhabener Ruhe vor uns hinſtellt, begriffen; denn wir ſehen nicht mehr, wie in Iphigenia und Alceſte die ſittlich beſiegte Leidenſchaft, das geläuterte Gefühl im bezwungenen Herzen, oder wie in der Armide einen romantiſchen Gedanken durch alle Wunder und Tiefen des menſchlichen Herzens verfolgt; ſondern der Kampf iſt ſinnlich, verwildert, an das Unſchöne ſtreifend, der reine Quell des Göttlichen ſchon irdiſch getrübt. Dennoch ſtehen die Geſtalten noch auf einer edlen Stufe und verhalten ſich zu jenen wenigſtens wie die zum Theil auf der Erde wandelnden Halbgötter zu denen, die in dem reinen Olymp thronen. Dieſe Erdſchwere iſt es, welche für die Charaktere in der Olympia den Ausſchlag gibt und ihnen die geflügelte Bahn

nach oben versagt. Eine Erweiterung des erfindenden musikalischen Talents läßt sich in dieser Oper nicht entdecken,
nur eine Häufung der Mittel, eine breitere Basis, auf der
mit denselben Massen nach denselben oder gar verschlimmer-
ten Grundsätzen gebaut wird. Deshalb berührt das Werk
so unbehaglich, so unerfreulich, und nachdem es eine gewisse
Zeitperiode hinter sich gelassen hat, ist auch die Verblendung,
welche anfangs Bewunderer dafür erweckte, schon verschwunden; daher jetzt die so auffallend kalte Aufnahme. Denn
wer jemals durch einen Irrthum der Zeit getragen und zu
hoch gestellt worden ist, der hoffe nie, daß dieser sich wiederholen werde, sondern die Nemesis tritt hier unerbittlich
ein und er fällt um so viel tiefer, als er zuvor über das
Maß des Billigen und Rechten erhoben wurde. Gerade
unsre Zeit ist an Beispielen dieser Art mehr als zu reich
gewesen; wir dürfen nur die Namen Fouqué, Müllner,
Grillparzer, ja in gewisser, obgleich himmelweit unter sich
verschiedener Beziehung auch Hoffmann und Clauren nennen, um diese Wahrheit durch ein lebendiges Beispiel anschaulich zu machen. Ein gewiß zum Urtheil über künstlerische Dinge sehr berufener Kritiker, der seit einiger Zeit
seine belehrenden Ansichten in einem Blatte dieser Hauptstadt ausspricht, hat die Beschuldigung eines zu übertäuben-
den Lärmens, den man dieser Oper selbst in der Zeit, wo
man sich viel wärmer dafür interessirte, gemacht hat, zurück-
zuweisen versucht und gefragt, worin denn der Lärmen eigentlich bestände? Es scheint uns sehr leicht, ihm dies zu beantworten: Erstlich darin, daß der Componist sich augen-
scheinlich nach allen Situationen, die ein wildes Losbrechen
der Kräfte rechtfertigen können, gedrängt hat, daß er kaum
ruhig ist, wenn er nicht einen oder mehrere Chöre auf der
Bühne sieht, so daß die heilige Einsamkeit, die Sonderung

der Gestalten von der Menge, wo sich allein die höhere Be=
deutung derselben entwickelt, fast verloren geht. Zweitens
darin, daß er, wo das Gedicht ihm nicht solche Momente
bat, sie gewaltsam herbeiführt und Das, was mit Rücksicht
auf eine Wirkung des Ganzen höchst gemäßigt behandelt
werden sollte, auf die Spitze des Effects treibt. Drittens
darin, daß seine Wirkungen nicht in der Macht des Ge=
dankens, sondern in der der äußeren Mittel bestehen, so daß,
wenn wir die Pracht des Orchesters hinwegnehmen, oft nur
eine unbedeutende Gestalt unter der glänzenden Hülle ver=
borgen ist. Endlich aber auch ganz materiell darin, daß
durch die Häufung der Massen und Instrumente das Ohr
physisch gefoltert und endlich betäubt wird. Davon möge
z. B. der unersättliche Gebrauch des Tamtams, davon mö=
gen die dreißig Trompeten bei dem Triumphmarsch und
hundert andere Momente der Oper zeugen. So ist es der
hohle Lärmen, der uns angreift, ermüdet, zuletzt völlig
abstumpft; wir würden ihn leichter ertragen, wenn die Größe
des Gedankens diese leeren Colosse der Formen zu sättigen,
zu durchdringen, zu beleben wüßte. Schon in dieser Oper,
und noch mehr in den folgenden, hat es Spontini ganz
vergessen, daß die Hauptwirkung im Maß besteht, in dem
Verhältniß des Hervortretenden zu dem dunkel oder gedämpft
Gehaltenen, aber nicht, wie er meint, im Contrast. Des letztern
Mittels bedient er sich wol noch zuweilen, aber mit zu auf=
fallender Absicht, wo denn auch hier das Zuviel die Wir=
kung schwächt oder gänzlich aufhebt. Um uns in einem
trivialen Gleichniß deutlich zu machen, so kann man wol
den Glanz einer lichten Gasflamme durch den Contrast mit
einer schlechten Straßenlaterne heben, aber niemals den einer
Feuersbrunst, oder gar einer himmlischen Sonne; ebenso er=
scheint der Elephant colossal neben dem Kameel, dem Pferde,

aber nicht neben dem Schooshündchen, denn zu entfernte
Gegenstände liegen außer der Brennweite des Vergleichs.
Daher wirkt auch das Liebliche, welches jener Kritiker, und
mit Recht, in der Oper findet, nicht, weil es zu vereinzelt
zwischen die Massen gestellt ist und den Eindruck derselben
so wenig aufwiegen kann, wie eine Alpenrose zwischen zwei
furchtbaren, felsigen Schneehörnern der Landschaft den Ausdruck der Milde gibt. Dabei müssen wir noch gedenken,
daß selbst die sanfteren Partien der Oper nie eigentlich zur
Ruhe gelangen oder führen, sondern immer nur heftige Leidenschaften in einem kleinen Raume und nach anderen Richtungen sind. Daß dessen ungeachtet sich einzeln sehr viel
Schönes findet, was uns die Verirrung des Kunstwerkes
im Ganzen um so mehr als bedauernswerth erscheinen läßt,
wollen wir durchaus nicht läugnen. So ist z. B. das Recitativ Statira's, besonders in den Worten „O Schmach,
o Gram" u. s. w. außerordentlich schön, wurde aber freilich auch von Mme. Schröder-Devrient unübertrefflich vorgetragen. Wir wollen hier den Uebergang von dem Werke
zur Darstellung machen. Wenn sich nicht läugnen läßt,
daß Mme. Milder durch Stimme und Gestalt der Rolle
der Statira eine gewisse äußere Macht und Majestät zu geben vermochte, die außerhalb der Mittel unsrer Gastdarstellerin liegt, so ist andrerseits diese ihr in der wahren Tiefe
der Auffassung und im Ausdruck des Spieles und Gesanges
so unermeßlich überlegen, daß gar kein Vergleichungspunkt
stattfinden kann. Nur Eins hätten wir zu bemerken; es lag
uns etwas in der sonst so außerordentlich schönen Kleidung
und Haltung der Darstellerin, was uns für diese Rolle zu
jugendlich schien. Gebe der Himmel, daß wir noch lange
Ausstellungen dieser Art zu machen haben, sie werden der
Künstlerin und uns die angenehmsten sein; aber bennoch

glauben wir, daß die eigenthümlich mütterliche Würde
der Rolle mangelte. Dagegen sahen wir die Königin, die
Tochter des weltbeherrschenden Darius, die Gattin des welt-
erobernden Alexander, sahen die Griechin (denn für die
Kunstwelt müssen wir den Himmel Griechenlands auch über
Persien ausdehnen, wenngleich Statira nicht durch das
Bündniß mit dem Griechen sich diesem Volke, dem Gottheit
und Schönheit Eines waren, angeschlossen hätte), sahen mit
Einem Wort eine erhabene ideale Gestalt, der wir, da dies
eine Eigenschaft der Götter ist, auch die ewige Jugend gern
vergeben wollen. Ihr erstes Auftreten, das Enthüllen ihrer
Königswürde, der Fluch, den sie über Kassander ausspricht,
waren Momente, würdig, durch die Hand des bildenden
Künstlers in Marmor verewigt zu werden. Wie hier die
Erhabenheit, so waltete in dem Verhältniß zur Tochter die
rührendste Innigkeit. Als einen der trefflichsten Züge heben
wir den Kampf zwischen Vergebung und Pflicht der Rache
für die beleidigte Majestät des Gatten am Schluß des Ter-
zetts zwischen Olympia, Kassander und Statira hervor, wo
die Letztere ihre weiche Regung durch ein mächtiges Nein!
Hinweg! unterbricht.

Wenn dennoch die Rolle im Ganzen eine geringere
Wirkung macht, als andere derselben Künstlerin, so liegt
dies darin, daß einmal der Charakter ein zu einförmig sich
wiederholendes, wenn gleich großartiges Motiv hat und daß
er zweitens auch durch die Massen des Ganzen zu sehr zu-
rückgedrängt wird.

Dasselbe Theater.

—— Mit Absicht haben wir es uns bis zuletzt verspart, von

der großen Gastdarstellerin (Mme. Schröder=Devrient), welche
als Euryanthe auftrat, zu sprechen. Nicht nur, daß diese
Rolle eine der dankbarsten überhaupt für sie ist, so knüpft
sich auch noch das besondere Interesse daran, daß dieselbe
die erste war, in welcher wir sie in ihrer hohen Kunst, Cha=
raktere zu schaffen und sie durch alle Abstufungen der Lei=
denschaften mit eben so kühn als fein schattirender Hand
hindurchzuführen, kennen lernten. Wir wollen es gerade
heraussagen, daß wir die Besorgniß hegten, der Eindruck
würde, entweder weil die Jahre in der That so manches
Schöne allmälig entfärben, oder weil die Erinnerung uns
das Vergangene, zumal aus der Zeit eines frischeren jugend=
lichen Enthusiasmus Herrührende mit zu täuschendem Reiz
vor die Seele stellt, ein geringerer sein als früher; doch dem
war in der That umgekehrt und wir fühlen uns zu dem
freudigen Bekenntniß gedrungen, daß die Leistung der Künst=
lerin seit jener Zeit noch gewachsen ist. Denn einmal bleibt
das unbestritten, daß sie in der Ausbildung ihrer Gesangs=
kunst ungleich gewonnen hat; somit mußten ihr die zarteren
Färbungen dieses Charakters, die einen so bedeutenden Theil
desselben einnehmen, viel glücklicher gelingen und sie wurde
in den Stand gesetzt, das Ideal des Componisten auch in
Beziehung auf den jungfräulichen Reiz seines schönen
Gebildes reiner herzustellen. Aber auch der Heroismus, zu
dem sie die Rolle im zweiten Act erhebt, erschien uns ver=
edelter, so hoch er schon sonst stand; es gab Momente, die,
ohne der Weiblichkeit des Charakters Eintrag zu thun, doch
demselben eine wahrhafte Majestät verliehen. Dahin gehörte
der erste Augenblick bei dem ausgesprochenen Antrag Ly=
siart's, wo er behauptet, ihr Herz besiegt zu haben, und
Euryanthe erwidert „Was hör' ich? Lysiart! Errungen
Ihr mein Herz? — Den Blick erhobt Ihr nicht zu mir!"

Hier drängt die Künſtlerin eine Reihe ſcharf auf einander folgender, ſich ſteigernder Momente zuſammen, die zuſammen ein erſtaunenswürdiges Ganze geſtalten. Sie horcht auf, erhebt, an Dem zweifelnd, was ſie hören muß, das Haupt; jetzt richtet ſie ſich ſtolz und unwillig empor, jeder Blick iſt ein ſiegender Beweis ihrer Unſchuld, in jedem Laut drückt ſich das eble Zürnen einer den unwürdigſten Verdacht mit Hoheit von ſich weiſenden Seele aus. Und von dieſem Moment an wird die Darſtellung bis zum Schluß des Actes durch immer höhere Wogen, immer furchtbarere Brandungen der Leidenſchaft zu dem glänzendſten Ziel eines künſtleriſchen Sieges getragen, wie es wenige gibt. Dennoch ſchwingt ſich die ſtets über unſre höchſte Erwartung reiche Künſtlerin im dritten Act zu noch höheren Gipfeln der Wirkung empor. Hier geht ſie alle Stufen der reuigen Demuth, der aufopfernden Angſt der Verzweiflung, der völligen Entſagung und Vernichtung durch, bis mit dem hereinbrechenden Morgenroth auch ihr Geſchick ſich aus der düſterſten Nacht wieder zum goldnen Tage wendet. Außerordentlich ſchön iſt hier, um auch des ſchaffenden Künſtlers einmal wieder zu gedenken, der Uebergang in dem Kunſtwerk ſelbſt, das uns durch den friſchen Morgenchor wieder mit neuen Hoffnungen ſtärkt und erfüllt; es hat wenig Muſiker gegeben, die einen dramatiſchen Wendepunkt ſo feſt aufzufaſſen und ihre Verſtändniß ſo zur lebendigen That zu geſtalten gewußt hätten! Hier tritt die ſchöne Wahrheit ein, daß die Freude an ihren äußerſten Grenzen, die überdrängende Seligkeit, der weinende Jubel der Luſt die höchſten Wellengipfel in der menſchlichen Seele aufregt. Unſre ſinnvolle Künſtlerin hatte daher die hinreißendſte Macht ihrer Mittel auch auf dieſen ſteilen Punkt gedrängt und ſang die große Arie der Freude „Zu ihm, zu ihm" — mit einer begeiſterten Macht, die das Erſtaunen

faſt bis zur Höhe der Beſorgniß hinantrieb, daß auf dieſer
äußerſten Bahn kein ſicherer Fuß mehr zu faſſen ſein möchte.
Doch ſie beherrſchte ſich auch hier mit vollem Bewußtſein,
ſo daß der Sachkundige ſelbſt mitten im hinreißenden Strom
der Theilnahme nicht umhin konnte, auch einen Blick des
techniſchen Erſtaunens auf die Künſtlerin zu richten, die in
dieſen ſchwierigſten Toncombinationen die Klarheit der Aus=
ſprache, die ſicherſte Reinheit der Intonation in den höchſten
Stimmlagen ſo beibehielt, daß auch die ſplitterrichtendſte Fo=
derung verſtummen mußte. Faſt unbegreiflich iſt es uns,
daß an einem ſo alle Kräfte durch die auflöſende Hitze ab=
ſpannenden Tage ein Organ dieſe äußerlich glückliche Dis=
poſition behalten kann. Es iſt nur zu erklären durch die
Glut der Begeiſterung, welche die Kraft jedes Nervs auf
das breifache Maß ſteigert. — Uns iſt die letzte Vorſtellung
dieſer Rolle angekündigt, ja während dieſe Worte geleſen
werden, iſt ſie ſchon vorüber! Möchte hier kein unwiderruf=
liches Wort ausgeſprochen, kein unveränderlicher Beſchluß
gefaßt ſein; denn nur der Augenblick iſt unſer, kein einziger
kehrt zurück, und ob eine günſtige Gottheit uns neue Horen
ſenden werde, die auf ſo mächtigen Schwingen durch den
Himmel der Kunſt ziehen, das bleibt zwar eine ſchöne Hoff=
nung, aber eine ſchwer, unendlich ſchwer zu erfüllende!

Daſſelbe Theater.

Am Dienſtag trat Dlle. Jenny Lutzer vom prager
Theater als Desdemona auf; wahrlich eine ſchwere Auf=
gabe vor einem Publicum, welches die liebliche Erſcheinung
einer Sontag in dieſer Rolle kennt und noch jüngſt durch
die meiſterhafte Darſtellung einer Schröder=Devrient ent=
zückt worden iſt. Trotz dieſer mächtigen und gefährlichen

Vorgängerinnen wußte sich die Darstellerin indessen, wenn freilich nicht auf einer gleichen, doch auf einer sehr ehrenvollen Stufe zu behaupten. Sie besitzt eine wohlklingende, klare, gleichmäßige und durchweg reine Stimme; dabei eine sehr gute mechanische Gesangsschule und verständige Einsicht in die Mittel des Ausdrucks, obwol entweder nicht eine so tiefe Empfindung derselben, oder noch nicht eine so feine Ausbildung für diese höheren Theile der Gesangskunst, daß in dieser Hinsicht nicht Manches zu wünschen übrigbliebe. In einem gleichen Verhältniß steht die Darstellung der Künstlerin; sie leistet das Verständige, Angemessene, aber nur selten das Schöne. Kommen wir auf die Sängerin zurück und gehen mehr ins Einzelne, so müssen wir sie vielfach loben. Die Aussprache ist deutlich und fast durchweg ohne Dialekt; nur selten stören kleine üble Gewohnheiten, die wir Theaterangewohnheiten im Allgemeinen nennen möchten, da ungemein viele Sänger und Sängerinnen sie theilen, so z. B. im heftigen Affect nicht Du, sondern Tu (Tu sollst) zu sprechen, und ähnliche Kleinigkeiten. Die Coloraturen der Sängerin sind an sich vortrefflich; sie werden durchaus nach der besten Schule, mit richtiger Tonbildung, ungemein klar und geläufig gemacht. Allein im Zusammenhange der Passagen mit dem Ganzen wünschten wir, daß sich die Künstlerin die besonders den guten Italienern eigne Kunst erwerben möchte, ihnen den Ausdruck der Situation zu geben. Sie stehen so zu vereinzelt; die melodische Phrase wird mit bestimmter Färbung gesungen, die Coloratur dazwischen bleibt kalt und dies wirkt für den aufmerksamen Hörer störend. Am mindesten sagte uns die Recitation der Sängerin zu, die ebenfalls nicht schmiegsam genug der Situation folgt; daher war auch der letzte Act, wo der Passagenschmuck dem seelenvollen Ausdruck des Schmerzes in der Melodie und

den Recitativen weichen muß, der minder gelungene, bis auf
das Schlußduett, das wir aber als einen caricaturähnlichen
Auswuchs des Werkes überhaupt wegwünschten. Die Künstlerin besitzt also, um unser Urtheil zusammenzufassen, fast
alle die guten Eigenschaften, die wir durch Fleiß und nach
gewöhnlicher Schule erwerben, und dies gewinnt ihr ehrende
Anerkennung und macht ihren Besitz für jede Bühne wünschenswerth. Was Unterricht aus höheren Standpunkten
der Kunst und durch das Studium großer Vorbilder zu geben vermag, das hat sie sich noch größtentheils zu erwerben;
aber irren wir uns nicht ganz, so würde sie solcher Lehre
sehr empfänglich sein. — Das Uebrige der Oper haben wir
zu oft besprochen, um hier wieder darauf zurückzukommen.

Dasselbe Theater.

Wir wünschten, wir könnten ein erfreulicheres Kunstwerk
zum Gegenstand unserer Beurtheilung machen, als Herold's
Oper Zampa ist, welche von Anfang an, bei aller Anerkennung des Talentes des Componisten, nur zurückstoßend
auf uns gewirkt hat, indem die ganze Tendenz des Werkes
uns derjenigen Richtung, welche die wahre Kunst zu nehmen
hat, völlig entgegengesetzt scheint. Daher kommt es denn
auch, daß selbst die gute Darstellung eines solchen Werkes
in vielen Beziehungen unkünstlerisch zu sein fast gezwungen
wird. Für uns ist es also die Aufgabe des darstellenden
Künstlers, das Schroffe, Rohe, wir möchten sagen Abscheu-
liche, in dem Werke zu mildern, die unnatürlich entartete
Leidenschaft darin wenigstens in die Grenzen der Natürlichkeit, was freilich noch lange keine künstlerische Veredlung ist,
zurückzuführen. Nehmen wir das als Grundsatz an, so hat
der Gast, Herr Pöckh, welcher den Zampa darstellte, die

Rolle eher im entgegengesetzten Sinne unfrer Ansicht als dieser gemäß behandelt. Schon mehrfach haben wir es an dem Gast gerügt, daß er sich zu heftigen Ausbrüchen seiner Kraft überläßt und namentlich im Gesange den Ton leicht in einen Schrei ausarten läßt; in dieser Rolle wird der Fehler beinahe zur durchgehenden Absicht. So sehr uns die frische Kraft der Stimme dieses Sängers erfreut, so wirkt sie doch nur dann, wenn sie mit weiser Sparsamkeit ver= wendet wird, und kann nur durch geschickte Gegensätze her= vortreten, so daß Schatten und Licht einander unterstützen. Allerdings gingen Dichter und Componist den Darstellern mit diesem Fehler voran, indem sie die grassen Scenen des Entsetzens und der Leidenschaft mit Lust häufen, ohne ihnen jemals eine erhebende sittliche Kraft gegenübertreten zu lassen. — Wir haben aber auch schon bemerkt, daß es die Aufgabe des einsichtvollen Darstellers sei, das Werk von diesen widerwärtigen Verirrungen in die Bahn der Kunst zurückzuführen. Mit Einem Wort, Herr Pöck gibt der Marmorbraut einen Colossen aus Sandstein zum Gatten. — Einzelnes indessen ist immer sehr lobenswerth; so z. B. trug er die Stelle im dritten Act, wo er die Hand der ohnmächtigen Camilla gefaßt hat, sehr schön vor und bewies dadurch, daß er die Kraft seiner Mittel auch zu sanf= ten, rührenden Wirkungen zu dämpfen weiß. Möchte er dies nur öfter thun! Mme. Schobel, welche die Camilla darstellte, ist uns längst als eine vortreffliche Sängerin und gebildete Schauspielerin bekannt. Sie übt bei zwar ange= nehmen, aber doch nicht glänzenden Mitteln eine vollkommene Herrschaft über dieselben aus und versteht es besser als jetzt irgend eine Künstlerin in Berlin, alle Gattungen des Ge= sanges, Recitativ, Melodie und Passagen durch die leisesten Färbungen des Ausdrucks zu schattiren. Allein wir glauben,

12*

daß sie eine zu weit ausgedehnte Anwendung von dieser
Geschicklichkeit macht, uns zu selten den unmodificirten reinen
Klang des Organs vernehmen läßt, mit Einem Worte, daß
sie zu viel vorträgt. Noch einen Fehler müssen wir an der
sonst so hoch zu schätzenden Künstlerin bemerken, sie spricht
nicht deutlich genug aus; indessen vermindert sich die Wirkung dieses Mangels allerdings bei ihr oft bis zu einem
Grade, das man ihn nur mit Aufmerksamkeit wahrnimmt,
indem sie nämlich durch Spiel und Vortrag des Gesanges
den erfoderlichen Ausdruck stets so sicher bezeichnet, daß der
allgemeine Sinn der Worte immer verständlich bleibt. Worin
es aber die Künstlerin zu einer hohen Meisterschaft gebracht
hat, das ist das Anschmiegen an die Mitsingenden in den
Ensemblestücken. Namentlich gelang in dieser Beziehung
Alles, was sie mit Herrn Mantius vorzutragen hat, in
ausgezeichnetem Grade, wobei freilich allerdings die Hälfte
des Verdienstes auf diesen vortrefflichen Sänger kommt.
Ein lebhafter Beifall des Publicums belohnte diese Kunstleistungen. Der Eifer, mit welchem Mme. Schobel in den
Finales mitwirkt, die sichere Leichtigkeit, mit der sie bei den
Schlußcadenzen die hohen Töne bis zu C und Cis hinauf
einsetzt, ihr feuriges und angemessenes Spiel, Alles dies ist
ebenso lobens- als nachahmungswerth, nur warnen wir die
Sängerin, um ihrer selbst willen, vor zu heftiger Anstrengung dabei.

Concert.

Herr Kapellmeister Pott gab am Sonnabend (6. Nov.)
ein Concert im Saale der Singakademie. Der Künstler
spielte zunächst das Concert von Spohr in Form einer Ge-
sangsscene; rein, in edlem Stil, feurig, fertig, oft mit der

zartesten Grazie im Vortrag. Allein wir sind der Ansicht, daß zur letzten künstlerischen Vollendung seines Spieles
derselbe noch mehr Ruhe hineinbringen müsse. Wir finden
Herrn Pott noch zu ungleich; er führt viele Dinge überraschend schön, erstaunenswürdig präcis aus, bei anderen
Stellen dagegen frappirt es bisweilen, wie ein Künstler von
solchem Talent, solcher Fertigkeit doch im Einzelnen hier
und da so wenig vollendet sein kann. Zumal war dies in
dem für uns sonst interessantesten Stück des Concerts der
Fall, nämlich in Beethoven's großer Sonate, die Herr Pott
mit Herrn Arnold vortrug. Beide Virtuosen leisteten übrigens im Ganzen sehr Vortreffliches im Vortrag dieses ge-
nialen Werkes, doch mit manchen Einzelheiten, namentlich
im Violinspiel, können wir uns nicht versöhnen. Dem Klavierspieler ist besonders der feste, energische Anschlag und die
sichere Ruhe, mit der er die Passagen ausführt, nachzurüh-
men. — Dlle. Kolmetz ließ sich in mehrern Gesangsstücken
hören, von denen Referent, der nach der Sonate gehen
mußte, jedoch nur die beiden ersten hören konnte. Was er
speciell darüber zu sagen hätte, kann er sich für einen andern Ort versparen; im Allgemeinen ist aber die Sängerin
noch in der mechanischen Handhabung ihres Materials viel
zu wenig sicher, um sich im Concert, wo gerade diese Seite
hervortreten soll, mit Erfolg hören zu lassen. Sie singt
nicht ohne Ausdruck, wie es scheint, aber sie ist der Mittel, denselben darzustellen, noch zu wenig Herr, um feinere Verschmelzungen zur Verständniß zu bringen. Es
bleibt bisher beim Willen; die Stimme klang trotz der
noch unbehülflichen Einsätze in den höheren Tönen sehr
schön. Das Duett, welches Herr Baber mit der jungen
Sängerin vortrug, ist auf der Bühne von Wirkung, für
das Concert jedoch nicht so geeignet; über die darin vorge-

fallenen Fehler wollen wir, da sie aus Vergeßlichkeit entstanden, den Mantel der Vergessenheit decken. — Herr Griebel blies ein Solo auf der Oboe mit Meisterschaft. Vom Ueberrest des Concerts schweigen wir aus den angeführten Gründen. Der Saal war sehr zahlreich besucht, der Beifall sehr lebhaft.

Concert.

Lafont's berühmter Name hatte am Montag (15. Nov.) eine zahlreiche Versammlung von Musikfreunden in den Concertsaal gelockt, zu der sich eine glänzende von Damen und Elegants fügte, die wol weniger der Musik als der Accidenzien des Concerts wegen erschienen waren. Außerdem hatte aber auch begreiflicherweise die fast sichere Vermuthung, daß man die erhabenen Gäste nebst Sr. Majestät dem Könige dort erblicken werde, einen wesentlichen Antheil daran; eine Vermuthung, die nicht getäuscht worden ist. — Was nun den Concertgeber selbst anlangt, den Referent zum ersten Male hörte, so rechtfertigte derselbe seinen Ruf vollkommen und um so mehr, als man bei den vorgerückten Jahren des Virtuosen annehmen muß, daß er, wie trefflich auch jetzt noch sein Spiel sei, doch noch eine frischere Zeit gehabt haben müsse. Namentlich dürfte dies für die Kraft und Fülle des Tons und die Präcision bei schnellen, starken Passagen der Fall gewesen sein. Im Uebrigen zeigte sich hier wieder, was ein wahrer Meister ist, der nämlich nicht abläßt, bis er Das, was ihm als Ideal vorschwebt, auf das vollkommenste ausdrückt. Wir wollen gern zugeben, daß Herr Lafont nur einer gewissen, ja sogar eingeschränkten Gattung des Spieles sich gewidmet hat; allein einmal hat er aufs glücklichste gewählt, was seinem Talent zusagt, und

zweitens hat er darin auch das Unübertreffliche zu leisten
gesucht. Zartheit, feiner Geschmack, anmuthige Eleganz sind
die Eigenschaften, die er im vollkommensten Grade auszu-
bilden gesucht und verstanden hat; er spielt nichts von jenen
blendenden, übermäßigen Schwierigkeiten, aber was er spielt,
würde ihm schwerlich irgend Jemand so nachspielen. Nach vier
Tacten weiß man, durch das vollkommenste Maß, mit dem er
den Ausdruck abwägt, daß man einen Meister vor sich hat; nicht
genug können wir es unseren jüngeren Spielern sagen, daß
die ächte Schönheit so zarte Nüancen hat und haben muß,
daß sie nicht anders, als durch Abwägung ihrer Maße auf
der feinsten Goldwage herzustellen ist. Viele unserer Künstler, die vielleicht ein Concert mit großen mechanischen Schwierigkeiten sicherer spielen würden, als Herr Lafont, würden
sich doch vergeblich bemühen, ihm eine einzige feine Verzierung geschickt nachzuahmen, einen einzigen melodischen Druck
so zart abgestuft zu geben wie dieser Künstler. Sein Spiel
ist der Mignatur-Malerei ähnlich, das ist wahr; allein in
dieser Gattung hat es auch einen außerordentlichen Grad der
Schönheit erreicht. Wir glauben daher, daß es eigentlich
nicht der große Raum eines Concertsaales ist, der dem Gemälde des Künstlers zum Rahmen dienen sollte, sondern daß
ein kleinerer Saal, für den die Gattung der Kammermusik
überhaupt gedacht ist, ihm noch vortheilhafter stehen würde.
So trat denn sein Talent im Allgemeinen vorzüglich im
Adagio hervor, insbesondere aber am meisten in den für den
Salon componirten Variationen von ihm und Herz, welche
er mit Herrn Hauck spielte, der seinerseits die Klavierstimme
sehr elegant und mit Geschmack vortrug. In diesen Variationen (ein für den Zweck, den es hat, sehr gelungenes
Musikstück, das wir schon vor Jahren hiesigen Künstlern
zum Zusammenspiel empfahlen) zeigte sich der Künstler auch

im humoristischen Genre, in kleinen graziösen Scherzen mit
größtem Erfolg. Am entschiedensten aber sprach er die Versammlung sowol als uns durch den schmelzenden Vortrag
alles Melodischen an, wobei seine Geige auch einen silberkla-
ren, weich anschmiegenden Ton hat. Der Beifall, den sich
der Künstler gewann, war so lebhaft, daß wir mit Sicherheit hoffen dürfen, ihn noch öfter zu hören. — Das Concert ward im Uebrigen durch die Talente der Dlle. Grünbaum, sowie durch das lobenswerthe Spiel des Clarinettisten
Herrn Gareis unterstützt. Neu und Vielen überraschend
war das Auftreten der Sängerin Mme. Marra, die eine
schöne, starke, umfangsreiche Stimme besitzt, rein intonirte,
viele Passagen graziös ausführte, aber im Ganzen wol eine
falsche Richtung des Geschmacks verfolgt. Mme. Marra
ist übrigens eine geborne Berlinerin, die ihre ersten Studien
bei der bekannten Veteranin des Gesanges, Dlle. Schmalz,
gemacht hat. Es soll uns lieb sein, wenn uns die Künstlerin Gelegenheit gibt, sie noch von anderen Seiten kennen
zu lernen, besonders falls sie sich als dramatische Sängerin,
zu der ihre Stimme und ihr Talent sich zu eignen scheinen,
hören lassen sollte.

Uebersicht des Jahres.

Das Jahr 1834 gab uns viele Versuche jüngerer Componisten, die jedoch keinen nachhaltigen Erfolg boten. Im Theater gab
man die Felsenmühle von Estalières von Reissiger, den Zigeuner
von E. Devrient und Taubert, Drakäna von Wolfram, dem Componisten der bezauberten Rose, und einige andere Werke. — An
kirchlichen Werken hörten wir durch die Singakademie die große
Messe in H moll von J. S. Bach, das Alexanderfest, und Karl

Eckert debütirte fast noch als Knabe mit einem Oratorium, Ruth, gedichtet von F. Förster. — Möser's Soiréen und Quartetten, denen sich Quartetten von Ries und von Zimmermann zugesellten, repräsentirten die Instrumentalmusik. — Endlich kam der beliebte Tanz=Componist Strauß mit seinem Orchester zum ersten Male nach Berlin und erregte großes Aufsehn. — Im Theater glänzte als Gastsängerin zunächst Wilhelmine Schröder=Devrient (Vestalin, Leonore, Juliette, Rezia, Desdemona, Euryanthe u. s. w.); ferner Dlle. Lutzer, Dlle. Großer, Mme. Schodel, Mme. Fischer=Achten; demnächst Herr Pöck, Herr Geisler (Sarastro). Als Mitglieder der Bühne traten hervor Herr Hammermeister, Herr Eichberger, Dlle. Grünbaum, Dlle. Stephan, eine Sängerin, die mit schönen Mitteln begabt dieselben frühzeitig durch zu große Anstrengung schwächte und bald die Bühne verließ. Dlle. Kolmetz debütirte als Emmeline in der Schweizerfamilie, eine schöne Stimme, die sie jedoch nach kurzer Zeit völlig verlor. — Unter den Virtuosen, die uns besuchten, sind zu nennen: Gebrüder Eichhorn (treffliche Violinspieler — wo sind sie geblieben?), Concertmeister Pott, Lafont, Herr Schaller (Harfe), Herr v. Herzberg, Pianistin Laidlaw (Beide Schüler Ludwig Berger's), Mme. Belleville=Oury, der junge Pianist Theodor Stein, endlich ein junger Violinist Herr Märtens, der sich jüngst als talentvoller Liedercomponist bewährt hat. — Der in Berlin ansässige Pianist Hauck, ein Schüler Hummel's, starb.

Jahr 1835.

Concert.

Am Montag, 6. April, gab Herr Musikdirector Möser das von ihm angekündigte Concert, in dem sich sein so viele Hoffnungen gebender Sohn — eigentlich bis jetzt nur Söhnchen

12**

zu nennen — hören ließ. Der Knabe war das punctum
saliens des Concerts, um welches sich jedoch noch manches
Andere von Interesse gebildet hatte, welches an sich freilich
ungleich bedeutender, diesmal aber doch wegen des persön=
lichen bestimmten Antheils zurückstand, den ein so junges
Talent erregt, aus dessen ersten Knospen wir die volle Krone
der Hoffnungen für die Zukunft prophezeien möchten. Der
Knabe spielte einen Concertsatz von Rode und Variationen
von Mazas. Daß die ganze Physiognomie dieser Leistungen
die eines Kindes war, ist natürlich, und es wäre schlimm,
wenn es nicht so wäre. Aber es war die eines lebhaften
geistvollen Kindes, das in vielen einzelnen Zügen die Ent=
wickelung, deren es fähig ist, gleichsam ahnen läßt. Reden
wir technisch, so waren zwar Ton, Charakter der Passagen
und des Vortrags überhaupt nur dem zarten Alter des
Knaben angemessen, allein es zeigte sich eine so glückliche
Anlage, die Lehren des Vaters aufzufassen und mit Selbst=
ständigkeit zu verwirklichen, daß wir dem Spiel des kleinen
Virtuosen mit wahrer Freude folgten. Er spielte Einiges so
ausdrucksvoll, das Meiste völlig rein, zeigte einen so kecken
Bogen, eine so unbefangene Zuverlässigkeit, daß die entschie=
denste Anlage nicht zu verkennen ist. Bei dem Eifer des
Vaters für seine Kunst und bei seiner Erfahrung im Lehren
dürfen wir nicht um die Fortbildung dieses jungen Talents
bange sein. Wie wir hören, wird Herr Möser nächstens
mit dem Knaben eine Kunstreise antreten. Wir wünschen
und prophezeien ihm die glücklichsten Erfolge und möchten
fast glauben, es werde sich an diesem so früh ausgesproche=
nen Talente erfüllen, was Hector seinem Söhnchen Astya=
nax erfleht, daß nämlich die Leute sagen „Der kommt noch
über den Vater!" Wenigstens wird er das Gedächtniß der
glänzenden Periode desselben erneuern und Sorge tragen,

daß der Name Möser nicht aus den Annalen der Kunstgeschichte verschwinde. — Was nun den Concertgeber selbst
anlangt, so erkennen alle Die, welche ihn in seiner frischesten Kraft und Blüte gesehen, noch die vestigia leonis.
Doch Praesens und Praeteritum haben ihre Rechte in der
Welt wie in der Grammatik und man muß dort wie hier
dem Gesetze der consecutio temporum folgen.

Königliches Theater.

Endlich ist die langerwartete Oper Ali Baba, dieser
unvermuthete, aber desto willkommenere Spätling aus den
hohen Altersjahren Cherubini's zur Darstellung gekommen
(7. April). Natürlich war die Erwartung aller sachverstän-
digeren Musikfreunde außerordentlich darauf gespannt. Denn
wahrlich es ist auch kein Ereigniß von geringfügiger Bedeutung, wenn sich in Zeiten, wo Verflachung und Schein-
werth die Oberhand in der Kunst gewinnen, ein mitkämpfen-
der Heros aus der Periode der größten Meister, noch einmal, gleich einem alten Löwen, aufrafft und uns Beweise
von der königlichen Macht und Stärke gibt, die in der Ent-
artung und Verweichlichung eines späteren Geschlechts verloren gegangen sind. Durch das Schicksal, welches die Oper
zu Paris gehabt, war man hier darauf gefaßt, daß die
Kunstverständigen zwar ihren hohen Werth anerkennen, derselbe jedoch von der Mehrzahl nicht aufgefaßt und somit
zurückgewiesen werden würde. Uns selbst war diese Besorgniß fast zur Ueberzeugung geworden. Dem ist indessen nicht
so gewesen, unser Publicum hat den rühmlichen Beweis
geführt, daß es an ächtem Sinn, an reiner Würdigung bedeutsamer Schönheiten dem von Paris noch weit voraus ist.
Denn obwol das Werk sehr lang ist und so die Kräfte auch des

geübtesten Hörers zu anstrengend in Anspruch nimmt, so
blieb doch vom Anbeginn bis zum Schluß die Aufmerksamkeit rege, ja gespannt. Es war ein Tribut, den man anfänglich zwar nur dem Namen des großen Mannes zollte,
den sich aber bald die Arbeit selbst gewann. Blendende
Effecte von der Art, wie sie eine große Menge plötzlich überraschen und zum stürmischen Ausbruch des Enthusiasmus
hinreißen, enthält dies Werk nicht; allein dafür bildet es
eine fast ununterbrochene fortlaufende Kette der vortrefflich-
sten Musikstücke, die in gleichem Grade das schaffende Feuer
und die erfahrene Besonnenheit des Künstlers darthun. Mit
Recht hat sich der alte Meister mit der Zeit fortbewegt und
sich aller derjenigen Mittel bedient, die dem Reich der Kunst
nach und nach zugewachsen und so in die Gewohnheit der
Hörer übergegangen sind, daß sie unentbehrlich werden.
Selbst Haydn und Mozart würden jetzt anders componiren
und zumal instrumentiren (wie es denn der ihnen an Genius gleichstehende Beethoven auch gethan), weil sie für ein
anders herangebildetes Ohr der Welt schreiben müßten; es
ist also natürlich, daß auch Cherubini sich mit den Foderungen der Zeit ins Gleichgewicht gesetzt hat. Das Werk
erscheint daher auch Dem, welcher eben nur äußerlich hört,
durchaus als ein junges, frisches, neugeschaffenes; dem tiefer
dringenden Ohr entdeckt sich indessen auch von dieser Seite
nicht nur ein Hinankommen an Das, was die Zeit fodert,
sondern ein Fodern derselben, d. h. eine Benutzung und
Verwaltung der reichen Kunstmittel, wie sie keinem der be-
rühmteren Neueren (Rossini, Auber u. s. w.) zu Gebote steht.
Vollends aber wenn wir das Wesentliche der Sache betrachten, wenn wir den schöpferischen Gedanken, der die einzelnen Musikstücke belebt, die Bearbeitung derselben, den kunstreichen Bau und doch natürlichen Fluß genauer beobachten,

vollends aber dann ergibt es sich, mit welchem Meister wir es zu thun haben, wie gigantisch er über das nachgewachsene Pygmäen-Geschlecht hervorragt.

Faust.

Berlin, 26. October.

Ein bedeutsames Kunstereigniß hatte gestern den Saal der Singakademie zum Sammelplatz aller Gebildeten Berlins gemacht, welche Raum daselbst finden konnten. Die Musik des verewigten Fürsten Anton Radziwill zu Goethe's Faust war zwar längst unter uns gekannt, allein doch nur einem geringen Theile wirklich bekannt; und der Ruf, welcher diesem ganz eigenthümlichen Kunstwerke vorangegangen war, hatte, nächst der Theilnahme, welche die Verhältnisse an sich erweckten, die Spannung darauf bis zu einem seltenen Grade gesteigert. Wir haben es hier mit einer Arbeit zu thun, welche das Resultat einer Begeisterung ist, die ein ganzes Leben hindurch vorhielt und sich mit unerkalteter Wärme ihrem Gegenstande völlig hingab; die Flamme war mächtig genug, um die Schranken äußerer Lebensverhältnisse zu brechen und einen edlen Geist über alles Zufällige dieser Erde hinaus in das freie, unbegrenzte Reich des Künstlerthums zu führen. Wenngleich ein solches Werk dem Urtheile in der höchsten Bedeutung des Wortes nicht entwächst, weil dieses allein die lebendige Gegenwart des Kunstwerks verkündet, so erhebt es sich über den flüchtigen Richterspruch des Augenblicks, dem nur die täglich entstehenden und vergehenden Erzeugnisse unterworfen sind. Es erhebt sich darüber nicht nur aus dem Grunde, weil ein, ein ganzes Leben hindurch getragenes und mit dem Leben selbst gereiftes Werk auch ein ernstes Studium für den Urtheiler fodert:

sondern auch weil es das Vermächtniß eines Dahingeschiedenen ist, eine heilige, theure Verlassenschaft, die hinzunehmen ist, wie sie uns geblieben, ohne uns andere Rechte irgend einer Art zu ertheilen, als die, welche sich unabweisbar unserm Gefühl mit der Wirkung, die das Werk auf uns macht, aufdringen. Man erwarte daher nicht eine Kritik von uns; oder man erwarte nur die richtige, d. h. die berichtende Schilderung des Eindrucks im Ganzen, durch welche wir beabsichtigen, auch Diejenigen gewissermaßen an der seltenen Kunstfeier Theil nehmen zu lassen, die durch Ferne oder andere Hindernisse von dem unmittelbaren Genuß ausgeschlossen waren. — Man hat viel vorweg darüber gestritten, ob Goethe's tiefe, wunderbare Dichtung sich überhaupt zu einer Verschmelzung mit der Musik eigne. Die Frage läßt sich nach unsrer Ansicht mit Ja und Nein beantworten: Nein, unbedingt nein, wenn man die Verbindung der Tonkunst mit der Dichtung in der gewöhnlich herkömmlichen Weise zu bewerkstelligen beabsichtigt; ja und eben so unbedingt ja, wenn es mit Einsicht in die Bedeutung des Werkes und dadurch von den bisherigen Formen der Oper oder der Gesangscompositionen im Allgemeinen abweichend geschieht. Diese letzte Antwort gebührt der Auffassung, in welcher der verewigte Kunstfreund und Künstler, denn diesen Namen hat er sich durch sein Werk mit vollestem Recht errungen — die musikalische Behandlung des Gedichts durchgeführt hat. Dasselbe steht nämlich halb im Reich des frischen warmen Lebens, halb in dem des Wunders; der Gedanke erhebt sich hoch über die Welt der Empfindungen hinauf in jene geheimnißvollen Regionen. Und ihren halb geahnten, halb begriffenen, halb gefühlten Einwirkungen, ihren unbestimmten Schauern entspricht die Wundermelt der Töne, die im Gebiet der Ahnung am mächtig-

sten herrschen. Für diese Hälfte erscheint uns die Musik
als eine Verklärung des Werks, welche, ein Widerschein
aus einer andern Welt, dasselbe halb in goldenen Duft verhüllt, halb erleuchtet und es so den Sinnen klarer und le-
bendiger und doch zugleich geheimnißvoller vorführt. Unwillkürlich drängen sich uns dabei die Worte des Dichters
auf:

> „Und mich ergreift ein längst entwohntes Sehnen
> Nach jenem stillen, ernsten Geisterreich,
> Es schwebet nun in unbestimmten Tönen
> Mein lispelnd Lied der Aeolsharfe gleich.“

Aber auch die unmittelbar menschliche, die irdische Seite
des Gedichts, wenn wir uns so ausdrücken dürfen, bietet
der Musik ebenso im Einzelnen die Hand, wie jene wunderbare Seite im Ganzen. Daher ist auch das Einzelne aus
diesem Theile, die Lieder der Soldaten, der Trinker in Auer-
bach's Keller, Gretchens Gesänge u. s. w. längst und auf
die vielfältigste Weise in die musikalische Literatur übergegangen. Schließt sich die Tonkunst diesem Theile des Gedichts natürlich an, so glauben wir doch, daß sie für die
andere tiefsinnigere Hälfte, mit Einsicht und Auswahl angewendet, ein ungleich bedeutenderer Verbündeter wird. —
So viel ganz im Allgemeinen. Auf das Werk selbst zu
kommen, so war Alles dazu angethan, den Eindruck mächtig zu verstärken: zuerst das Gedächtniß an die beiden un-
längst hingeschiedenen Geister, denen es seine Entstehung
verdankt; dann die lange gespannte Erwartung; die feierliche
Versammlung, die Saal und Vorsäle anfüllte; der offenbare
Ernst, mit dem die Ausführenden daran gingen. — Mozart's Fuge in C moll, welche der Fürst selbst zur Einleitung des Werkes ausgewählt, bereitete die Hörer durch ihren
wunderbaren, zugleich künstlichen und tiefsinnigen Bau, der

sich mit den kühnsten Erfindungen paart, auf würdige Weise
zu dem ernsten Genuß vor. Hierauf begann die Vorlesung
des Gedichts (durch Herrn Devrient), die überhaupt jedesmal da eintrat, wo sich die Musik dadurch vorbereitet. Die
das Drama beginnenden düsteren Betrachtungen Faust's
bleiben unbegleitet durch die Töne, bis zu dem ersten Anrufen der Unsichtbaren selbst, wo es heißt „Ihr schwebt,
ihr Geister, neben mir!" Hier lassen sich zuerst leise, gei-
sterartige Klänge vernehmen, die nach und nach zum vollen
Accorde anwachsen und in den reinen Intervallen desselben
auf und abwogen. Wie das Wunder der Musik zu dem
Wunder des Gedichts gehöre, wurde hier auf ergreifende
Weise Jedem anschaulich; der Eindruck war in Aller Zügen
zu lesen, als das unsichtbare Geisterwehen der Töne von
fern her begann und dann immer näher heranwuchs. In
melodramatischer Weise sehr sinnreich, ja tiefsinnig, wird
das Gedicht fortbehandelt bis zu dem Eintritt des Chors
„Christ ist erstanden", wo zuerst der Gesang sich vernehmen läßt. Ein fernes, erhabenes Glockenläuten verbindet
diesen Chor mit Faust's Worten „Welch tiefes Summen,
welch ein heller Ton". — Es liegt außer den Grenzen dieser Blätter, der Musik ins Einzelne überall zu folgen, wie
sie das Gedicht begleitet, hebt, erklärt. Wir heben nur einzelne Momente heraus, deren Eindruck ein allgemein empfundener war. Dahin gehört der Geisterchor „Schwindet
ihr dunkeln Wölbungen droben!", der an lieblichen, phantastischen, aufs seltsamste und wunderbarste gefügten Klängen
mit dem Reichthum des unnachahmlich reizenden Gedichtes
wetteifert. Ebenso der tief schmerzlich beginnende zweite
Geisterchor „Weh, du hast sie zerstöret!" und der Schluß-
chor des ersten Theiles (wie er für diese Aufführung angenommen war), der von Goethe eigens für die Musik ge-

dichtet ist, nachdem Faust das Bündniß mit Mephistopheles geschlossen hat und auf dem Mantel mit ihm durch die Lüfte fährt. — Der zweite Theil ist der irdische, Faust's Verkehren auf der Erde. Er tritt in demselben mehr zurück und Gretchen, sowie einige andere Gestalten, gewinnen Bedeutung. Was man aus dem Kunstwerke herausgehoben hatte, waren die Gesänge „Es war ein König in Thule", „Meine Ruh' ist hin" und „Ach neige, Du Schmerzensreiche". Dazwischen Faust's Zusammenkunft mit Gretchen im Garten, die zu einem Duett benutzt ist, und schließlich die erschütternde Scene im Dom, welche der Musiker völlig dramatisch aufgefaßt hat, indem er das Hochamt fortgesetzt ausführen läßt und Gretchens Angstflehen und des bösen Geistes furchtbares Drohen gleichzeitig melodramatisch behandelt. Damit schloß die Alles in tiefster, innerster Theilnahme erhaltende Aufführung, zu der die edlen Kräfte des Instituts, dem sie anvertraut war, sich mit wahrhaft begeistertem Fleiß vereinigt hatten. Auf eine andere Weise halten wir dieselbe fast nicht möglich, denn nur ein Chor, der aus Stimmen der Gebildeten (nicht blos aus gebildeten Stimmen) besteht, vermag diese Aufgabe zu lösen, wo oft die zarteste und zugleich tiefste Auffassung der Musik und der Dichtung erfoderlich ist, um nicht ins grob Materielle und Gemeine zu ziehen, was uns nur als luftige Geistergestalt und Anhauch des Jenseits erscheinen darf.

Königliches Opernhaus.

Berlin, 17. December.

Herr Krause, ein junger Sänger, eröffnete seine Laufbahn als dramatischer Künstler mit der Rolle des Jakob in Mehul's Joseph in Egypten. Wenn unglückliche Conjun-

cturen, welche das Repertoir unsrer Oper jetzt in einer bis=
her nie gekannten Weise beschränken, dem Sänger eine andere Wahl gelassen hätten, so würde er sich nicht diese im
Spiel für einen Anfänger so schwierige und für den Gesang wenig dankbare Partie ausgesucht haben. Um so ehrenvoller ist es für ihn, daß er die Aufgabe in der That sehr
angemessen und genügend löste. Herr Krause besitzt eine
sehr schöne Baßstimme, die wir in den Oratorien der Singakademie schon öfter zu hören Gelegenheit gehabt haben.
In der Tiefe reicht sein Organ klingend bis Es, zwei Octaven höher gibt er denselben Ton kraftvoll an und auch F
steht ihm in leichteren Tonverbindungen zu Gebote und wird
ihm bei fortgesetzten Studien gewiß überall dienstbar werden.
Wenn seine tiefe Stimmlage verhältnißmäßig weniger bedeutend scheint, so suchen wir dies mehr in der noch nicht
ausgebildeten Herrschaft über die Stimme (welche wir sehr
genau kennen zu lernen Gelegenheit gehabt haben), als in
der Naturanlage derselben, indem jedem Anfänger der Gebrauch der Höhe, so weit sie nämlich im Bereich seines Organs liegt, ungleich leichter wird, als die Tiefe klangvoll
gelten zu machen. Herr Krause hat einen guten Grund
in der Gesangskunst gelegt und ihm stehen alle die Vortheile zu Gebote, welche eine allgemeine Ausbildung dem
Künstler gewährt; indessen ist er noch kein vollendeter Sänger
und wird es namentlich noch erlernen müssen, seine Mittel
für einen großen Raum zu disponiren. In ruhigen, ge=
tragenen Stellen füllt seine Stimme denselben vortrefflich
an, bei leidenschaftlichem Ausdruck aber versäumte er es
noch, das Klingen derselben mit der eigenthümlichen Färbung, welche die Situation fodert, zu vereinen. Ein Mangel,
von dem übrigens gewiß selten ein Anfänger frei ist. Als
Beispiel diene uns die Stelle, wo Jakob den Fluch aus-

spricht, indem sich bei dieser von einem so kräftigen Organ eine ungleich größere Wirkung erreichen läßt, aber nicht durch ein stärkeres Anstrengen, sondern nur (wie beim Violinspiel) durch ein geschickteres Herausziehen des Tones. Auf Einzelheiten in der Auffassung der Rolle wollen wir uns nicht einlassen; sie war Das, was sie für den Beginnenden sein soll, ein nach verständigem Rath fleißig Erlerntes. Ein ehrenvoll anerkennender Beifall gab dem Sänger die verdiente Ermunterung bei diesem ersten Schritte auf der gewagten Laufbahn. Falls er, wie wir hoffen dürfen, der Unsrige bleibt *), werden wir uns bei fortgesetzten Studien desselben gewiß noch mancher wahrhaft schönen Leistung von ihm zu erfreuen haben.

Dasselbe Theater.

Am Dienstag (24. Dec.) trat eine junge Sängerin, welcher schon ein vortheilhafter Ruf vorausgegangen war, Dlle. Pixis, in Bellini's Capuleti und Montecchi als Romeo auf. Es liegt in der individuellen Natur des Referenten, daß es ihm ganz unmöglich ist, nach dieser Rolle den Maßstab für das Talent einer Sängerin zu finden, denn schon die berühmte Schröder-Devrient vermochte es nicht, die für ihn unüberwindliche Leerheit der Musik und den haltlos hohlen Jammer der Handlung so zu erwärmen, daß er einen wirklichen Antheil daran hätte nehmen können. Er verkannte daher fast den Werth Dessen, was die Sängerin gab, über die Werthlosigkeit Dessen, woran sie ihre Kräfte verschwendete. Ob also Dlle. Pixis im Stande ist, uns einen dramatischen Antheil als Künstlerin abzugewinnen, wollen

*) Er blieb es damals nicht, wurde es aber später (1843) und ist es noch (1848).

wir nach dieſer Rolle weder verneinen noch bejahen, aber
aus manchen Indicien mit ziemlicher Zuverſicht hoffen. Wir
haben es mit einer Sängerin zu thun, welche zwar ungleiche,
aber doch ſchöne Mittel beſitzt und dieſe durch ein eifriges
Studium bereits ſehr ehrenwerth herausgebildet hat. Der
erſte Act, welchen Referent verſäumte, hatte das Publicum
ſehr günſtig für ſie geſtimmt. Der zweite und dritte gingen
kälter vorüber und Stimme und Spiel entwickelten ſich auch
nicht ſo vortheilhaft, als Referent es nach den Berichten
über den erſten Act vermuthen durfte. Im vierten dagegen
entfaltete die Künſtlerin (ſie ſcheint alſo nur eine weiſe
Sparſamkeit getrieben zu haben) wieder eine ſehr ſchöne
Fülle des Organs. Wir wollen uns noch nicht anmaßen,
ein beſtimmtes Urtheil über daſſelbe zu fällen, allein es ſcheint
uns beſonders in der Tiefe von As bis B abwärts und dann
wieder in Stellen, die einen energiſchen Gebrauch zulaſſen,
in der Höhe klangvoll. Der Vortrag iſt in moderner Weiſe
colorirt, die Effecte ſind nämlich ſehr grell neben einander ge=
ſtellt, nicht ſelten aber von entſcheidender Wirkung. Das
Spiel iſt dem ähnlich. Den Schluß der Oper ſingt die
Künſtlerin nicht nach Bellini, ſondern nach Vaccai. Es iſt
faſt kein ſchlagenderer Beweis möglich, wie gleichgültig und
in ſich werthlos die Muſik Bellini's iſt, daß man ohne Um=
ſtände, wie man etwa einen neuen Tiſchfuß anſetzen läßt,
den Schluß (der weſentlichſte, effectvollſte Theil einer Ar=
beit) von einem beliebigen andern Maeſtro (Meiſter wollen
wir nicht ſagen) anleimt und dies iſt die Hauptſache, daß
er gerade ebenſo gut paßt und befriedigt wie der urſprüngliche. *) — Die Sängerin wurde während der Darſtellung

---

*) Wir laſſen abſichtlich dieſes Urtheil in ſeinem ganzen ſchroffen
Ausdruck ſtehen, es iſt die Polemik der Jugend; ſpäter hat ſich
unſre Meinung nicht geändert, aber gemildert.

lebhaft beklatscht und am Schluß verdientermaßen gerufen. Sie erschien, Dlle. Grünbaum an der Hand führend. — Hoffentlich werden uns andere Leistungen der Künstlerin veranlassen, noch recht häufig auf sie zurückzukommen.

•

Uebersicht des Jahres.

Das Theater erwarb sich das Verdienst, Cherubini's Ali Baba zur Aufführung zu bringen; demnächst Auber's ehernes Pferd. Einige ältere Werke wurden hervorgesucht, Lodoiska von Cherubini und Fanchon von Himmel, die einst durch ganz Deutschland gesungen wurden, allein der alte Zauber war verduftet. Nicht so mit Cosi fan tutte, das in neubelebter Darstellung jugendliche Schönheit entfaltete. — Als Gäste sahen wir Dlle. Sabine Heinefetter, Herrn Werfing, Herrn Wigand, Dlle. Maschinka Schneider (später Mme. Schubert), Mme. Fischer, Mme. Masi (aus Neapel), Herrn Hauser, Dlle. Hagedorn (eine Debütantin mit schöner Stimme, später in Dessau), Dlle. Piris, Mme. Spitzeder, Mme. Franchetti=Walzel. — Der Bassist Herr Krause debütirte als Jakob in Mehul's Joseph in Egypten. — In der Virtuosenwelt ereignete sich nichts von Bedeutung. Heimische Virtuosen gaben die gewöhnlichen Concerte. August Möser, der jetzt so berühmte Violinist, debütirte als elfjähriger Knabe mit großem Erfolg. Gleichzeitig mit ihm trat eine kleine Violinspielerin, Therese Ottavo, auf. Das Kinderpaar erregte Aufsehen. — Instrumentalaufführungen wie 1834. — Die Singakademie gab die Jahreszeiten, die Messe in H moll von Bach und desselben Passionsmusik. — Außerdem Goethe's Faust mit der Musik des Fürsten Radziwill. — Musikdirector Wieprecht erfindet die Baß=Tuba.

Jahr 1836.

Concert.

Berlin, 3. Februar.

Der Virtuofe Herr Jofeph Gufikow, dem ein großer Ruf vorangegangen war, bewährte denfelben im Opernhaufe vor einem fehr zahlreichen Publicum aufs vollkommenfte. Wie wir das Inftrument nennen follen, das er fpielt, wiffen wir nicht; auch nicht, wie es befchreiben, da wir es nur aus der Ferne gefehen. Allein aus diefer oberflächlichen Anficht und Dem, was wir darüber gehört und gelefen, läßt fich abnehmen, daß es aus fehr rein geftimmten Holzftäben, die auf eine leichte Strohunterlage hohl neben einander ausgebreitet werden, befteht und nach Art des fogenannten Hackbrets mit Schlägeln gefpielt wird. Der Klang ift für die Subftanz und Organifation fehr wohltönend, allein mit anderen Inftrumenten verglichen, doch eben nur hölzern. In geringerem Grade der Vollkommenheit geben alle Stäbe von leichten, trockenen Holzarten diefen Ton und es ift ja auch bekannt, daß das Volks=Inftrument, die Strohfidel, darauf bafirt ift. Nennen wir alfo Herrn Gufikow's Inftrument geradehin die fehr vervollkommnete Strohfidel, fo werden wir wol der Sache am nächften kommen. — Hat fich der Erfinder hier finnreich gezeigt, fo zeigt er fich als Virtuofe ausgezeichnet durch Beharrlichkeit und Gefchmack. Er trug Stücke vor, deren Schwierigkeit und glänzende Rapidität der Paffagen dem

ausgebildetsten Klavierspieler eine schwierige Aufgabe sein
würden. Seine Sicherheit ist gewissermaßen unbedingt; wir
lauschten, so scharf es uns nur möglich war, wüßten aber
trotz der unglaublichen Schnelle und originellen Keckheit der
Passagen nicht, daß irgend ein Fehlton vorgekommen wäre.
Indessen mag dabei einige Täuschung obwalten und die
Schwierigkeit des Instruments nicht so groß sein, wie seine
Wirkung glänzend ist. Denn Referent erinnert sich, auf dem
gewöhnlichen Hackbret herumziehende Virtuosen gehört zu
haben, die auch eine große Sicherheit und Schnelligkeit auf
demselben zeigten, während er doch nicht annehmen konnte,
daß sie wirklich den Eifer und unermüdeten Fleiß, dessen
ein Virtuose auf einem andern accipirten Instrument bedarf,
auf ihr Studium verwendet hatten. Die Elasticität der
Schlägel ist sehr groß und wie schnell man dergleichen in
kurzer Zeit bewegen lernen kann, zeigt uns die Trommel,
deren Wirbel mit zu den schnellsten Bewegungen gehört. —
Allein. wenn das Instrument auch leichter zu behandeln
wäre, als es scheint, so bleibt dem Künstler doch sein sehr
großes und wahres Virtuosenverdienst durch seine geistreiche
Auffassung und die eigenthümlichen Zusammenstellungen von
Passagen in der Composition. Er hat oft ein Feuer des
Vortrags und dann wieder eine so zarte Grazie, wie wir
sie selbst unsern besten Virtuosen nur wünschen könnten.
Im Ganzen erinnerte uns seine Vortragsweise am meisten
an Hummel's Art, das Fortepiano zu behandeln. — Daß
dem Spieler bei solchen Eigenschaften der lebhafteste Beifall
nicht fehlte, wird nach dem Gesagten Niemand verwundern
und halten wir in der That dafür, daß diese Erscheinung,
wenn sie auch keine wichtige für die Musik selbst, keine, die
zu etwas Fernerem führen wird, ist, doch eine sehr merk=
würdige genannt werden darf.

Königliches Theater.

Berlin, 18. April.

Das Bedürfniß nach einer neuen guten Sängerin ist so groß, daß das Opernhaus sich jedesmal, wo nur eine fremde Künstlerin in einer bedeutenden Gesangspartie auftritt, fast bis auf den letzten Platz füllt, während ehemals nur ein vorausgegangener großer Ruf ein solches Resultat erzeugte. So war denn auch bei dem Auftreten der Dlle. Löwe als Isabelle in Robert der Teufel (15. April) ein äußerst zahlreiches Publicum versammelt. Wir haben es uns zum Grundsatze gemacht, bei dem ersten Auftreten einer Sängerin nur ein limitirtes Urtheil auszusprechen, weil Befangenheit, Disposition der Stimme, Gunst oder Ungunst des Augenblicks, Unkenntniß von der Wirkung des Organs in einem neuen großen Raum zu vielseitig einwirken können. Bei Dlle. Löwe aber dürften wir von dieser Regel wol eine Ausnahme machen, da sich ihre Eigenschaften zu entschieden geltend gemacht haben. Ein hohe, schlanke, dabei aber graziöse Gestalt, verbunden mit ausdrucksvollen Gesichtszügen, nimmt sogleich vortheilhaft für die Darstellerin ein; die Stimme ist in der Tiefe voll und wohllautend, in der Höhe sicher und rein; die Mittelregion, etwa eine Quarte, ist weniger wohlklingend und schwächer. Doch die Sängerin hat eine so vortreffliche Schule, ist so die Beherrscherin ihrer Mittel, daß sie den unbequemen Bruch der Stimme fast immer künstlich zu decken weiß. Ihre Aussprache ist bis auf den Buchstaben deutlich, ohne daß man eine unangenehme Syllabirung bemerkte; alle Laute, Vocale wie Consonanten, schweben leicht über die Zunge und Lippen ohne jenen unangenehmen Kehldruck, der vielen nicht gut gebildeten Sängern so eigen ist. Die Intonation der Sängerin ist überall völlig rein und selbst die höchsten Töne, wie h und b, versteht sie noch mannichfaltig zu modificiren; die Passagen sind rasch, deutlich, rund. Damit verbindet sich ein ausdrucksvolles Spiel, welches vielleicht sogar höhere Wirkungen erreicht, wenn ihnen die Natur der Rolle und Oper nicht wie hier entgegensteht. Kurz, obgleich Dlle. Löwe uns nicht Fülle und Stärke des Organs in hinreichendem Maße zu haben scheint, um vorzugsweise in der großen Oper beschäftigt zu werden, so ist sie doch auf das mannichfaltigste begabt und vielleicht für jede andere Gattung geeignet. Daß eine solche Künstlerin unter den jetzigen Umständen mit lebhaftestem Beifall empfangen werden mußte, wenngleich sie vor 6—8 Jahren vielleicht nur einen succés d'estime erlangt hätte, bedarf keiner Erwähnung. Wir werden über ihre ferneren Erfolge weiter berichten.

Theater.

Berlin, 10. Mai.

Ueber Fräulein v. Faßmann waren schon zuvor sehr günstige Gerüchte im Umlauf, welche sie durch ihre Leistung als Donna Anna zum größten Theile gerechtfertigt hat. Ihr erstes Auftreten war in der That imposant zu nennen, da sich uns eine schöne Gestalt zeigte, der eine volle reine Stimme zu Gebot stand, die sich besonders durch edle Charakteristik des Tones auszeichnet. So stimmte sich gleich nach der Intrade das Urtheil für die junge Sängerin sehr günstig. — Das große Recitativ an der Leiche des Vaters, zwar mit stark gefärbtem Ausdruck nach moderner Weise vorgetragen, indessen doch noch ein annehmbares Maß haltend und in einzelnen Zügen sehr edel und schön, konnte diesen Eindruck nur verstärken. Jedoch hatte die junge Sängerin den Fehler gemacht, sich zu früh ausgegeben zu haben, so daß ihr zu einer Steigerung der Wirkung kein Reservefonds übrigblieb. Wir können zwar nicht sagen, daß ihr im Duett die Kraft fehlte, allein bei der Auffoderung zum Schwur konnte sie jene stärkeren Lichter nicht mehr aufsetzen, welche im Verhältniß zu den ersten Farben nöthig scheinen. Dieser ästhetische Mangel läßt sich indessen leicht ertragen, da er sich leicht ändern läßt; bedenklicher aber war es uns, daß späterhin, zuerst im Quartett, besonders aber nach der großen Arie, die noch mit Feuer und Kraft, wiewol nicht ohne bemerkbare Anstrengung vorgetragen wurde, eine Art Erschöpfung des Organs eintrat, wodurch das Maskenterzett z. B. ganz in der Wirkung verloren ging. Im zweiten Act hatte sich die Sängerin wieder etwas erholt und führte sowol im Sechstett ihre obligaten Stellen sehr schön, als auch die letzte schwierige Arie mit Gefühl und Fertigkeit aus. Ein natürliches, bezeichnendes, nie eine edle Weiblichkeit verlierendes Spiel verbindet sich mit diesen Eigenschaften und Fertigkeiten im Reiche des Gesanges. Nur eine Warnung verschmähe die junge Sängerin nicht: trotz der Fülle und Stärke ihres Tones ist ihre Stimme doch ein zartes Organ, das sie schnell zerstören wird, wenn sie demselben zu anstrengende Aufgaben zumuthet. *)

---

*) Diese Warnung hat die Sängerin leider zu gering beachtet und ist denn auch früh um die schöne Gabe gekommen, welche die Natur ihr zu längerem Gebrauch verliehen hatte.

Uebersicht des Jahres.

Neuigkeiten der Bühne: die Puritaner, der Blitz von Halevy. — Instrumentalaufführungen: die gewöhnlichen; unter den kirchlichen David von Bernhard Klein. — An Bühnengästen sind zu nennen: Dlle. Francisca Piris, die ihre Gastdarstellungen fortsetzt, Klara Heinefetter, deren schöne Stimme in Gluck's Iphigenia imponirt; Herr Marder (Papageno, Figaro u. s. w.). Dlle. Sophie Löwe (damals vortrefflich, später sehr ausgeartet), gibt eine Reihe von Gastdarstellungen und wird für die Bühne gewonnen. Ebenso Fräulein v. Faßmann, die als Donna Anna zum ersten Male bei uns erscheint und ihrer edlen Kunst sofort Geltung verschafft. — In der Virtuosenwelt erregt Gusikow auf seinem Holzinstrument (die verbesserte Strohfiedel) ungemeines Aufsehen. Die Pianisten Döhler und Henselt (letzterer damals bei weitem der Trefflichere ließen sich zum ersten Male in Berlin hören, R. Willmers debütirt als Knabe *); ein heimischer Pianist, Konstantin Decker, gewinnt Beifall und richtet Soiréen ein. Karl Eckert tritt als Virtuos auf der Geige mit Erfolg auf, ebenso der junge Violinist Birnbach. Miß Laidlaw, sowie Hubert Ries geben gleichfalls Concerte. — Der eifrige alte Organist Hansmann, zugleich Rechnungsrath, der zahllose Kirchenconcerte zu wohlthätigen Zwecken veranstaltet hat, stirbt und wird ehrenvoll von der gesammten Künstlerwelt zu Grabe geleitet.

---

*) Aus Mangel an Raum haben die Beurtheilungen über alle diese Künstler wegbleiben müssen, wie denn überhaupt aus diesem Grunde von jetzt an Vieles, was schon zum Druck bestimmt war, ausfällt. Die Zeitereignisse vom Februar 1848 an sind so gewaltsam störend in das Unternehmen eingetreten, daß seine Gestaltung wesentlich dadurch bedingt wurde und namentlich die Hoffnung auf eine weitere Ausdehnung, die der Autor anfangs hegte, gänzlich aufgegeben werden mußte. Da nun überhaupt das Reich der Kunst wol auf lange Zeit dem der Politik, vielleicht der geharnischten Bellona weichen muß, so mußte der Verfasser es vorziehen, lieber mit Ueberspringen vieles Einzelnen, was sonst wol in die Reihe des Ganzen gehört hätte, bis zu dem Schluß seiner bisherigen Thätigkeit in dieser Richtung vorzudringen, als den Faden um 6—7 Jahre früher abzureißen, um ihn vielleicht ie wieder anzuknüpfen.

Jahr 1837.

Königliches Theater.

Berlin, 30. Januar.

Nach langen Jahren ist aller wahrhaften Kunstfreunde
sehnlichster Wunsch erfüllt worden; Gluck's Armide, dieses
bewundernswürdigste, reichste Werk, welches die dramatische
Musik aufzuweisen hat, durch unglückliche Verhältnisse lange
von der Bühne verbannt, erschien wieder auf derselben in
seiner ganzen Herrlichkeit und Majestät. Es drängt sich bei
einem so wichtigen Ereignisse für die Kunst eine solche Fülle
künstlerischer Betrachtungen auf, der Geist wird dadurch von
so vielen Seiten an- und aufgeregt, das Gemüth erhoben
und erwärmt, daß es schwer ist, davon herauszusondern und
zu ordnen, was sich für Raum und Charakter der gegenwärtigen Blätter eignet. — Wir wollen damit beginnen,
Dank und Anerkennung allen Denen zu zollen, welche ihre
Kräfte vereinigt haben, um das Werk wieder ins Leben zu
rufen. Mit Freuden erkennen wir besonders die Thätigkeit
des Herrn General-Musikdirector Spontini dafür an, der,
wie wir hören, einen großen Eifer auf den Glanz und die
Würde der Darstellung verwandt hat. Sehr gern sind wir
mit der Herbeischaffung außerordentlicher Mittel für außerordentliche Zwecke einverstanden, selbst wenn die Rücksicht
auf die Darstellung eigner Werke sie mit bestimmt, sobald
nur diese nicht ausschließlich vorwaltet. Wir fühlen uns
um so mehr gedrungen, diese allgemeine Anerkennung
auszusprechen, als wir, was das Einzelne der Aufführung

anlangt, in mufikalifcher Beziehung öfters nicht mit dem Dirigenten (Herrn Spontini) einverstanden sein können. Als dem minder erfreulichen Theil unsers Geschäfts wollen wir damit vorangehen: Man hat die Oper verkürzt; nichts ist billiger als das, denn Gluck hat in derselben so manchen Foderungen der Zeit genügen müssen, die eben mit der Zeit ihre Gültigkeit verloren haben; und andrerseits hat ihn die Natur seines mufikalifchen Talents, welches die wir möchten sagen perfpectivifche Anordnung der Gruppen in den romantifchen Opern (Terzetten, Quintetten, Finales) nicht kannte, sondern sich faft nur mit einer Basrelief-Darstellung auf einer Fläche begnügte, zu Anordnungen nach einander geführt, wo man jetzt Gleichzeitigkeit beobachtet haben würde. Dahin gehört z. B. der vierte Act, wo die in der Originalpartitur befindlichen, nach einander folgenden Duettfcenen zwischen den Rittern und Najaden von einem neueren Componiften ohne Zweifel in ein Quartett verwandelt worden wären. Da diese Umwandlung nicht möglich wäre, ohne Gluck's innerftes Leben anzutaften, so hat man wohl gethan, sich mit einer Hälfte der dramatisch gar nicht fördernden Situation zu begnügen. Ebenso billigen wir die Weglassung mancher Theile aus den Partien der Sidonie und Phönice, die Verkürzung anderer Mufikftücke u. f. w., allein mit einigen Umgeftaltungen sind wir durchaus nicht einverstanden. Die Veränderung der Ouvertüre, in der sich bei Gluck der Schlußsatz (die modificirt wiederkehrende Einleitung) so ungemein reizend an das etwas schwächere Allegro anreiht, können wir durchaus nicht gut heißen. Weshalb ein brillanter, fremder Schluß im Allegro, statt es überzuführen in jenen reizenden, die innerfte Seele des Gedichts ahnungsvoll verkündenden? Will man damit nur einen Incifionspunkt für den lauten Beifall, für das Dacapo

(welches wirklich eintrat) gewinnen? Gluck bedarf deſſen
nicht; wem ein halbes Jahrhundert ſo das Dacapo ſeiner
ſämmtlichen Werke immer zugerufen hat und zurufen wird,
der kann den Verluſt eines ſo vorübergehenden verſchmer-
zen. Hätte er darnach getrachtet, würde er ſelbſt dafür ge-
ſorgt haben. Aber Gluck wollte mit ſeinen Ouvertüren etwas
Höheres; er wollte die Seele der Hörer auf das Werk ſelbſt
vorbereiten, ſie dafür ſtimmen. Deshalb liebt er es, die
Ouvertüre in dieſes einzuleiten, und thut es in ſeinen drei
unſterblichen Schöpfungen Alceſte, Iphigenia in Aulis und
Armide. Auch iſt es nicht ſo leicht, einen Schluß zu einer
Gluck'ſchen Ouvertüre zu machen; es iſt eben ſo ſchwer, als
die Reſtauration einer ſchönen Antike. Wenigſtens hat ſeit
funfzig Jahren Niemand z. B. einen Schluß für die Ouvertüre der Iphigenia zu Stande bringen können, indem man
die edle Einfachheit Gluck's nur annäherungsweiſe wieder-
gefunden hätte. Der ſogenannte Mozart'ſche Schluß iſt entweder unächt, oder ein Beweis, daß die höchſten Gipfel des
Genius eine ſtrenge Eigenthümlichkeit bewahren und aus
den verſchiedenen Zonen, in die ſie hineinreichen, ſich nicht
ſo leicht zu einander hinüber neigen können. — Unſere ferneren Einwendungen treffen nur Verkürzungen. Wir billigen die Verkürzung der großen Beſchwörungsarie Armi-
bens (F dur dritter Act) nicht; der erſtaunenswürdigſte Theil
des Allegros, wo Gluck ähnliche Wendungen ſo meiſterhaft
ſteigert, iſt weggelaſſen, der Organismus des Kunſtwerks
zerſtört. Und was gewinnt man? Vielleicht dreißig bis vier-
zig Tacte, nicht zwei Minuten. Ebenſo iſt die Weglaſſung
der großartigſten Stellen aus Armidens letzter Scene ein
Raub an Gluck's höchſten Schätzen und zugleich, wie es
uns ſcheinen will, auch ein Zerreißen des ſo wundervoll an-
gelegten pſychiſchen Gewebes in dieſer Situation, wo das

Schwanken zwischen Zorn und Liebe, Bitte und Drohung, Verzweiflung und flehender letzter Hoffnung eine organische Kette von Zuständen bildet, wobei jede Lücke Dem, der genau damit bekannt ist, schmerzlich fühlbar wird. Statt dieser Auslassungen, womit im Ganzen für die Verkürzung zuverlässig nicht fünf, ja kaum drei Minuten gewonnen werden, hätten wir gern der Ballets im ersten Act entbehrt, die, nicht mit Gluck'scher Musik begleitet, dem Ohr förmlich einen widerwärtigen Eindruck machen. Was an sich ganz leidlich wäre, wird häßlich, abstoßend, wenn es sich neben das Höchste stellt. Diese Meinung waltete auch im Publicum vor, das diesmal in seiner Majorität aus Verehrern der Musik und des Kunstwerkes in seinen wesentlichen Theilen zusammengesetzt war und sich daher gewissermaßen über den breiten Raum, den das Beiwerk einnehmen wollte, unwillig fühlte; wenigstens können wir den Sinn der Opposition, die sich ziemlich stark gegen den lautwerdenden Beifall für die Ballettänze erhob, nicht anders deuten. — Was die Tempi anlangt, so ist eine Uneinigkeit darüber freilich nicht durch ein apodiktisches Urtheil auszugleichen und vielleicht dürfte der Dirigent sich ebenso durch unsere, aus langjährigem Vertrautsein mit dem Werke und aus den Ueberlieferungen einer früheren meisterhaften Darstellung desselben (durch den größten Verehrer Gluck's, Bernhard Anselm Weber) überkommenen Tempi verletzt fühlen, als wir durch die seinigen. Doch scheint ein durchgehender Grundsatz für uns zu sprechen. Herr Spontini nimmt uns nämlich fast überall das Andante, Grave u. s. w. viel zu langsam und übertreibt dagegen die raschen Tempi. So ist der erste Gesangsatz Armidens (erster Act risoluto) viel zu langsam, so daß die Sängerin sichtlich, um den Ausdruck des Vortrags zu erreichen, aus allen Kräften sich beeilt; dagegen wird das erste

Finale so übereilt, daß die Macht des Rhythmus darin ganz
verloren geht, ja, die Triolenfigur, die so lebendig durch das
ganze Stück läuft, nicht mehr klar hörbar ist, wenigstens
ihren imponirenden Charakter verliert.   Diese Auffassung der
Tempi gehört offenbar der neueren, auf grellen Effect durch
Gegensätze hinarbeitenden Kunst an, nicht der ruhig erhabenen, majestätischen Gluck's, die sich an jedem Punkte in sich
selbst genügt.   Sie ist die Kunst der Ruhe, der Vollendung,
der Gegensatz zu der Leidenschaftlichkeit, des rastlosen Drängens
und Strebens, die durch Aufregung zu reizen sucht, während jene durch Beruhigung erhebt, beseligt.   Aus dieser
Ansicht im Ganzen würden wir unsere Annahme vieler Tempi
vertheidigen, selbst wenn nicht das unmittelbare, musikalische
Gefühl oft dazu anspornte oder zurückhielte.   Wir nennen als
zu sehr verzögert noch folgende Musikstücke: Rinald's Arie,
Armidens erste Arie im dritten Act, das Duett zwischen ihr
und Rinald im fünften; zu beschleunigt waren uns dagegen die beiden Finales der ersten beiden Acte und einige
hier nicht zu specificirende Momente der über Alles erhabenen Scene mit dem Hasse. — Nun endlich zur Darstellung durch die einzelnen Mitglieder.   Fräulein v. Faßmann
als Armide verdient zuvörderst den wahrhaftesten Dank, daß
der Eifer für eine höhere Kunst — die leider fast überall
unter einem barbarischen Ostracismus seufzt und, zum Ruhme
unserer Vaterstadt sei es gesagt, nur noch bei uns eine hei-
matliche Stätte besitzt — sie zu dem strengen Fleiß begeisterte, mit dem diese größte, schwierigste, aber auch dank-
barste aller dramatischen Aufgaben allein zu überwinden ist.
Leider hat eine fast mit Recht überall gefeierte dramatische
Künstlerin *) diesen Sieg über sich selbst, der, wie jeder, den

---

*) Wilhelmine Schröder = Devrient.

höchsten Lohn in sich trägt, nicht errungen, sondern die
seltenen Gaben ihres Genius minder würdigen Diensten gewidmet! — Auf den Gipfel der Kunst, den Armide einnimmt, gelangt Niemand durch einen Sprung; die mächtigsten
Schwingen des Genius tragen nicht mit Einem Male hinan,
sondern nur allmälig gewinnt sich die Höhe. Nur ein ganz
Unbilliger und Unkundiger, der die Schwierigkeit der Aufgabe gar nicht kennt, wird daher seinen Maßstab des Urtheils für die Darstellung unserer Künstlerin von Dem her-
nehmen wollen, was ihr noch fehlte. Nirgend mehr als hier
tritt die Billigkeit des schönen Spruchs ein:

O siehe nicht,
Was Jedem fehlt! Was Jedem bleibt, betrachte!

Und dieser jugendlich anmuthigen Darstellerin, die mit
so schönen Mitteln begabt ist, blieb Vieles. Zuerst Adel
und Weiblichkeit überall in ihrer Erscheinung; wahrhaft
empfundener Ausdruck im Gesang; an vielen Stellen hohe
Schönheit desselben, mächtige dramatische Wirkung! Wir
heben davon heraus die Erzählung des Traums im ersten
Act; das ergreifende Spiel, den hinreißenden Ausdruck in
der Scene, wo sie den schlafenden Rinald zu tödten versucht; den Vortrag der großen Beschwörungsarie und des
wehmüthig erhabenen Actschlusses. Endlich im fünften Act
die äußere Erscheinung während der ersten Hälfte desselben,
den schmelzenden Vortrag des Duetts und die Darstellung
der Schlußscene in allen Hauptmomenten. Freilich sehen
wir noch mehr eine Kette von gelingenden Einzelheiten, als
ein organisches Ganze; allein nach und nach werden sich die
Theile verschmelzen, die Darstellerin wird überall vertraut
mit ihrer Aufgabe sein und so die Kräfte und Ausdrucksmittel immer mehr im richtigen Gleichgewicht vertheilen.
Zwei Bemerkungen gestatte sie uns indessen. Während des

13 **

Duetts mit dem Haß muß das Spiel Beider kräftiger zusammenwirken; der Haß geht thätlich ans Werk der Beschwörung; um dies bildlich auszudrücken, muß er Armiden ergreifen; in seinen Armen sich windend, sich seiner finstern Gewalt zu entreißen strebend, wird ihre Angst und Qual näher erklärt. — Die zweite Bemerkung betrifft die äußere Erscheinung Armidens in der letzten Scene. Daß sie im Zaubergewande mit dem Zauberstabe zurückkehrt, ist richtig; doch die schlichte Anordnung des Haupthaares paßt dazu nicht. Sie könnte ein Diadem, eine Krone tragen, die sie im Verfolg der Scene verlieren oder abwerfen mag.

Eine zweite Gastsängerin, Dlle. Hanal trat als Haß auf; eine kurze, aber so großartige, so charakteristisch ausgeprägte Partie, daß dieselbe der größten Sängerin nicht zu gering sein kann. Wir hörten von der Künstlerin eine sehr starke Stimme, sahen, wie sehr sie sich anstrengte; im Ganzen schien sie von dem Feuer, welches Gluck hier in jeder Brust entzündet, durchdrungen, wenngleich noch ohne der Mittel Herr zu werden, wie diese Darstellung des Entsetzlichen in eine edle Sphäre zu erheben sei. Aber daran ist nicht diese Künstlerin allein, sondern, wir möchten sagen, die ganze Bühne gescheitert, und nicht blos dies eine Mal, sondern von jeher. Seinem Gefühl nach hat es der Referent wenigstens noch nicht erlebt, die Furien würdig, als majestätische Sinnbilder des Bösen oder des Schreckens dargestellt zu sehen. Diese grotesken Trachten, diese Schlangenbündel erregen theils eine Art von Widerwillen, der, zumal bei der Bewegung der röthlich-blaubäuchigen Schlangen, dem Ekel verwandt ist, theils wirken sie sogar komisch. Die antiken Larven der Furien mit Schlangenhaar, die Schlangen in ihrer Hand als Attribute, erregen, in starrem Erz gebildet, allerdings die erhabene Wirkung des Grauens,

welche diese Symbolik bezweckt, denn in plastischen Eindrücken verrechneten die Alten sich nie. Sowie aber die
thierische Beweglichkeit und Lebendigkeit in diese Formen
tritt, hört das erhabene Grauen auf und wird zu einem
uneblen Schauder, der an die gemeinsten Körperempfin-
dungen streift. Sollte die großartige Kunst neuerer Meister, wie Schinkel und Rauch, nicht mit einer Erfindung
an die Hand gehen können, welche jene Klippen um-
schiffte? — Diesen Furiengestalten entsprechen ihre Tänze,
die besser für trunkene, überlustige Gnomen, Kobolde und
Cyklopen passen möchten — ein Centaurenbachanal — als
für die Dämonen des Entsetzlichen. Vollends aber tritt diese
Empfindung scharf berührend hervor durch den Contrast,
in welchem diese bildlichen Eindrücke zu Gluck's Musik stehen, die gerade hier die äußersten Gipfel des Erhabenen,
sowol in den Chören, wie in den Tänzen, mit einer Schwung-
kraft des Genius erreicht, die Alles überflügelt, was bisher
in der lyrisch-dramatischen Kunst geschaffen ist. So genau
wir mit dem Werke bekannt sind, und gerade mit diesem
Theile desselben, so gestehen wir doch, daß diese Scene nach
so langer Zeit der Entbehrung, in der Gesammtheit des
Orchesters, der Chöre, der Darstellung, uns in einer Weise
ergriff, die jede Erwartung überstieg. Schon die Arie Armidens „Herauf aus düstrer Nacht, du unversöhnter Haß"
hat an Erhabenheit und tiefem schmerzlichen Ausdruck nicht
ihresgleichen; man wähnt, sie könne nicht überboten werden. Doch bei jedem folgenden Musikstück tritt dieselbe
Empfindung ein, überall glaubt man sich auf den höchsten
Zinnen und sieht dann mit Erstaunen plötzlich neue noch
colossalere Gipfel emporsteigen. Und Alles in demselben
Element des Entsetzlichen, wobei geringere Kraft sich so leicht
abstumpft, zu nur materiellen Hülfsmitteln ihre Zuflucht

nimmt. Gluck aber handhabt diese Elemente mit der Macht des Titanen; er thürmt den Pelion auf den Ossa und verrichtet vor unsern staunenden Augen himmelstürmende Gigantenarbeit. Und dennoch, dies ist der höchste Zug der Meisterschaft, zeigt er sich in der Besänftigung dieser wilden Elemente noch größer, als in ihrer kühnsten Entfesselung, denn Armidens schauernde Erschütterung und weiche Hingebung, die nach dem Chaos dieser Orkane und Erdbeben wie Mondesblick durch den versöhnten Himmel bricht, bleibt der reinste Sieg der Schönheit, der jemals im ganzen, weiten Gebiet der Kunst gewonnen worden.

Dasselbe Theater.
Die funfzigjährige Jubelfeier des Don Juan

wurde am 11. November — acht Tage später als das Datum der ersten Aufführung dieses unerreichten Meisterwerkes vor funfzig Jahren zu Prag, wo dieselbe am 4. November stattfand — im königlichen Opernhause mit allem Glanze, den dieses Kunstereigniß in Anspruch nahm, begangen. Die Hunderte, welche von dem überfüllten Hause umkehren mußten, zeugen von dem Drange, mit welchem das Publicum sich der Feier zuzugesellen beabsichtigte; viele Tausende mehr würden Theil daran genommen haben, wenn sie irgend Hoffnung zu einem Platz gehabt hätten. Die so gefüllten weiten Räume des Hauses, wo man in den Zügen aller Anwesenden die Spannung auf einen wichtigen Vorgang liest, haben stets etwas Erhebendes; vollends wenn die Veranlassung eine den Denkenden so tief ergreifende ist. Denn solche Fülle, solche Macht des Genius, wie sie dem Meister entströmte, welchem die Feier dieses Tages gewidmet war, ist stets als ein Wunder, als ein besonderer Segen, der am glücklichen Tage der Menschheit geworden, anzustaunen und dankbar zu empfinden. Die Sterne erster Größe, sie mögen am Himmel der Wissenschaft, der Kunst oder der kühnen Thatkraft schimmern, entzünden stets die Flamme der Begeisterung und Erhebung in der Brust und, an dem Tage ihrer Feier fühlt sich Jeder durch sie mitgehoben, geläutert, erwärmt. Deshalb wird auch bei solchem Anlaß Niemand die Stimme der Kritik vernehmen wollen; wie sich die Anstrengung Aller vereinigte, um die Glorie des Meisters heller strahlen zu lassen, so kann auch unser Wort nur als Abbild der Festlichkeit, die nächste Betrachtung und Stimmung, die sie erzeugte, geben, nicht kleinlich richtend Verdienst oder Fehl abwägen wollen. Es gab nur ein Verdienst, nach besten Kräften thätig dafür sein zu wollen, und das theilten Alle; es gab nur einen Tadel, von der Bedeutung des großen Tages nicht feurig mit ergriffen zu sein, und diesen verdiente Niemand. Ja, mit Stolz und Freude rühmen wir es, daß unsere besten Künstler um die Ehre wetteiferten, thätigen Theil an der Verherrlichung Dessen zu nehmen, dem sie so viele Stunden veredelnder Freude verdanken. Nicht nur, daß sie sich zu den größeren Aufgaben, auf die immer noch ein besonderer eigner Glanz zurückstrahlt, gedrängt hätten, sondern auch im unscheinbarsten Antheil suchten sie Ehre. So sahen wir Herrn Baber, Herrn Mantius und Dlle. Lehmann im Chor der Bauern und Bäuerinnen, und vielleicht ist nur unser unsicheres Auge schuld, wenn wir in der fröhlich bewegten Masse nicht noch mehr Künstler entdeckten, die ein Recht haben, im Proscenium der Bühne zu wirken, und doch heut durch die Theilnahme im entfernten Hintergrunde die Kunst und sich selber ehrten.

Wer hätte wol am 4. November des Jahres 1787 nach

der erſten Aufführung der Oper ſich einer ſo durchbringenden Verſtändniß des unerforſchlich tiefen und wunderbaren
Kunſtwerks gerühmt, um zu weiſſagen, in welcher Fülle der
begeiſternde Quell für die kommenden Geſchlechter hier ent-
ſpringen, zu welcher Flut er anwachſen würde? Wer
maß damals die Grenzen dieſes Wunderwerks, das alle
äußerſten Gebiete menſchlichen Empfindens umfaßt, vom
Aufſchwung kühnſter Lebens- und Sinnenluſt, bis zu den
erhabenſten Erſchütterungen des Schmerzes und des Schreckens!
Mögen Einzelne etwas davon geahnt haben, zum Bewußtſein iſt es ſchwerlich irgend Einem gekommen, ſo weit
überragte das Werk die Zeit und ihre Faſſungskraft. Blieb
doch Mozart überhaupt bis zu ſeinem Tode ſogar höher begabten Männern jener Tage ein unverſtandenes Räthſel, ein
zwar gigantiſches Weſen, aber ohne ein organiſches Geſetz
ſeines Baues; natürlich weil ſie nur das Rieſenmaß einzelner Theile anſtaunten und keinen Standpunkt gewinnen
konnten, um das Ganze zu überſchauen und ſeine harmo-
niſche Ausgleichung, wodurch das Coloſſalſte zugleich leicht
und künſtleriſch anmuthsvoll wurde, zu erkennen. In dieſem Sinne urtheilte z. B. noch Naumann über ihn, der
ihn um ein Jahrzehend überlebte! — Uns erſcheint dieſes
Räthſel nun zwar ſo gelöſt, daß wir gar nicht mehr begreifen, wie es nicht von Anfang an in ſeiner göttlichen
Klarheit und Schönheit Jedem vor Augen lag. Aber mögen wir nicht zu ſtolz darauf ſein! Nicht wir erforſchten
des Labyrinthes wundervollen Bau, ſondern der ſich ab-
ſpinnende Faden der Zeit leitete uns in ſein geheimnißvolles
Innere. Auch uns liegen noch Räthſel genug vor und
Jeder, der ſeinen eignen Bildungsgang beobachtet hat, wird
an ſich ſelbſt erkannt haben, wie oft ihm eine unſichtbare
Hand erſt allmälig Licht gegeben, wo er doch von Anfang

sich genügend in seinem beschränkten Selbst nur allzusehr in vollster Klarheit zu schauen wähnte.

Mozart schuf dies Werk, woran nun ein halbes Jahrhundert seine Kraft und Einsicht übt, im dreißigsten Jahre, an der Schwelle des Mannesalters; kaum hatte er sie überschritten, so war sein irdisches Ziel erreicht! Wie Raphael und Alexander hatte er in einem Alter schon genug für die Unsterblichkeit gethan, wo Andere kaum beginnen, Das zu erreichen, womit sie das Recht ihres beschränkten irdischen Daseins dürftig bezahlen. Und in welcher Ueberfülle errang er sich die Ansprüche auf eine unvergängliche Dauer im Gedächtniß der Menschheit! Ein einziges Blatt, wir behaupten es zuversichtlich, aus der Partitur des Don Juan, hingeweht vom Sturm der Zeiten in ferne Jahrhunderte, würde ihm ein gültiger Einlaß in die Pforten der Unsterblichkeit geworden sein. — Ein solches Werk muß immer hinreißen, zumal an einem Tage, wo sich so mächtige Erinnerungen und Betrachtungen daran knüpfen. In dieser wahren Begeisterung wurde es von unseren Künstlern verwirklicht, von den Hörern entgegengenommen. Und dieser gewaltig tragende Strom führt denn auch leicht über die kleinen Anstöße hin, die uns sonst empfindlicher berühren. Die Ouvertüre, mit Jubel aufgenommen, wurde zum zweiten Male gefodert. Bei jedem bedeutungsvollen Abschnitt des Werkes erneuerte sich der laute Ausbruch des Enthusiasmus. Er stieg auf den Gipfel, als der Darsteller des Don Juan, Herr Blume, in der Champagner-Arie — diesem Katarakt brausender Lebenskräfte, in dessen Schöpfung Mozart einzig basteht — statt der gewöhnlichen Worte andere unterlegte, die sich auf den Schöpfer des ewigen Meisterwerks bezogen. Dieser Schritt aus dem Kunstwerke heraus in die Wirklichkeit mag verschieden betrachtet werden,

die Art, wie er geschah, die Wirkung, die er erzeugte, rechtfertigten ihn. Mit brennendem Ungestüm wurde die Wiederholung begehrt und der Sänger genügte dem Publicum
in ebenso ehrenvoller als meisterhafter Weise; denn nicht
allein, daß keine Silbe verloren ging, wo es so schwierig ist,
deutlich auszusprechen, so mußte er auch durch den Vortrag
die Worte innig mit der Musik zu verschmelzen, obgleich ihr
Charakter sich nur schwer dazu fügte; ja mehr als Alles
das, es kam ein Moment, wo die Bedeutung des Augenblicks ihn so ergriff, daß er fast inne halten mußte, und dieses Versagen der Kunst war diesmal die Spitze ihrer Wirkung und regte die Hörer mit elektrischer Gewalt und Plötz-
lichkeit zu gleicher Stimmung an. — Am Schluß der Oper
brach eine Explosion von Beifall und Hervorrufen aus, die
nur in unvergeßlichen Ereignissen einer Kunstperiode, die vor
zehn Jahren eine Reihe der glänzendsten Erscheinungen auf
unsere Bühne führte, ihr Gleichniß findet. Obwol der Hervorruf sich nur an die Lebenden wandte und man die Namen der Sänger und Sängerinnen, am meisten aber den
Ruf „Alle" hörte, so war es doch sichtlich nur Mozart selbst,
dem die aufgestürmte Begeisterung der Anwesenden galt,
die, da sie keine Form hatte, in der sie ihn selbst zum
Gegenstand nehmen konnte, sich auf seine Vertreter entlud.
So erschienen denn nach längerer Dauer die darstellenden
Künstler und Künstlerinnen, welche, da die Beschäftigung
der Meisten schon lange vor dem Schluß der Oper endet,
sich des Kostüms bereits entledigt hatten. Aufrichtig gestanden befriedigte diese Schlußscene nicht. Wir haben nach
den Schlußdarstellungen einer Sontag und Schechner, wo
ein ungewöhnlicher Ausbruch der Anerkennung mit Zuverlässigkeit zu erwarten war, ehedem sehr würdige Veranstaltungen, die von Seiten der Bühne ausgingen, gesehen, die

in solchen Fällen durchaus nicht das Kleinliche oder Lächerliche der in Bereitschaft gehaltenen Lorberkränze haben, womit sich lebende Künstler, auf die die wahre öffentliche Meinung oft gar kein sonderliches Gewicht legt, nach einer Ab=
wesenheit von etlichen Monden zuweilen begrüßen lassen;
daher hätten wir gewünscht, daß auf der Bühne selbst ein
Schlußact dieser Art, um die Bedeutung des Tages zu ver-
sinnlichen, vorbereitet gewesen wäre. Man vermuthete ihn
sogar allgemein, da der brausende Enthusiasmus ziemlich
lange harren mußte, bis ihm ein Genüge geschah. Mozart bedurfte zwar keines Lorberkranzes, die Glorie seines
Ruhmes strahlt durch eigne Kraft leuchtender als alle Zeichen,
die wir demselben widmen können; allein wir selbst hätten
uns durch das Zeichen der Ehrfurcht geehrt und die Stimmung des Augenblicks drängte mächtig darauf hin, sich in
die Spitze irgend einer Form, eines Symbols zu concentriren.
Mußten wir indeß auch darauf verzichten, so blieb doch der
Gesammteindruck ein großartiger und erhebender, für den
wir uns allen Denen, die dazu beitrugen, zum innersten
Dank verpflichtet bekennen. — Auch das äußere Resultat
ist glänzend; über sechzehnhundert Thaler betrug die Einnahme, ohne die außerordentlichen Beiträge zu rechnen, die
zum Theil noch erwartet werden. Vielleicht hat der lebende
Mozart nicht so reiche Früchte für sein Werk geerntet, als
dieser eine Abend seinem Denkmal bringt! Schützte in
Deutschland ein Gesetz das geistige Eigenthum des Künstlers
in gleicher Weise wie in mehrern Nachbarländern, wo sich
der Schutz für das Werk bis funfzig Jahre nach dem Tode
des Schöpfers ausdehnt, so würde Don Juan, das kostbarste
Juwel deutscher Kunst, dem Künstler auch zu staunenswür-
digem Preise äußerlich aufgewogen worden sein. Wenn
Mozart, was leicht möglich gewesen, jetzt im 81sten Lebens=

jahre seines Werkes funfzigjährige Jubelfeier selbst erlebt
hätte und dann seinen Nachkommen noch die Ernte bis zum
vollen Jahrhundert geblieben wäre (ein Zielpunkt, den diese
Oper unbestreitbar in kräftiger Jugendfrische erreichen wird),
so würde sein Name, der jetzt am reinen Himmel der Kunst
unsterblich leuchtet, vielleicht auch den minder erhabenen,
aber dem Lebendigen erfreulich zu Gute kommenden Ruhm
eines Fugger oder Rothschild aus dem unerschöpflichen Po-
tosi, das sein eigner Genius geschaffen, hinaufgefördert
haben. — Es ist nicht so gewesen; allein ist die Armuth
des deutschen Künstlers auch sein Stolz, so ist sie doch nicht
der Ruhm der Nation. Findet er — wir wollen es wünschen, wie schwer es' auch zu hoffen ist — ihm gleiche
Nachfolger, so möge die Mitwelt ihnen so freigebig und
günstig sein, wie die Nachwelt jetzt gegen die Grabstätte
unsers erhabenen Meisters ist, die zehnfach reicher geschmückt
sein wird, als es jemals die Stätte seines Lebens war.

Dasselbe Theater.

Berlin, 17. December.

Dieses Jahr ist das Jubeljahr trefflicher Opern. Armide
hat ihr 60jähriges, Don Juan das 50jährige, die Vestalin am 15. December ihr 30jähriges begangen. Schade,
daß ein hindernder Umstand eintrat, um die Feier auf den
Tag stattfinden zu lassen, der das wahre Datum dieses Ju-
biläums bezeichnet. Die Darstellung mußte auf den Sonntag verlegt werden. Ein überfülltes Haus und der nach
allen Hauptabschnitten des schönen Werkes unfehlbar eintretende laute, allgemeine Beifall bewiesen, daß es die Anerkennung im Publicum findet, welche es verdient. Zwar ist
die Vestalin in Paris, wo sie zuerst erschien, von der Bühne

der großen Oper verschwunden; es ist aber kein Zeichen gegen das in vieler Hinsicht so vortreffliche Werk, sondern
nur eins für den gesunkenen Geschmack dieser Hauptstadt.
Auf allen deutschen Bühnen, die große Opern zu geben
im Stande sind, hat sich dasselbe erhalten und nur zu Zeiten, wenn es gerade an einer geeigneten Darstellerin fehlt (die
heroischen Sängerinnen werden leider immer seltener), mußte
es vom Schauplatz zurücktreten. Daß es bei uns mit besonderer Liebe gepflegt worden, ist ein Vorrecht, welches die
Stellung des Componisten ihm gibt und jeder Billige ihm
gönnen wird. Möge es noch lange in dem Glanz und der
Trefflichkeit auf unsrer Bühne dargestellt werden, mit der
es uns bisher, unter mannichfaltig wechselnden Bühnenver-
hältnissen, immer wieder vorgeführt werden konnte. In
Italien, der Heimat des Componisten, hat sein schönstes
Werk keinen Eingang gefunden! Ein trauriger Beweis
von dem Verfall des Urtheils in diesem in so vieler Beziehung bedauernswerthen Lande. So gereicht es denn wiederum dem deutschen Kunstsinn zur Ehre, daß er das wirklich Gute des Fremden in seinem vollen Werthe anerkannt
und wie ein einheimisches Erzeugniß aufgenommen und würdig bewahrt hat. Möchte diese deutsche Unparteilichkeit uns
wenigstens das Gute einbringen, daß der Componist, dem
sie zum Vortheil gereichte, auch die großen Werke unserer
Künstler mit ähnlicher Unparteilichkeit pflegte und die Opern
Euryanthe, Oberon, Faust, Jessonda, die Räuberbraut und
manches Andere, was neuere Kunst, wenn nicht gleich Ausgezeichnetes, doch für sich sehr Ehrenwerthes erzeugt hat,
eben so oft, reich ausgestattet und sorgfältig einstudirt, auf
unserer Bühne erschienen als Cortes und die Vestalin. Aber
leider ruhen viele unserer einheimischen großen Werke fast
vergessen in dem Repositorium der musikalischen Bibliothek

des Theaters, wie oft auch der Wunsch des Publicums sich dahin ausgesprochen hat, dieselben wieder in ihrer lebendigen Gestalt auf der Bühne zu erblicken.

Concert.

Wir entnehmen dem Bericht über ein Wohlthätigkeitsconcert am 11. December Folgendes:

Des jungen August Möser mächtiger Rival war Herr Vieuxtemps *). Nach den Berichten, die wir über sein Spiel gelesen, würden wir es für energischer, elastischer, besonders den Kunstgriffen der neuesten Schule huldigend gehalten haben. Doch dasselbe ist wesentlich elegisch, großartig und seelenvoll, dadurch vielleicht trotz der eminenten Fertigkeit des Spielers weniger blendend, aber ungleich gediegener und einer höheren Gattung angehörig. Er führt einen großen Bogenstrich, wodurch er vielleicht an praller Elasticität einbüßt, dafür aber an Schmelz des Tones gewinnt. Der Künstler gab uns gerade so viel, um unsere Spannung auf ihn recht anzuregen; der ungemein lebhafte Beifall, den er fand, mag ihm eine Bürgschaft sein, daß man sehr wünscht, ihn auf vielfältigerem Gebiete zu hören.

Concert.

Berlin, 18. December.

Herr Vieuxtemps gab sein längst erwartetes und gewünschtes Concert im Saale der Singakademie. Wie wir ganz richtig vermutheten, hatte dieser vortreffliche junge Virtuos uns bei seinem ersten Auftreten nur so viel zu hören

---

*) Bei seinem ersten Ausfluge durch Deutschland etwa 16 Jahre alt.

gegeben, daß unsere Neugier auf ihn recht gespannt wurde. In diesem seinem eignen Concerte zeigte er sich ungleich reicher und vielseitiger, und obgleich er sich neulich schon als einen vorzüglichen Spieler bewährte, so rechtfertigte er doch jetzt erst den ganz außerordentlichen Ruf, der ihm vorangegangen war. Im Ganzen hielt der Künstler jenen ernsten, grandiosen Stil fest, den er schon das erste Mal entwickelte; allein er färbte ihn mannichfaltiger, zeigte sich in den Passagen kecker, praller, energischer, auf der andern Seite romantischer im Vortrag des Adagio, edel, graziös in der sparsamen Anwendung eigenthümlicher Verzierungen. Das Violinconcert eigner Composition zeugte auch von einem, seinem Spiele nahe verwandten schöpferischen Talente; besonders war das Finale durch Reiz des Themas und Mannichfaltigkeit in der Behandlung des Instruments ausgezeichnet. Unter allen neueren Violinspielern, die von jenseit des Rheins zu uns herübergekommen sind, zeichnet sich Herr Vieuxtemps durch zwei Eigenschaften aus, die an sich gut und in ihrem Verein noch viel mehr werth sind, denn er ist der jüngste und gediegenste. Trotz einer eminenten Fertigkeit, die sich stets äußerst schwierige Aufgaben stellt, wird er nie barock, entfernt sich fast nie von dem Gesetz des Schönen, in so weit dies in solchen Leistungen überhaupt verwirklicht wird. Das Einzige, was man ihm vorwerfen könnte, wäre eine zu häufige Anwendung des Flageolets in höchster Höhe; doch versöhnt die Trefflichkeit der Ausführung mit dem ästhetischen Vergehen so vollkommen, daß man sich dessen nicht unmittelbar, sondern nur durch Reflexion bewußt wird. Ein Duett für Violine und Fortepiano von Benedict und Violin-Variationen von dem in Paris viel geltenden Violinisten Ernst waren ganz besonders glänzende Bravourstücke, in welchen der Künstler seine technische Mei-

sterschaft nach den verschiedensten Seiten entwickelte. Eine
generelle Bemerkung erlaube man uns. Das Spiel des Künstlers hat den edelsten Charakter, den es haben kann; es
möchte am nächsten mit dem Spohr's verwandt sein. Doch
färbt er noch zuviel Grau in Grau, strebt dem finstern Colorit mit zu großer Vorliebe nach; uns däucht, der Künstler
solle dem heitern Element, das ihm gar nicht ganz fremd
ist, der milden Ruhe und dem fröhlichen Scherz mehr Feld
einräumen. Seine Vorliebe hängt aber vielleicht mit seiner
Jugend zusammen, die sich in diesem melancholischen Element
angeschlossen befindet. Auf das seelenvolle Adagio seines
Spiels kann man Goethe's unvergleichliches Wort anwenden:

> Zart Gedicht und Regenbogen
> Werden nur auf dunkeln Grund gezogen;
> Darum behagt dem Dichtergenie
> Auch stets das Reich der Melancholie.

Uebersicht des Jahres.

Das Theater bringt an neuen Werken: Eine Erstlingsoper,
Käthchen von K. Eckert, den Postillon von Longjumeau und die
Gesandtin von Auber. Es studirt neu ein: Gluck's Armide zum
60jährigen, Don Juan zum 50jährigen, die Vestalin zum 30jähri-
gen Jubiläum ihres ersten Erscheinens in der Welt. Ferner Alceste neu einstudirt. — Unter den Instrumentalaufführungen ist die
der Preis-Sinfonie von Lachner zu bemerken. Möser's, Ries und
Zimmermann's Soiréen dauern fort. — Die kirchliche Musik bringt
uns: die Befreiung Jerusalems, Oratorium von Fr. Schneider;
die Jahreszeiten; den Faust des Fürsten Radziwill; Jephta von
B. Klein; Paulus von Mendelsohn; Bonifacius von A. W. Bach. —
An heimischen Sängerinnen wetteifern Dlle. Löwe und Fräulein
v. Faßmann in ganz verschiedenen Richtungen. — An Gästen ist

nur der Tenorist Herr Hoppe, die Sopranistin Dlle. Kurth zu nennen. — An Virtuosen besuchten uns: Max Bohrer, Clara Wieck, Aloys Tausig, Ghys, Henselt und Vieuxtemps; ein reiches Jahr! — Von heimischen Künstlern ließen sich mit Erfolg in Concerten hören: die drei Gebrüder Griebel (Cello, Oboe, Geige), August Möser, die Gebrüder Stahlknecht (welche damals begannen und jetzt zu den geachtetsten Künstlern gehören), Flötist Soußmann und eine junge Sängerin Auguste Schmidt.

Jahr 1838.

Concert.

Am 1. Februar ließ sich Miß Clara Novello in einem eignen, von dem elegantesten Publicum sehr besuchten Concert hören. Das Urtheil über diese Sängerin hat sich bei dem Referenten nach diesem zweiten Hören in mancher Beziehung modificirt, doch nur zum Vortheil der Künstlerin. Ihre Stimme gehört nämlich offenbar zu denen, welchen ein entschiedenes Maß des Raumes gegeben ist, in der sie unvergleichlich an Wirkung zunehmen. Das Opernhaus war dem Organ der Sängerin zu geräumig; es klang angenehm, allein die Wirkung blieb auf einer mittleren Höhe und Referent konnte sich in der That das enthusiastische Urtheil einiger Personen nicht erklären, welche die Künstlerin in Privatgesellschaften gehört hatten. Doch nach der höchst vortheilhaften Veränderung, die der Klang dieser wohllautenden, silberreinen Stimme schon im Concertsaal, welcher sonst den

Stimmen nicht sehr günstig ist, erfuhr, muß ein Raum, wie
der Jagor'sche Saal, derselben, nach allen Erfahrungen, die
wir sonst an ähnlichen Stimmen gemacht, auf das vollkom=
menste zusagen, und somit wird man sie dort unter den vor=
theilhaftesten Verhältnissen hören. Miß Novello sang zuerst
eine Arie aus dem Judas Maccabäus; die ganze Auffassung
war so abweichend von der in Deutschland üblichen, das
Tempo so viel schneller, daß wir gar keine Parallele mit
den ähnlichen Leistungen dabei ziehen können. An und für
sich betrachtet, wußte die Sängerin einen so eigenthümlichen
Reiz in den Vortrag dieses Musikstücks zu legen, gab sie
den Passagen eine solche Anmuth, vertheilte die Contraste
so glücklich, daß selbst das Concertpublicum, welches nur auf
Paccini, Bellini, Rossini u. s. w. das Ohr spitzte, in stau=
nende Freude über Das gerieth, was die Sängerin aus dem
alten Meister heraus= oder in ihn hineingelesen hatte. Die
Arie von Paccini gab ihr Gelegenheiten zu moderneren Wen=
dungen; ihre Intonation dabei, das Anhauchen der Töne
in den höchsten Regionen (in der Terz von A bis C z. B.)
war von einer solchen Zartheit und goldenen Reinheit, daß
dadurch ein wahrhafter Genuß rein für das Ohr erzeugt
ward. Das Duett aus Don Juan war schon der nicht
deutlichen Aussprache wegen (ein Mangel, der dieser vor=
züglichen Künstlerin überhaupt anklebt) und auch weil der
heroische Charakter desselben dem Naturell dieser Stimme
wenngleich nicht widerspricht, doch lange nicht so zusagen
konnte als das Süße, Anmuthige — die schwächste der Lei=
stungen des Abends. Die Nationallieder am Schluß dage=
gen bildeten die Krone desselben. Das erste schottische wurde
mit einer unschuldigen Frische, einem Naturreiz vorgetragen,
der bei den vielen verzerrten Erscheinungen der neueren Zeit
wahrhaft erquickte, und das zweite, das deutsch=englische

Volkslied „Heil Dir im Siegerkranz", wenn wir uns so
ausdrücken dürfen, ins Weibliche übersetzt, denn die erste
Zeile lautete «God save our gracious Queen». So wurde
das Lied gleichfalls der Eigenthümlichkeit der Sängerin völlig
entsprechend, und wenn auch Niemand nach einer Catalani,
selbst nach zehn und mehrern Jahren nicht, «God save the
King» singen kann, so wird ein so süßes, wohllautendes und
doch edel erwärmendes «God save the Queen» doch zu
jeder Zeit jedes Ohr erquicken.

Concert.

Berlin, 23. Mai.

Glücklich würde der Referent sich schätzen, seine Pflicht
würde die angenehmste und in sich belohnendste sein, wenn
er nur über solche Kunstereignisse zu berichten hätte, wie
das Concert, welches Herr de Beriot und Dlle. Pauline
Garcia, die Schwester der berühmten, der Kunst zu früh
entrissenen Malibran, im Concertsaal des Schauspielhauses
gaben. Kaum hatte Herr de Beriot die ersten acht Tacte
seines Solos gespielt, als Jedermann, der sich nur einiger=
maßen mit den Leistungen der heutigen Virtuosität bekannt
gemacht hat, wissen mußte, daß wir es hier mit einem der
vollendetsten Künstler auf dem Instrument zu thun hatten.
Denn diese freie Leichtigkeit des Bogens, diese Klarheit, Fülle
und Schmiegsamkeit des Tones, diese perlende Anmuth der
Passagen konnten nur die Resultate eines mit höchstem Fleiß
ausgebildeten großen Talents sein; wie weit dasselbe gehen
werde, war freilich noch aus dieser Einleitung nicht zu ermessen, aber einer der vollendetsten Grade der Virtuosität
war schon darin gegeben. Dieser erste Abschnitt des Themas gewann auch dem Spieler sogleich einen lebhaften Bei-

fall, der nur auf die Pause gewartet zu haben schien, um sich als Symptom der Stimmung im Saale geltend zu machen. Der Künstler steigerte seine Leistungen fortdauernd. Die ersten Variationen waren hauptsächlich nur auf eine leichtere Grazie berechnet, wiewol in dem Wie der dargestellten Schwierigkeiten auch zugleich ein ungemeines Maß der technischen Fertigkeit zu erkennen war. In dem zweiten Stück, einem Adagio und Rondeau auf ein russisches Thema, entfaltete der Künstler jedoch einen bei weitem größern Reichthum. Er zeigte, daß Kraft und Feuer ihm eben so eigen sei, wie Anmuth und zartester Hauch des Vortrags, ja, auch Züge humoristischer Keckheit mischten sich ein und die Gesammtheit dieser Schattirungen ging aus einer technischen Sicherheit hervor, die das höchste Erstaunen erregen mußte. Nicht eine Passage, die nicht das Muster eines klar ausgeprägten Ausdrucks gewesen wäre, nicht eine übereilte, nicht eine unreine Note, Alles aus einem Guß und Fluß, überall die sicherste Ruhe und Beherrschung bei dem unmittelbarsten künstlerischen Leben. Die dritte Pièce hatte Beethoven's reizendes Andante aus der A moll-Sonate mit Pianoforte zum Thema; der Componist hat sie «Le Tremolo» genannt, was sich aus dem Charakter der hauptsächlich darin angewandten Passagen erklärt. Die wunderschöne Cantilene erhebt das Ganze dieser Composition in eine höhere Sphäre; der Spieler hob diese bei aller Umgebung mit den schwierigsten Passagen durchweg mit dem seelenvollsten Vortrag heraus und riß durch diesen Verein der schönsten musikalischen Erfindung mit der vollendetsten Ausführung zu einem Beifall hin, der sich fast in ein Dacapo, was von mehrern Stimmen gehört wurde, auflösen zu wollen schien, wovon jedoch ein Gefühl der Bescheidenheit zurückhielt, da der Concertgeber sein Talent schon so reichlich zum Besten gab. —

Von dem interessanten Schlußstück «Le Songe de Tartini», einer Ballade von Panseron, an die bekannte Anekdote geknüpft, daß Tartini eines Nachts im Traum den Teufel an sein Bett treten und die Geige des Maëstro ergreifen sah, worauf er so überaus schön spielte, daß dieser nachmals eine Sonate aus seinen Traumerinnerungen zusammensetzte, die er Sonate du diable nannte — von diesem Schlußstück läßt sich nicht reden, ohne zuvor der Sängerin, welche die andere Hälfte des Concerts trug, näher gedacht zu haben. Der Berichterstatter muß redlich gestehen, daß, seit die Wunderstimmen einer Schechner und Catalani verklungen sind, ihn noch niemals der Ton einer Stimme so im Innersten angeregt hat wie der dieser jungen siebzehnjährigen Sängerin. Nicht daß er so absolut schön wäre; im Gegentheil, das Organ hat mangelhafte Regionen, allein es ist eine Seele, ein Geist, oder, wenn man will, Dasjenige, was man Physiognomie einer Stimme nennen kann, darin und dieser individuelle Ausdruck sagt dem Referenten so zu. Außerdem ist das Organ wol durch seltenen Umfang eines der merkwürdigsten, denn es umfaßt wenigstens volle zwei und eine halbe Octave, da wir uns mit Bestimmtheit erinnern können, in der Tiefe fis, in der Höhe c gehört zu haben. Es ist uns sogar fast so, als habe die Sängerin in der ersten Arie noch tiefere Töne kräftig angeschlagen, doch da wir in dem Augenblick nicht gerade daran dachten, uns dieselben in bewußte Noten zu übertragen, können wir es nicht mit Bestimmtheit versichern. Doch hat diese Stimme in der Tiefe nicht den Charakter des Contraalt, sondern wir möchten sie eher als eine aus Sopran und Tenor zusammengesetzte bezeichnen, so daß die tiefe Lage dem Cello, die höhere der Violine verwandt ist; in der That haben wir nie eine menschliche Stimme gehört, die der Eigenthümlichkeit dieser beiden Instrumente so nahe

14*

käme. Mit dieser seltenen Naturgabe hat die Künstlerin schon jetzt eine, offenbar mehr durch ein geniales Vorbild, als durch planmäßige Entwickelung geleitetes, aber erstaunenswerthes Studium verbunden und, was mehr als Alles das ist, sie bringt einen innern künstlerischen Beruf dazu mit, der ihren Leistungen den entschiedensten Stempel aufdrückt. Die erste Scene, welche sie sang, war ein wahres Violinconcert zu nennen, nicht sowol hinsichtlich der Menge und Rapidität der Passagen, als durch die diesem Instrument eigenen Tonverbindungen, die sonst der Singstimme nicht zusagen, welche aber mit einer Schönheit und Meisterhaftigkeit ausgeführt wurden, die ans Unglaubliche grenzten. Alte Gesangsmeister und Compositionslehrer würden sich das Haar ausraufen über diese unerhörten Verstöße gegen alle Gesetze der Behandlung der Singstimme. Lauter verminderte Intervallen nah und weit, Passagen und Harpeggien durch die dissonirendsten Accorde, genug, die schwierigsten Aufgaben, die man sich in Bezug auf Intonation nur denken kann. Die folgenden Gesangsstücke waren mehr charakteristischer Art, aber schmiegten sich doch der gewöhnlichen Gesangsweise näher an. Der Vortrag der Lieder gewann eine Lebendigkeit durch das Naturell der Künstlerin, die selbst bei den spanischen Worten als Dolmetscher dienen konnte. In dem schon erwähnten Schlußstück endlich, auf das wir hier wieder zurückkommen, vereinigten Herr de Beriot und Dlle. Garcia ihre Talente auf eine Weise, die ein organisches Ganze daraus zu bilden schien. Das Stück war mehr scherzhafter Art, aber ganz dazu gemacht, eine Menge glänzender Fertigkeiten und charakteristischer Züge, die beiden Ausführenden eigen sind, in das vollste Licht treten zu lassen. Jedes der ziemlich zahlreichen Couplets wurde daher mit rauschendem Beifall aufgenommen und so beschloß ein ge-

meinschaftlicher Triumph der Concertgeber diesen Abend, der
zu den genußreichsten gehörte, deren wir uns in diesem Gebiet seit vielen Jahren erinnern. Das Talent sowol des
Virtuosen als der Sängerin ist übrigens so mannichfaltiger
Natur, daß es der näheren Charakterisirung und der Mo-
tivirung des Urtheils noch einen höchst reichhaltigen Stoff
darbietet, indem wir aus Furcht, zu ausführlich zu werden,
auch jetzt Vieles unterdrücken, was sich uns noch aufbringen
möchte, wie z. B. die Vergleichung Herrn de Beriot's mit
den anderen Künstlern der neuen französischen Schule, Haumann, Vieuxtemps und Andere mehr. Zuverlässig werden
wiederholte öffentliche Leistungen, zu denen sich das Publicum drängen wird, uns dazu Gelegenheit geben.

Uebersicht des Jahres.

Das Theater gab an neuen Vorstellungen: des Falkners Braut
von Marschner und einige Kleinigkeiten. — Von heimischen Sänge-
rinnen waren die Damen v. Faßmann, Löwe und Grünbaum die
Hauptträgerinnen der Oper. Dlle. Botgorscheck gastirte, Dlle. Clara
Stich gab mit Glück Spiel-Gesangsrollen, als Rothkäppchen u. s. w.;
Dlle. Eichbaum debütirte in „Je toller, je besser". Eine schwe-
dische Sängerin, Fräulein Schoulz, macht völliges Fiasco. —
Die Vorstellungen der Alceste, Iphigenia, Braut von Korinth,
Norma, Anna Bolena waren die hervortretendsten. — In der
Concertwelt glänzten Clara Novello und Beriot nebst Pauline Gar-
cia, damals im ersten Beginn ihres nachher so reich entfalteten
Talentes. Gebrüder Ganz, Stahlknecht, Karl Eckert (später der
Componist der Oper Wilhelm von Oranien), August Möser, Vio-
linist Wolff, Guitarrist Pigne, der Pianist Logier, die Pianistinnen
Lässig, Anna Laidlaw, Kathinka Dietz gaben Concerte. — In der
Instrumentalmusik die gewöhnlichen Ereignisse. An Oratorien hör-

ten wir: Salomo von Händel, die Schöpfung, Paulus von El-
kamp, Jephta von Klein. — Mme. Seidler verließ in diesem Jahre
die Bühne; Anna Milder starb, es wurde ihr das Requiem von
der Singakademie gesungen. Ferdinand Ries starb gleichfalls in
diesem Jahr. — Einen schönen Erwerb hatte das Theater an der
jungen Sängerin Hedwig Schulz (Tochter der Sängerin Schulz,
geb. Kilitschki) gemacht, die am 18. Januar als Gräfin im Figaro
debütirte. — Sie mußte die Bühne schon nach wenigen Jahren
wieder verlassen und starb bald darauf.

Jahr 1839.

Concert.

Berlin, 30. Januar.

Mit wahrem Erstaunen verließ Referent das zu wohlthätigen Zwecken am Montag im Opernhaus auf Veranlassung des Herrn v. Thalberg *) veranstaltete Concert.
Nicht wegen des bis auf den letzten Platz gefüllten Hauses,
denn dies war bei dem verdienten Ruhm Thalberg's zu erwarten; nicht wegen des auch diesmal wieder so eminenten
Spiels desselben, welches diesen größern Raum eben so kräftig füllte, wie den Concertsaal: sondern darüber, daß die
Productivität der Welt an ausgezeichnetsten Virtuosen sich

---

*) Es war seine zweite Anwesenheit in Berlin, wo er schon
ganz auf der Höhe seines Virtuosenthums stand.

bis ins Unzählbare zu steigern scheint. Als ein solcher, sich den Trefflichsten anschließend, bewährte sich Herr Remmers, dessen Wirkung auf das Publicum um so größer war, je mehr er es überraschte. Ein etwas ängstlicher, auch beim Spiel selbst nicht ganz vortheilhafter Anstand (dies dürfen wir, da es fast die einzige negative Bemerkung über den Künstler ist, wol voranschicken) nahm ein wenig gegen ihn ein. Dazu kam, daß Beriot (dessen Concert er vortrug) eine schönere Fülle des Tones und namentlich wol ein schöneres Instrument besitzt; mithin wollten die ersten Tacte der äußeren Erscheinung des Virtuosen beinahe Recht geben. Allein als er sich nur einigermaßen in Zug gespielt hatte, fing die correcteste Reinheit der Intonation sich mit künstlerischer Freiheit zu verbinden an und er spielte das so höchst schwierige Concert unter dem, wir möchten fast sagen, athemlosen Zuhorchen der Versammlung, bis am Schluß des ersten Allegros ein Beifallssturm ausbrach, wie wir ihn selten gehört. Im zweiten Satz legte der Spieler eine nur etwas zu lange und überhaupt nicht gut componirte, dagegen aber ungemein schwierige und trefflichst ausgeführte Cadenz ein, in welchem er auch das dreistimmige Spiel (Melodie und tremulirende Begleitung), in welchem Paganini so meisterhaft war und wobei zuletzt auch die vierte Note zur Harmonie pizzicato angeschlagen wird, in Anwendung brachte. Genug, der Spieler erfüllte, was Correctheit, Fertigkeit und Geschmack im Vortrage anlangt, selbst die höchsten Foderungen. Im zweiten Theil des Concerts trug er nach einer Einleitung auf ein bekanntes Thema von Rossini Variationen vor, welches er ein italienisches Schlummerlied benennt. Paganini spielte gleichfalls ähnliche Variationen über dieses Thema, nahm es jedoch rascher, naiver, während Herr Remmers es langsamer, weicher auffaßt; zu Beidem ist die Be-

rechtigung wol gleich.*) Was die Variationen anlangt, so
war der Künstler darin auch ganz seiner eignen Erfindung
gefolgt und hatte nur die Gattung überhaupt nachgeahmt.
War ihm zuvor Beifall geworden, so verdoppelte sich dieser
jetzt, da die kleine Pièce Zug auf Zug immer neue graziöse
Ueberraschungen darbot. Die höchste Zartheit des Adagios,
die sauberste Verbindung der graziösen Passagen, der Hauch
des Flageolets, eine erstaunenswürdige Kunst der Bogen=
führung, Geschmack und Seele des Vortrags — genug
Alles, was man von einem Spieler nur fodern kann, ver=
einigte Herr Remmers hier im höchsten Maße. Ist ihm
Beriot in gewissen Eigenschaften vorzuziehen, so steht der
deutsche Künstler dafür in anderen durchaus eigenthümlich
da, und das Fundament des Spiels ist bei Beiden gleich fest
gegründet, die correcte Fertigkeit. Somit wurde diesmal,
wir können es nicht anders sagen, die Ehre des Tages die=
sem Spieler, wenngleich, wie wir gleich anfangs einräumen
mußten, Herr Thalberg, dem überdies noch das Verdienst
der Veranlassung des Concerts zu Gute kommt, sich gleich=
falls ganz auf der höchsten Stufe seines Talents hielt und
auch wol die dominirende Erscheinung ist, nur daß bei ihm
Ruhm und Leistung einander entsprechen, während bei Herrn
Remmers die Letztere den Ersteren auf überraschendste Weise
überbot. Herr Remmers hat lange in Berlin auf die Ge=

---

*) Herr Remmers (1847 in Holland verstorben) war der Erste,
der nach Paganini den sogenannten Carneval von Venedig unter
der von ihm gewählten Bezeichnung „Schlummerlied" spielte, wäh=
rend Ernst jenen Namen eingeführt hat. Remmers ist späterhin
durch die fortwachsende Kunst und die von ihr getragenen Künst=
ler überragt worden; damals war sein silberreines, zartes, vollende=
tes, fein elegantes Spiel von überraschendstem Eindruck. Er schlug
Thalberg, dem der glänzendste Ruf vorangegangen war, vollkommen.

legenheit gewartet, sich zu zeigen; jetzt wird ihm diese überall entgegengebracht werden, denn er hat, däucht uns, mit
dem einen Siege seine ganze glänzende Laufbahn entschieden.

Concert.

Berlin, 20. Februar.

Seit langer Zeit ist der Referent einem künstlerischen Ereignisse nicht mit solcher Spannung entgegengegangen, als dem
Auftreten Ole Bull's im Opernhause. Eine Unpäßlich-
keit hatte ihn verhindert, das erste Concert des berühmten
Künstlers zu besuchen; derselbe war zwar so überaus freundlich
gewesen, die Gabe seines eigenthümlichen Talents bis an
das Krankenbett des Berichterstatters zu bringen und ihn
einige, hauptsächlich elegische Sätze, wobei das schöne vier-
stimmige Spiel und das seelenvolle Adagio besonders hervortraten, hören zu lassen; doch wäre es einerseits zu gewagt gewesen, den Eindruck unter so abweichenden Umständen zum Maßstabe eines Urtheils zu machen, das sich sonst
nur an die öffentliche Production hält, andrerseits war für
eine Gabe unter solchen Verhältnissen das persönliche Dank-
gefühl so natürlich das allein vorherrschende, daß das Urtheil von selbst wegfallen mußte. — So blieb uns denn,
trotz dieser Bekanntschaft aus nächster Nähe, die künstlerische
Erscheinung im Wesentlichen doch eine neue, die uns in
mannichfaltigster Weise überraschte. Selten ist es uns so
schwer geworden, uns ein Gesammturtheil zu bilden, da die
verschiedenartigsten, zum Theil einander widersprechenden und
aufhebenden künstlerischen Eigenschaften dies völlig zu ver-
eiteln scheinen. . Das Ausgezeichnetste, Schönste, Edelste
findet in der Leistung des Künstlers neben dem Bizarresten,
Unschönsten, schlechthin Verwerflichen Platz. Erstaunens-

14**

würdige Fertigkeit, eine Alles überbietende Mechanik nach
gewissen Richtungen; nach anderen dagegen ein auffallender
Mangel Dessen, was die Basis jedes Spieles bilden sollte —
eine hinreißende Schönheit des Vortrags dicht neben die ver-
zerrteste Caricatur gestellt — wie soll sich dies Alles in
einem Urtheil versöhnen? Und doch sollte es möglich sein,
da es sich in demselben Individuum versöhnt, wenigstens
neben einander verträgt. So viel ist gewiß, man muß, um
sich das Wesen dieses Spielers klar zu machen, ebenso vom
psychologischen Standpunkte, wie von dem technisch kunstverständigen ausgehen; von einer dieser beiden Seiten allein
betrachtet, wird sich uns immer ein ganz schiefes Bild ergeben. Daher auch die schroffe Verschiedenheit in den Stimmen des Publicums. Diejenigen, welche in Ole Bull nur
den Violinspieler sehen, ihn nach demselben Gesetz auffassen,
wie andere Künstler beurtheilt werden müssen, die aus einem
in sich selbst im ruhigen Gleichgewicht schwebenden künstlerischen Triebe sich auf dem allgemein üblichen Wege ausgebildet und ausgezeichnete Gipfel erreicht haben — diese
werden des Tadels nicht satt werden können. Sie werden
einige ausgezeichnete Geschicklichkeiten zugestehen müssen, aber
nicht mit Unrecht behaupten, daß in der Anwendung derselben fast fortwährend die verletzendsten Fehlgriffe begangen
werden. Diejenigen, welche dagegen nur die Eigenthümlichkeit des durch das Spiel verwirklichten geistigen Wesens
unsers Künstlers betrachten, sich um das absolute Kunstgesetz, welches durch tausendfältiges geprüftes und gewogenes
Urtheil der Besten, durch die geläuterte Bildung der fort-
strebenden Jahrhunderte erzeugt ist, gar nicht kümmern,
diese werden leicht selbst in jenen schwärmerischen Enthusiasmus gerathen, der die innere Triebfeder des ganzen Daseins
unsers Künstlers zu sein scheint, und sich daher geneigt fühlen,

ihm in Allem Recht zu geben. Der Mittelweg wird schwer
zu finden sein, zumal da er leichter als wie die breitgetretene
Heerstraße des Philisterthums, als wie die feste Linie des
Gesetzes, der Wahrheit, ja der Schönheit aussicht. Nach
der Bekanntschaft mit dem Künstler, wie Referent sie auf
seinem Zimmer machte, würde er ihn für eine Richtung
Paganini's, wenn der Ausdruck gestattet ist, für einen Zweig
dieses reichen, wunderbaren (und auch bisweilen wunderlichen)
Pracht- und Riesenbaums gehalten haben. Aus der tau-
sendfarbigen Romantik dieses südlichen Künstlers klang hauptsächlich der düstere, schwermuthsvolle Ton in Ole Bull's
Spiel an. Er schien der elegische Paganini, ein Nacht-
stück, ein norwegisches düsteres Gemälde mit flüchtig wech-
selndem, bleichem Mondlicht. Die frische, kühne, großartige
Kraft des italienischen Meisters, sein schwindelnd lecker Humor, seine Grazie und Anmuth, unter einem italienischen
Himmel erzeugt, fehlten. Doch in der öffentlichen Erscheinung entsprach Ole Bull dieser Darstellung nicht. Seine
elegischen Anklänge waren zu zerstückelt, wenn nicht ironi-
sirt, doch paralysirt durch stete Unterbrechungen, plötzliches
Abspringen in die bizarrste Willkürlichkeit, die der reinen Zu-
fälligkeit gleichkommt. Besonders war dies in den ersten
zwei Stücken der Fall, dem Adagio dolente und Allegro
ridente und dem „Quartett für die Violine allein". Die
ersten Klänge des Adagios, die weichen Doppelgriffe und
reinen Octavengänge, zart angehaucht, innig verschmolzen,
waren wunderschön. Doch die langen Flageoletsätze, die,
wenn sie leicht auszuführen wären, Niemand spielen noch
anhören möchte, dann die, wir können uns nicht anders
ausdrücken, als „zu absichtlich pikante" Einführung des
Allegros thaten dem ersten ergreifenden Eindruck unheilbaren
Schaden. Hauptsächlich war es der Mangel an wirklicher

Freude und Frische in dem Allegro ridente, der ein unbe-
hagliches Gefühl zurückließ. Das Stück machte den Eindruck einer erzwungenen Heiterkeit, die jeden Augenblick, wo
sie sich selbst nicht beobachtet, in die ursprünglich elegische
Stimmung zurückfällt. — Das Quartett für die Violine
allein gab dem Spieler besonders Gelegenheit, sein schönes,
anfangs unbegreiflich scheinendes vierstimmiges Spiel geltend
zu machen. Nach dieser Richtung hat er die mannichfaltigen mechanischen Benutzungsarten der Violine, die Paganini
theils erfunden, theils aus der Vergessenheit hervorgesucht
hat, noch erweitert. Paganini spielte nur in rasch sich folgenden, mit einem rapiden Strich über die vier Seiten angegebenen Accorden vierstimmig. Ole Bull führt lange ge-
tragene Sätze so aus, wobei einzelne Stimmen wirksam hervorgehoben werden. Er erreicht dies, was für andere Spieler unmöglich wäre, durch eine besondere Einrichtung seines
Instruments, einen flacheren Steg, dünneren Bezug und
eigens construirten Bogen. Doch mit diesen äußeren Vor-
richtungen ist's noch nicht gethan; die reine Intonation bleibt
die Hauptschwierigkeit und diese muß bei dem Künstler als
zur höchsten Sicherheit und Meisterhaftigkeit gebracht, anerkannt werden. Hat er aber dieser einen Richtung nicht
doch zu viel geopfert, hat er nicht das edelste Fundament
des Spiels, den Ton, geschwächt, verschleiert? Wir haben
seine Geige nie energisch, in klarer Fülle gehört! Gibt er
nicht ferner die Mittelsaiten ganz auf? Darum fehlen seinem Spiel länger gegliederte Sätze, die die Kräfte des Instruments gleichmäßig entwickeln; wir hören keine zusammen-
hängende Verknüpfung der Passagen und der Cantilenen,
keinen Periodenbau, aus dem allein der Stil, das höchste
Ziel des Vortrags, sich entwickelt. Dies Alles hatte Paganini und in welchem Grade! Eigenthümlich, seltsam, bis-

weilen auch, wir räumen es ein, bizarr. Allein durchgehend
wurde man doch von dem Gefühl gehoben: diese Bizarrerie
ist nicht das Wesen, nicht das Ziel des Künstlers. Sie
hängt ihm an, als eine unschöne Gewohnheit, als ein Auswuchs seiner scharf gezeichneten Individualität. Doch bei
Ole Bull kehrt sich's um; wir empfinden die Bizarrerie als
Hauptsache, als durchgehende Tendenz, und das Einlenken
in die Bahn der reinen Schönheit ist nur die seltene Ausnahme. Mit unserm größten Dichter müssen wir hier, wo
es durchgehend auf Seltsamkeit angelegt ist, sagen „Man
merkt die Absicht und man wird verstimmt". Um in die
mechanische Zergliederung der Leistungen des Künstlers weiter zu gehen, müssen wir seine staunenswerthe Ausbildung
des Bogens rühmen. Seine Oekonomie des Strichs, wie
seine rapide Gewalt sind gleich eminent; darin ist er Paganini sehr nahe. Wir fühlen ordentlich mit Trauer, wie
groß, wie herrlich, wie seelenvoll der Ton des Spielers
sein müßte, wenn er denselben nicht andern Zwecken geopfert
hätte. Möchte er uns einmal auf einer andern Violine
ein Concert von Rohde oder Spohr mit dem Ton der
Sicherheit spielen, die ihm seine Mechanik in beiden Händen
gewährt! Seine Rapidität im Strich und im Staccato traten besonders gegen den Schluß des Quartetts und der
Polacca guerriera heraus; wie viel schöner wäre aber der
Schluß des erstgenannten Musikstücks ohne die Flageolet-
Noten, die nur überraschen und in Verwunderung setzen,
aber keineswegs angenehm! Es fallen uns hier manche
Gedichte von Heyne ein, die auch schön, edel, heilig beginnen
und plötzlich mit einer Farce schließen. Dieser Contrast
ist so leicht zu erlangen, daß schon deshalb kein Künstler
Gebrauch davon machen sollte! Was Jedem im Wege liegt,
läßt man unaufgehoben, wenn es nicht an sich das Treff-

lichſte oder Nützlichſte iſt. Doch wie ſelten treffen dieſe Eigenſchaften mit der allgemeinen Zugänglichkeit zuſammen? Die Polacca guerriera hatte von den vorgetragenen Stücken den meiſten inneren Zuſammenhang; der Spieler entfaltete hier Andeutungen eines ſchön unterhaltenen Vortrags, Knospen, aus denen der Stil zu erblühen verſpricht. Die Compoſition ſelbſt ſpielt zu viel in Bellini's Farben und ſucht gleichfalls ihre Stützpunkte zu oft in äußeren Mitteln, um uns ganz zu befriedigen (ſelbſt nur von dem Standpunkte betrachtet, daß ſie der Virtuoſität wegen da iſt); doch ſind uns einzelne gelungene, kecke, ja geniale Züge nicht entgangen. — Dies die Erſcheinungen mehr berichtend hingeſtellt, als erklärt. Die Erklärung und dadurch die Entſchuldigung (denn Vieles bedarf vor dem reinen Richterſtuhl der Kunſt geradehin der Entſchuldigung) finden wir in der Individualität des Künſtlers. Er hat, dünkt uns, ein ſo künſtleriſch reizbares Nervenſyſtem, einen krankhaft drängenden und ſtrebenden Künſtlerorganismus, daß Kämpfe, Erſchütterungen, Exploſionen ſich in ununterbrochener Reihe in ihm folgen. Er iſt noch in dem jugendlich heiligen Gährungsprozeß begriffen, dem nur die geiſthaltigſten Materien unterworfen ſind; ſo treibt ihn die Kraft bald zu glänzendſten Höhen, bald zu den fernſten Verirrungen. Doch wie ſich der edle Wein, wenn die Zeit der Arbeit vorüber iſt, klärt und erſt dann ſeinen höchſten Werth erreicht, ſo, hoffen wir, werde auch er die künſtleriſche Ruhe und Klarheit gewinnen, die das reinſte, letzte Ziel alles Strebens bildet. — Will er aber das, ſo folge er unſerm Rath noch in Einem. Er entferne Alles und ſtoße es mit Unwillen weit von ſich, was nicht rein der Kunſt und ihrer Wahrheit gehört. So lange ein unlauteres Element anderer Art ſich in ſein künſtleriſches Leben und Weben miſcht, ſei es ihm bewußt oder

unbewußt, wird die ächte Läuterung ihm nicht gelingen.
Nur der Triumph, der aus der Sache ohne gemachte Mit-
hülfe hervorgeht, wirkt segensreich auf den Künstler zurück.
Darum verbanne er Alles und Alle aus seiner Umgebung,
die ihn auf andere Wege führen wollen. Viel des Unäch-
ten haben wir von dieser Art vor und bei seinem Auftreten
wahrgenommen. Um des Künstlers schöner, offener, begeisterter Persönlichkeit willen wollen wir glauben, daß er selbst
daran keinen Antheil hat; wenn er aber ernstlich will, so
kann er, was sich ihm der Art aufdrängt, gewiß zurückweisen, und soll es. Triumphe, wie die ihm zugeworfenen
Kränze und Gedichte, die an sich schon so sehr in ihrem
Werth gefallen sind, müssen durchaus auf der allgemeinsten,
ungetheiltesten Gesinnung des Publicums basirt sein, wenn
sie für etwas mehr, als die Veranstaltung eines Einzelnen
gelten sollen. Diese ungetheilte Stimmung fehlte aber im
Publicum; des Künstlers Erfolg konnte sich nicht einmal
mit dem messen, den mehrere andere Virtuosen auf seinem
Instrument ganz kürzlich bei uns gehabt haben, und bei
keinem derselben kam eine solche Demonstration vor. Dergleichen ist bedenklich!*) Und das Gedicht selbst spricht zu

---

*) Es bedarf kaum des Zusatzes hier, wie der Virtuose in Rede
durch die maßloseste Anwendung aller Mittel des Charlatanismus
(an die Referent in seinem redlichen Glauben sich damals eben
noch zu glauben wehrte) seinen Ruf und seine Wirkung zu steigern
suchte. Seit jener Zeit ist diese Verfahrungsweise in der Virtuosenwelt fast die ganz ausnahmslose geworden, so daß man einen
tiefen Widerwillen vor diesem Treiben haben mußte. Es war eine
der vielen völlig verderbten Seiten unserer Gesellschaftszustände
und keineswegs oberflächlich mit dem Epikurismus und Sybaritis-
mus der höchsten Stände verwachsen, welche oft Stellung und
Stand mit ausbeuteten, um in dieser Sphäre erschlafft zu schwel-
gen. Nur verderbte Zustände der Gesellschaft überhaupt konnten

deutlich gegen sich, denn so elendes Verswerk geht aus keiner begeisterten, von einem edlen Enthusiasmus durchglühten
Seele hervor. Lob in solcher Weise ist Schmach; möge der
Künstler seinen ganzen Zorn gegen Die wenden, die sie ihm
angethan haben, dann wird er die Liebe Derer doppelt gewinnen, die Dem, was seine Kunst des Schönen entfaltet,
aus wahrer Anerkennung huldigen. Und zu diesen gehört
der Unterzeichnete.

Ludwig Berger

(gestorben am 16. Februar 1839).

Nur einige Worte der Erinnerung wollen wir dem Künstler, wie Deutschland wenige besessen, dem trefflichsten Menschen, dem bewährtesten Freunde weihen. Ludwig Berger ist im Jahre 1777 am 18. April geboren. Seine
äußere Laufbahn war einfach, wiewol sie doch nicht unbe-
wegt von bedeutungsvollen künstlerischen und Lebensereig-
nissen war, deren einige ihn dem erschütterndsten Wechsel
aller Zustände unterwarfen. Seine erste Jugendzeit verlebte
er theils in der kleinen Stadt Templin, theils in Frankfurt
a. d. Oder, wo die Amtsverhältnisse seines Vaters, welcher
Architekt war, diesem seinen Aufenthalt anwiesen. Erst als
Jüngling, als sich seine Richtung zur Musik schon aufs
entschiedenste kundgegeben hatte, kam er nach Berlin. Hier
fing er an, die Composition unter Gürlich's Leitung eifrig
zu studiren, während er sich als Spieler auf dem Piano-

Verhältnissen einen Glanz und Gewicht verleihen, worauf sie nur
in einem viel geringeren Maße Anspruch hatten, mit Ausnahme
weniger ächt künstlerischen Hoheiten oder auch in dieser Welt
allgemein geistigen Bedeutsamkeiten.

forte selbst weiter bildete. Wie glücklich ihn sein Genius
dabei leitete, ward offenbar, als im Jahre 1804 Clementi
nach Berlin kam, dessen geschärfter Meisterblick das ausgezeichnete Talent sogleich erkannte. Er erklärte Berger für
den begabtesten jungen Musiker und Klaviervirtuosen Berlins, ertheilte ihm von freien Stücken Unterricht und bewog
ihn, im Jahre 1805 mit ihm nach Rußland zu gehen.
Dieser Entschluß war trotz mancher glänzenden Aussicht in
die Zukunft nicht leicht für Berger; denn er ließ eine Braut
in der Heimat zurück und damals erschien die Ferne von
Berlin bis Petersburg bei den so viel schwierigeren und sel-
teneren Verbindungen noch wie fast unerreichbar. Indessen
Muth und Hoffnung der Jugend, Talent und beharrlichster
Fleiß überwanden die Schwierigkeiten des Unternehmens
schnell. Berger hatte auf dieser neuen Bahn einen jugendlichen Gefährten, A. Klengel aus Dresden; der gegenseitige
Wetteifer beider Jünglinge wurde ihr lebhaftester Sporn.
Von größtem Einfluß aber auf unsers Freundes Künstlerlaufbahn, vielleicht sogar von größerem, als selbst Clementi's
Unterricht, war das Vorbild eines älteren Schülers desselben, John Field's. Unerschütterlich ist Berger bis zum letzten Augenblick seines Lebens der Ansicht geblieben — und
sie ist von vielen Zeitgenossen, welche Field in seiner Blüte
kannten, bestätigt worden —, daß dieser unter allen Spielern, die er vor- und nachher gehört, bei weitem der vollendetste gewesen sei. Und doch war Berger nicht einseitig auf
dem Standpunkt stehen geblieben, der mit der Spitze seiner
eignen Ausbildung zusammenfiel; sondern er hatte mit Eifer
und lebendigem Interesse alle neuesten Richtungen des Klavierspiels verfolgt und selbst bei den mancherlei Verirrungen
desselben stets auch Dasjenige, was Fortschritt war, anerkannt. Diese Theilnahme und freudige, auch nicht durch

den mindesten Schatten der Selbstliebe oder gar Eifersucht
getrübte Anerkennung war bis zu den letzten Tagen seines
Lebens frisch geblieben, wo er Thalberg's eigenthümliches
Verdienst eben so lebendig auffaßte, wie früher Chopin's, den
er in Dresden kennen lernte, und im verwichenen Jahre
Henselt's, der ihm unter den neueren Spielern bei weitem
das größte Interesse, zumal auch als Componist, eingeflößt
hatte. Diese willige Hochachtung jedes fremden Verdienstes
war die beste Bürgschaft für die sichere Selbständigkeit seines
eignen Werthes; er mußte, Alles in Allem gewogen, neben
Jedem doch seine hohe Geltung behalten. — In Petersburg
war ihm frühe, schnelle Anerkennung geworden; seine äußeren Verhältnisse gestalteten sich so glücklich, daß er, nach
langen Jahren des Strebens, endlich seine Braut heimfüh-
ren konnte. Doch gerade an diesem schönsten Ziel beginnt
ein düsterer Wendepunkt seines Lebens; nur ein Jahr dauerte
das Glück seiner Verbindung. Die Geburt eines Kindes kostete der Mutter das Leben und der Preis dieses
schweren Opfers war gleichfalls vergeblich — auch das Kind
starb bald darnach. Der Schlag dieses Schmerzes hatte ihn
zu tief getroffen; ein Zug der Trauer blieb von jetzt an seinem ganzen Leben eingeprägt. Er verließ Petersburg im
Jahre 1812, ging nach Schweden, nach England, hatte dort
eine glänzende künstlerische Zeit und kehrte endlich im Jahre
1814 nach Berlin zurück, wo er seitdem mit wenigen Unterbrechungen unter uns gelebt und gewirkt hat. Eine ner-
vöse Lähmung des Armes hinderte ihn am anhaltenden
Spielen, daher zog er sich von der Oeffentlichkeit zurück und
widmete sich ganz dem Beruf als Lehrer.

Wie ausgezeichnet er als solcher (Lehrer) war, beweist
die Zahl und Trefflichkeit seiner Schüler; Helene Mussini
war die erste seiner hiesigen Schülerinnen, welche sich mit

großem Beifall öffentlich hören ließ; wir nennen von den späteren nur die Geschwister Mendelssohn, W. Bach, Taubert, R. v. Herzberg, die Damen Zeidler, Anna Laiblaw u. s. w., deren viele nach Maßgabe ihres Talents einen geachteten Ruf in der Kunstwelt eingenommen haben. Doch müssen wir sagen, daß die Eigenthümlichkeit seines Spiels, dasjenige geistige, schöpferische Leben, möchten wir es nennen, wodurch es selbst bei der später oft versagenden äußerlichen Sicherheit dennoch mit einer Macht fesselte, die auf den Verfasser dieses Aufsatzes wenigstens kein anderer Spieler geübt hat — daß dieser geniale Stempel desselben auf keinen seiner Schüler übergegangen, wie viel sie ihm auch sonst verdanken mögen und ihn in mancher Richtung weit übertroffen haben. Seine eigenthümliche Ueberlegenheit blieb ihnen stets fühlbar, wenn sie auch vielleicht von einigen nicht immer offen anerkannt worden ist. Klengel urtheilte über Berger „Er spielt das Leichteste so, daß es zur schwersten Aufgabe wird, es ihm nachzuspielen". Dies bezeichnet einen Theil seines Verdienstes, aber nicht das Ganze; denn Berger beherrschte das Instrument auch in schwierigen Complicationen oft auf eine ihm ganz eigne Weise, in der Andere ihm niemals gleichgekommen sind. Doch wie sehr wir ihn als Virtuosen und Lehrer achten dürfen, ungleich höher stand er als Componist. Nichts ist leichter, als nachzuweisen, was ihm in dieser Beziehung fehlt; schon die so sehr geringe Zahl seiner Schöpfungen wäre ein Vorwurf. Aber nur ein scheinbarer; denn einmal sind sie zu wägen, nicht zu zählen, und zweitens quoll der schöpferische Born ihm so reich, wie Einem, nur daß andere, tief in seinem Gemüthszustande begründete Verhältnisse ihn in der freien Entwickelung seiner wahrhaft wunderwürdigen künstlerischen Kräfte hemmten. Was er aber geliefert und der Oeffentlichkeit übergeben,

stellt sich nicht nur dem besten in seiner Zeit Geleisteten
gleich, sondern fast durchweg sogar darüber; wir wiederholen
es hier ohne Scheu, denn anderwärts haben wir es öfter
ausgesprochen: nach Beethoven hat Deutschland keinen Musiker gehabt, der an Tiefe, Schönheit und Anmuth der Erfindung, vor Allem aber an ächt künstlerischer Gestaltung
derselben Ludwig Berger übertroffen hätte. Wir nehmen
selbst Spohr und Weber nicht aus, wiewol diesen Beiden
natürlich die in unendlich größerer Fülle zu Tage geförderten
Schätze ihres hohen Talentes eine Namensgeltung auch für
die Welt gesichert haben, worauf Berger nur in dem Kreis
der Wenigen Anspruch hat, die sich eng mit ihm vertraut
gemacht. Die aber in seiner Nähe gestanden, wurden, selbst
wider ihren Willen, zu dieser Anerkennung gezwungen; so
Bernhard Klein, der sein eigenes herrliches Talent zu sehr
als das innerste Bedürfniß seines Wesens empfand, um es
nicht bis auf den letzten Blutstropfen möchten wir sagen
gegen das Uebergewicht eines fremden, gleichzeitigen zu vertheidigen, und der dennoch in den freiesten, größten, selbst-
überwindendsten Momenten dieser Ueberlegenheit huldigte,
gegen die er sich mit der ganzen Kraft seines bei weitem
umfassenderen Wissens, tieferen Eindringens und sicherern
äußerlichen Könnens nicht zu behaupten vermochte. Hier
galt Goethe's Wort über Schiller von Denen, die im Kampfe
mit diesem „sein groß Verdienst unwillig anerkannt" —
das war Berger der Kunstwelt! Aber was war er dem
enger um ihn versammelten Kreise seiner Schüler und
Freunde! Das edelste, treueste, wahrhaftigste Herz, welches
jemals in männlicher Brust geschlagen! Der Adel der Gesinnung steigerte den Adel seiner Kunst und dieser gegenseitig jenen. Alle hypochondrische Schatten, die oft düster
genug durch seine Seele zogen und ihm und Anderen manche

Stunde verfinsterten und verkümmerten, konnten doch nie
auf die Dauer die reine Klarheit seines sittlichens Wollens,
seiner selbstüberwindenden Liebe verdrängen. Daraus erzeugte
sich die innigste Verehrung, die wärmste Liebe seiner Schüler, die oft bis zur unbedingtesten Hingebung wuchs. Nur
ganz flache, oder durchaus eitle, selbstsüchtige Naturen mochten diesem Drange widerstehen und sich gleichgültig von ihm
trennen. Wie aber bei weitem in der Mehrzahl der Menschen der Keim des Edlen sich lebendig erhält, troß Allem,
was Unlauteres daneben wuchert, so wurde diese edle Saite
durch ihn fast in Allen zum Anklang gebracht, die ihm auf
kürzere oder längere Zeit nahe standen. Es war nicht die
künstlerische Ueberlegenheit allein, die seine Schüler bewog,
selbst seine nicht seltene hypochondrische Unduldsamkeit gern
zu vergeben, es war auch der Einfluß seines hohen, freien
Sinnes, der sich keinem Verhältniß beugte, nur der Wahrheit huldigte, vielleicht mitunter bis zur stoischen Ueberschär-
fung! Diese Gesinnung gegen ihn, so sehr wir sie gekannt
und ihr vertraut, tritt bennoch jeßt mit überraschender Stärke
hervor in der allgemeinen tiefen Trauer, die sein Tod veranlaßt. Wie glücklich Jeder ihn preise, weil das Band seines Lebens (während ein peinigendes, krampfartiges Herz-
übel ihm lange Qualen drohte) sich so rasch und leicht gelöst hat, daß er an der Seite einer Schülerin, indem er
noch das dritte Viertel eines Tactes laut zählte, erloschen
hinsank, bevor die Zahl vier über seine Lippen kam — wie
glücklich Jeder diese Art des Ausgangs nenne, so hat doch
alle seine zahlreichen früheren und jeßigen Schüler die Nachricht mit einer Erschütterung, einer Wehmuth getroffen, wie
wir sie nur beim Tode unserer Geliebtesten empfinden!

Ein äußeres Zeichen davon gab sein Begräbniß, welches
biesen Morgen stattfand. Ohne irgend eine feierlich vor-

bereitete Veranstaltung, ohne daß der Verstorbene irgend in ausgebreiteten Convenienz=Verhältnissen gestanden hätte, die sonst die zahlreiche Begleitung der Leiche zu veranlassen pflegen, hatte sich doch eine große Anzahl Leidtragender, wenige Verwandte, fast nur Freunde und Schüler, die die reine Stimme des Herzens trieb, zu seiner Bestattung eingefunden. Die ausgezeichnetsten Musiker Berlins, ein großer Theil der jüngeren Liedertafel, die vorzüglich Berger's Eifer gestiftet, viele männliche Mitglieder der Singakademie hatten sich versammelt. Die meisten derselben schlossen sich zu Fuß dem Zuge an, während die lange Reihe der Wagen nachfolgte. Die Begräbnißstätte war auf einem der Kirchhöfe zunächst dem halle'schen Thore gewählt. Hier, an der stillen Gruft, hatten sich auch mehrere seiner Schülerinnen und Freundinnen eingefunden. Von dem zahlreichen Männerchor wurde vor der Einsenkung des Sarges der Choral „Jesus, meine Zuversicht", nach derselben die zwei ersten Verse eines choralartigen Liedes des Verstorbenen

> „Bald naht der Herr im Donnersturme
> Und bald in milder Frühlingspracht" —

das er für die Liedertafel gesetzt, mit leichter Abänderung einer einzigen Zeile im Text, um das Gedicht den Umständen völlig anzupassen, gesungen. So wehten milde Töne, der Tiefe seiner eignen Brust entquollen, ihm den letzten Gruß dieser Erde zu; und wie sie in seine Gruft nachklangen, so werden sie auch den schönen Nachhall seines Lebens bilden und noch manches Herz wehmüthig rühren und erheben, während wir das seinige von der heiligen Ruhe des Jenseit beseligt wissen.

Concert.

Berlin, 25. April.

Herr **Drouet**, der den Ruf des größten Virtuosen auf der Flöte in Europa besitzt, aber seinen Ruf doch noch durch sein Spiel überbietet, ließ sich im Opernhause hören. Das sehr gefüllte Haus würde noch gefüllter gewesen sein, wenn Jedermann achtzehnjährige Erinnerungen hätte; denn so lange ist es her, daß Herr Drouet nicht hier gespielt. Seine Virtuosität ist mit einem Wort zu bezeichnen — vollendet. Es ist damit nicht der gewöhnliche Sinn des Wortes zu verbinden, in dem, nach unserm etwas starken Gebrauchs-recept der Sprache, eine gut abgerundete Leistung, der eben nichts Wesentliches fehlt, eine vollendete zu heißen pflegt; sondern die des Herrn Drouet ist der Art, daß man sich mit der schärfsten Kritik, mit der gesteigertsten Foderung doch keine verbesserte Einzelheit der Ausführung denken kann. Diese völlige Reinheit, Gleichheit, Rundung, Eleganz der Passagen; diese lockere Deutlichkeit bei der innigsten Ver-bindung und Verschmelzung; dieser edle und feine Geschmack des Vortrags, diese kaum mit dem Ohr zu verfolgende Schnelligkeit, die doch niemals Uebereilung wird; endlich, und vor Allem, dieses einsichtsvolle Wollen, welches dem Instru-ment nichts abzwingen will, was nicht in dessen Natur läge — sind das nicht Eigenschaften genug, die uns bestimmen sollen, das Spiel des Künstlers ein vollendetes zu nennen? Ja, wir müssen mehr sagen, Herr Drouet spielt im eigentlichsten Sinne des Wortes bisweilen zu gut. Dies Räthsel löst sich so: er führt die erstaunenswürdigsten Schwierigkeiten so sicher und dabei so anspruchslos aus, daß der größte Theil der Hörer sie gar nicht wahrnimmt. Dahin gehört sein Octa-venblasen, welches der Natur des Instruments zufolge, nur nach einander geschehen kann, aber so blitzschnell ausgeführt wird, daß es wie das gleichmäßigste zweistimmige Spiel klingt, mithin dem minder geübten Ohr als eine einstimmige Melodie erscheint, die jeder Dilettant blasen würde. Denn die eigenthümliche Wirkung empfindet sich zwar dunkel, aber die Ursache kommt nicht zum Bewußtsein dieser Hörer. In der That wird die Flöte oft in der Hand des Künstlers ein Doppelinstrument, da er förmliche Duos darauf ausführt. Und doch sind alle diese Schwierigkeiten nicht blos ihrer selbst wegen da, sondern weil sie eine schöne Wirkung haben; sie sind nur mit dem Erlaubnißschein des feinsten Geschmacks in die Welt geschickt! — Könnte man Leistungen auf verschiedenen Instrumenten vergleichen, so würden wir sagen, Herr Drouet sei der einzige Künstler, welchen wir kennen, der sich auf eine gleiche Höhe mit Paganini gestellt hat. Allein das Wesen seiner Kunst, auch ganz abgesehen von der Verschiedenheit seiner Instrumente, ist so völlig ein anderes, als das Paganini's, daß auch von dieser Seite her der Vergleich unstatthaft wäre. In der Gattung des Spiels ist Beriot ihm verwandter, allein in dem Grade der Ausbildung steht unstreitig unser Künstler bei weitem höher. Wäre es seinem Instrumente möglich, so zu fesseln wie die Violine, so würden Tausende und Tausende sich unablässig drängen, um ihn zu hören. Allein es wird auch so der Andrang nicht fehlen und wir hoffen daher im Sinne des Publicums auf ein bald wiederholtes Auftreten dieses unerreichten, vielleicht unerreichbaren Meisters.

Theater.

Weber's Euryanthe hatte am 31. Mai den bedenklichen Wettkampf mit einem der schönsten Tage und Abende zu bestehen, den uns das Frühjahr bisher gebracht. Hätte jedoch das Publicum gewußt, welcher Art die neue Erscheinung sei, die uns in Dlle. Louise Schlegel*) am Horizont des Theaterhimmels aufgeht, es würde mehr als das halbe Haus gefüllt haben. Um es mit einem Wort zu bezeichnen, so ist es die edelste Anmuth der Naturgaben, welche der jungen Darstellerin von allen Seiten zu Theil geworden. Sie weckt durch ihre Anlagen die Erinnerung an die glänzendsten Zeiten unsrer Opernbühne, denn seit diesen fanden wir nicht die Schönheit der Gestalt, den Reiz der Züge mit einem so reinen, wohllautend ansprechenden Organ gepaart. Die Stimme besitzt keine mächtige Fülle, aber doch einen Adel, der ihr das Recht zu jeder heroischen Darstellung verleiht; die Sängerin hat sich noch nicht durch ausgebildete Kunstfertigkeit jene Biegsamkeit angeeignet, deren eine vollendete Gesangskünstlerin nicht entbehren darf, aber die Anlage dazu ist vorhanden und wenige Jahre des Studiums dürften sie auch darin unter die ersten Künstlerinnen stellen. Nur einen Fehler wüßten wir namhaft zu machen und zwar den seltsamsten, den man erwarten kann — die Jugend. Noch nicht siebzehn Jahre sind in der That ein Fehler und ein gefährlicher für eine Sängerin, die in so gewaltig anstrengenden Partien auftritt wie die der Euryanthe; sie sind der Fehler, der die schöne Blüte vor der Zeit zerstören kann, ehe sie die ganze Fülle ihrer Entwickelung erreicht. Da wir in den letzten Jahren so oft Zeuge gewesen sind, wie schöne Anlagen (kräftigere sogar, als die der Künstlerin in Rede, z. B. die der Dlle. Stephan) durch zu frühen übermäßigen Gebrauch reißend schnell zerstört wurden, so wird man es uns nicht verargen, wenn sich bei solcher Jugend der Dar-

---

*) Jetzt (1848) rühmlich gekannt als Frau Schlegel=Köster.

stellerin immer ein drückendes Gefühl der Besorgniß in unsere Freude über das Schöne, was uns geboten wird, mischt. Doch nun von dem Allgemeinen auf das Besondere der Darstellung. Wenn wir bedenken, daß die junge Sängerin erst seit acht Monaten, wie man uns sagt, die Bühne betreten hat, so ist es überhaupt schon etwas Außerordentliches, daß sie in einer so großen Rolle aufzutreten vermag; sie gibt uns aber auch wirklich viel Schönes, in Spiel und Gesang. Gehen wir indessen von allgemeinen Gesichtspunkten aus, so hat uns Einiges auch nicht befriedigen können. So z. B. vergreift sie nach unsrer Ansicht die Erzählung von der Erscheinung Emma's ganz und gar; sie muß wie eine sich wiederholende Vision, gleichsam wie ein unwillkürliches Kundgeben des Geheimnißvollen behandelt werden, nicht aber mit jenen starken dramatischen Accentuationen, als sei es eine Handlung der Gegenwart. — Eine gewisse Befangenheit lähmt noch bisweilen die Grazie des Spiels, welche die Künstlerin entfalten würde, wenn sie sich unbefangen ihrer Natürlichkeit überließe. Endlich streben die Momente der Darstellung im Finale des zweiten Actes zwar nach Dem, was sie uns bieten sollen, allein sie erreichen es noch nicht genug, indem sie theils durch zu schwache Färbung unter der Erwartung bleiben, theils durch zu starke das Maß verfehlen, theils durch wirklich falsche (z. B. die Stelle „den Blick erhobt Ihr nicht zu mir") eine abweichende Wirkung hervorbringen. Dagegen war der dritte Act der Sängerin ein wahres Meisterstück Dessen, was ein edles, anmuthvolles Naturell erzeugt, und in der Arie „Zu ihm, zu ihm!" wo ihre Stimme bei aller Kraftentwickelung nichts Ueberangestrengtes gab, in steter jugendlicher Frische blieb, hat sie nur eine größere Vorgängerin gehabt, Dlle. Sontag, jedoch auch diese nicht so überlegen, daß sie dieselbe nicht

erreichen könnte. — Was den eigentlichen Gesang anlangt,
so ist unsere Künstlerin noch eine Anfängerin — kann aber
eine siebzehnjährige Sängerin etwas Anderes sein? Möchte
ihre Ausbildung eben so gründlich als vorsichtig, in wahrhaft würdiger Kunstansicht geleitet werden, damit diese schönste
Knospe des Talents, die wir, seit einer Reihe von Jahren,
sich öffnen sahen, auch zur schönsten Blüte entfaltet werde,
wozu ihr die glücklichsten Gaben der Natur das volle An-
recht verleihen.

Concert.

Berlin, 6. November.

Herrn Prume aus Belgien war ein äußerst vortheilhafter Ruf als Violinspieler vorangegangen und dieser hat
nicht zu viel von ihm gesagt. In der That grenzt es an
das Unbegreifliche, wie sich die Zahl vorzüglicher Virtuosen
mehrt, und bisweilen gerade dann einer den andern drängt,
wenn man meint, nun sei sobald nichts ähnlich Treffliches
zu erwarten. So hatten wir es nach Karl Müller's Spiel
fast für unmöglich gehalten, daß ein anderer Spieler sobald
nach ihm gefallen könne; und dennoch, obwol uns an Ton,
Stil und allem Anschein nach auch vielseitiger Fertigkeit der
deutsche Spieler den Vorrang zu haben dünkt, so hat doch
auch der belgische einen solchen Gipfel der Vollendung erreicht, daß er die höchsten Ansprüche befriedigt. Sein Spiel
nähert sich mehr dem Beriot's; seine Eleganz charakterisirt
es hauptsächlich. Beriot hat mehr Fülle des Tons und Adel;
Herr Prume dagegen die vollendetste Leichtigkeit, Zierlichkeit,
Schmiegsamkeit, einen silberreinen, milden Ton und Schmelz
und Zartheit des Vortrags, wie sie nur immer gefodert
werden können. Zugleich zeigte er sich als ein guter Com-

15*

ponist, denn sein Concert war voller Erfindung, abgerundet in der Form, geschmackvoll und besonders geschickt in der Behandlung des Orchesters, um die Wirkungen des Solisten zu unterstützen. Der Virtuos gibt, dies möchte sein einziger Fehler sein, vielleicht zu viel auf moderne Effecte, Einzelheiten, die an sich ganz wohlklingend sind (zumal wenn sie so bis auf das letzte Pünktchen meisterhaft ausgeführt werden), aber schwer in den Stil eines gediegenen Werkes gebracht werden können und dadurch also auch dem Stil des Spielers schaden; nicht zu gedenken, daß sie meist dünne Saiten erfodern und so dem Ton Eintrag thun. Der lebhafteste Beifall belohnte den Künstler, der von nun an auch wol vor gefüllterem Hause spielen wird.

Uebersicht des Jahres.

Die Bühne bot an hervortretenden Neuigkeiten Czar und Zimmermann von Lortzing und den Brauer von Preston von Adam. Sie brachte uns ein schönes einheimisches Talent, Dlle. Hedwig Schulz (die Tochter der berühmten Mme. Schulz, geb. Kilitschki), welche als Gräfin im Figaro debütirte. Leider hat sie der Bühne nur wenige Jahre angehört, sie starb früh. An Gästen sahen wir Dlle. Louise Schlegel (Mme. Schlegel-Köster) und die Herren Tichatscheck, Cramolini, Schmezer, Wurda. — Eine treffliche Dilettantin, Dlle. Caspari, mit edler Altstimme, trat als Concertgeberin in die Oeffentlichkeit und hat seitdem vielfach hauptsächlich die Concerte der Singakademie durch ihr schönes Talent unterstützt. — Ungemein reich war das Jahr für Berlin durch den Besuch ausgezeichneter Virtuosen. Thalberg (sein zweites Auftreten bei uns), Remmers, Ole Bull, Drouet, Karl Müller, Prume ließen sich hören (vergl. die Beurtheilungen). Auch eine vortreffliche englische Sängerin, durch Mendelssohn empfohlen und nach Deutschland geführt, Mistreß Shaw, besuchte uns. Ein Gegenstück dazu bildete

eine italienische Dreistigkeit, ein Sänger ohne die mindeste Stimme
oder Schule, Chevalier Ferrer, der aber auch den gerechten Hohn
öffentlichen Verlachtwerdens dafür tragen mußte. — Einen tief
schmerzlichen Verlust erlitt die Kunst in diesem Jahre durch den
Tod des edlen Ludwig Berger (vergl. die Beurtheilung).

Jahr 1840.

Königliches Theater.

Berlin, 10. Januar.

Auf Herrn Dreyschock*) waren wir, und gewiß Viele
mit uns, sehr gespannt. Wie man über diesen höchst ausgezeichneten Virtuosen urtheilen will oder muß, das kommt
auf die Art des Maßes an, womit man ihn messen will.
Der reine Maßstab des Schönen gibt bei der neueren Virtuosität, insbesondere aber bei der Klavier-Virtuosität, selten
ein befriedigendes Resultat; ein desto staunenswürdigeres aber
der der Schwierigkeit. Und zumal hier; die Sicherheit und
Ausdauer in elastischen, vollendeten Octavengängen, kühnen
Sprüngen, im Spielen einer verwickelten Begleitung mit der
Melodie in der Mittelstimme, nach Thalberg's Weise, sind
außerordentlich groß. Der Virtuos rechtfertigt dadurch seinen Ruf vollkommen. Die Compositionen sind ganz für
diese Fertigkeiten zugerichtet; auch an diese muß man daher

*) Sein erstes Auftreten in Berlin; wir werden später (1847)
auf ihn zurückkommen.

mehr den technischen Maßstab, als irgend einen ästhetischen legen. Aus diesen Worten wird man sehen, was Referent längst kein Hehl gehabt, daß er ein Gegner dieser Gattung von Virtuosität ist, doch der Species die vollste Gerechtigkeit widerfahren läßt und daher auch in den ungemein lebhaften Beifall des leider nicht zahlreich versammelten Publicums völlig mit einstimmt. Man hatte uns Herrn Dreyschock nur als einen wild rapiden Spieler geschildert; indessen er legt sich auch auf die graziösen Effecte, nur daß er darin auch vielleicht etwas zu weit geht. Namentlich scheint uns das langanhaltende Spiel auf einer Saite die Wirkung desselben zu schwächen. Durch die geschickten Combinationen für Finger und Mechanik des Instruments hat der Virtuos auch manches durchaus Neue zu Tage gebracht, was angenehm überrascht. So ist die Campanella besonders wegen der Behandlung des Spiels ein pikant graziöses Musikstück. Uebrigens conjugiren, wenn wir so sagen dürfen, alle neuere Virtuosen, die Nach-Kalkbrenner'sche Generation, verba anomala, während bis dahin die schwierige regelmäßige Klavierconjugation geübt wurde. Ob nun das Neue blos fremd, abweichend oder wirklich viel schwieriger ist, läßt sich kaum entscheiden, ebensowenig ein Maßstab finden, um zu wissen, ob Thalberg, Henselt und unser Virtuos das Schwierigere leisten. Wo einmal Zauberei getrieben wird, da hören diese Unterschiede eigentlich ganz auf. — Nach dem Beifall zu urtheilen, den der Künstler gefunden, werden seine öffentlichen Leistungen sehr besucht sein. Wir hätten noch Manches über ihn in petto, doch nach einer Probe kann man eine so abweichende Erscheinung nicht durchweg bestimmen wollen und wir wollen daher noch fernere Gelegenheit, uns auszusprechen, abwarten.

Daffelbe Theater.

Es war ein lang gehegter Traum des Referenten, daß die Schönheit im Gesang einst wieder erscheinen werde, un-vermuthet, wie ein Stern, der, hinter Gewölk verborgen, plötzlich in reizender Klarheit am Himmel leuchtet. Der Traum ist in Erfüllung gegangen. Die beiden Schwestern, Mme. Gentiluomo und Dlle. Spaßer vereinigen die mannichfaltigsten Eigenschaften zu einer edlen Anmuth und weiblichen Schönheit im Gesange, die, an sich schon so selten, in einem so schwesterlichen Verein vielleicht kaum jemals bei uns dagewesen sind. Gleich die ersten Worte des Recita-tivs der Norma mußten dem sachverständigen Hörer durch die sanfte Fülle des Tons, die edle Tonbildung und klare Aussprache eine treffliche Künstlerin verrathen. Alles hatte das rechte Maß, nichts überschritt die Erlaubniß des Schö-nen, nichts fehlte an den Foderungen desselben. Der Ein-druck auf den Referenten war wie der bei Beriot's Violin-spiel, wo auch wenige Tacte des Themas hinreichten, um das Ausgezeichnete der Erscheinung festzustellen. Auch im Publicum wurde dies zum Theil empfunden und das kleine anspruchslos aufgefaßte Recitativ mit einem anerkennenden Beifall aufgenommen. In der berühmten Cavatine «casta diva» entwickelte sich die hochvollendete Sängerin, der Reiz der Stimme, der gleichmäßige Umfang derselben, zur Ueber-zeugung für Jeden. Das Organ besitzt keine eigentliche Kraft, aber es ist so wohllautend, so süß anschmiegend und leicht ansprechend, wie wir uns seit der glänzenden Zeit der Gesangskunst aus den Jahren 1827 bis 1830 keins gehört zu haben erinnern. Dabei hat die Sängerin eine ebenso sichere Fertigkeit in Passagen, wie ihr Vortrag der Melodie edel und innig ist, und von den Worten entgeht uns keine

Silbe. Zweierlei, was selbst bei sehr achtungswerthen Künstlerinnen der neueren Zeit uns immer störend gewesen, die
sichtbare Anstrengung für die Effecte und die Uebertreibung
im Ausdruck, fällt beides hier ganz weg. Alles ergibt sich
so natürlich und zwanglos, als läge es auf der leichtesten
Oberfläche der Ausführbarkeit, während doch gerade darin
die höchste Meisterschaft, die nicht ohne die glücklichsten und
seltensten Naturanlagen, aber auch nicht ohne die ernstlich-
sten Studien zu erlangen ist, besteht. Wir sagen nicht, daß
die Sängerin schon auf der Höhe Dessen steht, was sie zu
erreichen vermag. Es gibt allerdings Manches, was noch
herausgearbeitet werden muß, manche zuweilen eintretende
Unregelmäßigkeiten im Tonansatz, in der Passagenausführung,
zumal in den höheren Lagen, die wir noch als Mängel erkennen;
allein sie sind so geringfügig, daß ein Ohr, welches sich nicht
ausschließlich mit dem Gesangsstudium beschäftigt hat, sie
schwerlich erkennt, und das Uebergewicht des Schönen und
Vollendeten so groß, daß wir auch die Erscheinung, wie sie
ist, mit vollster Freude als eine der seltensten und erquickend-
sten begrüßen. — Nach solchem Vorangehen mußte es der
jüngeren Schwester der Künstlerin, die als Adalgisa auftrat,
unendlich erschwert sein, sich nur zu behaupten, geschweige
einen Erfolg zu gewinnen. Und doch gewann und verdiente
sie den letzteren auf das vollständigste. Ihr Organ ist für
unser Ohr noch um einen Grad schöner; es hat zwar nicht
den weichen Wohllaut, dafür aber eine goldene Metallader,
wodurch es noch einen stärkeren Reiz ausübt und eine
festere Kraft erhält. Die beiden Stimmen verhalten sich zu
einander, wie die blonde und braungelockte Nymphe auf
Sohn's berühmtem Bilde des Hylas. Die junge Sängerin
ist allerdings noch mehr im Anfang ihrer Laufbahn, gibt
uns aber doch schon sowol im edlen, zarten Vortrag, wie

in der klaren leichten Ausführung der Paſſagen wahrhaft
Treffliches. In dem Verhältniß beider Rollen war dieſer
kleine Abſtand der Ausbildung ſogar von glücklicher Mitwirkung. Dlle. Spaßer hat noch, wenn wir uns ſo ausdrücken wollen, einen jungfräulichen Ausdruck im Geſange,
der zwar überall das Richtige, indeß noch mit einer gewiſſen
Scheu gibt, ſo daß die Färbung nicht ganz ſo beſtimmt iſt,
wie ſie ſein ſollte, wodurch allerdings bisweilen eine Art
von Monotonie entſteht. Doch wo die Contraſte der Sache
nach ſtärker werden müſſen, thut dieſe beſcheidene Mäßigung
uns ſogar ſehr wohl. Die Klarheit ihres Organs bei Paſſagen iſt außerordentlich. Den höchſten Grad der Wirkung
erreicht der Geſang beider Schweſtern da, wo ſie gemein-
ſchaftlich ſingen, denn, wie es ſich leicht denken läßt, haben
ſie ihre einzeln ſo treffliche Kunſt zur übereinſtimmendſten
Verſchmelzung zu bringen geſucht. Dazu gibt denn die Oper
vielfältigſte Gelegenheit. Beſonders waren die zweiſtimmigen
Cadenzen ein Muſter präciſer und zarter Ausführung, wovon wir in der muſikaliſchen Welt nur ein Beiſpiel kennen,
die vollendete Zuſammenwirkung der Gebrüder Müller. Dieſe
beiden Schweſtern ſind das gelungenſte Seitenſtück zu den
vier Brüdern. — Nach einer ſo ausführlichen, allgemeinen
Beurtheilung können wir auf Einzelnes nicht mehr eingehen.
Es bleibt nur noch zu ſagen, daß, was das Spiel anlangt,
wir nur beginnende Künſtlerinnen vor uns haben, die aber
auch darin einen ſo natürlichen Weg gehen, daß nichts Stö-
rendes eintritt und öfters ſogar eine recht wirkſame Un-
terſtützung des Geſanges ſtattfindet. Auch hier iſt Mme.
Gentiluomo ſchon reifer als ihre Schweſter. Wie wir hören,
werden die beiden Künſtlerinnen zunächſt in Othello und in
der Jeſſonda auftreten; wenn ſie ſich im deutſchen Geſang
ebenſo bewähren, was wir alle Urſache vorauszuſetzen haben,

15**

wie im italienischen, so umfassen sie das ganze Gebiet, zu dem sich ihre Mittel eignen, in ausgedehntester Weise. Die Zartheit des Organs der Mme. Gentiluomo wird sie von zu anstrengenden Partien der heroischen Oper allerdings zurückhalten müssen, wenn sie nicht ihre schöne Gabe früh zerstören will; *) die Stimme der Schwester scheint sich auch dafür zu eignen, doch — nicht zu früh! Will sie dieselbe Jahre lang behalten, so warte sie noch Jahre, bevor sie ihr das Aeußerste zumuthet; es scheint sogar noch eine fortschreitende körperliche Entwickelung zu dieser Vorsicht aufzufodern.

Uebersicht des Jahres.

Der Besuch an fremden Virtuosen war reich: wir nennen Dreyschock, Klara Wieck, die zehnjährige Sophie Bohrer, die ein großes Talent für Pianoforte entwickelte, Max Bohrer, Gebrüder Mollenhauer (Violin und Cello), Ole Bull (zum zweiten Male), den alten, verdienten Hermbstädt; die Concertsängerin Dlle. Dielitz, eine Schülerin Bordogni's. — Im Theater trat als heimische Debütantin Dlle. Hofkunst in Agnes von Hohenstaufen auf. Dlle. Cherie Gouraud, eine Schülerin Adam's, ließ sich daselbst als Concertsängerin hören. Dlle. Louise Schlegel (jetzt Mme. Köster) gab Gastrollen (Euryanthe, Rezia, Fidelio u. s. w.), Dlle. Schebest desgleichen (Fidelio, Romeo, Norma); die bedeutendste Erscheinung aber bildeten die Schwestern Mme. Gentiluomo und Dlle. Spatzer (jetzt Palm=Spatzer), damals in voller Frische und ausgezeichnet durch natürliche Anmuth der Gesangskunst (vergl. die Beurtheilung). Endlich Mme. Stöckel=Heinefetter, eine sehr schöne Stimme. Die Oper brachte die Hamadryaden von Adam, ein Zwitter zwischen Ballet und Oper, Auber's Feensee, Lucretia Borgia und den neu belebten Richard Löwenherz. — An sonstigen Aufführungen die

---

*) Dies ist leider geschehen, wie denn überhaupt die spätere Laufbahn der Künstlerinnen nicht so viel erfüllt hat, als der Beginn derselben versprach. Sie trennten sich und waren vereinzelt um Vieles schwächer.

Quartettſoiréen und Sinfonie-Abende; das Oratorium die Könige in Israel von Ferdinand Ries, Saul und Belſazar von Händel, Haydn's Jahreszeiten, im neu hergeſtellten Concertſaal. — Berlin verlor in dieſem Jahre einen ſeiner trefflichſten Solo-Violinſpieler, den Concertmeiſter Seidler.

Jahr 1841.

Königliches Theater.

Dlle. Tuczek aus Wien erfreute uns am Freitag, den 16. April, durch ihr erſtes Auftreten als Julie, in Bellini's Capuletti und Montecchi. Die junge Sängerin bringt eine angenehme Geſtalt und Geſichtsbildung und eine rein anſprechende, beſonders in der Höhe wohlklingende Stimme als drei ſchöne Naturgaben mit; ihr Umfang iſt ganz der, welchen eine erſte Soperaniſtin braucht. Spiel und Aus-druck möchten wir mit dem einzigen Wort weiblich be-zeichnen; wahrlich kein übles Epitheton. Mit allen dieſen glücklichen Diſpoſitionen verbindet die Künſtlerin ſchon einen recht erfreulichen Grad der Ausbildung. Sie iſt eine Schü-lerin Gentiluomo's und überall auf richtigen Wegen gelei-tet worden, wenn auch noch nicht überall zum Ziele vorge-drungen. Sie hat eine durchaus reine Intonation, leichte Coloratur, die jedoch noch auf einige Feile wartet, und einen natürlich anſchlagenden Triller; dagegen iſt ihre Ausſprache (beſonders das unglückſelige r, das faſt allen Sängern und Sängerinnen ſo große Schwierigkeiten macht) noch mangel-haft und in den Mittellagen der Stimme wird bisweilen ein Naſal-Laut hörbar, der ſich bei vorſichtigem Anſatz der

Töne wol vermeiden laſſen möchte. Die ſo überwiegenden guten Eigenſchaften erwarben der jungen Künſtlerin, wie es nicht anders ſein konnte, lebhaften Beifall und wir werden mit Vergnügen ihre ferneren Darſtellungen verfolgen.

Theater.

Mme. Paſta.

Berlin, 14. Juli.

— — — Endlich zur Norma. Wir haben uns den Genuß, uns über dieſe Oper auszuſprechen, bis zuletzt auf-geſpart und uns zuvor auch mit allem Uebrigen dabei ab-gefunden, um uns, ſoweit dies möglich iſt, mit der großen, wunderwürdigen Künſtlerin, welche die Norma darſtellte, allein zu beſchäftigen. Wie groß, von welcher edelſten Gattung ihre Kunſt ſei, haben wir nach ihren erſten Darſtellungen im königlichen Opernhauſe mehr geahnet als erkannt. Die Beſorgniß, daß ſie bei einem ferneren Auftreten, in ungün-ſtigern, beengenden Räumen verlieren werde, iſt ins Umge-kehrte ausgeſchlagen, unſere Bewunderung hat ſich über jede Erwartung geſteigert. Wir dürfen nicht zaghaft ſein, zu bekennen, daß die unſicher gewordene Stimme der Sängerin ſie oft in einem Grade unrein ſingen läßt, der das Ohr zerreißt, in Enſembleſtücken bisweilen eine wahre Folter ver-urſacht. Denn ihre anderen großartigen Eigenſchaften wach-ſen gerade dadurch, daß ſie es vermögen, einem ſolchen Feh-ler, der, wie man meinen möchte, alle Harmonie des Schö-nen von Grund auf zerſtören müßte, nicht nur das Gleich-gewicht zu halten, ſondern ihn völlig vergeſſen zu machen in dem Geſammteindruck und der Geſammterinnerung an Das, was ſie uns gibt. Denn dieſe Zartheit, Innigkeit,

Tiefe, Glut, Hoheit, Majestät des Ausdrucks in Spiel und Gesang, verbunden mit diesen Wundern der Technik, die die Sängerin, trotz des versagenden Materials, noch jeden Augenblick vor unserm Ohr thut, gewähren einen künstlerischen Genuß, von dem seit der großen Gesangszeit vor nunmehr anderthalb Jahrzehenden die Bühne uns kaum eine Spur gezeigt hat. Wie bei jedem aus der tiefsten Tiefe des Geistes geschaffenen Kunstwerke der erste Eindruck nur die Grundlinien des Schönen erkennen läßt, dagegen der dauernden Betrachtung immer neue Reichthümer ergibt, so bei dieser Künstlerin. Nur wer die Oper und die besondere Aufgabe, die der Norma darin wird, bis auf die kleinsten Einzelheiten genau kennt, vermag die Unerschöpflichkeit wahrzunehmen, welche die Sängerin darin entfaltet. Züge, die bisher kaum beachtet wurden, einzelne, verloren stehende Noten, die nur zufällig in den Strom des Ganzen geworfen scheinen, erhebt sie zur großartigsten Wirkung. — Der mißlungenste, wir dürfen sagen völlig mißlungene Theil ihrer Gesangsleistung war die erste, so edel melodische Cavatine «Casta diva», in der uns, abgesehen von dem aller Harmonie entweichenden Detoniren, selbst der Vortrag nicht ganz zusagte; nur einzelne Töne und Phrasen, wie z. B. das schwellende hohe a, verriethen die Meisterin. Die Größe ihrer Kunst, ihre geistige Macht, entwickelt sich erst, wo die sanft leidende Norma zu einer zürnenden, rächenden, gegen Götter und Menschen sich empörenden wird — und in der Buße nach diesen Explosionen der Leidenschaft. In dem ersten Duett mit Adalgisa waren die Züge bitterer Erinnerung zwar schön, tief, ausdrucksvoll; doch die Mittel versagten noch, es waren bei weitem nicht die höchsten Kunsthöhen der Sängerin. Viel ließ sich jedoch aus dem Vortrage über Tempo, Behandlung des Athems, der Verzie-

rungen lernen; allen unseren Sängern und Sängerinnen,
weß Namens sie auch sein möchten, sollte nichts so wichtig
sein, als ihre Studien an dieser Meisterin zu machen. Es
scheint uns, daß die Natur ihrer Stimme (wie häufig) die
ist, alle aufsteigende Bewegungen schwer zu machen; denn
in diesen singt sie am seltensten rein, während sie in ab-
steigender Bewegung oft das Schwierigste, in der nämlichen
ihr nicht zusagenden Tonlage mit erstaunenswürdiger Vollkommenheit ausführt. Deshalb auch nimmt sie wol in der
Cadenz die aufsteigende Passage, Staccato in Terzen, im
langsamen Tempo. Ein Recht, das bei solchen Stellen jeder
Sängerin zusteht. Der erste, über alle Beschreibung große
Augenblick ihres plastischen Spiels, ihres mimischen und
Gesangsausdrucks war der, wo Adalgisa ihr den eintretenden Sever als ihren Geliebten bezeichnet. Man sah, wie
dieser furchtbar einschlagende Blitz des Schicksals eine vul-
kanisch lodernde Flamme der Leidenschaft in ihrer Brust ent-
zündete. Von jetzt an glüht das Auge, die Lippe fiebert,
schwere Gewitter des Zorns verdunkeln Stirn und Wange.
Sie schreitet wie eine waltende Schicksalsgöttin einher, ihr
Schmerz geht unter im ohnmächtigen Kampf mit der Rache
des schwerbeleibigten Herzens, sie wird eine nordische Medea!
Rauhe, wilde Töne wirft sie aus der Brust; Hohn und
Erbitterung schneiden mit glühender Schärfe dazwischen.
Die kleinen, kurzen Phrasen, die sie in die Melodie des Fi-
nales „Norma, in dieser Stunde nicht", dem Sever da-
zwischen wirft, sind jede für sich ein unerreichtes, gewaltiges
Kunstwerk, doch ein Kunstwerk des Schreckens. Nur ein-
zeln regt sich der besiegte Schmerz, mit tiefdurchdringenden
Tönen des Jammers. Welche Brust bliebe ruhig, welches
Auge trocken, wo das reichste, erschütterndste, unergründetste
Wunder der Schöpfung, das menschliche Herz, so vor uns

entfaltet wird! — Und doch erschöpft dieser Act nicht das
Maß künstlerischer Mittel. Wie aus nicht zu leerendem
Füllhorn strömen sie aufs neue im folgenden Act, wo die
Mutter den Kindern gegenübersteht. Dann folgt ein weicher
Silberblick der Rührung und Wehmuth, als sie die gehei-
ligten Kindeshäupter der Unschuld der, gleich ihr betrogenen,
Adalgisa übergibt. Gern weilen wir bei der rein musikalischen Schönheit, die wie ein milder Lichtstrahl in diese
starren Felsklüfte des Entsetzens fällt; es ist das Duett
zwischen Norma und Adalgisa, das trotz der so dicht ans
Triviale streifenden Composition, in dieser Weise gesungen,
eine wahrhaft heilende Kraft übt. Wir haben es von anderen Sängerinnen, namentlich von den Schwestern Genti-
luomo-Spatzer, in vollendetster Ausführung gehört; aber
doch wie ein vorgetragenes Virtuosenstück. — Hier nun
kommt die urkünstlerische Natur der italienischen Sängerinnen ihnen zu Hülfe und verschmilzt sich mit ihrer durch
eifriges Studium errungenen Kunst. Sie singen das Duett
wie ein Gespräch, wo der Erguß von selbst erfolgt; die
Passagen sind ihnen nichts Erkünsteltes, sondern nur eine
andere, höhere, reine Form der Sprache; selbst die sonst zu
ruhige Vortragsweise der Signora Ferlotti thut das ihrige
dabei, um diesen wohlthuenden Eindruck zu erreichen. —
Einer solchen Erholung bedarf es, um uns wieder neue
Kräfte zu den letzten, gewaltigsten Erschütterungen zu leihen;
sonst würde der Eindruck an unserer Abstumpfung verloren
gehen. So wie Norma den Verräther ihr gegenüber sieht,
schlägt ihr dämonischer Zorn in neue Flammen auf. So
faßt sie die letzte Scene mit Sever, dem Scheiterhaufen gegenüber. Seine Liebe zu Adalgisa erbittert sie, sie steigert
die Martern der Rache, doch da Sever entschlossen beharrt,
bedroht sie ihn endlich in der schuldlosen Adalgisa selbst.

Da sinkt er ihr bittend zu Füßen und sie ruft aus «Pre
ghi al fin»! Wären Blick, Stellung und Ton der Künstlerin hier durch ein noch unerfundenes Mittel zu verewigen,
so würde sie als unerreichtes Vorbild höchster Leidenschaft
von kommenden Jahrhunderten eben so angestaunt werden,
wie wir die Götterbildungen der Alten als die ewigen Muster ruhiger Schönheit oder erhabenen Zürnens betrachten. —
Von da ab bricht sich die stürmische Woge der Rache; der
Fels, gegen den sie hinanbrauste, ist gestürzt und nun rauscht
sie sanfter und gebrochen an das Ufer — das Ufer des Jenseits! Ihre irdische Aufgabe ist gelöst; sie hat nur noch zu
büßen, zu büßen durch den Tod. Die Zerknirschung, mit
der sie sich als Schuldige vor den Priestern ihres Volkes
auf die Knie wirft — der erwachende Schmerz der Mutter,
die ihre Kinder verlassen muß, wo die Natur ihr Recht doch
als das höchste geltend macht und selbst die Felsenbrust
einer Norma erweicht — das sind die letzten gewaltigen
Stufen, auf denen die Künstlerin ihre Darstellung in nicht
genug anzustaunender Meisterschaft zu dem höchsten Gipfel
führt, bis die wankenden, einsinkenden Schritte sie selbst dem
Ziele entgegenführen, wo der Tod sie in den düstern Flammen des Holzstoßes schauerlich umarmt. — Zu den großen
und schönsten Erinnerungen der musikalischen und dramatischen Kunst, an denen wir uns immer wieder erheben, wenn
die flachere Gegenwart uns ermüden läßt, zu denen an
eine Catalani, Schechner, Sontag, Schröder-Devrient, in
ihrer glänzendsten Zeit, und, nicht zu vergessen, auch zu
denen eines Ludwig Devrient, wenngleich dieser auf einem
ganz andern Gebiet verkehrte, gesellt sich jetzt die an die
große Künstlerin Italiens, deren glänzende Sonne sich dies-
seit der Alpen in glühender Pracht dem Untergange neigt.
War es uns nicht vergönnt, sie in der Fülle ihrer Strahlen

zu sehen, so hat sie uns doch genug bewahrt, um uns die hinreißende Gewalt zu erklären, mit der sie über ein Jahrzehend lang die Herzen dreier Völker allmächtig beherrschte.

Liszt's erstes Concert in Berlin

(am 27. December).

Wenn wir über das Concert des Herrn Liszt einfach berichteten: derselbe hat den Ruf, der ihm voranging, gerechtfertigt — so wäre damit im Grunde das höchste Maß Dessen gesagt, was die Kritik über ihn sagen könnte. Doch wir wollen uns mit solchem kritischen veni, vidi, vici schon unserer selbst wegen nicht genügen lassen. Referent gesteht aufrichtig, daß er nicht mit dem vollen Zutrauen in das Concert ging. Die Industrie, sich einen künstlichen Ruf zu machen, ist in unserer Zeit zu weit getrieben worden, als daß ein Kritiker nicht vorsichtig werden müßte. Ole Bull kam mit einem gigantischen Ruf und gab uns, im Verhältniß zu diesem, eine sehr pygmäische Wirklichkeit, wenigstens bei seinem ersten Erscheinen; später hatte sich sein Ruf verringert, seine Leistung gesteigert und so war das Gleichgewicht besser hergestellt. Aehnliche Beispiele eines mit unabläßiger Beharrlichkeit unterhaltenen hohlen Rufs von Virtuosen und Componisten liegen uns nicht fern. — Daß Liszt die Vorstellung, die man sich von ihm gemacht haben möge, erreicht, oder übertroffen habe, wollen wir nicht behaupten; denn die Räume der Phantasie sind allerdings so viel weiter, als die Grenzen der Wirklichkeit, daß eine nicht auf die Möglichkeiten dieser basirte Erwartung freilich über alles Maß des Dargebotenen weit hinausgehen kann. Wer aber seine Erwartungen auf Das, was zu gewähren möglich war, gestützt hat, der wird sie gewiß eher weit übertroffen, als unerreicht gefunden haben.

Man hat sich in geistreichen, zum Theil dichterischen Vergleichungen zwischen Liszt und Thalberg erschöpft; man hat den Letzteren den «ange du Piano», den Ersten den «diablo du Piano» genannt und sie so einander coordinirt und opponirt. Doch unsers Erachtens sind diese Vergleiche nicht aus dem richtigen Gesichtspunkte gefaßt; Liszt schließt Thalberg völlig in sich ein. Gibt er nicht dasselbe wie dieser, so könnte er es doch geben; er würde jede Aufgabe, die Thalberg zu lösen vermag, gleichfalls lösen. Nicht so umgekehrt. Thalberg's Kunst ist eine harmonisch ausgebildete, wunderschöne Körperlichkeit, überall Ebenmaß, Haltung, Ruhe, Grazie, Kraft; doch jener Reiz, der aus erhöhten Seelenzuständen auf den Körper übergeht, ist ihm wenig, oder doch der Kunst Liszt's so viel mehr eigen, daß wir diese geradehin, im Gegensatz zu jener, eine beseelte nennen möchten. Dabei fehlt ihm die Ruhe nicht. Thalberg's Ruhe entsteht, weil kein innerliches Gähren und Treiben sie stört, sie ist eine mehr negative; Liszt's Ruhe ist die der völligsten Beherrschung aller aufregenden Gewalten der Leidenschaft, die positive der überlegenen Kraft. Thalberg reitet ein ruhiges Roß als Meister, Liszt ein feuriges, ja ein geflügeltes, dessen brausender Wildheit er nach Gefallen den Zügel schießen läßt, oder sie zu willigstem Gehorsam bändigt. — Seine Kunst ist eine dichterische, sie gehört höheren, geistigen Elementen an, deshalb durften auch wir uns eher zu dem Versuch berechtigt halten, sie in dichterischer Weise zu schildern, als kritisch zu zerlegen. — Zu dem Letztern wird uns das Betrachten des Einzelnen hinlänglich Anlaß bieten. Liszt ist der erste Virtuos, der sein Concert ohne alle fremde Hülfe gibt; er trug sieben Stücke auf dem Pianoforte allein vor.

Dennoch war der Saal bis auf den letzten Platz gefüllt, das kunstgebildetste, wie das glänzendste Publicum der Hauptstadt zugegen, gruppirt um die am Fuß des amphitheatralischen Orchesters aufgestellten zwei Instrumente, einen englischen Flügel (Herrn Felix Mendelssohn gehörig) und einen aus der Eck'schen Fabrik in Köln, der uns jedoch im Ton zu scharf und für den Gesang wenig geeignet war. Referent hatte keinen günstigen Platz; er saß dem Flügel zu nahe, gewissermaßen unter dem Schuß, so daß ihm der eigentliche Ton-Eindruck, der sich in einer gewissen Ferne so wesentlich verschönert, größtentheils verloren ging. Er bekennt daher aufrichtig, daß er während der ersten drei Musikstücke den Künstler mehr durch den Verstand, als durch die unmittelbare Empfindung auffassen mußte; auch waren diese Compositionen die minder anziehenden, in denen sich nur die staunenswürdige Fertigkeit, die ehern feste Kraft, verbunden mit dem springfederartig elastischen Anschlag, nicht so das leise Ueberhauchen der Töne, die geistige Gewalt des Künstlers geltend machten. Das vierte Musikstück, Beethoven's Adelaide, war unsers Bedünkens das schwächste in der Wirkung, ja es berührte zum Theil unangenehm. Dies lag sowol in der umgeformten Composition, die nicht immer glücklich gelungen ist, als auch in der Auffassung des melodischen Vortrags. Der Spieler zollte hier der Zeit seinen Tribut, welcher die einfach schöne Verständniß in ihrer Ueberreizung und Ueberfülle mehr und mehr verloren geht; der Tadel soll daher mehr ihr als ihm gelten, wiewol wir glauben, daß er der Mann ist, die Zeit in dieser Beziehung zu beherrschen, nicht ihr zu gehorchen. Von der chromatischen Phantasie Sebastian Bach's an steigerte sich die Wirkung, das geistig hinreißende Element, mit jedem Augenblick. Dem Vortrage dieses Werkes war auch das zweite Instrument günstiger. In der phantastischen Einleitung verband sich der feurigste Aufschwung, eine wahrhaft stürmische Rapidität der Passagen, mit der klarsten Deutlichkeit, und in der Fuge entwickelte sich jene oben angedeutete beherrschende Ruhe zur Ausprägung des großartigsten Stils. Jede Stimme trat mit kräftigster Selbständigkeit hervor, das Thema jedoch, selbst in den Mittellagen, immer als Führer und Gebieter.

Einem ganz andern Gebiete, die sinnliche Anregung noch ungleich höher steigernd, gehörte der Vortrag des viel gekannten und gehörten und doch jetzt zum ersten Male gehörten Erlkönigs von Schubert an, der die Versammlung wahrhaft hinriß und ein mehr durch den immer erneuerten Beifall als durch bestimmtes Begehren ausgedrücktes Dacapo veranlaßte. Eine Anfoderung, die wir, trotz der Wunder elastischer Kraft, die der Spieler vor unseren Augen gethan, kaum an seine Kräfte zu richten gewagt hätten, der er jedoch wie spielend gehorchte, da er sogar das Tempo noch um einen Grad steigerte. In diesem Stück enthüllte sein Spiel auch romantische Reize der eigenthümlichsten und unwiderstehlich fesselnder Art.

Den Beschluß des Concerts bildete der weit berühmte chromatische Galopp, der einmal, unsers Bedünkens, die Spitze der mechanischen Combinationen der Virtuosität des Künstlers bildet, zugleich aber auch eine Condensation aller auf das Aeußerste gesteigerten musikalisch-sinnlichen Reizungen, die im Drang und Begehren der Zeit, wie in dem Willfahren der Kunst, ihr genug zu thun, liegen, genannt werden darf; gewissermaßen die Tafelbouillon ihrer stärksten Gewürze, eine Art Elixir des Teufels! — Durch die sieben vorgetragenen Stücke hat es der Künstler siebenfach besiegelt, daß er, seit die Zauberkraft Paganini's in ihrem Merlins-Grabe gebannt ruht, die größte Virtuosität unserer Zeit ist. Er hat zwar nicht zwölf, doch sieben Herkulesarbeiten vor uns vollbracht und uns die Gewißheit gegeben, daß sieben Mal sieben ihm leicht sein würden; hoffen wir denn, daß er sie vor uns vollbringe! *)

Uebersicht des Jahres.

Die Virtuosität war in diesem Jahre vertreten durch die Pianistin Dlle. Kathinka Dietz, die Gebrüder Muralt (Hornisten) aus München, Prume, Sivori, Ernst (die Beurtheilungen über die beiden Letzteren gehören zu denen, die aus Mangel an Raum, nicht aus geringerer Schätzung der hochverdienten Künstler, ausgeschieden werden mußten), Liszt; außerdem durch die bekannten und geachteten einheimischen Künstler August Möser, Griebel, Taubert, Ries, Zimmermann, Gebrüder Ganz u. s. w. — Im Theater trat Auguste Löwe in der Jphigenia auf, eine Sängerin, die jetzt zu unseren geschätztesten Dilettantinnen gehört. Dlle. Carl, die an unserer Bühne begonnen, kam von Italien zurück und gab Gastdarstellungen als Norma, Rezia, Adine u. s. w. Dlle. Tuczeck aus Wien betrat unsere Bühne zum ersten Male, jetzt unser beliebtestes Mitglied. Mme. Duflot-Maillard entwickelte als Concertsängerin die höchste Meisterschaft. Dlle. Brerendorf, jetzt ein geschätztes Mitglied unserer Bühne, debütirte zwischen den Acten. Mme. Gentiluomo und Dlle. Spazer besuchten uns wieder. Die

---

*) Er leistete mehr; er spielte in Berlin über sechzig verschiedene Stücke, zum Theil die umfassendsten, die es gibt, als Beethoven's Concerte, Hummel's Sertuor, Mendelssohn's Concerte. Die sämmtlichen Beurtheilungen, welche gegenwärtiger Verfasser damals über ihn schrieb, nebst einem Lebensabriß und einer Charakteristik seiner überhaupt so höchst wunderbaren künstlerischen Individualität (die Bernhard Klein's war tiefer, gediegener; die Ludwig Berger's wurzelte am tiefsten im künstlerischen Gemüth; die Liszt's gleicht der flammenden Eruption, dem strahlenden Meteor) sind in Berlin bei Trautwein in besonderer Ausgabe erschienen.

Pasta zeigte sich in ihrer Alles übertragenden Hoheit. Dlle. Hähnel wurde Mitglied der königlichen Bühne. Elise Meerti sang mit Beifall. — An neuen und neu einstudirten Opern hörten wir Armide; Iphigenia in Aulis; Genoveva von L. Huth; Hans Sachs von Lortzing; den Guitarrero von Halevy; Mendelssohn's Antigone. Merkwürdig war die hundertjährige Jubelfeier der Grundsteinlegung des Opernhauses (am 4. Novbr.), das wenige Jahre darauf abbrannte. Auch die Singakademie feierte ihr funfzigjähriges Jubiläum in diesem Jahre. — An kirchlichen Aufführungen sind zu nennen: Judith, Oratorium von Karl Eckert; David von Bernhard Klein; Deutschlands Befreiung von Julius Schneider; Paulus von Mendelssohn; Huß (von Zeune gedichtet) von K. Löwe.

Jahr 1842.

Abschiedsconcert im Opernhause

(am 2. März).

Zu dem Abschiedsconcert Franz Liszt's im Opernhause hatte sich die Fülle der Hörer wieder ebenso gedrängt wie zu allen früheren. Selbst die glänzendsten Beispiele im Bereich unserer Erinnerungen über die Erfolge einer großen Virtuosität oder Kunsterscheinung überhaupt reichen nicht an diesen Grad der öffentlichen Theilnahme. Eine Catalani erfüllte im Jahr 1816 sieben Mal den Concertsaal des abgebrannten Schauspielhauses und einmal die Garnisonkirche; Paganini trat in ungleich längerem Zeitraume als unser Künstler zwölf Mal auf, Liszt ließ sich nach zehn überfüll-

ten Concerten in dem Saale der Singakademie, die er fast
ganz allein durch sein Talent trug, nach sechs theils für
andere Künstler, theils zu wohlthätigen Zwecken veranstalteten, die in verschiedenen anderen Localen stattfanden, gestern im vierten, das im großen Opernhause veranstaltet war,
also im zwanzigsten öffentlichen Concert während einer Zeit
von wenig über zwei Monaten hören. Nicht zu gedenken,
wie oft er vor Versammlungen gespielt hat, die an Zahl
der Hörer öffentlichen Concerten wenig nachstanden! Aber
vielleicht, nein gewiß, hat eben diese würdige Freigebigkeit
mit seinem Talent, die er überall in kleinsten und größesten
Kreisen geübt, die Zahl seiner Hörer gesteigert, denn es war
nicht mehr eine blos isolirte Künstlergabe, die man anstaunen wollte, sondern sie trat in lebendigen warmen Verband
mit der Persönlichkeit des Künstlers, der eine gleich mächtige
Anziehungskraft übte. Er wurde so ein geistiges Ereigniß
überhaupt, das aus der musikalischen Sphäre heraus in die
der Bildung nach allen Richtungen hinübergriff. Und daher glauben wir, war sein Abschiedsconcert nicht deshalb
gefüllt, weil es eben dieses war, weil man mußte, daß, wenn
diese Zeilen gelesen werden, er schon weit von uns sein wird,
sondern die Theilnahme drang ihm noch in vollsten Strömen zu, er genoß sie aus noch lange nicht erschöpftem Born.
Und leicht mögen, so Viele sich gedrängt ihn zu hören, doch
noch ihrer mehr unter uns wohnen, denen es, bei gleicher
geistiger Berechtigung, dennoch nicht vergönnt gewesen!
Unter den zwanzig musikalischen Abenden, die wir dem Künstler verdanken, war dieser (wie überhaupt die Concerte im
Opernhause uns durchaus eine Steigerung seiner künstlerischen Bedeutung gewesen sind) auch für sich einer der reichsten, durch edelste Kunstwerke getragenen. Die aus den
drei höchsten Potenzen des Rhythmus, der Harmonie und

Melodie mächtig geschaffene Ouvertüre zum Coriolan schlug den Grundaccord des Ganzen erhebend an. Beethoven's Concert in C moll war vielleicht das einzige Werk, was sich ohne irgend einen Abfall in der erhabensten Würde an diesen Vorgänger schließen konnte. Oft sind wir uneins mit dem Spieler gewesen über die Art, wie er die tiefen Räthsel jenes großen Genius löste; hier hat er Das verwirklicht, was uns von jeher im Innersten als die schönste Wahrheit des Werkes bewegt hat. Wir wollen nicht über Einzelheiten mit ihm rechten, über kleine freie Uebergriffe, die er im überwallenden Maß seiner ausführenden Kräfte sich gestattet und sie als Blitzlichter in das reiche Gemälde wirft; sind sie nicht Beethoven selbst, so sind sie ihm doch im Geiste verwandt, und er hätte vielleicht Aehnliches selbst gedacht, wenn er auf die Basis einer solchen Mechanik hätte rechnen dürfen, die vor unserm Spieler nirgend in Anschlag gebracht werden konnte. Der große Zuschnitt des Ganzen, das lebendige Spiegel-Abbild der Seele des Werkes war es, wodurch er die Hörer mit wahrer Begeisterung erfüllte. Wir zählen diesmal auch die Mitspieler zu den Hörern, denn der feurige Strahl seines Geistes hatte auch sie elektrisch entzündet.

Wie sich auf unserer unvollkommenen Erde aber nichts ganz rein darstellt, wenn wir uns trivial-schroff ausdrücken wollen, kein Glück ohne Unglück (zur Ausgleichung aber auch glücklicherweise umgekehrt kein Unglück ohne Glück) vorhanden ist, so auch hier. Nach dieser Wirkung, wo die tiefsten schaffenden Kräfte mit den erstaunenswürdigsten der Ausführung das unwiderstehliche Bündniß geschlossen hatten, war keine Steigerung möglich. Blieb gleich noch Vieles erfrischend, reizend, Ver- und Bewunderung erregend im reichsten Maße, vielleicht für die Mehrzahl der Hörer im

erhöhten — so hatte, was uns anlangt, der Künstler uns doch
sein eigentlichstes, innerstes Lebewohl in diesem schmerzlich
hohen Werk gesagt. Genug, daß er es uns vom höchsten
Gipfel zurief!

Die glückliche Erschöpflichkeit der menschlichen Natur, in
der Alles auf flüchtiges Vorübergehen angewiesen ist, ließ
uns jedoch auch bald in dem gewohnteren Geleis der Theilnahme wieder heimisch werden. Der Künstler war an diesem ganzen Abend, so bünkte uns, von einem gesteigerten
Aufschwung getragen; er wollte seiner würdig von uns scheiden. Wie zuvor der heiligste Schmerz, die seelenvollste Zartheit sein Spiel durchhauchten, so stürmte er in der Phantasie Don Juan's mit wildester Kühnheit dahin. In Hummel's
frisch lebendigem Werk entfaltete er seinen vollsten Glanz,
leicht perlende, silberne Strömung; endlich in dem düstern
Nachtbilde des Erlkönigs, in dem sinnlichen Taumelreiz des
chromatischen Galopps (den er zum Schlußdank für den
tausendstimmigen Hervorruf darbot) noch einmal alle jene
wunderbarsten, finstern, elegischen, heiteren, üppigen und aus-
gelassenen Kräfte und Reize, durch die er mit immer er-
neuerter magischer Gewalt die Hörer hinreißt.

So erschien uns denn seine Kunst zum letzten Male von
allen Dämonen und Grazien umgeben, die sie entfesselt und
beherrscht, und er drückte uns mit dem letzten seine Gegenwart besiegelnden Stempel zugleich das treuste und lebendigste Abbild seines Selbst in die Seele!

Uebersicht des Jahres.

Liszt herrschte als König der Virtuosität; sein unermeßlicher Erfolg drängte Alles in Schatten zurück; lange Zeit wollte kein Concert glücken. Die Geiger Haumann und Ernst ließen sich hören. Der zwölfjährige Pianist Rubinstein weckte große Hoffnungen. Karl Möser feierte sein 50jähriges Dienstjubiläum. — Im Theater traten auf Mme. Schubert, Mme. Schröder=Devrient (als Valentine in den Hugenotten), Kathinka Evers, Mme. Gentiluomo, Mme. Schoberlechner; der Tenorist Härtinger, der berühmte Bassist Pischeck. — Pantaleoni, Liszt's Begleiter, ließ sich im Concert hören. — An neuen Opern gab man Marquis und Dieb, eine einactige Posse von L. Schneider und Taubert; die Krondiamanten, die Hugenotten, die Tochter des Regiments, Auber's Herzog von Olonna und Donizetti's Linda von Chamouny. — Die Sinfonie= Soiréen der königlichen Kapelle, welche sich unter Mendelssohn's und Taubert's Leitung zur höchsten Vollkommenheit ausgebildet haben, begannen in diesem Jahre am 14. November im Jagor'schen Saale. — Eine Messe von Cherubini, Mendelssohn's Sinfonie= Cantate, das Oratorium Cäcilia von Rungenhagen und die gewöhnlichen Oster=Kirchenmusiken kamen zur Aufführung. Auch einer trefflichen Aufführung des Paulus unter des Componisten Leitung selbst, im königlichen Concertsaale, muß gedacht werden.

.

Jahr 1843.

Concert.

Was der Concertsaal des königlichen Schauspielhauses nur von der eleganten Welt der Musikfreunde Berlins zu

faſſen vermochte, hatte ſich zu dem Concerte der Herren Rubini und Liſzt am 11. Januar verſammelt. — Die Haupt-
ſpannung der Concertbeſucher war auf den berühmten Sänger
gerichtet. Derſelbe hat ſich ſo entſchieden ſeine eigene Linie
gewählt, daß er eben nur nach dieſer von der allgemeinen
Geſangskunſt ganz abgeſonderten Richtung zu beurtheilen iſt.
Gibt man ihm aber dieſe Richtung zu, ſo hört wieder alles
Urtheil inſofern auf, als man ihm die unbedingteſte und
höchſte Vollendung darin zugeſtehen muß. Das Solfeggio
iſt es, welches er durchaus zur Baſis ſeiner Kunſt gemacht
hat; aber nicht das blos mechaniſche, ſondern das charakteriſtiſch gefärbte, welches den Tönen neben der Stärke,
Schwäche und Biegſamkeit auch beſtimmte Farben des Ausdrucks gibt. Jedes Muſikſtück behandelt der Sänger auf
dieſe Weiſe. Er gibt ſeine Schatten- und Licht-Effecte darin
in meiſterhafteſter Vollendung, freilich aber nur um ihrer
ſelbſt willen und nicht nach den weſentlichen Foderungen.
Jedes Geſangſtück wird ihm ſomit vorzugsweiſe zum Inſtru-
mentalſtück; nicht daß er Färbungen, welche das Wort oder
die Situation gebieten, ganz unbeachtet ließe, allein er ſtellt
ſie erſt in die zweite Linie und beachtet ſie hauptſächlich nur
da, wo ſie mit der Grundrichtung ſeines Geſanges denſelben
Weg nehmen. Daher kommt es, daß er häufig allerdings
faſt im geraden Widerſpruch mit Dem iſt, was wir von
Auffaſſung und Vortrag verlangen würden, dennoch aber
ein an ſich durch Klang und Ausdruck reizendes Einzelne
gibt, an anderen Stellen dagegen als überraſchend aus-
drucksvoller Sänger auch für die Foderung der Sache erſcheint. Dies iſt namentlich in ſolchen der Fall, wo er auf
ſeine natürliche Stimmlage (die edlen Bruſttöne von B aufwärts bis G—A) fußen und ſeine ausgezeichnet charakte-
riſtiſche Ausſprache in mehr recitativiſchen Worten anwen-

16*

den kann. Melodie und Paſſagen aber unterwirft er ganz ſeiner Eigenthümlichkeit, die das Inſtrument in der Sing= ſtimme voranſtellt. Er ſingt in dieſer Beziehung ſeine Arie wie ein ausgezeichneter Virtuos ſie auf der Violine oder noch beſſer auf dem Cello, das ihm auch durch die Tonlage das verwandte Inſtrument iſt, ſpielen würde. Die Kunſt der Contraſte und die entgegengeſetzte der innigſten Ver= ſchmelzungen ſtellt er in den Vordergrund ſeiner Effecte. Daher dieſe ſtete Zuſammenſtellung des Pianiſſimo und Fortiſſimo und andererſeits dieſes Hineinſchmiegen von Ei= nem ins Andere, von einer Lage ſeines Organs in die an= dere, nämlich aus der Bruſtſtimme in das Falſett. Beide greifen bei ihm weit übereinander; er geht noch mit dem Bruſtton ins hohe B und beginnt ebenſo häufig das Falſett eine Quarte und Quinte tiefer, je nachdem Eins oder das Andere dem beabſichtigten Ausdruck günſtiger iſt. Die Ver= einigung beider Regiſter iſt vielleicht noch keinem Sänger ſo gelungen wie Rubini; er wechſelt dieſelben oft auf dem hohen B und ſo geſchickt, daß es der höchſten Aufmerkſam= keit bedarf, um die Operation anders, als aus dem Erfolg wahrzunehmen. Mit dem Falſett ſteigt der Sänger bis es und e; dieſe Stimmlage, bei Jedem biegſam, iſt es bei ihm im außerordentlichſten Grade; er handhabt ſie ebenſo leicht fließend, als in innigſter Verſchmelzung. In der Arie des Octavio geht er aus der auf F ruhenden Fermate mit dem Falſett nach A und durch einen Triller (der der Begleitung urſprünglich angehört) ins hohe B und ſo erſt mit leichter Wendung in die urſprüngliche Geſangspaſſage zurück. Dieſe kleine Abweichung, die Mozart ebenſo gern für den Sänger geſchrieben haben würde, wenn er ſich auf dieſen hätte ver= laſſen dürfen, darf man ihm mit vollem Rechte geſtatten. Dagegen ſind wir nicht einig mit der Ausführung der Haupt-

paſſage in derſelben Arie, die mit ruhiger Fülle der Stimme
und in ſanfter Bindung geſchehen muß, hier aber im Ueber-
hinſtreifen faſt verloren geht. Der Sänger hat ſie früher
vielleicht anders gemacht, jetzt entbehrt ſein Organ wol
der Stärke und Ruhe in der tiefern Lage (die er ſich
überhaupt durch den fortdauernden Gebrauch des Falſetts
verkürzt hat), um die Aufgabe der natürlichen Foderung
gemäß zu löſen. — Doch wir verlieren uns zu ſehr in Einzelheiten. Es wären noch zahlreiche Züge zu bezeichnen,
die ungemein lehrreich für die Theorie des Geſanges im Allgemeinen und für die Anwendung derſelben bei unſerm
großen Künſtler ſind (z. B. ſein unregelmäßiges, aber ſehr
bedachtes Athemnehmen mitten im Wort pal-piti in der Arie
von Pacini); allein dies würde uns hier zu Abhandlungen
führen, welche umſtändlicher in die Geſangslehre eingehen
müßten, als es der Beruf dieſer Blätter ſein darf. Wir
laſſen uns daher mit dieſen Andeutungen genügen, die um
ſo mehr ausreichen, als die Eigenthümlichkeit der Geſangs-
weiſe Rubini's ſo offen baliegt, daß im Grunde Jeder daſſelbe
Urtheil darüber hat, wenn ſich auch der verſchiedene Ge-
ſchmack oft ganz bivergirend darüber erklärt. Das glauben
wir aber als Theſis feſtſtellen zu dürfen, daß der Concertſaal das günſtigere Terrain für ſeine Kunſt bildet; es ſei
denn (was freilich kaum geläugnet werden kann), daß die
Bühne ſelbſt ſich mehr zum Concertſaal, als zur wirklichen
Darſtellung des Lebens und ſeiner tieferen Bewegungen und
Erſchütterungen, offenbar die höhere Aufgabe des Dramas,
geſtaltet habe. Dieſe Richtung hat die Oper überhaupt und
alſo auch mit ihr die Geſangskunſt ſeit Roſſini genommen
und ſelbſt die dagegen ankämpfenden Beſtrebungen in Compoſition und Virtuoſität, ja auch in der Kritik, haben vielleicht ſogar wider Willen und Bewußtſein Vieles davon in

sich aufnehmen müssen. Denn, wie man auch dem Einfluß der Zeitrichtung widerstrebe, mehr oder weniger wird man demselben mit unterliegen. Rubini ist ganz mit dem Strom der Zeit gegangen und hat sich so, von ihm getragen, vielleicht der glänzendsten Künstlerlaufbahn erfreut, die die letzten Jahrzehende gekannt haben; und er ist, gibt man ihm seine Richtung einmal zu, durch die meisterhafte Weise, in welcher er sich in ihr bewegt, diese glänzende Bahn auch mit vollkommenstem Recht gegangen.

Shakspeare's Sommernachtstraum mit Musik von F. Mendelssohn.

Die theatralische Wiederbelebung, welche die tragischen Schöpfungen der Griechen durch die anregende Auffoderung unsers Königs empfangen, ist jetzt auch einem Werke der romantischen Dichtkunst zu Theil geworden, dessen einzig phantastische Gestaltung Vielen mit der Wirklichkeit der Bühne unvereinbar schien. Shakspeare's Sommernachtstraum ist dem Gebiet, dem ihn der Dichter ursprünglich bestimmt hatte, zurückgegeben. Die luftige, ätherische Natur des Gedichts, die es von dem vielleicht allzufesten Boden der Körperlichkeit, auf den unsere Schaubühnen sich gestellt haben, ausgeschlossen hielt, ist wieder Fleisch geworden, es hat sich in voller, frischer Lebenskraft aufs neue mit der Welt vermählt. Keine Verwechselung und Umgestaltung der Zustände ist ganz ohne Opfer möglich; Gewinn auf der einen Seite zieht immer Verluste auf der andern nach sich, es kommt nur auf die Abwägung an, wo das Mehr oder Weniger liegt. Doch hier entscheidet die Wage, dünkt uns, ganz zu Gunsten des Geschehenen; vieles Anderen nicht zu gedenken, schon um dessentwillen, weil die reizende Macht des Gedichts nur auf diese Weise wieder eine öffentlich vertretene werden, die Weihe allgemeiner Stimmgebung empfangen konnte, die nur durch gemeinsamen Genuß, der überhaupt die wesentliche Bedingung dramatischer Lebendigkeit eines Werkes bildet, möglich ist. Das Gesetz der Schwere, welches den Massen eine überwiegende Kraft und Anziehung verleiht, gehört nicht der Körperwelt allein an, es findet seine Anwendung auch auf die geistigen Gewalten und die gleichzeitig erregte Stimmung und Gesinnung großer Vereinigungen ist das unzerbrechliche Bündel Pfeile, die vereinzelt, wenn auch jeder Einzelne stärker, geknickt werden. — Gehen wir zu dem Werk selbst über. Die Formen unserer Bühne, die nicht blos zufälligen, sondern auch innerlich nothwendigen Foderungen unserer Gewohnheit, Sitten, Bildung an dieselbe gehorchen, haben freilich eine sehr verschiedene Gestalt angenommen von denen, welche sie zur Zeit der Entstehung des Gedichts hatten. Was wir gewonnen, was wir verloren haben, komme hier nicht in Betracht; genug, die Zustände sind abweichende und rechtfertigten daher auch wol manches Bedenken über den Erfolg, weckten manche Foderung an die formelle Behandlung, die sich zu jener Zeit nicht erzeugte. Wie wir es schon bei der Behandlung des Goethe'schen Faust durch den Fürsten Radziwill als einen aus der innersten Natur des Werkes hervorgegangenen Gedanken anerkennen mußten, daß die Musik sich demselben gesellte, so auch hier. Diese Kunst hat seit Shakspeare's Zeiten eine völlig andere Bedeutung und ein anderes Recht für die Welt gewonnen, als damals; sie ist ein neuentdeckter Welttheil geworden, ein weites, mächtiges, das volle Gegengewicht des Erdballs herstellendes Festland, statt einiger vereinzelten Inseln, auf denen sie in jener Zeit ihre wenig bedeutende Herrschaft übte. Sie wird jetzt die nicht zu entbehrende Ergänzung alles Dessen, was

veränderte Zustände in dem innigen Zusammenhange des
Gedichts mit seiner Verwirklichung auf der Bühne gestört
haben. Sie wird die Bundesgenossin unserer Phantasie,
unsers ganzen künstlerischen Nervensystems, das durch die
schärferen Reize, welche zwei Jahrhunderte auf die sich entwickelnden Potenzen des geistigen Lebens geübt haben, ein
völlig verwandeltes ist und anderer Erregungen, anderer
Nahrung bedarf. Das «Tempora mutantur et nos mutamur
in illis» darf bei künstlerischen Betrachtungen nie außer Acht
gelassen werden. Darin liegt nicht nur die vollständige Recht-
fertigung einer innigeren Verschmelzung des Gedichts in Rede
mit der Musik, sondern die vielleicht unabweisbare Foderung
dazu. Sie leiht die Flügel, auf denen uns die Dichtung
über die Kluft zweier Jahrhunderte, die sie uns in eine un-
deutlichere Ferne gerückt, wieder zur vertrautesten Nähe herüber schwebt. Die Lösung dieser Aufgabe konnte keiner be-
ruferneren Hand zufallen, als der, welche sie mit so glücklicher
Meisterhaftigkeit vollbracht hat. Es war für den Componisten eine unstreitig ihm durch innerstes Bedürfniß zuge-
wiesene künstlerische Lebensbestimmung, die er selbst bereits
in seinen frühesten Entwickelungszeiten erkannt und die Berechtigung dazu durch die uns Allen so bekannte Ouvertüre
nachgewiesen hat. Sie enthält die Grundzüge des Ganzen,
fast alle musikalische Hauptelemente des Gedichts in concentrirter Kraft zusammen; daher webt sie auch mit vollem
Recht ihre Fäden durch das ganze Werk und zeigt sich als
dessen stets aufmerksame, bewachende, gewissermaßen be-
schützende Begleiterin, die mit sorglicher Schwesterliebe jeden
Reiz zu erhöhen, jeden Mangel zu verhüllen strebt. Es
scheint uns, selbst rein musikalisch genommen, des Componisten eigenster Beruf gewesen zu sein, gerade diese Bahn
zu wandeln, da die Natur seines Talents unserer Meinung

nach auf keiner eine so glückliche Uebereinstimmung mit den
daran gestellten Foderungen überhaupt gezeigt hat wie hier.
Seine geistvolle Betrachtung der Kunst im Allgemeinen,
seine wissenschaftliche Meisterschaft in der Musik insbesondere,
edler Sinn und feinster musikalischer Geschmack haben ihn
überall richtig, überall zum ehrenvollen Ziele geführt; doch
so leicht, so natürlich scheint ihm der Weg nirgend geworden als hier. Es deutet sich dies auch in mehrern seiner
anderen Musikwerke an, wo gerade die der hier waltenden
romantischen Auffassung verwandten Elemente stets die eigen-
thümlichst hervortretenden sind; wir gedenken dabei z. B.
einiger Sätze in seinen Quartetten. — Auf das gegenwär-
tige Werk zurückzukommen, so hat ihn dasselbe außer der
Ouvertüre zu einer Anzahl ausgeführter Musikstücke in verwandter Gattung, wie sie durch das Gedicht bedingt ist,
aber doch von völlig selbständiger Charakteristik, veranlaßt.
Die Ouvertüre steht natürlich einleitend an der Spitze des
Ganzen. Der erste Act oder das Vorspiel (denn man hat
die Shakspeare'sche Eintheilung in fünf Acte insofern in
eine dreitheilige verwandelt, als man die drei Mittelacte in
einen, nur durch Musik leicht getrennt oder besser verbunden,
zusammengezogen hat) bleibt ohne Musik. — Der zweite,
die Vorgänge im Walde, dem Reich der Elfenzauberkraft,
wird durch ein phantastisches Instrumentalstück eingeleitet.
Ein luftig leichter Elfenmarsch, Elfentanz nennen wir ihn
lieber, bezeichnet die Ankunft Titania's und ihrer kleinen
graziösen Schar von Begleitern. Die glücklichsten musikalischen Auffassungspunkte hat der Componist dem auf den
ersten Blick sich als der Musik fast unzugänglich darstellenden Elfenliebe, mit dem sich Titania in Schlummer singen
läßt, abgewonnen. Mit wahrhaft dichterischer Kraft hat er
das ganze äußere Gebiet, gewissermaßen den landschaftlichen

Hintergrund, auf dem diese Dichtung ruht, in musikalische
Formen zu übersetzen und mit den Worten des Liedes zu
verschmelzen gewußt. Es dünkte uns diese Nummer fast die
erfindungsreichste zu sein, wenn überraschende Neuheit mancher späteren uns nicht in unserer Wahl zweifelhaft machte.
Zwei im Wesen melodramatische Nummern, doch größere
selbständige Instrumentalstücke, knüpfen sich an das Suchen
Hermia's nach dem verschwundenen Lysander und an die
Entzauberung der Liebespaare. Ein wunderschöner Marsch,
prächtig instrumentirt (wie überhaupt die Kunst der Instrumentation in außerordentlichster Vollkommenheit in dieser
Musik erscheint), leitet die hochzeitlichen Vorgänge im Palast
des Theseus ein; endlich knüpft sich auch ein scherzend-tra-
gisches Melodram an die Darstellung des Pyramus und
Thisbe durch die Handwerker und der Componist hat hier
sogar die musikalische Ironie und Verspottung einmal durch
höchst klägliche Melodie, dann durch Anwendung herzzer-
reißender falscher Quinten mit bester Laune in Thätigkeit gesetzt. Ein Elfenchor schließt das musikalische Ganze,
dem sich die stets zur rechten Zeit und mit sicherster Charakteristik eingreifende Ouvertüre kunstreich unterbaut, auf
eine würdig vollendende Weise. Die Musik, so fein und
geistvoll, mit so vielen nur in den Tiefen der Kunst auf-
zufindenden Schätzen sie bereichert ist, hat doch einen so ausgeprägten Charakter, daß sie der Popularität (die höchste
Eigenschaft eines Kunstwerks, wenn es zugleich die höchsten
Anfoderungen des bewußten Kunsturtheils befriedigt) gewiß
ist. — Das Kunstwerk hat seine goldene Aechtheit für mich
stets dadurch hauptsächlich bewährt, daß es die Phantasie
zur unbedingtesten Foderung für seine Auffassung stellt, daß
es, allen prosaischen Rechten der Wirklichkeit entsagend, den
Glauben an das wunderthätige Recht der Poesie zur Grund-

bedingung seines Daseins macht. Wer diesen nicht mitbringt, dem ist gewißlich nichts und nirgend etwas damit
gesagt. Für ihn ist es nicht da, weil ihm die Sprache fehlt,
in der es zu uns redet; aber der Glaube ist es, der auch
hier die Berge versetzt, die sich zwischen diesen buntgewebten,
luftigen Traum und die mit Händen ergreifbare Welt der
Materie thürmen. Die Voraussetzung dieses Glaubens bei
seinen Hörern ist die ächteste dichterische Bewährung für
den Schöpfer des Werkes. Diesem, das Ganze in leichter
Schwebung tragenden dichterischen Gedanken gesellt sich die
Fülle der einzelnen schönen Gestaltungen. Schon A. W.
Schlegel hat, besonders in Beziehung auf dieses Gedicht,
auf den unerschöpflichen Reichthum an Lieblichkeit und an-
muthvollem Reiz aufmerksam gemacht, den der so lange nur
für rauh und schroff gehaltene Dichter besitzt. Die Richtigkeit
seines, noch immer das sicherste Maß, die zuverlässigste Leitung in der dramatischen Literatur abgebenden Urtheils hat
sich uns bei diesem Anlaß aufs neue in vollständigster Kraft
bewährt. Die Vielkräftigkeit des Genies (wie Jean Paul
sich ausdrückt) zeigt sich am schönsten in der Verschmelzung
anscheinend unvermählbarster Gegensätze; so hier in der Ver-
webung der zartesten, in zauberischen Duft gehüllten Traum-
gebilde, mit den derbsten Gestalten des Altagslebens; denn
kaum irgendwo hat der Dichter Portraitirungen daraus mit
so scharf ausgeprägter, ungeschminkter Wahrheit gegeben, als
hier. — Dazu die schöne, anmuthige Mittelstufe gebildeter
Menschlichkeit, z. B. die feine weibliche, sittlich edle Haltung
Hermia's und Helena's, bei aller schärfsten Ironie gegen
weibliche Schwächen (in der Scene ihres Zwistes). Wo
sollen wir enden, wenn wir alles Einzelne, was sich uns
im verschiedensten Gebiet dichterischer Anregungen hier bewundernd aufdrängt, anführen sollten? Nur noch einige

berichtende Worte über die Art, wie das Gedicht in Scene
gesetzt ist. Das Theater ist im Allgemeinen ganz in der
bei uns üblichen Weise behandelt. Die erste Scene stellt
eine Halle im Palast des Theseus dar; die zweite eine
Werkstätte. Die in einen zusammengezogenen drei Mittel=
acte geben uns als Decorationsbild einen Wald mit tiefem
Blick in dessen Inneres und auf den landschaftlichen Hin=
tergrund. Die einzige nicht ganz gewöhnliche, aber doch auch
schon öfter gebrauchte Einrichtung ist die, daß einige Theile
der Scene erhöht sind, oder vielmehr eine Anhöhe dargestellt
ist, wodurch die gleichzeitigen Vorgänge klarer versinnlicht
und besser getrennt werden. Zum Schluß kehrt die erste
Decoration wieder. Hinsichtlich des Costüms hat man den
Elfen und Geistern ihr gewöhnliches schon oft in Anspruch
genommenes Theaterrecht gelassen. Für Theseus sind die
Ansprüche auf Griechenlands Nationalität aufgegeben und
man hat, der berechtigten dichterischen Annahme Shakspeare's
folgend, die sich auch von allem streng Historischen und
Mystischen entfernt hält, den König von Athen und seinen
Hofstaat in eine ganz willkürliche Zeit versetzt. Trotz der
Erwähnung des Vetters Herkules und einiger anderer Hin=
deutungen auf die griechische Fabelwelt ist die sogenannte
spanische Tracht gewählt worden und der Hof von Athen
gleicht dadurch einem der vielen durch den Dichter, kraft
seines Rechts und seiner Macht, improvisirten Fürstenhöfe. —
Die Besetzung dieses in so viele geisterfüllte Antheile zer=
fallenden Gedichts bot keine geringen Schwierigkeiten dar.
Dem Werke war indeß, wie es auch nicht anders voraus=
gesetzt werden durfte, jede trefflichste Ausstattung geworden,
die unsere Bühnenkräfte nur aufbringen konnten. Daß diese
unter der Leitung Ludwig Tieck's, der mit seiner tiefen Ver=
ständniß des Gedichts die Obhut der Ausführung in Ge=

meinschaft mit dem Componiſten übernommen, ſo zum Vortheil des Ganzen verwendet wurden, wie es die einzelnen
Befähigungen nur immer zuließen, bedarf keiner Frage. Die
muſikaliſche Ausführung war, wir möchten faſt ſagen, eine
vollkommene zu nennen. — So hätten wir denn der von
höchſter Stelle ausgehenden Anregung abermals die lebendige Erſcheinung eines der ſchönſten dichteriſchen Werke zu
verdanken, welches ſich in dem geiſtigen Schatz und Erbe
des Menſchengeſchlechts befindet; es iſt aus langem Halb-
ſchlummer (ſo dürfen wir wol ſein nur in dem Einzelgenuß
fortgepflanztes Leben nennen) zur freientfalteten friſchen Kraft
geweckt worden und wird dieſe, wir zweifeln keinen Augenblick, mit zauberiſcher Gewalt weithin durch Zeit und Oert-
lichkeit geltend machen. Wenn die Werke des Sophokles
und Euripides, die ihre Auferſtehung dem gleichen Ruf verdanken, ihrer Natur nach ſich nur einem kleineren Kreis von
Hörern zum bewußten Genuß darbieten konnten, ſo trägt die
Dichtung Shakſpeare's dagegen ein unverkennbar volksthüm-
liches Element in ſich, das ihr, da es ſich, wie wir ſchon
oben ſagten, in der Muſik wiedergeboren hat, eine ungleich
weitere Verbreitung und längeres Haften in der Reihe gei-
ſtiger Genüſſe ſichert. Wir glauben, mit Einem Wort, daß
keine Bühne Deutſchlands die Darſtellung verſäumen werde,
ja vielleicht geht (wie dies ſchon im Allgemeinen durch die
Anerkennung, die der hohe Dichtergenius des verwandten
Volkes in der deutſchen Literatur gefunden hat, geſchehen iſt)
eine rückwirkende Kraft von uns nach Shakſpeare's Ge-
burtslande hinüber und das Wort, welches hier das belebende „Werde" zum neuen Erſtehen der Dichtung rief, klingt
bis jenſeit der Meereswellen nach und ſtiftet ihr auch dort
den Tag der Wiedergeburt.

Uebersicht des Jahres.

Die Virtuosität wurde gleich im Beginn höchst glänzend vertreten durch Rubini und Liszt; ihnen folgten Döhler, der junge Pianist Russo, die blinden Sängerinnen Bruns und Brauns, von denen die erstere sich späterhin trefflich ausgebildet hat, der Pianist Constantin Decker (ging nach Rußland), der Cellist di Dio, der Flötist Briccialdi, der wackere Geiger Riefstahl, der treffliche Remmers (1847 im Haag verstorben) und Molique, der uns auf der Durchreise nach Rußland besuchte. Für das Theater wurde Dlle. Marr gewonnen, sie debütirte als Amazili im Cortez. Als Gäste traten auf, Herr Schmezer, Pauline Viardot (mehr als Concertsängerin) und Frau Köster-Schlegel. — Meyerbeer studirte Gluck's Armide und Spohr's Faust neu und glänzend ein. — Ein würdiges Werk, das zur Darstellung kam, war die Medea des Euripides mit Musik von Taubert, auf Wunsch des Königs ebenso behandelt wie Antigone. Desgleichen Shakspeare's und Mendelssohn's Sommernachtstraum (siehe die Beurtheilung). — Die Sinfonie-Soiréen, sowie die Zimmermann'schen Quartettabende bildeten die Sammelpunkte für das ausgewählteste musikalische Publicum. An kirchlichen Aufführungen sind zu nennen: Des Heilands letzte Stunden von Spohr, Händel's Alexanderfest und die Oster-Oratorien.

Jahr 1844.

Concert.
Die Geschwister Milanollo.

Berlin, 3. März.

Mozart's Ouvertüre zu Idomeneo begann das Concert mit der Fülle ihrer Pracht und ihrer erhabenen Gedanken.

Dlle. Krahmer, die schon mehr erwähnte junge Sängerin, unterstützte es durch den sehr löblichen Vortrag der Arie «dove son' i bei momenti» aus Figaro und der großen Arie der Elvira aus der Stummen von Portici. Den übrigen Theil des Concerts trugen die Geschwister Milanollo allein. Das Technische dabei ist bald abgethan. Wir fodern das schärfste Ohr des strengsten Musikers heraus, ob es einen unreinen Ton gehört? Wir fragen, wer nennt uns Den, der seinem Instrument einen wohllautenderen Klang, einen süßeren Zauber entlockte, gepaart mit so edler Fülle? Wer kann uns auch nur eine mißlungene Stelle bezeichnen? War nicht Alles Grazie, Seele, Kraft, Keckheit, Innigkeit, Humor? Wer nennt uns den Virtuosen unter den Lebenden, von dem behauptet werden könne, er werde irgend eins der vorgetragenen Stücke besser spielen? Kaum zwei eben so schön! Wer scherzt anmuthiger und muthwilliger, wer haucht frommerer Weise eine frommere Seele ein? — Aber wollte ich statt aller dieser Fragen mich mit dem Einen Wort begnügen, daß das Spiel dieser wundervoll begabten Kinder ein durchaus vollendetes sei, an Schönheit wie an sicherer Fertigkeit; so wäre damit wirklich gar nichts gesagt, von der Eigenthümlichkeit des wunderbaren Eindrucks nichts wiedergegeben! Wie uns auch die Wunderkinder der Virtuosität zuwider geworden sein mögen, da sie durch Ueberzahl auf das Niveau gleichgültiger Allgemeinheit herabgesunken sind, man muß doch wieder glauben, an schöne Wunder glauben in der Kunst! Wohl uns, daß uns dieser Glaube hier zurückkehrt, uns von den trockenen Pflichten des Wissens und Urtheils entläßt, uns gestattet, uns frei in das freie Reich der Phantasie zu schwingen, dieser ursprünglichen Heimat aller Kunst! Denn es ist hier mit der bloßen Zergliederung der vollendeten Vir-

tuofität nicht abgethan; die Art, wie fie in der Gestalt zweier
jungen Mädchen, deren eines noch halb, das andere ganz ein
Kind ist, zur Erscheinung kommt, verleiht ihr die eigenthüm-
lichste Bedeutung. Aber wie schwer ist diese so liebliche als
wunderbare Erscheinung in Worten zur Anschauung zu
bringen! Vollends Diejenigen, welche ihr fern geblieben,
von ihrer Wirkung zu überzeugen! Die Töne gewinnen
einen andern Reiz, eine gehobene Bedeutung, wenn sie so
unmittelbar aus kindlicher Seele zu quellen scheinen, in Unschuld, gewissermaßen in frommem Gehorsam gegen einen
höhern Beruf sich aus der Tiefe des Gemüths in die Welt
wagen! Solche Art der Kunst läßt sich nicht lehren, nicht
lernen, sondern höchstens pflegen und entwickeln; sie ist eine
unmittelbar göttlich eingegebene. Die kalten, lästigen Formen der Virtuosität erhalten hier eine Weihe, ein geläuter-
tes Leben; nicht in vulkanischer Glut, sondern in heiliger,
blütewedender Sonnenwärme. Gleich einer weißen Rosen-
knospe erscheint die ältere der Schwestern und ihre Töne
sind ihr Duft; das jüngere, blaßrothe, muthwillige Knöspchen
schimmert schon in lebhafteren Farben. Die beiden Schwestern sind geistige Töchter Paganini's; sie bringen uns den
Glauben an eine musikalische Seelenwanderung ab. Die
Seele des alten italienischen Zauberers ist in dieses Geschwi-
sterpaar hinübergegangen; doch geläutert von düsterer Wildheit der Leidenschaften blüht sie im verjüngten, reinen Reiz
zu höherer Bedeutsamkeit und Entwickelung empor. — Raphael hat diese lieblichen Wunderbilder in prophetischer Künstlergabe vorausgeschaut und dargestellt im rosigen Gewölk,
wie sie die heilige Jungfrau mit Tönen empfangen! Doch
sucht nach Bildern und Gleichnissen wie ihr wollt, nennt
die anmuthigen Gestalten Violin-Sylphiden, vergleicht sie
einem Lilienschwesterpaar, das neben einander blüht und duf-

tet — ihr werbet das Räthsel des Wunders nicht lösen,
es wird nur in neuer, verwandelter Gestalt vor euch stehen —
sein innerstes Geheimniß verräth es nicht! Doch wie reizend
seine Wirkung auf uns auch sei —, ein künstlerischer Schmerz
läßt sich dabei nicht unterdrücken. Die Knospen werden
voller auf-, die Blumen endlich abblühen und doch ruht
gerade die süßeste Anmuth in diesem kaum halb entwickelten
Frühlingsreiz! Läßt sich aber auch dies Schicksal alles Sterblichen nicht abwenden, so kann doch ein Wunsch erfüllt werden, den wir für die beiden jugendlichen Gestalten hegen:
Möge die Kunst, die sie jetzt mit so reinen Flügeln hebt
und schirmt, sie behütend durch das ganze Leben geleiten,
die ächte, heilige Cäcilie ihre Schutzgöttin sein und alles Un-
heil, alles Unreine von ihrem schönen Dasein abwenden, bis
ihnen das schönere blüht! — Lasse man uns heut diese
Träume über die wunderbaren Traumgestalten; wir werden erwachen und deutlicher, vernünftiger und — nüch-
terner sprechen!

Abschiedsconcert der Geschwister Milanollo.

In mehr als siebzehn Jahren, seit Referent über die
musikalischen Ereignisse Berlins in diesen Blättern Bericht
erstattet, hat er nicht ein so gefülltes Concert gesehen. Selbst
die gedrängtvollen Concerte Liszt's und die größeren Oratorien und Sinfonie-Soiréen, wobei man doch die Vorsäle benutzte, hatten noch einzelne Räume leer gelassen, oder die
vorhandenen waren nicht so bis auf den letzten Quadratfuß
ausgebeutet. Diesmal aber waren alle anstoßende Säle
und Logen mit einer gedrängten Schar von Hörern besetzt,
die Gerüste thürmten sich sogar in dem Eingangssaal zum
Orchester bis zu der Fensterwand hinan und selbst in den

Logen dieses Saales, die bisher vielleicht noch nie benutzt
worden sind, sah man Zuhörer, die sich mit dem reinen
Hören begnügen mußten, da vom Saal selbst oder den Con-
certgeberinnen von dort aus nichts zu entdecken war. — Das
Orchester selbst war durch eine Corona von Hörern umgeben
und fand sich in der Mitte derselben auf einen ganz engen
Raum zusammengedrängt; von demselben erhob sich eine kleine
Tribüne und hier erblickte man die lieblichen Gestalten der
Schwestern, wie in der Mitte des ganzen Raumes schwe-
bend, und jedes Auge heftete sich an ihre Mienen und Bewegungen, jedes Ohr lauschte ihren Tönen. Es war eine
gedrängte, gespannt horchende Volksversammlung um zwei
wunderbare, holde Erscheinungen aus fremden, ungekannten
Gegenden. Eine heilige Stille schwebte über die Menge,
wenn die sanften Töne des Adagios der älteren Schwester
erklangen, in den ernsten, phantastischen Schöpfungen Vieux-
temp's, in dem süß anschmiegenden, frommen Schlummer-
liede. Und lebendige Lust malte sich in Blick und Mienen, wenn die frische Klarheit der jüngeren mit verwegener
Anmuth die Zauber ihres Spiels walten ließ! — Doch es
wäre vergeblich, wenn wir versuchten, das so oft Geschilderte
in neuer Weise zur Anschauung Derer zu bringen, die nicht,
vielleicht nie, Zeugen desselben gewesen. Wir hätten immer
nur dasselbe zu sagen, denn unser Eindruck im Einzelnen,
wie unser Gefühl im Ganzen ist vom ersten Augenblick bis
zum letzten derselbe geblieben, ein Anerkennen in Staunen
und Rührung des holden Wunders, das sich in der Einfachheit dieser kindlichen Naturen, gepaart mit der höchsten
künstlerischen Begabtheit, verkündigt hat. Wenn wir ihnen
daher zum Schluß in anderer Weise, als es sonst üblich,
Wünsche des Lebewohls weihen, so möge man, wenn man
nicht, wie wir von den Meisten hoffen, unsere Gefühle und

Gesinnungen völlig theilt, sie uns vergeben und sie unter
ihrer Ueberschrift freundlich dulden:

Statt einer Kritik.

Zwei Knospen, die die Blüte kaum erschlossen,
Gepaart zu holdem, schwesterlichem Bild,
Zwei Friedensengel scheint ihr, ernst und mild
Von reiner Lilie lichtem Kleid umflossen.

Viel Thränen sind bei Eurem Spiel geflossen,
Es trocknete *) auch manche Thräne mild,
So hat es höchsten, bittern Schmerz gestillt,
Wie sollten Euch nicht Dankes-Kränze sprossen?

Und Wünsche mögen das Geleit Euch geben,
Die als Gebet zum Himmel aufwärts schweben:
Du, der die Herzen rein behütend wahrte,

Zur Wundergabe heil'ge Reize paarte,
So leite ferner durch das Thal der Erden
Ihr Wandeln. „Laß sie scheinen, bis sie werden!"

Königliches Theater.

Das funfzigjährige Jubiläum der Zauberflöte, d. h.
ihrer Darstellung auf der Bühne Berlins, wurde am Sonn-
tage, den 12. Mai, vor einem so zahlreichen Publicum, als
das Haus zu fassen vermochte, durch eine Aufführung des
Werkes gefeiert, für welche die Bühne alle ihre besten Kräfte
in Anspruch genommen hatte. Ein solcher Festtag ist nicht
ein Tag des Urtheils, er ist einer der künstlerischen Freude
und Erhebung; daher gönne man es uns, in unserm Bericht
diesen Empfindungen allein zu folgen und das kritische Amt
für diesen einen Tag niederzulegen. Zuerst ist das Datum
der Aufführung merkwürdiger, als man glauben sollte. Am

*) In zahlreichen Wohlthätigkeitsconcerten.

12. Mai 1794 hörte Berlin die Zauberflöte zum ersten
Male und — ihr Schöpfer war schon über zwei Jahre todt
und sein populairstes Werk schon seit drei Jahren in Wien
gegeben. So langsam verbreiteten sich damals Kunstwerke,
trotz des beispiellosesten Erfolges; nicht die schlechtesten Werke
heutiger Zeit sind oft rascher vergessen, als die Zauberflöte
bekannt wurde! — Obgleich Mozart seine Oper für ein
wiener Volkstheater geschrieben hatte und sie anspruchslos
jenen heitern, damals so beliebten scherzhaften Zauberspielen
anreihte, so ist doch keines seiner Werke so schwierig auszuführen als dieses. Ganz eigene Umstände haben dies veranlaßt. Einerseits schrieb er für ein besonders organisirtes
Personal und darunter für eine Sopran-Sängerin, deren
Höhe zu den seltensten Ausnahmen gehörte; nächstdem sind
zwei gute Sängerinnen für die Partien der Pamina und
Papagena erfoderlich und sechs, darunter zwei gute, hohe
Soprane für die Damen und Genien, falls nicht die reizendsten und auch zum Theil schwierigsten Musikstücke in
mangelhafter Ausführung verloren gehen sollen. — Diese
Schwierigkeiten haben sich für uns gehäuft, je mehr wir den
unschätzbaren Werth des Werkes zu empfinden gelernt haben,
also die Foderung stellen, daß es in allen seinen Theilen
wahrhaft künstlerisch bedacht sein solle. Unsere Bühne hatte
nun das Mögliche gethan, um diesen schwierigen Foderungen
zu genügen; alle Rollen waren mit den besten Mitgliedern
besetzt, die eben anwesend waren. Da diese Feier auch ein
historisches Ereigniß ist, so sei uns gestattet, wenigstens die
Hauptnamen hierher zu setzen. Dlle. Marx: die Königin
der Nacht, Dlle. Tuczek: Pamina, Herr Zschiesche: Sarastro,
Herr Pfister (da Herr Mantius auf Urlaub ist): Tamino,
Herr Schneider den Papageno (für den erkrankten Herrn
Blume), Dlle. Grünbaum die Papagena (außer der zwei-

ten Dame, die sie auch übernommen hatte), Herr Fischer
den Monostatos, Herr Behr den Sprecher, die Herren Hein=
rich und Mickler die geharnischten Männer. Die drei Da=
men waren in der Hand der Dlles. Hofkunst, Grünbaum
und Hähnel; also in der vollkommen durchgebildeter Sänge=
rinnen. Die Genien wurden von drei der besten Mitglieder
des Chors gesungen. Herr Kapellmeister Hennig dirigirte.
Soweit hatte die Verwaltung für die feierliche Begehung
des Tages gesorgt. Andere Veranstaltungen waren nicht
getroffen. Nur Herr Schneider übernahm es, in dem freien
Recht seiner komischen Partie seine Rolle mit einigen Wen=
dungen in Bezug auf den Tag auszustatten und gleich im
Anfang sein eignes Mitwirken für das Fest sehr bescheiden
zu bezeichnen, da er sich nicht unter die funfzig Singvögel
für die Jubelfeier der Mond=Sphären=Musik bei der Königin
der Nacht mit inbegriffen zählte, sondern sich nur für einen mit
gutem Willen zu singen erklärte. Eine in der That rührende
zweite Anspielung war von ganz besonderer Art. Papageno fiel
aus der Rolle, die Wirklichkeit um ihn her ergriff ihn plötz=
lich, er sah Gegenwart und entfernte Vergangenheit zugleich,
denn er entdeckte in der Loge eines ausgezeichneten Kunst=
beschützers seine Papagena der ersten Aufführung vor funf=
zig Jahren und die Pamina, die ihr damals zur Seite ge=
standen, neben ihr! Mit deutlicheren Worten, Mme. Müller,
geb. Helmuth, eine treffliche Sängerin, die noch in Vieler
Andenken lebt und die am 12. Mai 1794 die Pamina bei
der ersten Vorstellung gesungen, war nebst Mme. Baranius,
welche damals die Papagena sang, anwesend. Ihnen brachte
der Papageno von heut einen Gruß, Dank und Wünsche
dar, die von dem lebhaftesten Beifall des Publicums beglei=
tet wurden. — Was nun die Darstellung selbst anlangt,
so können wir nur sagen, daß Jeder mit regsamem Eifer,

nach beſten Kräfte wirkte und daß das Publicum von der unvergänglichen Friſche der reizenden Muſik ergriffen ſchien, wie vielleicht bei der erſten Aufführung. Nein! So doch wol nicht. Referent hatte zufällig an dem Tage eine Dame geſprochen, die jener erſten Aufführung beigewohnt und von ihr die Schilderungen des Entzückens vernommen, von dem die Hörer zu jener Zeit ergriffen waren. Anders hat das Werk alſo doch gewirkt, als es, ſeiner Zeit und ihren Schöpfungen ſo hoch voraus, jugendfriſch, wie die jugend-liche Pallas, aus dem Haupt dieſes Zeus der Muſik ent-ſprang!

Am Schluß der Darſtellung wurden „Alle" gerufen und erſchienen in einer Gruppe auf der Bühne. — Referent ſeiner Seits war bei Abfaſſung dieſes Berichts nun ſehr begierig, zu leſen, wie ſich die Kritik vor funfzig Jahren zu dem Werke geſtellt hatte. Er ſchlug ſich die Voſſiſche Zeitung vom Mai 1794 auf und las darin — nichts, nicht einmal eine An-kündigung der Aufführung! Allein die Spuren der Wir-kung fand er doch in einigen ſpäteren Blättern, durch An-zeigen über Anzeigen der hieſigen Muſikhandlungen, unter denen die ſeines Vaters voranſteht. — Wenn man dieſe Zuſtände vergleicht mit den Demonſtrationen, welche jetzt ein Werk oder der Verfaſſer deſſelben veranlaßt, wenn es in die Oeffentlichkeit tritt, dieſe Flut von Kritiken, lobprei-ſenden und feindſeligen — lobt es uns ſonderlich, wenn unſere Werke trotz alle dem nicht auf unſere Enkel kommen, während die Zauberflöte uns friſch und jung geblieben iſt, ohne daß auch nur eine Anzeige in den Zeitungen ihrem Eintreten in die Welt zu Hülfe kam? — Ich will aber nicht mit einer Frage ſchließen, ſondern mit einem Wunſche, dem, daß die Darſteller des Werkes an ſeinem funfzigjäh-rigen Jubiläum ſo glücklich ſein mögen, wie die beiden Dar-

stellerinnen vom 12. Mai 1794 und ihrerseits das hundertjährige Jubelfest der Oper erleben mögen! Daß diese selbst
jenen Tag in Ruhm und Glanz schaue, dazu braucht es
unserer Wünsche nicht, sie sorgt selbst für sich.

Concert.

Berlin, 2. November.

Die Reihe der würdigsten, rein musikalischen Kunstge-
nüsse, welche uns unsere Hauptstadt bieten kann, hat am
Donnerstag mit der ersten Sinfonie-Soirée, unter Leitung
des Herrn Generalmusikdirector Mendelssohn, begonnen. Seit
den drei Jahren, wo diese Soiréen sich zuerst durch freies
Zusammentreten der königlichen Kapelle unter Herrn Kapellmeister Hennig und Herrn Musikdirector Taubert gebildet
haben und man den Anfang damit machte, die erlesensten
Kräfte und das sorgfältigste Studium auf diese Schätze unserer vaterländischen, deutschen Kunst zu verwenden, die ihr
fast als ausschließliches Eigenthum gehören, da keine Nation
außer der unsrigen etwas Mehreres als einzelne Erscheinungen und Versuche in dieser, auch als Gattung so hoch
vollendet dastehenden Instrumentalmusik aufzuweisen hat;
seit den drei Jahren sind allseitig die außerordentlichsten
Fortschritte in der eingeschlagenen Richtung gemacht. Der
berühmte Dirigent, der diese Concerte jetzt vorzugsweise leitet, gab ihnen einen vermehrten Schwung nicht nur durch
das Uebergewicht seines Ansehens, sondern auch durch das
seiner Einsicht, Fähigkeit, Verständniß, Erfahrung und eifrigen Bemühung. Die Kräfte unsers Orchesters übten sich
zu einer reineren Vollendung hinan; mit der Freude am
Gelingen wuchs der Eifer im Streben und es zeigte sich
hier wie überall, daß Erfolge die wahre Lebenssonne der Lei-

ſtungen ſind. Aber auch das Publicum ging auf dieſer
Bahn des Vorwärts mit. Eine Reihe von Jahren hindurch
hatte ſich nur ein kleiner, auserwählter Theil der einſichtig-
ſten Muſikfreunde zum Genuß dieſer Kunſtwerke erhoben
und war ihnen in den Möſer'ſchen Soiréen, denen das große
Verdienſt zuſteht, die Sinfonie wieder einheimiſch bei uns
gemacht zu haben, mit treuer Anhänglichkeit gefolgt. Jeder
Winter begrüßte dieſelben Hörer wieder, deren Reihen ſich
indeß doch allmälig durch Wechſel der Verhältniſſe, ſelbſt
durch den Tod, zu lichten anfingen. Aus dieſer vereinzelten
Theilnahme wurde mit der erſten Reorganiſation vor drei
Jahren eine der Geſammtheit des Publicums; einer unſerer
größten Säle reichte kaum hin, die Zahl der Hörer zu faſſen.
Im verwichenen Winter blieb dieſer Stamm, der füglich als
eine Volksvertretung der Hauptſtadt in der Kunſt gelten
kann, völlig getreu und die Zahl der Andrängenden mehrte
ſich ſo, daß die Vorſäle geöffnet werden mußten. In dieſem Jahre hörte man allgemein das Bedauern, daß, trotz
der erfüllten Vorſäle, Viele, ſelbſt der älteren Theilnehmer,
vergeblich um Einlaßbillets bemüht geweſen ſind. Aber nicht
nur die Zahl der Theilnehmer iſt gewachſen, ſondern ihre
Theilnahme ſelbſt; die Werke werden ihnen vertrauter, ſie
folgen mit aufmerkſam begleitendem Ohr den leiſeſten Schattirungen der Ausführung. So iſt Das geſchehen, was wir
überhaupt von der Kunſt erwarten, ſie iſt mächtig bildend
in die Maſſe gedrungen, hat ihr Reich erweitert, ihre Verehrung geſteigert; ihr veredelnder Geiſt erſtreckt ſich über
eine größere Zahl und iſt tiefer in dieſe eingedrungen. Das
iſt ein Reſultat, welches allen Dankes werth iſt. Und nicht
in falſcher Richtung, nicht durch täuſchenden Glanz, der
innere Leere verbirgt, iſt es gewonnen, ſondern das Vorwärts richtete ſich nach den edelſten Zielen, die gegrabenen

Schätze sind der ächtesten Gediegenheit, des höchsten Werthes! So rufen wir denn dem Beginn dieser Versammlungen auch für diesen Winter ein frohes „Glück auf"! entgegen. Die erste bot uns (wie es in Allen der Fall sein
wird) lauter Kleinodien der Kunst dar. Haydn's Sinfonie
in Es, voll reinster, heiterer Sonne, klar, wohlthuend, an-
lächelnd, zugleich in Fülle der Kraft und Anmuth; zwei
Ouvertüren (Zauberflöte und Wasserträger), die ein halbes
Jahrhundert das Entzücken aller Hörer bilden, und ein Werk
aus der Fülle der schöpferischen Kraft Beethoven's, in dem
sich die Kühnheit der Gedanken noch mit einem reinen Gefühl des Maßes fast ununterbrochen innig verbindet. Die
Ausführung durchweg vortrefflich. Der Dirigent ist uns
besonders darin so ausgezeichnet, daß er nicht nur das feinste
Gefühl für den Vortrag in der Abwägung der Verhältnisse des Werkes gegen einander, in der Ausgleichung der
Instrumentalkräfte hat, sondern daß er, was erst zu der
höhern Lösung der Aufgabe führen kann, das Gewicht der
musikalischen Schönheiten so sicher empfindet. In der edlen
Richtung des reinsten Geschmacks, die er selbst in der Musik eingeschlagen, entgeht ihm zuverlässig kein feiner Zug der
Schönheit in der ganzen Fülle eines Tonwerks und er wird
ihn mit bestimmtester Sicherheit zur Geltung bringen. Oft
liegt in der Verwickelung der Stimmen, in der reichen Hülle
der Instrumentation der Kern eines Gedankens tief versteckt; sein scharfes Partiturauge übersieht ihn nie und sein
Ohr theilt ihm gerade das richtige Maß der Hervorhebung
zu, so daß das Einzelne klar heraustritt, ohne der Harmonie
des Ganzen irgend zu schaden. — Die Kritik wird durch
so sorgfältige Ausführungen gewissermaßen abgesetzt, wenigstens vom Amte suspendirt; denn es bleibt ihr nichts zu
sagen, als ein beistimmendes Ja und Amen! — Und was

den Genuß anlangt, den Referent aus den dargebotenen
Werken schöpfte? Darüber hätte er allerdings Manches,
ja Vieles zu sagen, doch auch nicht Kritisches, sondern nur
rein subjectiv Betrachtendes. Er zieht die beiden Ouvertüren nicht ins Spiel, sondern spricht nur von den Sinfonien.
Hier hat ihm wiederum Haydn die reinste Erquickung gewährt, obwol das gegebene Werk Beethoven's unter dessen
Arbeiten sich dem Stil seiner beiden großen Vorgänger am
nächsten anschließt. Beethoven ist der Componist der Jugend, des brausenden, gährenden, begehrenden Lebensalters,
des Alters unersättlicher Hoffnungen und Wünsche. Die
Jugend erfreut sich, sie bedarf jener Aufregungen, Aufstür-
mungen, in denen der große Genius seine mächtigen Wun-
derschwingen am liebsten entfaltet; doch wem die Sonne
durch den Meridian des Lebens gegangen ist, wer sie allmälig sich neigen sieht, wem der mild-warme Nachmittag,
der stille Abend naht — dem sind des alten liebenswürdigen Meisters heitere Auffassungen die willkommneren. Und
so fühlt der Verfasser dieser Zeilen, daß sich die Freundschaft
zwischen ihm und den Schöpfungen des patriarchalischen Alt-
vaters täglich inniger gestaltet. Er verläßt die Fahne der
Jugend, zu der er auch einst geschworen, und setzt sich unter den ruhig beschattenden Baum späterer Jahre. Doch
er begreift die Jugend (hofft es wenigstens), ohne sie — leider! — zu besitzen. Und so sei denn jedem Alter seine
Kraft, sein Genuß! Wo die Wahrheit, die ächte Weis-
heit wohnt? — wer weiß es! Sie saß verschleiert zu Saïs
und sitzt noch heut und wird sich keinem Alter, keinem Auge
jemals ganz enthüllen! — Mit diesen Gefühlen und Betrachtungen, die ihn weit, weit von der Kritik entfernten,
hörte und genoß Referent und war im Innersten dankbar
für Alles, was ihm geboten wurde! — Vorwärts denn,

immer weiter in der freien, sonnigen Kunstbahn! Wir wollen uns den Winter durch diese Genüsse erquicklich machen; doch im voraus verwahrt sich Referent gegen die Verpflichtung, stets als Berichterstatter mit der Feder in alltäglicher Gewohnheit bereit zu sitzen! Genießen wird er immer; ob er aber jederzeit den Genuß so breit- und weitschweifig wie heut, wo ihn die Neuheit des Reizes zur Schwatzhaftigkeit hinreißt — ob er überhaupt regelmäßig darüber sprechen wird, das sei dem bestimmenden Recht, oder der Laune des Augenblicks anheimgestellt.

Königliches Theater.

Norma. Jenny Lind.

Berlin, 15. December.

Endlich nach langem Entbehren einmal wieder ein künstlerisches Ereigniß, das wir mit wahrer Freude, mit tiefer gehender Theilnahme begrüßen können! Der jungen Sängerin, die uns diesmal nicht über das Eis der Alpen, woher schon längst der Gesang nicht mehr als reisender Zugvogel zu uns herüber will, sondern von dem Schnee nordischer Lande zugezogen, ging ein so großer Ruf voraus, daß es schwer war, ihn zu rechtfertigen, und doch, sie hat mehr gethan als das! Wie jede wahrhaft ausgezeichnete Kunsterscheinung trägt sie auch durchweg ihren eigenen, charakteristischen Stempel. Sie ist kein Nachbild irgend einer andern Künstlerin, sie ist eine völlig selbständige Erscheinung, die wir, sollten wir sie durch einen bezeichnenden Ausdruck feststellen, die vollendetste Weiblichkeit des Gesanges nennen würden. Wie jede reine Ausprägung des Schönen, vereinigt die Künstlerin ihre charakteristische Besonderheit mit dem

17*

vollſtändigſten Genügen aller allgemein zu ſtellenden Foderungen. Ihre Stimme, nicht ohne Fülle, doch mehr wohltönend als ſtark, bewegt ſich in den beiden Sopranoctaven
vom ein bis dreigeſtrichenen c mit anmuthvoller Leichtigkeit
und Sicherheit; nur eine leiſe Verſchleierung läßt ſich bisweilen in den mittleren Tönen bemerken, wogegen die Höhe
mit reinſter Silberklarheit anſpricht. Mit dieſer ſchönen
Naturgabe vereinigt ſie die gründlichſten Studien; ihre Ausſprache, obwol das Deutſche ihr wenig geläufig iſt, iſt wohlthuend rein und deutlich; ſie beſitzt ganz den Hauch des
Tons, der in der beſſern italieniſchen Schule beſonders das
Recitativ ſo zart färbt; der Melodie gibt ſie überall das
ſicherſte Maß der Accente, doch ihre höchſte Ausbildung zeigt
ſie in der Reinheit und perlenden Gleichheit der Paſſagen.
Wir haben dieſe ſchon ſchneller, doch nie vollendeter gehört.
Das wäre die Sängerin! Die Darſtellerin iſt ihr aber,
in plaſtiſcher Beziehung namentlich, vollkommen gleich an Trefflichkeit. Eine edle Anmuth bezeichnet jede ihrer Bewegungen,
die eben ſo weiblich ſind, wie der liebliche Ausdruck des
Geſanges, und dabei dennoch der Charakteriſtik, der Energie,
ja der imponirenden Macht nicht entbehren. — Man ſollte
nach dieſen allgemeinen Zügen des Bildes unſerer Künſtlerin
glauben, daß ſie am wenigſten zu einer Norma, einer ſo von
finſteren Dämonen getriebenen Geſtalt, geſchaffen ſei. Aber
gerade ihre Auffaſſung verſöhnt uns mit dieſem furchtbaren
Charakter; ſie fußt überall auf dem Element der Liebe, das
dieſe ſtolze Prieſterin einſt zu einer ſo demüthig beſiegten
machte, der Liebe, deren Licht immer wieder mit ſanften,
roſigen Strahlen mitten durch die düſteren Flammen des
Zornes und der Rache hervorbricht. Die Paſta gibt eine
Norma, vor der, unſere Künſtlerin eine, mit der wir beben.
Jene Kunſt iſt großartiger, ſtaunenswürdiger; dieſe feſſelt

uns süßer. — Nach diesen Grundeigenschaften stellen sich
auch die höchsten Gipfel der Rolle anders. Die Cavatine
«Casta diva» hat uns bisher noch nie eine Sängerin ganz so
gesungen, wie sie uns gedacht scheint; unsere Darstellerin ist
die erste, welche die so leicht scheinende Aufgabe löst. Sie
gibt der Melodie das bleiche, romantische Mondlicht, unter
dessen Einwirkung sie gedacht ist; und sie weiß dieses Colorit selbst in dem schwierigen, an sich minder schönen, mechanischen Theil beizubehalten, der zugleich für sie der höchste
Triumph seelenvoller Behandlung der Passagen, reiner Ausführung der chromatischen Gänge ist. Die Sängerin erreichte hier, was noch keiner unsers Wissens bei uns begegnet ist, daß die Arie Dacapo verlangt und die Künstlerin danach mitten im Act gerufen wurde. Möchte diese
Barbarei des Beifalls, der allen dramatischen Zusammenhang
des Kunstwerks zerstört, indeß bei uns nicht heimisch werden!
Die Künstlerin selbst scheint ganz die richtige Empfindung
dabei gehabt zu haben, denn ihr Erscheinen war so bescheiden in den Fortgang der Handlung verwebt, daß von ihrer
Seite wenigstens gar keine Störung desselben eintrat. —
Wir würden zu weit geführt werden, wenn wir jede einzelne Schönheit im Verfolg der Ausführung näher schildern
wollten. Die Sängerin blieb wohlthuend vom ersten Ton
bis zum letzten; sie bewies durch die That, was wir manchen
Künstlerinnen so oft vergeblich durch Worte begreiflich zu
machen gesucht: daß die wahre Schönheit der Kunst, die
größte Wirkung derselben in der Mäßigung der angewen-
deten Ausdrucksmittel besteht. Nichts von jenem folternden,
unaufhörlichen Piangendo, das alle Schönheit des Tones
verdirbt, und doch überall der innerste Seelenausdruck, selbst
in Dem, was bei Anderen als das blos zufällige Beiwerk
zum Glanz der Virtuosität erscheint, in den Passagen. Jede

Paſſage der Sängerin iſt im Charakter der Situation feſt-
gehalten; ſie wird dadurch ein nothwendiger, belebender Be-
ſtandtheil des Ganzen, während ſie daſſelbe ſonſt als über-
flüſſige todte Verzierung entſtellt. Eine Mäßigung mancher
Tempi (welche die Paſta gleichfalls anwandte, z. B. in dem
Duett „Empfange dieſen Schweſterkuß") trägt auch zum
ſchönern Ausdruck der bewegenden Gefühle und Leidenſchaften bei. — Wenngleich wir der Künſtlerin einräumten,
daß ſie in der Cavatine das Reinſte und Seelenvollſte gegeben, was wir bisher von allen Darſtellerinnen der Norma
gehört, ſo würde man uns doch misverſtehen, wenn man
glaubte, daß der Gipfel ihrer Darſtellung dort liege. O nein,
ſie weiß ſowol die weichen, hingebenden, als die leidenſchaft-
lichen Momente zu ſteigern und wächſt von Scene zu Scene;
ſie iſt ebenſo Mutter als Geliebte und ſpielt und ſingt namentlich in der Schlußſcene die Stelle, wo ſie ſich der Kinder erinnert und des Looſes, das ihrer nach dem Opfer-
tode der Eltern harrt, mit unnachahmlicher Schönheit und
Gewalt des Ausdrucks. — Neben einer ſolchen Norma hätte
jede Sängerin einen ſchweren Stand als Adalgiſa gehabt;
doch müſſen wir der jungen Anfängerin Dlle. Bretendorf,
welcher dieſe ſchwierige Aufgabe zu Theil wurde, zum Ruhme
nachſagen, daß ſie ſie mit allem Fleiß und oft recht löb-
lichem Gelingen löſte. — Von der ſonſtigen Ausführung
können wir daſſelbe ſagen, vorzugsweiſe aber verdient das
Orcheſter volle Anerkennung, das im Zarten und Elegiſchen
wie in der energiſchen Gewalt des Ausdrucks gleich vortrefflich war. — Hervorruf der Gaſtſängerin nach dem erſten Act und am Schluß ſind Theaterereigniſſe, die ſich auf
ſolche Erfolge von ſelbſt verſtehen. — Die Stimme des
ganzen Publicums war nur eine; das Urtheil wird zum
Dank für die Gabe. Die Sängerin ſchwebt am Himmel

der Kunst als ein milder, jungfräulicher Stern, der uns seine Strahlen aus reinstem Aether niedersendet. Möge er uns noch lange durch seinen sanften Schimmer erquicken!

Uebersicht des Jahres.

An Virtuosen besuchten uns der Pianist Goldschmidt aus Prag, Servais, der russische Geiger Gulomy, der Pianist Mortier Desfontaines, die unvergleichlichen Geschwister Milanollo (s. d. Beurtheilungen), die Pianisten Willmers und Döhler. — Der treffliche Orgelspieler Adolph Hesse gab ein Orgelconcert nur vor Kunstkennern und Freunden. — Unter den heimischen Künstlern zeichnete sich der Pianist Löschhorn aus und Triosoiréen der Gebrüder Stahlknecht (Geige und Cello) und des Pianisten Steifensandt fanden große Theilnahme. — In der Oper trat zunächst Wilhelmine Schröder-Devrient in verschiedenen Gastrollen auf (es war die Abendsonne ihres einst so reichen Künstlerthums); die Tenoristen Härtinger, Stighelli, Pfister ließen sich hören; Letzterer wurde Mitglied unserer Bühne. Der berühmte Pellegrini gab einige Gastdarstellungen, als Sarastro sagte er am meisten zu. Mme. Palm-Spatzer und Dlle. Jazedé gastirten, eine junge Sängerin, Dlle. Conrad wurde Mitglied der Bühne, verließ dieselbe aber noch im nämlichen Jahre ganz. — Einen ausgezeichneten Künstler, einst auch ein Glanzpunkt der Oper, verlor Berlin in Eduard Devrient, der sich ganz nach Dresden hinübersiedelte. Eine Engländerin, Miß Birch, erwarb sich großen Beifall als Concertsängerin. — An neuen Vorstellungen haben wir zu erwähnen: Richard Wagner's fliegenden Holländer, den durch Wilhelmine Schröder-Devrient neu in Gang gebrachten Gretry'schen Blaubart, Halevy's König von Yvetot. — An kirchlichen Aufführungen nennen wir Hiller's Oratorium die Zerstörung von Jerusalem, Israel in Aegypten und die Oster-Oratorien. Der Erfolg der Antigone und Medea hatte den Sinn überhaupt auf das Schauspiel des Alterthums geleitet. Der Musikdirector Commer las die Frösche des Aristophanes mit Musik zu den Chören; Professor Geppert brachte die «Captivi» des Plautus lateinisch durch Studirende zur Aufführung mit horazischen Oden componirt von Taubert zwischen den Acten. — Endlich war eine Aufführung von Tieck's gestiefeltem Kater veranstaltet, die wir, obwol sie fast gar nicht an das musikalische Element streift, doch hier mit erwähnen, weil sie die Richtung, die das Kunstleben genommen, eigenthümlich mit bezeichnet; die künstlerische Regsamkeit, zum großen Theil vom Könige selbst geweckt, war ungemein groß. Sie nahte ihrem Gipfel und — Wendepunkt.

Jahr 1845.

Königliches Theater.

Anderthalb Jahrzehnte und weiter müssen wir in unseren Erinnerungen zurückgehen, um auf ähnliche künstlerische Fest-Ereignisse zu stoßen, wie das letzte Auftreten der gefeierten, verehrten Sängerin aus dem Norden, die jetzo von uns Abschied nimmt (11. Febr.)! Am nächsten verwandt durch die Reinheit der Begeisterung im Publicum war diesem Abschiedsabende der, durch welchen im Jahre 1827 Nanette Schechner — diese unvergeßliche Sängerin — als solche durch Macht der Mittel und Tiefe des Ausdrucks in der Wirkung noch immer die größte, die wir gehört — die Reihe ihrer Gastdarstellungen als Vestalin schloß; schloß — für immer! Denn ihre Wiederkehr war nur noch ein sinkender Abglanz jener ersten wundervollen Morgensonnenkraft, in der sie vor uns aufging. Legte jene Sängerin zu ihren großen künstlerischen Eigenschaften eine Stimme in die Wage, wie sie an Gewalt und rührendem Zauber vielleicht

nicht zweimal in einem Jahrhundert geboren wird, so ist der
Künstlerin, von der wir heute Abschied nehmen, dafür eine
Gabe der Darstellung geworden, wie sie auch nur das sel=
tenste Geschenk der Jahrhunderte ist. So mögen Beide, in
ihren gesammten Eigenschaften gewogen, sich gleich stehen,
die Eine hier, die Andere dort überragend; darin aber sind
sie sich völlig gleich, daß Beide der Kunst eine Heiligung
und Weihe gegeben, wie sie nur durch das Bündniß des
Genius mit der ächtesten Sittlichkeit und Weiblichkeit er=
zeugt wird! — Urtheilen wollen wir nicht mehr; das Ur=
theil geht, wie eine einfache weibliche Aeußerung es im kla=
ren Gefühl der Wahrheit ausgesprochen, überhaupt verloren
bei unserer Künstlerin, die sich in steter vollkommenster Ei=
nigkeit mit jedem innersten Verlangen der Hörer befindet.
Ihre Kunst ist eine Nothwendigkeit, sie ist die Wahrheit
selbst! Das Urtheil weiche also der fast bedingungslosen
Anerkennung. — Wir müssen es der Künstlerin zusprechen:
wir haben die Opferflamme der Kunst schon höher, gewal=
tiger, mit hinreißenderer Wirkung auflodern sehen; wir sahen
ihren tausendgestaltigen Strahl in reicheren Farben, in blitzen=
derem Funkenspiel sich brechen — doch reiner hat ihr Glanz
noch nie im Allerheiligsten des Tempels geleuchtet, als auf
ihrem Altar. Darum wird ihr auch der Segen zu Theil,
der höher als alle Triumphe zu stellen ist, daß sich zwischen
ihr und dem Publicum eine Gegenseitigkeit, wir dürfen wol
sagen, eine Innigkeit der Beziehungen anknüpft, die weit
tiefer greift, als alle, auch die glänzendsten Zeichen der An=
erkennung auszudrücken vermögen. Sie beschirmt in der
Kunst deren tiefstes, ewig unveräußerliches Recht: eine Weihe,
Erhebung und Heiligung zu üben, eine der vielfachen Bah=
nen zu bilden, auf denen der Mensch die Wege zum höch=
sten aller Ziele zu verfolgen hat. In diesem Sinne ist die

Kunst ein gemeinsames Bekenntniß für Alle und die Künstlerin nur die Priesterin, die es ausspricht. Darum zwischen
ihr und den Hörenden diese so tiefsinnigste Verbindung, die
sich in tausend Zügen ausprägt!

Es kommt hier das erhebend trostreiche Wort Schiller's
— des reinen Hohenpriesters in der Dichtung — im höchsten Sinne zur Geltung:

> Freue dich, daß die Gabe des Lieds vom Himmel herabkommt,
> Daß der Sänger dir singt, was ihn die Muse gelehrt;
> Weil der Gott ihn beseelt, so wird er dem Hörer zum Gotte,
> Weil er der Glückliche ist, kannst du der Selige sein!

Und diese Seligkeit, die sich auf die künstlerisch göttliche Gemeinschaft baut, mit wie reicher, reiner Hand hat
unsere Künstlerin sie ausgestreut! — So blühte ihr denn
die Ernte des Dankes auch in ihrer ganzen Fülle entgegen!
Nie quoll sie in wärmerer, gereinigterer Empfindung aus
der ganzen bewegten Masse der Hörer hervor! Die gleiche
Höhe der Kunst hat Anderen gleiche Bewunderung einge-
tragen, die Weise der Künstlerin bringt ihr noch ein Mehreres. Auch hier treten uns des großen Dichters Worte
fast unwillkürlich hülfreich zur Seite, wenn er in demselben
unsterblichen Gedichte singt:

> Gern erwählen sie (die Götter) sich der Einfalt kindliche Seele,
> In das bescheidne Gefäß schließen sie Göttliches ein! —

Das waren die Empfindungen, die sich bei den Ereignissen des Abends, wie bei dem Ueberblick der ganzen Reihe
der Kunsterscheinungen, die wir der Sängerin verdanken, in
uns bewegten. Dieser Blick auf das Ganze ihres künstlerischen Wesens wandte uns jedoch nicht ab von der rührenden Gewalt ihrer Darstellung in der einzelnen Aufgabe.
Wir begleiteten Norma's Liebe, Schmerz, Zorn, Verzweif-

lung, Hoheit und Ergebung mit demselben gefesselten An-
theil, den uns die Darstellung das erste Mal abgewonnen,
ja mit gesteigertem. In einigen Momenten schien uns die
Künstlerin höhere Gipfel als jemals zu erreichen, so in dem
Entschluß des Bekenntnisses ihrer Schuld, in der Erinne=
rung an die Kinder, in der Hingebung der Demuth zu den
Füßen des Vaters. Besitzt ihre Kunst schon die Eigenschaft,
selbst den Scherz auf so reinen Schwingen in ein höheres
Gebiet zu heben, daß er in seiner Verklärung immer etwas
Rührendes für uns mit sich führt, wie vollends diese bren-
nendsten Leidenschaften der weiblichen Seele, die sich, durch
ihre Entfaltung derselben, gleich dem Asbest, in eigener Flamme
reinigen. — Nach allen Wirkungen und Triumphen, die
die Reihenfolge der dramatischen Entwickelungen für die
Künstlerin herbeiführen mußte, erwuchs ihr der Gipfel der=
selben am Schluß zu einer hier noch nicht erreichten Höhe.
Mit Blumen und Kränzen wurde die Bühne aus allen
Logen des Prosceniums überschüttet; selbst die Frauen, hingerissen von dem Eindruck des Augenblicks, spendeten den
Zoll des Beifalls mit Augen, Herzen und Händen! Der
Kranz, den sie boten, war kein Lorber, es war ein Rosen=
kranz, eine schwesterliche Gabe für die Künstlerin, welche in
dem klippenvollen Meer ihres Berufs als eine solche Be=
schirmerin des Palladiums der Weiblichkeit und Sitte er=
scheint. Und so war ihr Dank; der dreimal wiederholte
Hervorruf konnte den überwältigt verstummten Lippen kein
Wort abgewinnen, doch das Auge übernahm und tilgte die
Schuld des Mundes!

Die Künstlerin wird sich heute noch ein Mal hören
lassen; die letzte Gabe ihres Talents ist zugleich eine der
Milde. Sie scheidet —, doch wir werden sie wiedersehen!
Und, so ist unsere Hoffnung, im vollen Geleit ihrer Gaben,

ja in frischeren, reich entfalteten Frühlingsblüten derselben;
und möge eine milde Sonne der Vorsicht diesem Lenz eine
lange, lange Dauer gewähren!

—— ——

Uebersicht des Jahres.

In der Virtuosität war ein italienischer Orgelspieler Nardini
die seltsamste Erscheinung. Er gewitterte auf der Orgel; dabei
ein an Verrücktheit grenzender Charlatanismus, aber nicht ohne
Talent. — An sonstigen Virtuosen nennen wir Prudent, einen guten Pianisten, der aber seinen Ruf übermäßig durch Nebenmittel
zu steigern suchte; diese Gattung wird überhaupt immer häufiger
und bereitet den Untergang des Virtuosenthums. Der sehr mittel-
mäßige Pianist Friedrich gehört eben dahin. Litolff vereinte damit
sehr großes Talent. Der Violinist Ghys errang mühsam Zuhörer.
August Möser, nach mehrjähriger Abwesenheit zurückgekehrt, machte
sich als eminenter Virtuos geltend. Lisa Christiani, eine schöne
Cellistin, machte Glück, Vivier, der auf dem Horn vierstimmig
blies, überraschte (die Beurtheilungen über alle Diese sind aus
Mangel an Raum ausgeschieden worden). — Wir verloren in diesem Jahre zwei heimische Künstler: Tausch, der mit als der Be-
gründer der Klarinett-Virtuosität gelten darf, und Hermann Schmidt,
einen ausgezeichneten Flötisten und gewandten Componisten besonders fürs Ballet. — An der Bühne strahlte als unerreichter So-
litair vom reinsten Glanze Jenny Lind. Nach ihr trat Sophie
Löwe auf und versuchte durch grelle Farben die mangelnde Schönheit der Zeichnung zu decken; das Publicum hatte keinen Sinn
mehr für sie. Marietta Alboni, mit einer sehr schönen Stimme,
war durch Ueberladung des Vortrags gleichfalls verletzend. Die
Tenoristen Erl und Reer gaben Gastrollen. Der Bassist Behr,
ein Zögling der Bühne, zeichnete sich aus. — An Darstellungen
sind zu nennen: Meyerbeer's Feldlager in Schlesien, mit dem das
neuerbaute Opernhaus eingeweiht wurde. Euryanthe von Meyerbeer, neu einstudirt und mit einem vorangehenden Festspiel von
L. Rellstab gedichtet, von Meyerbeer componirt; die Einnahme für

das Denkmal Weber's. Spohr's Kreuzfahrer, die dem Altmeister einen späten, aber reichen Lorberkranz eintrugen. Lachner's
Katharina Cornaro wurde mit Glanz gegeben. — Auch die Singakademie bereitete Spohr einen Alterstriumph durch Aufführung
seines Oratoriums „der Fall Babylons“. „Die Wüste“ von Felicien
David erwarb sich Beifall und Achtung. — Für den greisen Friedrich Schneider fand eine Ehrenfeier durch Aufführung seines Welt-
gerichts statt, dem sich Abends ein Festmahl anschloß. — Das
Oratorium Moses von Professor Marr gewann und verdiente die
künstlerische Achtung. Ebenso Palästrina von Löwe. — Sonst die
gewöhnlichen kirchlichen Aufführungen, die Sinfoniesoiréen, Quartetten, Triosoiréen u. s. w.

Jahr 1846.

Königliches Theater.

Eine Freude, mehr als das, eine Erhebung ist es für
den Referenten, den Jahresabschnitt seiner kritischen Thätigkeit — gleichzeitig Schluß des abgewichenen und Beginn des
neuen Jahres (30. Decbr.) — an ein Kunstereigniß knüpfen
zu können, das an sich zu den denkwürdigsten gehört, die
er erlebte, und auch durch andere Beziehungen nicht nur
ihn allein, sondern auch einen großen Theil des Publicums
mannichfach und tief anregte. Die Vestalin. Jenny
Lind: Julia. — Die großartigsten künstlerischen Erinnerungen beleben sich uns an diesem Kunstwerk und durch
die auf höchsten Gipfeln stehenden Darstellerinnen dieser Rolle.
Sie bildete die Krone alles Erhabenen und Hinreißenden,

woburch Nanette Schechner, dieses so kurz als glänzend vor-
übergegangene Kunstgestirn, die staunenden Hörer in nicht
zu schildernde Begeisterung versetzte; als Julia nahm die
Künstlerin im Jahre 1827 mit einem wahren Siegesfest
von uns und, wir dürfen sagen, für uns auch von der Kunst
Abschied, denn an diesem Tage strahlte ihre Sonne in blen-
dendster Mittagshöhe, hat uns aber späterhin kaum in fern
vergleichbarem Glanz geleuchtet! — Wilhelmine Schröder-
Devrient schuf in der Rolle der Julia eines ihrer höchsten,
von allen Flammen glühendster Begeisterung umleuchteten
Kunstgebilde! — Endlich das Werk selbst war Jahre lang
der Mittelpunkt des Glanzes unserer herrlichsten Bühnenkräfte, in einer Zeit, wo die Natur noch Wundergeschenke
an mächtigen und edlen Stimmen ausgab. Viele werden
sich jener oben berührten Tage erinnern, wo neben der großen
Nanette Schechner Anna Milder als Oberpriesterin und
Baber, dem Adel in Stimme, Gesang und Darstellung an-
geboren waren, in der Fülle seiner Kraft als Licinius stand.
Doch nicht die künstlerischen Gestalten allein traten aus dem
Hintergrund einer mehr und mehr verdämmernden Ferne
hervor; das ganze Damals erwachte und jene Zeit mit allen
ihren Anregungen richtete sich lebendig auf; genug — wenn
nicht für die Mehr-, doch für eine große Zahl, war die Darstellung der Oper zugleich eine Erinnerungsfeier, die, wie
alle Rückblicke auf die Vergangenheit, auch wehmüthige
Anklänge weckte! — Doch richten wir das Auge auf die
Gegenwart, sie gibt uns eine Fülle des Stoffes, die kaum
zu bewältigen ist. Wir wollen diesmal weniger ein Urtheil,
als die Geschichte unserer Empfindungen bei der Darstellung
geben. Der erste Act war vorübergegangen; von vorn herein hatte die Sängerin durch ihre weibliche, edle Haltung
den fesselndsten Antheil erregt. Der schwierige Einsatz wäh-

rend des ersten Chors — eine Klippe, an der so manche
Sängerin gescheitert ist — wurde der Künstlerin natürlich
nur Anlaß zu einem Triumph des süßesten Wohllauts.
Darstellung und Gesang waren überall edel, doch nicht von
der siegreichen Wirkung, die wir an ihr gewohnt sind; zumal in letzterem ließ sich hie und da eine Art Ermattung
und jene Verschleierung des Organs bemerken, die die einzige verwundbare Stelle der Künstlerin bildet. Dennoch
mußte Alles ansprechen, Vieles süß bewegen. Bei der Ueber-
reichung des Lorberkranzes an Licinius erhob sich die Darstellung sogar zu einem zauberischen Reiz, der in der heiligen Jungfräulichkeit lag, mit deren strahlender Glorie die
Künstlerin gerade diese Scene umwebte. Doch dürfen wir
uns nicht verhehlen, daß ihre beiden großen Vorgängerinnen,
jede anders, gerade auch an dieser Stelle von ungleich fort-
reißenderer Wirkung gewesen waren. Nanette Schechner gab
hier den Sieg der Römerin über die Jungfrau und ihr
Gesang war ein wahrhafter Triumphgesang; Wilhelmine
Schröder-Devrient, die mit dieser Waffe den Wettkampf
nicht aufzunehmen vermochte, hatte bei der Scene die ganze
schöpferische Fülle ihres mimischen Talents enthüllt und
gab ein plastisches Bild, das sich von Secunde zu Secunde
steigerte und uns in athemloser Spannung erhielt. In diesem Kampf der schönen Eindrücke der Gegenwart mit den
größeren der Erinnerung schloß sich uns der Act. Es war uns,
wenn das vielleicht allzurömische Gleichniß gestattet ist, als
hätte die Sängerin, die wir ewig als Siegerin gesehen, eine
zu kühne Schlacht auf zu ungünstigem Felde gewagt und
sie, unter Wunderthaten des Muthes und Genius — verloren! Wir fanden in den Hörern eine ähnliche Stimmung
und gingen an den zweiten Act mit einer fast bangen Ent-
muthigung. Ist aber jemals (wir dürfen nun schon nicht

aus dem Geleise des Gleichnisses heraus) eine Schlacht, sei
sie zufällig oder absichtlich im Beginn ungünstig gewesen,
durch den höchsten, wunderbarsten Sieg hergestellt und gekrönt worden, so war es hier. Schon im Beginn desselben
hauchte es uns in einzelnen Zügen wie Ahnungen des Innigsten, Tiefsten, Größten, was eine weibliche, liebende Brust
bewegen kann, an. In der großen Arie leuchteten einige
Zauberblitze wie aus ganz anderen, fremden Gebieten herüber, Klänge, Betonungen, wie wir sie nie gehört. Mit
geheiligter Größe sang die Künstlerin die Worte „Was jetzo
mich durchglüht, es ist die Liebe!" Das Spiel, bevor Licinius erscheint, die Art, ihn zu begrüßen, die mimische Begleitung jedes Tones seiner Arie, Alles das bildete eine Kette
der hinreißendsten Schönheiten; es war das Bild der entzückten Liebe, über das die Schatten düsterer Todesahnung
wechselnd hinstreifen. Ebenso wechselten Rührung und
Schauer in der Brust der Hörer. Worte, wie „Venus
schütze mich und die Liebe sei mein Gott"! — „Er ist
frei"! — erklangen mit wahrhaft beseligter Begeisterung
der Liebe, von einer innern Macht getragen, die jede äußere
besiegt. — Und doch erstieg die Künstlerin mit diesen Wirkungen nur die ersten Stufen der Höhe, zu der sie sich
gegen den Schluß des Actes emporschwang. Bei den Worten „Schon faßt des Todes kaltes Grauen mich" — begannen diese wie aus einer andern, schauerlichen Welt stammenden Erschütterungen. — Was wir auch in zwanzigjäh-
riger, fast ununterbrochener Verfolgung aller großartigen Erscheinungen auf der Bühne Erhabenes und Wunderbares
gesehen, nichts reicht uns, es ist ein nothwendiges Bekenntniß, an den Eindruck, den uns das Spiel der Künstlerin
gemacht, von dem Augenblick an, wo das Entsetzen sie aus
dem kurzen Traume ihrer Liebe weckt. Der Kampf der

Seelenhoheit, des heiligen Liebesglaubens, mit der Uebermacht der Natur, mit den äußerlichen Schrecken vor der
grauenvollsten Gestalt des Todes, die selbst die ehernen
Nerven des kühnsten Mannes zermalmen müßte, wird uns
in einer Weise vor Augen gestellt, daß die Seele kaum zu
glauben wagt, was das Auge sieht! Es ist das äußerste
Maß des Schreckens und doch die Linie des Schönen nicht
um die Breite eines Haares verlassen! Aber stehen wir
damit an den Grenzen des Wunderreichs, das die schöpferische Künstlerin beherrscht? Wir wähnten es. Es dünkte
uns eine Unmöglichkeit, daß es noch etwas über diese Leistung gäbe! Und bennoch. Der dritte Act, der bisher für
alle Sängerinnen und Darstellerinnen nur ein milder, wohl-
thuender Nachklang der früheren gewesen, nur die lyrische
Empfindung einer weichen Rührung in Anspruch genommen
hat, er gibt unserer Künstlerin die Anknüpfungspunkte zu
noch gesteigerten dramatischen Eindrücken, wenigstens zu so
völlig anderen, einem ganz fremden, ungeahnten Gebiet an-
gehörigen, daß sie ihr Recht der Gegenwart, die mächtigsten
zu sein, unwiderstehlich behaupten. Von dem schwarzen
Schleier halb bedeckt, von zwei verhüllten Schwestern fast getragen, schwankt Julia im Trauerzuge der Vestalinnen, einem
Schatten aus der Gruft ähnlich, geisterhaft auf die Bühne.
Es ist nur noch eine Erinnerung des Lebens, die auf diesen
Zügen spielt, das Grauen des Todes hält sie schon in be-
täubender Erstarrung. Die Töne schweben wie Geisterhauch
über ihre Lippen — dann und wann überfliegt ein mattes
Lächeln der Liebe, wie ein absterbender Sonnenblick, das
bleiche Antlitz, gleich einem Traum von einem fernen, weit-
verschwundenen Vormals! — Doch was versuchen wir uns
in Worten, um dieses unbegreifliche Bild zu malen? Zweifelt doch selbst, wie wir schon oben andeuteten, die Seele

an dem Zeugniß des lebendigen Auges. Und es kann nicht anders sein, denn hier thut die Kunst ihre Wunder in der vollsten Bedeutung des Wortes. — Erlasse man uns alles Andere für ein anderes Mal!

Uebersicht des Jahres.

Die Virtuosität ist vertreten durch den Pianisten Litolff, die Geiger Leonard und Vieuxtemps, im Glanz seiner edlen, ernsten Vollendung, die Gebrüder Distin, welche das Sarhorn bliesen, den sehr schätzbaren Violinisten und Tänzer St. Leon, dessen Gattin, Fanny Cerritto, durch den Cellisten Coßmann und die Concert=sängerin Dlle. Bochkolz. Chelard und Eduard Frank gaben Con=certe, in denen sie vorzugsweise ihre Compositionen geltend mach=ten. Karl Arnold, der Pianist, und sein Sohn, der Cellist, ein trefflicher Spieler, ließen sich in Privatkreisen hören. — Im Thea=ter gewann Jenny Lind wiederum unaussprechliche Erfolge als Vestalin (s. d. Beurtheilung), Donna Anna und in den früher gegebenen Rollen. Die Sängerinnen Dlle. Walter und Helwig traten auf, der Tenorist Zöhrer debütirte, Hürtinger, Neyselli und Kraus gaben Gastdarstellungen; Letzterer wurde für die Bühne ge=wonnen. Mme. Viardot=Garcia gab Gastdarstellungen, die sich in das nächste Jahr hinüberzogen. — Bedeutende und neue Opern=vorstellungen waren die neu einstudirte Vestalin (Jenny Lind), Cosi fan tutte, mit ganz erneuertem Text, Halevy's Musketiere, Meyerbeer's Struensee, die beiden Prinzen von Essen, Wilhelm von Oranien (ein sehr schätzbares, ernstes Werk von Karl Eckert).— Zu den Steifensandt'schen Triosoiréen gesellten sich die von Lösch=horn; Sinfonien und Quartetten erhielten sich in lebhafter Theil=nahme. Musard aus Paris besuchte uns und gab Concerte im Kroll'schen Saale. Die Jahreszeiten und das Alexanderfest kamen zur Aufführung.

Jahr 1847.

Königliches Theater.

Abermals eine neue und welche umfassende Rolle, in der unsere berühmte Gastdarstellerin, Mme. Garcia-Viardot, in der Oper vor uns hintritt! Valentine in den Hugenotten. Wir erstaunen über die außerordentliche Gedächtnißkraft und den Studieneifer der Künstlerin, die sich so schnell in einer fremden, so schweren Sprache ein Repertoir zu schaffen vermag! — Die dankbare Gestalt der Valentine hat eine dramatische Klippe zu überwinden. Sie wird ungünstig auf der Bühne eingeführt. Die Hofdame ist es, welche sich mit dem edlen, nachher so erhabenen weiblichen Charakter nicht vereinigen will. Jenny Lind wußte sich in diese erste Gestalt nicht zu finden und auch unsere Künstlerin in Rede fühlte sich beengt, wie es schien. Im Grunde ist es ein Lob für Beide, daß sie sich erst da für ihre Aufgabe erwärmen, wo die Hofdame die Bühne verläßt und die Liebende auftritt, oder, wenn man uns ein Gleichniß gestatten will, wo aus der steifen Raupen-Verpuppung sich die Schmetterlingsflügel des höhern Daseins entfalten. Der dritte und vierte Act ist es alsdann, welcher die künstlerische Waage hält, durch die sich das Gewicht der Darstellerin für diese Aufgabe bestimmt. Das ätherische Erscheinen der weißen, leicht verschleierten Gestalt im Dunkel der Nacht gewinnt, dem eisernen Marcell (ein Harnisch mit einem Herz) gegenüber, durch den Contrast eine verdoppelte Wirkung. Die

Künstlerin zeichnete ihre Aufgabe plastisch in leichten, charakteristischen Bewegungen und gab ihr durch den Gesangs-
vortrag das wärmste Colorit. Einzelne berühmte Accentui-
rungen des Duetts gelangen ihr vortrefflich; so die Worte
„O Marcell, ich bin ein Mädchen, das ihn liebt"! Der
Componist leiht hier der Darstellerin allerdings mächtig tragende Schwingen. Die ganze Charakterentwickelung in dieser bedeutungsvollen Scene ging aus der Tiefe der Auffassung hervor und wirkte dem entsprechend. Ein Hervorruf mitten in der Darstellung (eine Form des Beifalls, die
wir an sich nicht lieben) gab das Zeugniß davon. Wie der
vierte Act an dramatischer Gewalt, so wuchs auch die Künstlerin in den Mitteln und der Mannichfaltigkeit des leidenschaftlichen Ausdrucks. Sie bezeichnete die erste Hälfte des
Actes, die wir die stumme nennen möchten, durch ein be-
sonnenes, ausdrucksreiches Spiel. Einzelne musikalische Züge
hob sie mit Macht hervor; sie versetzte einige davon in eine
tiefere Lage, um sie mit der tönendsten Fülle ihres Organs
unterstützen zu können. Die langsame chromatische Tonleiter bei den Worten „Bleib zurück"! war in der Ausführung wie in der Wirkung von überraschender Schönheit.
Das plastische, bei allem Feuer in weiblicher Grazie gehaltene Spiel, war ein getreuer, mächtiger Bundesgenosse der
Gewalt des Gesanges. Die ergreifende Stelle „Ich klammre
mich an Dich" und das später folgende Liebesgeständniß
boten steigende Momente des Ausdrucks dar. Besonders
war der letzte eigenthümlich aufgefaßt und wurde mit be-
herrschender theatralischer Sicherheit zur vollen Geltung aus-
geprägt. Er entriß dem Publicum unwillkürliche Aeußerungen der Theilnahme, die um Vieles höher anzuschlagen
sind, als der bei gewohnten Abschnitten noch so brausend
sich erhebende Beifallssturm. Dennoch, gestehen wir, würde

uns eine andere, mehr in Schmerz hinsterbende Auffassung dieses rührenden Liebesbekenntnisses die innerste Wahrheit näher zu treffen scheinen. — So schüttete denn die große Künstlerin im Laufe dieses Actes ein Füllhorn düsterer Schönheiten vor uns aus. Der Act bildet in dem Maße den Gipfel des Werkes und des Charakters, daß wir am liebsten hier scheiden, wo uns die tiefsten Eindrücke unabgeschwächt zurückbleiben.

Tod der Schwester Felix Mendelssohn's, Frau Fanny Hensel.

Eine völlig unerwartete, für die künstlerische Welt Berlins tief schmerzliche Nachricht hatte uns im Augenblick der Rückkehr von einer heitern Ausflucht hier betroffen: der Tod der Schwester Felix Mendelssohn's, Frau Fanny Hensel (16. Mai), die auch die Schwesterschaft des Talents mit dem berühmten Bruder theilte! Sie hatte in der Musik einen Grad der Ausbildung erreicht, dessen sich nicht viele Künstler, denen die Kunst ausschließlicher Lebensberuf ist, rühmen dürfen. In ihrer frühen Entwickelung war sie schon als Kind eine die künstlerische Aufmerksamkeit erregende Erscheinung; von den trefflichsten Lehrern gebildet, Zelter in der Composition, früher Lauska und später Ludwig Berger im Klavierspiel, dessen ausgezeichnetste Schülerin sie geworden, entfalteten sich ihre künstlerischen Anlagen zu der vollsten Blüte und Reife und in der edelsten Richtung des Geschmacks. Nicht das Glänzende, Vorübergehende, dem die Zeit huldigt, das Ewige, Aechte, das ihr trotzt, war es, woran ihr Sinn sich erwärmte und erhob. Das pflegte sie in der Kunst. Seit einem Vierteljahrhundert und darüber, war schon ihr väterliches Haus und später das ihrige

die Heimatsſtätte alles wahrhaft Trefflichen in der Muſik. Seit
ſich das frühe Talent des Geſchwiſterpaars zum Erſtaunen Aller
entfaltete, umgab elterliche Fürſorge daſſelbe mit dem ſteten
lebendigen Verkehr der Künſtler und Kunſtwerke. An den
Sonntag=Vormittagen fand, und dieſe Sitte hat die Verſtorbene bis zum letzten Augenblick bewahrt, ein künſtleriſches
Feſt ſeltenſter Art ſtatt, wo die claſſiſchen Werke der älteren,
wie die beſten der neueren Zeit in ſorgfältigſter Ausführung
gehört wurden und der Genuß ſich durch die Mitwirkung
oder Anweſenheit der ausgezeichnetſten Künſtler erhöhte, die
unſerer Stadt angehörten oder ſie als Fremde aufſuchten.
Dieſe elterliche Sitte übernahm, wie erwähnt, die Dahingegangene als ein heiliges Erbtheil und ſo blieb ihr häus-
licher Herd zugleich der Opferherd für die Verehrung des
Beſten in der Muſik. Das iſt ein Verdienſt um die Kunſt-
zuſtände unſerer Vaterſtadt, für welches wir tief verſchuldet
bleiben! In ſo langer Pflege des Guten mußten ſich edelſte
Keime entwickeln, der reinſte Sinn nähren und ſtärken. Es
iſt nicht zu überſehen, welche Vortheile uns dadurch geworden. — Eine ſo eingedrungene Verſtändniß, eine ſo tief
wurzelnde Liebe zur Kunſt müßte auch zu ſchöpferiſcher
Entwickelung führen, ja drängen. Doch in dem weiblichen
Gefühl, daß der Frau als Grundlage ihres Lebens doch ein
anderes Walten zum erſten Beruf angewieſen iſt und, ſelbſt
bei ſo großer Begabtheit, die Kunſt ſich zumeiſt nur auf die
Verehrung an den häuslichen Altären beſchränken ſoll, führte
ſelbſt dieſer innere Drang, dieſe bewußte Kraft die Künſtlerin nicht über die Linien, die auch in der weiblichen Berechtigung liegen, hinaus. Sie trat, obwol jeder ausgedehn-
teſten und ſchwierigſten Form völlig mächtig, doch nur mit
Ergüſſen der unmittelbaren Empfindung, vorzugsweiſe mit
ſchönen Liedern in die Oeffentlichkeit und machte das An-

recht auf Größeres, das sie vollgültig besaß, nicht geltend. —
Die ihren künstlerischen Werth erkannten, müssen ihn auch
anerkennen, und der Verfasser dieser Zeilen fühlt sich um
so mehr dazu gedrungen, als auch er die schönsten Zeiten
der jugendlichen Kunstentwickelung dem Kreise mit schuldig
ist, in welchem sich die seltene Talentblüte der zu früh von
uns Geschiedenen entfaltete. — Und unübersehbar ist die
Zahl Derer unter uns, die ihr gleiche Gesinnungen des
Dankes und der Verehrung widmen müssen; das wird ihre
schöne Begleitung an den Rand der Gruft sein!

Königliches Theater.

Die Nachtwandlerin.　Jenny Lind's Benefiz.

Eine solche Vorstellung, wie konnte es anders sein, mußte
bei der herrschenden Gesinnung für die Künstlerin eine Theilnahme, einen Andrang erwecken, der wenige Fälle seines
Gleichen in der Geschichte unserer Bühne zählt.　Die Künstlerin erneuerte in dieser Rolle nur ein liebliches Bild der
Vergangenheit, das Vielen noch mit lebendigen Farben vor
der Seele schwebt, dessen Wirklichkeit aber doch mit erfrisch-
tem, fesselndstem Reiz vor uns trat. — Diese Aufgabe ist
für die Sängerin entschieden die glänzendste, in der sie ihr
immer wieder überraschend reiches Talent vor uns entfaltet
hat; für die Darstellerin zugleich eine, in welcher sie die so
seltene Doppelrichtung für den anmuthvollen Scherz und
den tiefsten Ernst, den sie beherrscht, geltend macht.　Unbedingt würden wir daher ihre Schöpfung in dem Werk
Bellini's an die Spitze aller stellen, wenn das tragisch-dra-
matische Element der Oper sie auf seinen Wellen trüge, wie
z. B. in der Norma, Vestalin, oder sie wenigstens nicht

hemmte; doch es ist hier ein Strom, dem sie, nach unserer
Meinung, entgegenzukämpfen hat. Darum bei der Anerkennung der höchsten Entfaltung aller erstaunenswürdigen
Eigenschaften, doch (für unser Gefühl, das aber ein ganz
individuelles sein mag) nicht die Höhe der Wirkung, die
dem Verdienst der Darstellerin zukäme. Um so glänzender
geht sie selbst aus dem Kampf hervor. In der That, als
Sängerin, so getreu wir im Gedächtniß bewahrten, was sie
gibt, so unbegreiflich es uns stets in der Vorstellung geblieben, immer wieder überbietet sie durch die Wirklichkeit
die Erinnerung! Sie treibt die Gesangskunst auf eine schwin-
delnde Spitze; Alles, was die feinste Virtuosität des Instruments zu geben vermag, schüttet sie in überreicher Fülle,
in üppiger Verschwendung wie aus einem Füllhorn unendlicher Gaben vor uns aus. Was die Technik nur an Namen kennt, Bindung und Schmelz, Staccato, Vibrato, Fla-
geolet — die deutschen üblichen Namen reichen nicht aus
und wir mögen nicht ungefügig übersetzen — schimmert und
blitzt in der hundertfältigen Mosaik des Vortrags; eine ganze
Flora von Fiorituren läßt sie vor uns aufblühen, es be-
dürfte einer neuen musikalischen Botanik, um sie zu specifi-
ciren. Die Harpeggien der Sängerin bewegen sich durch die
combinirtesten Accorde, die einem Spieler die größte Aufmerksamkeit abnöthigen würden, vollends aber Schwierigkeiten für den Gesang bilden, die in solcher spielenden Lösung
Reiz und sogar Schönheit gewinnen. — Der erste Act ist
vornehmlich das Feld, in dem diese Blumenflor gedeiht.
Für die Darstellerin bildet er die Aufgabe der jungfräulich-
sten Sitte, der anmuthigen Naivetät und des glückseligen
Scherzes der Liebe. Im zweiten Act beginnt der Ernst;
dramatischer und Gesangsausdruck verschmelzen sich untrenn-
bar in einander. In der ersten Hälfte, bis zum Ent-

schlummern wirkt die Künstlerin nur mit ihren in so unbegreiflicher Schönheit gehandhabten leifen Mitteln; Alles ist
Duft und stiller Zauber. In der folgenden Hälfte, wo das
Gewicht unverdienter Schmach sie trifft, fügt sie die stärksten Färbungen des mimischen und plastischen Spiels zu den
tief in die Seele dringenden Schmerzenslauten des Gesangs.
Sie gibt hier mehr als vormals, doch fast möchten wir
sagen, daß die frühere Begrenzung den Ausdruck noch im
reineren Gebiet der Schönheit erhielt. Allein in der Wirkung auf das Publicum hat die Künstlerin offenbar einen
glänzenderen Sieg errungen, denn der Beifallsjubel brach
in einer wahren Explosion aus. Der dritte Act, in welchem
die Sonne des beseligenden Glücks die düsteren Gewölke des
Schmerzes theilt, in dem sich tragische Erhebung, elegische
Hingebung und jauchzende Glückseligkeit vermischen, steigert
die Wirkungen auf die letzten Gipfel; wir haben die das
ganze Gebiet der Gefühle beherrschende Künstlerin hier in
ihrer Allseitigkeit und das reiche Seelengemälde stellt sich
zugleich in die schönste Beleuchtung durch die aus der
dramatischen Lösung des Gedichts darauf fallenden Strahlen, die nichts mehr von dem Zurückstoßenden der Entwickelung hat. — Dies der künstlerische Hergang des Abends,
zu dessen Schilderung wir nur noch die volle Anerkennung
einer durch größte Sorgsamkeit gesteigerten trefflichen Leistung des Herrn Mantius und der löblichsten Behandlung
des Uebrigen, auch der Nebenpartien hinzufügen müssen.
Die äußerliche Gestaltung des Abends war die eines Triumphs,
wie nur eine solche künstlerische Erscheinung des allerersten
Ranges ihn erzeugen konnte. Die erregte Freude des Publicums war in unwillkürlich fortlaufenden Zeichen, die jede
Einzelheit begleiteten, erkennbar; in den Abschnitten des
Kunstwerks kam sie zum Ausbruch und nach jedem Act

ertönte wiederholter Hervorruf, für welchen zuletzt die Sängerin noch ein Dacapo des Rondeaus als Dank darbrachte.
Reiche Blumenspenden flogen der Künstlerin zu Füßen. So
hatten wir denn einen künstlerischen Freudentag mit allem
Glanz, aller Pracht ausgestattet, die nur solche Hochfesttage
der Kunst schmücken können. Und doch bewegte uns mehr
ein Gefühl der Wehmuth, als die rauschende Freude! Es
war — nach Allem, was uns darüber kundgeworden —
der letzte Abend, an dem diese einzige, unerreichte Erscheinung der Künstlerin sich auf dem Siegesfelde der Bühne
vor uns zeigen soll — der letzte Abend wenigstens für die
deutschen Hörer! Ein Winter der Ruhe in ihrer Heimat
und dann ein Abschiedsbesuch in dem prächtigen Albion,
das ihr alle Opfergaben seines Glanzes zu Füßen gelegt —
und die Laufbahn des reinsten Gestirns, das uns an dem
Himmel der Kunst geleuchtet, soll sich beschließen! Nur in
engeren Kreisen will es fortan seine sanften Strahlen wohlthuend wirken lassen. Wenn uns bei diesem frühen, uner-
setzlichen Verlust, den die Kunst erleidet, Eines zum Trost
gereicht, so sind es die göttlich erhabenen Gedanken, die
Goethe bei Schiller's Tod ausgesprochen: „Es kommt auch
uns zu Gute, daß er in der Fülle, in dem Glanz des Lebens von uns geschieden; denn so bewahrt sich das Gedächtniß der Sterblichen, wie sie diese Erde verlassen. Darum
bleibt uns Achill ein ewig strebender Jüngling." Was den
größten Dichter über den Heimgang des größten Freundes
tröstete, das wendet sich auch auf unsere Künstlerin an, wenn
sie wirklich den Muth besitzt, auf dem Gipfel der Meisterschaft, in der Fülle der Anmuth und Hoheit von der Laufbahn zu scheiden, die sie zu den höchsten Zielen geführt hat.
Möge sie ihr Schicksal gestalten, wie sie wolle; unvergeßliche
Erinnerung wird Allen bleiben, vor denen sie den Reichthum

ihrer künstlerischen Gestaltungen entfaltet hat, die die erhebende, weihende Wirkung derselben empfunden haben! Und dankbar wird jeder Wunsch des Guten und Besten die Scheidende begleiten, sie wende den Schritt ihres Lebens noch ferner den Höhen der Oeffentlichkeit oder den stillen Thälern eines zurückgezogenen Daseins zu, die nie ein so glänzendes, vielleicht aber oft ein reineres Glück darbieten.

Felix Mendelssohn-Bartholdy.

Die Botschaft seines Todes muß überall, wohin musikalische Bildung gedrungen, eine wehmuthvolle Erschütterung erzeugen, uns aber bleibt das schmerzliche Vorrecht, sie in ihrer ganzen Tiefe zu empfinden. Denn uns gehörte der Dahingegangene mit allen Wurzeln, aus denen sich das Dasein mit seinen schönen Verzweigungen der Liebe bildet, an. Die wunderbaren Blüten seiner Kunst entfalteten sich hier zuerst, als sie in ihren kindlichen Keimen noch aufs innigste mit den schwesterlichen gepaart waren; hier wurden sie gepflegt, entwickelt, zuerst in die fördernde Sonne der Oeffentlichkeit, der allgemeinen Anerkennung geführt! Wenn Beruf, Neigung und anders verwachsende Lebensverbindungen später den Künstler in ferne Zonen, zu anderen Heimatsstätten, dürfen wir sagen, führten, immer lenkten dennoch die Wege seines Lebens ihn wieder an den ursprünglichen Herd des Vaterlandes zurück; selbst im künstlerischen Sinne blieb er der Heimat getreu und richtete in ihr einen Hauptaltar auf. Denn die Mehrzahl seiner neuen, größeren Schöpfungen: Antigone, Oedipus, Athalia, der Sommernachtstraum, nahmen, äußerlich und innerlich, von hier ihren Ausgangspunkt in die Welt, der sie gehören. — Wie sollte uns nicht, denen der Künstler auch in seinen menschlichen

18*

Beziehungen so innig angehörte, sein Dahinscheiden mit den schmerzlichsten Gewalten berühren! Der Welt stirbt ein großer Name, für uns zerreißt sein Tod auch alle die warmen Lebensbande, denen der Mensch mit seiner innersten Natur angehört, deren Segnungen und Schmerzen der Größte mit dem Geringsten gleich empfindet. — So gab es denn, als die Nachricht seines Hinscheidens, wie schwere Besorgnisse auch die Erkrankung vorbereitet hatte, kund wurde, nur ein Gefühl in der Seele, im Herzen Aller; Jeder hatte einen Verlust erfahren, der tief in sein geistiges Dasein eindrang! Mit fragenden Blicken begegneten die Freunde einander und Einer forschte in den Zügen des Andern, ob ihm die Trauerbotschaft schon kund geworden. Selbst wo die Oeffentlichkeit Hunderte zu leichtem Lebensgenuß zusammengeführt hatte, drang die Kunde ein und erlöschte, wie sie sich verbreitete, das Licht der Freude und wandte die Seelen der ernsten Wehmuth zu. — Lebendig standen plötzlich alle die schönen, Hoffnung weckenden, reiche Belohnung gewährenden Erinnerungen vor Jedem, mit denen der Dahingegangene unser Leben bewegt hatte. Wir sahen seine erste Jugend. Manchem trat das Bild des neunjährigen Knaben mit schwarzen fliegenden Locken, mit dem feuerglänzenden Auge vor die Seele, der schon damals den Vorübergehenden als das wunderbegabte Kind gezeigt wurde, das durch sein Meisterspiel über die Meister hervorragte. Welcher Musiker, welcher Freund der Tonkunst erinnert sich nicht des Geschwisterpaars, das im Kindesalter schon das Staunenswürdigste im Zusammenspiel hören ließ! Und diese Schwester, die ihm nur um wenige Monden voranging — sie war die weibliche Hälfte seines künstlerischen Ichs, ihr Verlust hatte in das Herz seines Herzens gegriffen; ist es nicht, als wäre dieses geistige Band so unzertrennlich gewesen, daß das

Zerreißen tödtlich nachwirken mußte? — Doch weilen wir
lieber bei den erhebenden Augenblicken, durch welche das
Leben des Künstlers sich mit dem öffentlichen bei uns ver-
schwisterte! Wir erinnern an den Tag, wo er, die Freude
und der Stolz seines Lehrers Ludwig Berger, zum ersten
Male durch sein öffentliches Spiel — das «Concert mili-
taire» von Dussek — das Erstaunen des Publicums wie
aller Künstler war! Wir blicken zurück auf den bedeutungsvollen Tag, der etwa sieben Jahre später fällt, wo er
als sechzehnjähriger Jüngling, von seinem greisen Lehrer und
Meister Zelter eingeführt, die erste Aufführung von Bach's
Passionsmusik öffentlich leitete. Ein Werk, das hundert
Jahre geschlummert hatte, bis es durch den hochbegabten
Urenkel der Kunst aus dem Bann der Vergessenheit erlöst
wurde. Es war dies der Abschied des jungen Künstlers
von Berlin, als er seine erste Reise durch Deutschland, Frankreich, England, Italien antrat. — Mit wie reichen Früch-
ten kehrte er vier Jahre später heim, die jugendliche Stirn
schon mit Ehren gekrönt, die sonst nur die Schläfe der ge-
reiftesten Meister zieren! Der Mann hielt dem Knaben,
dem Jüngling Wort! — Sein Leben ward eines der preis-
würdigsten künstlerischen Thaten; es ist offen vor der ganzen
Welt der Kunst geführt, wir dürfen nur darauf hindeuten,
um es Jedem zu vergegenwärtigen. Die Namen Paulus,
Antigone, Oedipus, Athalia, Elias, sind die mit glänzender
Schrift strahlenden Wegweiser für die Bahn, die er gewan=
dt. Und der romantische Sommernachtstraum zieht als
ne rosig beleuchtete Wolke, die am Morgenhimmel seiner
Jugendzeit aufschwebte — die Ouvertüre schrieb er im sech=
zehnten Lebensjahre —, über den Zenith seines Daseins,
bis in den allzufrühen Abendhimmel hinüber und färbt und
vergoldet die ganze, so überaus reiche Flur seines künstlerischen

Schaffens, welche von dieser Romantik, so dünkt uns, als
von ihrer eigentlichsten Lebensluft überweht und durchhaucht
wird! Und so früh hat sich diese zauberschöne Welt in die
Nacht des Todes gehüllt! Das Schicksal stellte ihm den
Sarg mitten auf die Lebensbahn; wie viele edelste Werke
werden mit ihm, in unentwickelten Keimen, in die Gruft
hinabgesenkt! Ein unermeßlicher Schatz, den die Erde deckt
und den Niemand heben kann! Oft schon zog der düstere
Stern frühen Unterganges durch den Himmel deutscher Kunst!
Er sank für Weber fast eben so früh, für Mozart noch drei
Jahre früher; Anderer, die wenn auch nicht so strahlten,
doch hell genug geleuchtet, um ihren zeitigen Untergang zu
betrauern — wie Schubert —, nicht zu gedenken! Und
wie früh hatte sich ein schwereres Verhängniß, als selbst der
Tod, auf das Märtyrer=Haupt Beethoven's gesenkt! — Für
den dahingegangenen Freund wird es unentschieden bleiben,
ob die Wagschaale des Lebens, die er so reich mit ernsten,
erhebenden Werken gefüllt, schwerer wiegt, als die geschätzt
werden mag, welche sich nun in die ewig unenthüllte Nacht
gesenkt hat! So inmitten der Kraft schied er von uns!
Nicht erschöpft, ermattet von der siegreich durchmessenen
Bahn, sondern noch in voller fester Gesundheit des schöpferischen Vermögens! Niemand kann sagen, daß er schon
auf dessen höchster Höhe gestanden! — Noch ein anderer
hoher Werth wohnte ihm inne, als der, den die Kunst für
sich verleiht. Es war der des festen, sittlichen Wollens und
Handelns im künstlerischen Leben! Wir haben auch das
Wort gegen ihn erhoben, weil wir ihn nur an dem Höch=
sten messen wollten und seiner Kraft noch ein Mehr zu=
trauten. So mochte sich die künstlerische Ansicht zuweilen,
wenn auch selten, theilen. Doch e i n e Anerkennung gebührt
ihm unbedingt, die, daß er stets das Edelste erstrebt, das

höchſte Ziel vor Augen gehabt und herabſtimmender, vollends unwürdiger Foderung niemals das Geringſte bewilligt hat. Seine Kunſt beugte ſich vor keinem Thron, auch nicht vor dem der Welt; ſie hat ihr nie gehuldigt, ſie beſaß den gerechten Stolz ihrer göttlichen Geburt. Und noch mehr verſchmähte er jeden Sieg durch andere Mittel, als durch ſie, denn er hielt ſie zu hoch, um ihr irgend einen unebenbürtigen Bundesgenoſſen zur Seite zu ſtellen. Wie ſich das Künſtlerthum heute mit dem Leben verwickelt ſieht, iſt dieſer feſte Schritt, mitten durch alle Netze der Lockungen und Hemmungen, der Beweis hoher Kraft und Geſinnung; und es iſt keine leichte Aufgabe, ſo in ungeſtörter Bahn zum Ziele zu bringen. Um ſo größer unſer Verluſt, um ſo tiefer unſere Trauer, um ſo ſchwerer auszufüllen der weite Raum, den ſein Hinſcheiden offen läßt! — Doppelt wird es denn die Aufgabe Aller, die ihn im Leben verehrt, ihm treu und bewundernd angehangen, das Geſetz ſeines künſtleriſchen Handelns als ein heiliges Pflichterbtheil zu übernehmen. Das ſei das ſchönſte Denkmal, das ſie dem Führer, dem Meiſter, dem Freunde weihen! — Seine irdiſche Hülle ſoll, wie wir vernehmen, uns angehören. Ein kirchliches Todtenamt wird ihm am Sonntag Abend in Leipzig gehalten, dann der Sarg mit einem Fackelzuge aus der Stadt gebracht, in der der Künſtler den Lebensathem ausgehaucht. Er wird hierher geführt. Seine Beſtattung iſt ein Volkstrauerfeſt der Tonkunſt!

———

Ueberſicht des Jahres.

Die heimiſchen Virtuoſen Kullack und Gebrüder Ganz hatten intereſſante Concerte veranſtaltet. Dreyſchock, Thalberg und Clara Schumann-Wieck traten mit Glanz auf. Ein junger Spieler, Brogi, ent-

wickelte großes Talent. Der Schwede Pratti zeigte sich als ehrenwerther Harfenist und Componist. Die jungen Geschwister Neruda
(Violine u. Pianoforte) bekunden ein dem der Milanollos verwandtes
Talent. Eine feingebildete Pianistin Dlle. Tiedemann, Schülerin
Taubert's, debütirt mit Glück. Willmers gibt drei Concerte, die
seinem Talent gerechte Anerkennung verschaffen. — In der Oper
glänzt Pauline Garcia-Viardot als Rosina, Desdemona, Donna
Anna, Jüdin, Valentine, Iphigenia, in staunenswürdiger Vielseitig-
keit des musikalischen und des Sprachtalents. — Tichatschek, Kathinka
Ewers und die treffliche Schlegel-Köster geben Gastdarstellungen.
Jenny Lind bezaubert als Regimentstochter und nimmt Abschied
für immer vom berliner Publicum (in der Nachtwandlerin). —
An neuen Opern gibt die Bühne Halevy's Jüdin (jedoch zehn Jahre
früher auf der Königsstädter Bühne schon dargestellt), Zaire vom
Herzog von Gotha, Wagner's Rienzi, Auber's Prätendenten. —
In der Singakademie kommt die Schöpfung und Robert Schu-
mann's talent- und geistvolles Oratorium, das Paradies und die
Peri, zur Aufführung. — Doch das Jahr ist ein Jahr der Trauer
für die Kunst. Mendelssohn, nachdem ihm seine reichbegabte
Schwester Fanny schon im Mai vorausgegangen, stirbt am 4. November zu Leipzig, wenige Tage nachdem sein Oratorium Elias
in Berlin zur Aufführung gekommen. Seine Leiche wird am
8. November zu Berlin bestattet. Allgemeine, tiefste Erschütterung
und Trauer. Künstlerische Todtenfeste wurden ihm geweiht zuerst
in den Sinfoniesoiréen, dann in allen Quartett- und Triosoiréen,
in der Singakademie (Wiederholung des Elias unter Taubert's,
des Hingeschiedenen innigen Freundes, Leitung), im Theater durch
die Darstellung seiner Athalia. — So schloß das Jahr 1847;
vielleicht ein düsteres Wahrzeichen für eine lange Trauerzeit jeg-
licher Kunst in dem tiefen Schatten der politischen Gewitternacht,
aus welcher der Welt, wenn auch spät, ein neuer Frühling des
freien Seins und Schaffens erblühen muß!